AF367473

Más allá de lo desconocido

Larisa Seklitova
Liudmila Strelnikova

EL ALMA
Y LOS MISTERIOS DE SU ESTRUCTURA

CosmUnity 2024

Seklitova L. Strelnikova L.

EL ALMA Y LOS MISTERIOS
DE SU ESTRUCTURA
Más allá de lo desconocido
Contactos con la Mente Cósmica Suprema

Por primera vez, en el umbral del siglo XX al XXI, la Mente Superior revela a la humanidad una información más reciente acerca de la estructura de los mundos Superiores regidos por Dios, de las Leyes por las que están construidos y existen, sobre el ser humano como Entidad cósmica, y su lugar en el sistema de la Creación Universal*.

El lector curioso hará muchos descubrimientos extraordinarios acerca del alma* humana, su estructura y desarrollo, según el programa, comprenderá los misterios de la muerte humana y de los sueños. Conocerá novedades sobre el karma, el cerebro humano y el nimbo que hay sobre su cabeza. Además, el libro le hablará de mundos paralelos de la Tierra y de los seres que los habitan.

Las autoras siguen desvelando nuevos misterios para quienes estén deseosos de conocer nuevas verdades.

La información ha sido obtenida a través de contactos con la Mente Cósmica Suprema y contiene materiales exclusivos.

- - -

Recomendamos la lectura de libros de papel, ya que tienen una carga divina positiva, funciones protectoras y sanadoras, además de contribuir al descubrimiento de talentos, diversas habilidades paranormales en los lectores y elevar a una persona espiritualmente. Los libros electrónicos sólo contribuyen a la expansión del intelecto, y la información en ellos no posee un valioso potencial energético.

*"Los que pidan – recibirán,
Los que se esfuerzan en leer – leerán,
Los que tienen sed de conocer – conocerán".*

(De las reglas escritas en las paredes del Templo de Conocimiento)

INTRODUCCIÓN

La información contenida en este libro fue recibida como resultado de contactos con Dios. Sobre la base de las sesiones de comunicación recibimos Nuevos Conocimientos dados a la humanidad para los próximos 2000 mil años, es decir, hasta el año 4000. Hemos plasmado estos conocimientos en los libros de la serie "Más allá de lo desconocido" (41 libros)* y de la serie "La Magia de la Perfección" (7 libros)*, "Esoterismo en aforismos" (10 libros)*, "Enciclopedia de la Nueva Era" (15 tomos)*.

En este libro en forma de diálogo, de conversación con Dios transmitimos en una forma de transmisión popular la información sobre lo que estaba oculto de la humanidad hasta el momento actual, es decir, el año 2000.

Dios ha transmitido a la humanidad nuevas Leyes de desarrollo, expuestas por nosotros en el libro "Las Leyes de la Creación Universal o los fundamentos de la existencia de la Jerarquía Divina". Se trata de una información compleja destinada a las personas de la nueva **sexta*** raza. Con el fin de hacer esta información compleja comprensible para una persona de la actual, **quinta*** raza, Dios mantuvo con nosotros una serie de sesiones de comunicación en forma de diálogo, es decir, le hicimos preguntas y Dios las contestó a través de la contactado Seklitova L.A. Esta información es inteligible para la mayoría de la gente, por eso la situamos en la categoría de escuela secundaria.

La escuela primaria comienza con la comprensión de los fundamentos del conocimiento esotérico, por lo que incluye información sencilla ya expuesta en nuestros otros libros: "La Mente Superior revela

Misterios", "Revelaciones del Cosmos", "Los Mistérios de los Mundos Superiores" y otros.

Nosotros, como mensajeros de Dios, hemos recibido un gran volumen de Nuevo Conocimiento y vamos a proporcionar a la humanidad una información con tres Niveles de complejidad, o tres Niveles de escuela: primario, secundario y superior. Por supuesto, es preferible que los lectores comiencen por la escuela primaria para acercarse a los conceptos superiores de la mejor manera posible. Pero incluso en la escuela primaria una persona puede encontrar por sí misma muchas revelaciones nuevas y sorprendentes de los Maestros Superiores.

No fue de inmediato que comenzamos a contactar con Dios. Los primeros contactos tuvieron lugar con los Jerarcas Superiores, que formaban parte de la comunidad jerárquica de los Sistemas Cósmicos, llamada "La Unión". Durante varios años, superando pruebas y la escuela de comprensión del conocimiento trascendental, contactamos con diferentes Niveles* de la Jerarquía* Divina, nuestro conocimiento ascendía por sus escalones cada vez más alto, y sólo después tuvimos el honor del encuentro con Dios mismo, Aquel que envió la Biblia a la gente, creó nuestro mundo, el Universo y el Gran proyecto de la ascensión del alma hacia Él por medio de la religión.

La tarea de los mensajeros, representados por tres de nosotros: la hija, Seklitova L.A., su madre, Strelnikova L.L. y su padre, Strelnikov A.I., consistía en transmitir Nuevos Conocimientos a la humanidad y trasladar su conciencia a un Nivel superior de desarrollo. Cada uno de los tres tenía sus tareas individuales. La hija, L.A. Seklitova era nuestra contactado principal, comunicándose con los Jerarcas Superiores y con Dios. Yo, Strelnikova L.L., al principio formulaba todos los temas que interesaban a la gente, ideaba preguntas para hacérselas a Dios, y luego junto con mi hija coescribí todos los libros relacionados con nuestras tres series principales, incluyendo la serie "Esotérica en Aforismos". Por mi signo zodiacal, soy Acuario, que aporta Nuevos Conocimientos a la gente durante toda la Era de Acuario. Sin embargo, todas las nuevas ideas y complejos textos originales han sido dados por L.A. Seklitova, al disponer su **alma*** de un volumen especial de conocimiento cósmico y por lo tanto podía transformar la energía enviada por el propio Dios y los Jerarcas Superiores en conocimiento comprensible al ser humano. Mi hija dio ideas y postulados para la gente de la sexta raza, yo los desarrollé extensamente en distintas categorías, interpretando textos complejos hacérselos comprensibles a personas de la quinta raza.

Necesitaba analizar la conciencia del ser humano contemporáneo, comprender los aspectos positivos y negativos de su desarrollo actual para poder crear un sistema de desarrollo espiritual general de un individuo, mediante los conceptos comunes entre los mundos **Superiores*** e **inferiores***, con el conocimiento de la información necesaria para este fin, y también para conectar todo lo aparentemente incompatible, mostrando la unidad del mundo.

Al proporcionar la Nueva Información, Dios dijo que "**debía dar un giro de ciento ochenta grados la visión que del mundo tiene la humanidad**", para sacarla del estado de la edad de guardería, en cuya ignorancia constantemente toma lo incomprensible e insólito por un milagro, para conducirla a las fuentes reales de la Verdad, áspera, casi incomprensible, tal vez decepcionante, pero tal como es en realidad, sin capas de maquillaje, sin cuentos de hadas y versiones legendarias de la existencia. Es tanta la edad de la humanidad que ya va siendo hora de que su conciencia se acerque a la realidad de la vida que existe a su alrededor.

- - -

Hablando de la estructura de este libro, hay que señalar que se compone de preguntas y respuestas. Este libro es un diálogo con Dios.

Debo confesar que es difícil preguntar sobre un mundo que uno mismo no ha visto o no recuerda, donde no todo es igual que en la Tierra; es difícil encontrar conceptos comunes entre mundos diferentes, pero hemos buscado y mediante comparaciones hemos tratado de mostrar a la humanidad esa infinidad de conocimiento y perfección que Dios nos ha revelado.

Muchos aspectos del conocimiento que Él transmite están tan estrechamente interconectados entre sí que es difícil determinar a qué categoría es mejor atribuirlas. Pero al relacionar una información con alguna categoría, descubres que otra categoría sin la misma exposición también se queda incompleta, por lo que la repites en otra parte. Sin embargo, tales repeticiones sólo hablan de la conexión mutua de todo lo que existe en el Cosmos entre sí, de la unidad de la Creación Universal.

Centrándonos en el lenguaje de la narración, debemos prestar atención a los pronombres con los que Dios se refiere a Sí mismo. En los diálogos Él se llama a Sí mismo "Yo" cuando hace concentrar nuestra atención en lo que es lo esencial Suyo, sólo a Él; luego utiliza el pronombre "Nosotros" cuando habla en nombre de aquellos que junto con Él plasman Sus proyectos en la realidad, quienes en Sus grandes creaciones están detrás de Él, trabajando afanosamente en beneficio y en nombre de Él, de Dios.

Del mismo modo, yo (L.S.)* no puedo decir que haya escrito este libro sola. Somos tres, que durante más de diez años hemos recorrido juntos el camino del conocimiento, luchando contra las dificultades y ayudándonos en todo. Por eso, aunque el nombre de una persona no figura en la lista de autores de este libro, expresamos nuestra gran gratitud a nuestro esposo y padre, A.I. Strelnikov, que nos apoyó materialmente durante los años en que trabajábamos sólo en el plano espiritual. Supervisaba el trabajo de nuestro equipo terrenal: preparaba grabadoras y casetes para grabar contactos, luego fue el primero en dominar la impresión de libros por ordenador y nos lo enseñó, eliminaba las frecuentes averías del equipo, dominaba nuevos programas informáticos para nosotros. También le agradecemos su ayuda en la formulación de algunas preguntas.

Cuando trabajas en un equipo unido, la palabra "yo" desaparece de tu vocabulario, sólo queda "nosotros". Caminamos, luchamos, nos ayudamos mutuamente y alcanzamos a Dios en el sentido más estricto: alcanzamos la comprensión de Sus Nuevas Verdades, la nueva comprensión del mundo, las Divinas revelaciones de nuestro Creador. Y deseamos a todos los demás que avancen hacia su perfección, a pesar de las burlas de los ignaros y del rechazo de los saturados de conocimiento, de las dificultades materiales y de las traiciones de amigos y familiares. Sólo hacia adelante, para que cada pequeño paso nos acerque a la cima de la Jerarquía Divina, y que cada paso grande y apresurado no nos lleve a un callejón sin salida.

EL CARÁCTER POLIFACÉTICO DE LA VERDAD

La verdad es polifacética.

Este postulado de las Entidades* Superiores explica la presencia de informaciones contradictorias en las exposiciones de los contactados. Cada uno de ellos ve sólo una cara de su diamante y la describe a su manera. Pero debido al hecho de que las personas no tienen una visión íntegra de los procesos generales, una cara de la verdad entra en contradicción con otra cara de la misma verdad.

La contradicción surge allí donde no hay conocimiento, es decir, donde falta una información que conecte dos conocimientos contradictorios. El mundo entero está construido sobre contradicciones, o, mejor dicho, sobre oposiciones, ya que éstas crean un movimiento que enfrenta unas a otras. Tomemos un imán. Si una persona tuviera dos verdades separadas: habría un polo positivo y habría un polo negativo, pero nunca se daría cuenta de que sólo su integridad crea el factor de atracción. Sólo el conocimiento generalizado sobre el imán, que une entre sí verdades contradictorias, crea una percepción correcta del fenómeno, y mucho más de la que proporciona el conocimiento de algo aislado y particular.

Por eso, cuando una teoría entra en contradicción con otra, no hay que buscar argumentos para que se destruyan la una a la otra. Eso es ceguera e ignorancia, crítica oscura, vacía y destructiva. Por el contrario, hay que buscar hechos nuevos, que puedan unir lo contradictorio en una unidad integra, y esto sería más beneficioso que la destrucción de cualquiera de los dos hechos incompatibles. Sólo integrando las múltiples caras de un diamante en un conocimiento unitario se puede tener una idea de su volumen integral y de su acción. Cualquier faceta es un plano con sus propias Leyes, pero todas las caras juntas componen un volumen con Leyes completamente diferentes. Sin embargo, tanto las primeras como las segundas pertenecen a una sola cosa, a saber, un diamante.

Este es un pequeño ejemplo que muestra claramente cómo la ignorancia humana y la carencia de intelecto pueden triturar las verdades y glorificarlas ignorando lo inmenso y hermoso que se esconde tras el momento unificador de todas estas particularidades. Por lo tanto, me gustaría subrayar una vez más que las contradicciones y la incompatibilidad de una información con otra surgen sólo en ausencia de momentos de conexión entre ellas.

Veamos un ejemplo. Algunos teóricos afirmaban que no hay karma, otros que sí lo hay. Ambos citaban muchos hechos que corroboraban su punto de vista personal. ¿Cuál de ellos tiene razón? Resulta que ambas partes tienen razón, a pesar de que sus teorías sean contradictorias.

Dios envió pleno conocimiento sobre este asunto, uniendo dos caras de la misma moneda. Resulta que las almas de Dios tienen karma, y las del Diablo no. Pero si consideramos esta cuestión desde el punto de vista energético, podemos ver un único proceso de llenado de la matriz con los tipos de energías necesarias tanto para las almas de Dios como para las almas del Diablo, es decir, los principios de acción son los mismos, pero los métodos para alcanzar el objetivo son diferentes. Por supuesto, no pretendemos tratar aquí en detalle esta cuestión. Se trata sólo de un ejemplo con cuya ayuda queremos demostrar lo principal: allí donde faltan Nuevos Conocimientos, una verdad contradice a otra. Y es necesario aceptarlas tal como son para encontrar un punto de conexión que las una en un todo.

Sólo la carencia de conocimientos en las personas y a veces la falta de capacidad de previsión o la ambición no nos permiten ver la Grandeza que hay detrás de los valores aparentemente incompatibles. Por ejemplo, tomemos magnitudes como Dios y el Diablo. Para un ser humano son incomparables e incomunicables. Pero en la escala de la inmensa **Esencia*** integral Dios y el Diablo son un todo unitario, incapaz de existir el uno sin el otro, y más aún: la muerte de uno de Ellos conducirá inevitablemente a la muerte del otro, porque ambos constituyen un proceso unitario en la escala de nuestra Creación Universal.

Tomemos otro ejemplo. Por un lado, se dice que las almas son eternas, y por otro que se destruyen como objetos defectuosos. Esto también es una contradicción. ¿En qué consiste la conexión entre ambas verdades?

Sí, en efecto, todas las almas defectuosas están sujetas a la destrucción, pero sólo se destruye la propia individualidad, se purifican todas las energías adquiridas por ella. La **matriz*** del alma se vacía, se corrige y se reanuda en el proceso de desarrollo. Pero de ella surge otro individuo. Además, aquellos elementos constitutivos a partir de los cuales se crea la matriz son eternos. Siempre han existido. Por lo tanto, la base del alma puede considerarse eterna, porque la matriz es indestructible después de su creación, y porque se crea a partir de componentes energéticos* que existen eternamente.

Hay numerosos ejemplos similares, de modo que, encontrando contradicciones, es necesario por el propio bien, en aras de la expansión de la propia conciencia, buscar factores que las conecten, y no destruir un polo del imán, alegrando de que al hacerlo se llegará a la verdad, posibilitando la forma de existencia de la otra parte.

Todas las contradicciones surgen sólo de la ignorancia humana.

- - -

Notación:
( )* – aclaraciones de las autoras;
* – véase el glosario.

Capítulo 1

ALMA, LA MATRIZ. LA ESTRUCTURA DEL ALMA

ALMA

El alma es una noción que viene del pasado lejano. Hace unos milenios, el ser humano ya sabía de su existencia, es decir, de esa estructura eterna e invisible a los ojos, que está dentro de él. Pero ¿cómo un Homo sapiens subdesarrollado, que no conocía una civilización tan poderosa como la desarrollada a esas alturas (2000)*, pudo conocer aquello que es invisible? En el pasado, no existían instrumentos ni métodos especiales para investigar la materia "sutil" y detectar en el propio cuerpo un material algo misterioso, existente en un espectro de energías* completamente diferente. Entonces, ¿de dónde viene el conocimiento de la existencia del alma?

Y la cuestión aquí, por supuesto, no está en la capacidad de observación o el intelecto especial de ciertos individuos capaces de comprender los secretos de la estructura humana, sino en el hecho de que todo el conocimiento es dado desde lo Alto, y durante ciertos períodos de desarrollo de la humanidad, a través de mensajeros concretos, los Maestros Superiores descienden a la gente informaciones sueltas o bien, un volumen completo de cualquier conocimiento. Además, ya se ha notado, que las mismas verdades se repiten periódicamente a lo largo de diferentes interpretaciones, preservando los fundamentos más profundos de lo existente.

Cada tiempo se caracteriza por su volumen constante de información. Las generaciones cambian, las almas progresan, ganando experiencia vital, y luego se dirigen a los mundos Superiores, y el círculo de perfeccionamiento se repite, pero ya para una nueva partida de **Unidades***.

En relación con tales ciclos de desarrollo repetidos, los Maestros Superiores tienen que hacer bajar a la Tierra dicho conocimiento, pero ya con una nueva interpretación correspondiente al Nivel de comprensión del ser humano moderno; y, en ocasiones, solo habrán de recordar acerca de las cosas pretéritas, sobre aquello que los antepasados sabían y que han olvidado las generaciones presentes.

Por lo tanto, el conocimiento sobre el alma no es nuevo. El ser humano sabe de ella desde tiempos lejanos. Pero en el momento actual, antes de que la nueva sexta raza* de la humanidad llegue a la Tierra, nuestros Maestros han decidido una vez más recordar su existencia para centrar los esfuerzos humanos en la necesidad de perfeccionarla, porque nada hay en los mundos más precioso que el alma, la creación de Dios.

El conocimiento sobre el alma se da en un rango más amplio que antes, teniendo en cuenta que la sexta raza, así como el hombre civilizado moderno, serán capaces de entender las verdades que se les revelan.

La noción del alma está siendo introducida con cautela, para no impactar al ser humano, prisionero de viejos dogmas y nociones conservadoras; se van revelando paulatinamente las bases de su estructura constructiva, los procesos relacionados con su funcionamiento, conduciendo lentamente nuestra conciencia a la comprensión de la creación Divina.

Entonces, ¿qué es el alma?

Lo descubrimos durante las sesiones de comunicación con Dios, es decir, durante los contactos.

Hemos de tratar de comprender todo lo nuevo que el mismo Dios nos cuenta. Él no nos arroja de golpe una avalancha de Nuevos Conocimientos, sino que nos va proporcionando información según la capacidad de comprensión del oyente. Por eso, la cadena de nuestras preguntas es una cadena de comprensión de una sucesiva secuencia de Nuevas Verdades.

Creación del alma

En la sesión de contacto comenzamos a formular preguntas, Dios responde, revelando por primera vez sus asombrosos misterios a la humanidad.

– ¿Qué es el alma?

– El alma* es una parte del Absoluto. La multiplicidad de almas es como su relleno, su Unidad básica de trabajo, como una célula de su cuerpo.

– Actualmente comienza a utilizarse un nuevo término para denominar al alma: "Unidad". ¿Por qué la llaman así?

– Es el nombre dado al alma por Mi Sistema negativo de cálculo, que está directamente involucrado en su programación. Alma es un término antiguo. "Unidad" es un término moderno que expresa con mayor precisión su posición actual en la Creación Universal*: cada alma es una parte unitaria constitutiva de un mayor volumen* espiritualizado. Así, las Unidades constituyen a Mi (Dios) o Absoluto. Lo vivo constituye lo vivo. De hecho, "alma" y "Unidad" son sinónimos. Su esencia interna es la misma.

– ¿Quién es el creador de almas?

– Las almas para Mis mundos son creadas por Mí, Dios, Yo soy su Creador. Además, también tengo Ayudantes, es decir, Sistemas jerárquicos especiales, que se dedican a su producción bajo Mi dirección.

– ¿Usted crea almas solamente para la Tierra?

– Para los cuatro Universos que se encuentran bajo Mi subordinación.

– ¿Para qué han sido creadas las almas?

– Son diversas las causas de su creación. En cuanto a la Tierra, ella requirió de un portador energético para poder pasar la energía de Sistemas Jerárquicos al planeta. Para cumplir con este objetivo fue inventado el ser humano, es decir, como mecanismo especial de transmisión y conversión. La envoltura* física fue diseñada con el funcionamiento necesario. Por lo que, para activar tal mecanismo material, se decidió utilizar una estructura "sutil", el alma, es decir, una estructura energética especial destinada únicamente para el plano terrestre. De hecho, el alma es una noción puramente terrestre, relacionada con formas de existencia de desarrollo inferior. Representa en sí una estructura especial del plano "sutil", consistente de componentes temporales y permanentes. En la Jerarquía no hay almas, allí hay otras formas llamadas Entidades*. Son seres vivos altamente organizados. Pero cualquier alma terrestre a través de su desarrollo se convierte en Entidad, ya que tal evolución esta introducida en su programa.

– ¿Por qué fue elegida para el alma la actual forma del cuerpo humano, y no otra, dado que existen multitud de formas?

– La forma no ha sido elegida, sino prestada por otro Sistema Material* Altamente Desarrollado que está colaborando conmigo. Aunque el modelo del ser humano fue creado para el hábitat terrestre, es decir, expresamente para determinado mundo físico. El Sistema Material, del cual ha sido escogida la analogía, se encuentra en un Nivel* de desarrollo muy alto, por lo tanto, la propia materia de su mundo es diferente a la vuestra. La materia física es susceptible asimismo de tener diversos grados de perfeccionamiento, por lo que cualquier forma repetida, correspondiente a los diversos grados de su evolución, requiere un desarrollo individual. Por ello, el cuerpo humano fue creado especialmente para vuestro nivel de la materia.

– ¿Porque decidió Usted prestar la forma corporal de estos Sistemas Materiales?

– Quería obtener en el ser humano aquella perfección de la envoltura material que alcanzaron en ese Sistema Material. Ellos lograron el perfeccionamiento superior permaneciendo en sus cuerpos materiales. Las dificultades de desarrollo en el cuerpo material consisten en que si el ser humano alcanzase tal grado de desarrollo en el proceso de su perfeccionamiento, entonces empezará a pensar mediante su matriz* con su actual estructura, y en consecuencia, desechará su envoltura material, ya que el propio nivel de la materia permanece bastante bajo. Para que tal hecho no ocurra, hay que mantenerse en el camino de estos Sistemas Materiales Altamente Desarrollados y desarrollar el cuerpo humano en correspondencia con el alma. La materia de su forma debe ser susceptible de aguantar un alma con un alto potencial energético, por ello es necesario que ella mantenga el rumbo de progresión en su estructura junto con la materia "sutil". El espíritu y el cuerpo deben corresponderse el uno con el otro.

– ¿Porque ha sido necesaria la creación del cuerpo humano material y no la de otro, ya que el alma podría desarrollarse también en el interior de una materia "sutil"?

– La materia y el Cosmos físicos son necesarios para un desarrollo general de la Creación Universal. Este es su componente inalienable, como, por ejemplo, el fundamento que es necesario para soportar las fuertes estructuras del edificio. Los mundos material y "sutil" están vinculados entre sí, por lo que nuestro Sistema Espiritual* requiere realizar labores continuas en los márgenes del mundo material. Para obtener algo Arriba, es necesario regular y realizar muchos ajustes abajo en el plano físico. Las Entidades Espirituales no pueden acometer ese trabajo, por ello las Materiales son necesarias. Por lo tanto, cuando es necesario ajustar o corregir algo en el entorno físico, tengo que contratar a los Sistemas Materiales de Alto Desarrollo (esta es la causa de las constantes visitas a la Tierra de "ovnis" y otros objetos indeterminados). Pero tal contrato de colaboración conlleva un pago a los Sistemas Materiales. Y no es barato. Por ello, Mi objetivo es crear a esos seres humanos materiales en Mis dominios, aquellos que por su Nivel de desarrollo corresponderían a los "contratados". Esto permitirá resolver muchos problemas y reducirá los costes de reconstrucción de los mundos físicos.

– Entonces, ¿es posible que aquellos caminos por los que avanzaron estos Sistemas Materiales en su desarrollo sean conocidos?

– Sí.

– ¿Repetirán los seres humanos esos caminos o serán conducidos en otra dirección?

– Yo mantengo en Mis exploraciones los caminos de los Sistemas Materiales. Naturalmente, procuro no cometer sus errores. Los errores ajenos enseñan, – expresó Su intención con una leve sonrisa.

– ¿Qué otras funciones tienen el alma, aparte de la que activa el funcionamiento del cuerpo físico?

– El ser humano es un mecanismo biológico que produce energía para los Sistemas jerárquicos, perfeccionando a la vez su alma, es decir es un mecanismo de autodesarrollo, en el sentido de que no permanece inalterable, sino que progresa continuamente en base a un programa dado.

– ¿Qué es el composito* del alma?

– El composito del alma es su composición energético-cualitativa, porque las energías, que han sido acumuladas a lo largo de encarnaciones, son todas diferentes por su cualidad. De otro modo, el composito es la factura* interna del alma, la totalidad de las diversas energías que determinan su expresividad e individualidad.

– ¿Cómo puede ser que una acumulación de energías, el composito del alma, sea limitada?

– Es limitada en la Tierra, pero por lo general no tiene límites. Dependerá de qué seres humanos se analicen. Por ejemplo, si se escoge a un ser humano normal y corriente, para este ya existen unas normas compositivas. En cambio, en el caso de los mensajeros o de las almas cósmicas es totalmente diferente. Pues tienen cuerpos diferentes y compositos diversos, así como también distinta potencia.

– ¿Por qué las almas terrestres tienen menor potencial energético?

– Como consecuencia de un desarrollo insuficiente. Aún no han tenido tiempo de adquirir su potencial. Además, hay seres humanos que son similares a los robots. Desempeñan mecánicamente su trabajo y no son capaces de hacer algo más. Ese tipo de almas está predestinado a la Tierra únicamente, para sus necesidades, por lo que no precisan de un alto potencial energético.

– ¿Aquí en la Tierra, puede tomarse el composito por el Espíritu Santo?

– El principio Supremo está necesariamente presente en cada alma. La partícula del Espíritu Santo está presente en cada persona que pertenece a los Sistemas Divinos. Pero también hay individuos de los Sistemas negativos.

– ¿De qué manera puede el ser humano incrementar esa energía sagrada en él? ¿Por medio de la oración?

– Se incrementa a lo largo de las vidas del ser humano.

– ¿Entonces la experiencia de muchas vidas se va acumulando o desechando?

– Sumándose necesariamente. La evolución sólo puede crecer.

– ¿De qué materia está construida el alma?

– De un compuesto de diversas energías.

– ¿Dónde se escogen tales energías?

– Nosotros las tenemos, – respondió Dios evasivamente, pero intentábamos llegar al fondo de la verdad y por ello, delicadamente, tratando de no ser molestos, continuamos:

– ¿Pero tales energías se crean de un modo especial o se obtienen de alguna manera específica?

– Se obtienen de otras almas, -nuevamente respondió Dios evasivamente.

– ¿De qué manera?

– Las almas acumulan una energía específica durante sus vidas. Tal energía puede ser de una cualidad diversa, es decir, se divide en diferentes tipos. Cada tipo puede separarse y, tras un tratamiento especial, unirse de nuevo de un modo determinado en una unidad íntegra, componiendo una nueva Unidad. Pero no todas las almas adquieren durante sus vidas las energías necesarias de similar cualidad. También existen almas que no las obtienen suficientemente, es decir, no cumplen con su programa en consecuencia con el libre albedrío proporcionado.

– ¿Pero las almas de las cuales se obtiene esta energía adicional continúan existiendo?

– Para ser sincero, – finalmente confesó Él – tal energía se obtiene de las almas descodificadas, de las que se degradan y de las que cuya evolución no se permite continuar. En Mis mundos nada se desecha, la producción carece de residuos. Por ello, todas las energías acumuladas por un alma durante sus vidas pasadas se van quitando, despegando y eliminando mediante un raspado de su matriz. Cada tipo de energía se separa y después se utiliza en estado puro para la producción de nuevas almas. La propia matriz del alma se purifica de todas las energías propias del individuo descodificado.

– ¿Las almas que continúan su desarrollo también entregan sus energías sobrantes para la creación de almas nuevas?

– No, los individuos en progreso no pueden tener ningún sobrante de energías. Todo lo que acumula un alma se queda a su disposición para su posterior desarrollo.

– ¿Entonces, los sobrantes de energías que se utilizan para la producción de almas solamente se obtienen de almas defectuosas que se destruyen?

– Sí, en la Tierra es así. Pero, aunque son defectuosas, Sus Determinadores, por medio de los programas, trabajan para que tales individuos consigan obtener las energías cualificadas en la propia alma. Por ello, no viven solo una vida, sino un mínimo de diez vidas, para que aquellas energías que se obtengan puedan compensar los gastos de su creación. Las energías acumuladas por ellos se raspan del alma literalmente. La matriz se deteriora parcialmente, es decir, la parte que le creció, limpiándose de todo hasta su base primaria. Así funciona la construcción de almas para la Tierra.

– ¿Qué hacéis con los individuos que no obtienen la cantidad de energías necesaria?

– Diseñamos nuevos programas y situaciones, lo que los fuerzan a obtener aquello que Nosotros requerimos y en la cantidad necesaria.

– ¿Debido a qué en concreto obtienen energías las almas, esas que se utilizan después para creación de almas nuevas?

– Debido al transcurso de varias vidas, a su experiencia y muchos cambios en el plano emocional.

– ¿El aumento de actividad contribuye a la obtención de sobrantes de energía?

– No, esto no influye.

– ¿Y los sufrimientos?

– Los sufrimientos son emociones y por lo tanto contribuyen a la obtención de cualidades necesarias.

– ¿Qué es lo que hacen con aquellas energías que se raspan del alma humana después de su muerte? Cuando muere una persona y su alma pasa por las capas de limpieza, ¿también se raspan algunas energías de su alma? ¿Las utilizan para la creación de almas?

– Durante el proceso de paso por las capas o filtros purificadores de las almas se raspan las energías "sucias". Esas energías no se utilizan para la producción de almas ya que tales energías tienen una frecuencia muy baja, por lo que se destina a otros objetivos. Para la creación de las almas se requieren componentes altos y de calidad, es decir, dicho material está sujeto a ciertos requisitos.

– ¿La energía de espiritualización que se ubica en el alma, desaparece durante su descodificación?

– Esta energía también se recoge aisladamente y se utiliza de nuevo.

– ¿También se crean las almas de los animales con las energías que se recogen de las almas descodificadas de otros animales?

– No, en el caso de los animales el asunto es completamente diferente. Sus almas se obtienen de un mundo inferior al suyo, es decir, proceden de las plantas, y el mundo vegetal obtiene sus almas de un grado inferior, y así sucesivamente.

– Ya que está altamente desarrollada ¿puede la Tierra crear almas?

– Por sí misma no puede. Pero su energía se utiliza para esa creación.

– ¿Cuál es el mecanismo de creación del alma, de su construcción? ¿La crean químicamente, físicamente o la cultivan de alguna manera?

– Se puede decir que se cultiva. Pero es una cuestión muy compleja.

– ¿Cómo cultivan? ¿Como hace el ser humano, de la semilla al árbol?

– No, no es de la semilla, sino por medio de la recolección de energías con las cualidades necesarias. Se escoge una energía que responde a determinados parámetros y con un volumen muy pequeño, conectándola a otro pequeño volumen de la siguiente energía. Después se espera hasta que ambas se vinculen en unas condiciones determinadas. De otro modo, se espera hasta que una se enraíce en la otra. A continuación, se escoge el siguiente volumen de energía y se conecta a los dos primeros, se vinculan, manteniendo el proceso y después se espera de nuevo hasta que enraíce. Este es un trabajo muy laborioso, que requiere la precisión de un joyero. Con el tiempo, tal proceso se extiende a muy largo plazo, porque es necesario enraizar una multitud de energías, o, mejor dicho, compositos. Son componentes muy "sutiles", que requieren de un cuidado y trato especial, así como un largo plazo para vincularse. Debido a que este método para cultivar las almas requiere muchísimo tiempo, intentamos otra manera para su creación, no mediante laboratorio, sino pasándolas a través de las capas naturales de la Tierra. Por ello, aparecieron las almas de procedencia animal, almas que pasan el desarrollo en forma de animales. Este método acelera el proceso de cultivo del alma, pero desde otra perspectiva la duración del desarrollo de dichas almas es mayor. Por lo que las almas progresan adquiriendo cualidades aisladas y creando su propia estructura compositiva.

– ¿Cuánto tiempo dura la creación de un alma?

– Nueve años cósmicos. Pero entended que se trata de Nuestro tiempo.

– ¿A qué equivale un año cósmico en comparación con los años terrestres?

– Un año cósmico son mil millones de años terrestres aproximadamente.

– ¿Cuál es el plazo de creación del alma de un planeta?

– Para los planetas también son nueve años cósmicos.

– ¿Igual? – quedamos sorprendidos.

– Sí. La diferencia está solo en su volumen. Aunque también es estructuralmente más complejo.

– ¿Pero cómo es posible, lo simple y lo complejo al mismo tiempo? – continuamos sorprendidos. Para nosotros, el alma del ser humano es incomparable con el alma de la Tierra.

– Queréis decir que al ser más grande y compleja entonces debería tardar más tiempo en construirse. Pero no es así. Para Nosotros, una vez que el volumen se recoge ya empieza la conexión, al tiempo que se desarrollan múltiples operaciones. Al ser el alma del ser humano pequeña se escoge un volumen pequeño. El alma de la Tierra es grande, y por lo tanto se escoge un tamaño más grande. Pero debido a unos métodos especiales de recogida, ambos se realizan en el mismo plazo, ya que es mucho más difícil manejar esas pequeñas estructuras para hacer el alma del ser humano que las grandes estructuras que utiliza el planeta. Los componentes grandes son más visibles y fáciles de manejar, por lo que con ellos se trabaja con mayor rapidez, es decir, lo uno se compensa con lo otro, por lo que, en consecuencia, los plazos son los mismos.

– ¿Estructuralmente, se crean las almas de modo diferente o igual?

– Igual. Cuando parten de un "cero", entonces siempre son totalmente iguales.

– ¿Y por su cualidad, se crean las almas de los seres humanos iguales o totalmente diferentes?

– Si se habla del momento inicial, entonces tanto estructural como cualitativamente son todas iguales. Pero, en ellas se introduce una partícula que las orienta hacia su individualidad. Por lo que las almas progresan adquiriendo diversas cualidades y con un aspecto único.

– ¿No se dan almas similares en el proceso de desarrollo? Su cantidad es tan inmensa.

– No hay almas iguales, pero existen similitudes. Las utilizan en los procesos del mismo tipo para la producción de energías de un tipo único determinado. Cuando se trata de almas que se disponen para ser parte de una nación, se escogen aquellas que son similares en sus parámetros energéticos y, a continuación, se introducen en los cuerpos con una misma estructura "sutil", que, a su vez, asegura la obtención de un solo tipo de energía para la nación. Por ello, actualmente, las almas pertenecientes a una nación son iguales, pero son idénticas solamente en al empezarse la creación de dicha nación. Después, en correspondencia con el programa de vida se produce la obtención de cualidades del carácter y de la individualidad por parte de cada alma. Cualquier nación tiene sus propias direcciones de desarrollo. Cada nación tiene mayor cantidad de ciertas cualidades respecto a otras. Por ello, en este Nivel* de desarrollo, las almas que pertenecen a distintas naciones se diferencian unas de otras cualitativa y estructuralmente.

– ¿Rigen algunas Leyes durante la creación de un alma nueva?

– Existen leyes determinadas según las cuales acontece la construcción de las almas.

– Cuando el alma se crea en un laboratorio, ¿a partir de qué momento vive?

– Vive desde el instante inicial, porque si no estuviera viva no podría cultivarse durante los nueve años cósmicos. Es decir, el alma se crea y se espiritualiza inmediatamente. Es un secreto que sólo Yo conozco, y que el Diablo no.

– ¿Él no puede crear almas porque no es capaz de espiritualizarlas?

– Sí. Hay muchas cosas que Él no sabe.

– ¿Pero Usted tampoco revela el secreto de la espiritualización a Sus Jerarcas Superiores?

– ¿Para qué? Yo Soy el Principal Creador de todo. Yo creo las almas, el espacio, el tiempo, es decir, he alcanzado en Mi desarrollo todo esto por Mí mismo, por lo que, como se dice en la Tierra, Yo Soy el Autor de todo lo que se encuentra en Mis Universos. Pero, a Mis Ayudantes Superiores Yo les confío. Por ello, aparte de Mí, hay muchos secretos que conocen los que están próximos a Mí. Por lo tanto, Yo dispongo de Individuos en el Sistema de los Ángeles que Me ayudan a espiritualizar.

– ¿Cómo es posible ocultar este secreto al Diablo? Siendo Él tan astuto y tan capaz de todo, al parecer, ¿cómo no va a saber lo principal?

– El caso, es que este secreto ha bajado hasta el segundo Nivel partiendo de Mi. Por otra parte, el potencial energético del Diablo, su fuerza, es dos veces menor en comparación con el Mío. Por ello, debido a las reglas de pura física Él no puede ascender al Sistema que se dedica a la espiritualización conmigo. Él sería aplastado en estas capas. No hay posibilidad de ascender para los de abajo.

– ¿Pero, si Él acelerase su desarrollo y alcanzase este Nivel, podría conocer Su secreto?

– No, no podrá conocerlo nunca, porque para cuando Él crezca el doble, Yo habré crecido el cuádruple. Y, lo más importante, el Diablo jamás Me alcanzará en cualidades. Exactamente como las cualidades obtenidas por el alma la orientan en otra dirección durante su desarrollo.

– ¿Podría Él calcular por sí mismo o inventar un alma y un proceso de espiritualización al tener un sistema computerizado tan potente?

– No, eso no es algo que pueda hacer el Sistema de Cálculo.

ESTRUCTURA DEL ALMA

La matriz

Una vez obtenidas las nociones generales sobre el alma, empezamos a hacer averiguaciones acerca de su estructura "sutil". Dios continúa revelándonos Sus misterios.

– ¿Qué apariencia tiene la estructura del alma? ¿Se compone de figuras geométricas?

– Es una estructura muy compleja. No se compone de figuras, sino de volúmenes que pasan de uno a otro entrelazándose entre sí. Y, por supuesto, están compuestos de cifras. Cifra sobre cifra. Si para vosotros es más fácil imaginar un globo, entonces el volumen del alma puede imaginarse como tal, pero también puede ser un cubo, aunque, por supuesto, todo es más complejo. Pero, tomemos el volumen en forma de globo y representémoslo en el plano. Se trata de una malla celular volumétrica compuesta por cifras (véase el esquema 1) que suponen un determinado potencial energético. Cada una de sus células se rellena con una energía de determinada cualidad. La cifra es como un código que expresa la cualidad y cantidad necesarias para cada célula. Además, cada código cifrado tiene un significado para Nosotros.

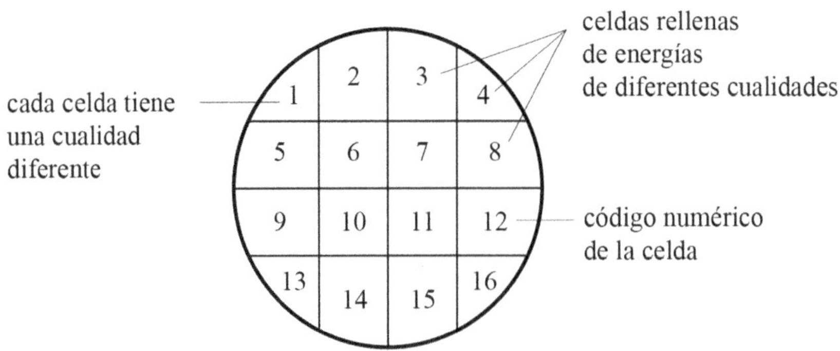

Esquema 1. La matriz del alma

– ¿Pero la forma de las almas es la misma para los seres humanos?

– La forma de la matriz de cada ser humano depende de su desarrollo, por ello todos la tienen diferente.

– ¿Y en la etapa inicial? ¿Son iguales?

– Las almas del ser humano recién hechas son todas iguales, o más exactamente, están todas vacías. Las células de sus matrices no están rellenas. Las almas que originariamente salen del laboratorio representan en sí unos volúmenes con igual cantidad de energía vital. Y por supuesto, todas son estándar. Por lo que, solamente el proceso de desarrollo las vuelve diferentes.

– ¿Por qué almas iguales se convierten en diferentes?

– Claro, es una pregunta interesante: cómo resulta que de un número infinito de almas idénticas surge una profusión colosal de almas diferentes, ya que entre los seres humanos no hay almas idénticas, aunque tal variante pudiera ser posible. La causa radica en que durante el proceso de creación en su estructura se deposita una partícula especial que le da al alma una cierta trayectoria especial de desarrollo, inherente sólo a ella misma. Se trata de una partícula minúscula, que funciona solamente para la individualización de todas las almas, es decir, que proporciona la peculiaridad al alma a través de la elegida por la misma dirección de desarrollo. Por ello, exactamente debido a esta partícula todas las almas se convierten en irrepetibles e individuales. Adquiriendo la habilidad de cambiar y perfeccionarse en una dirección deseada.

– ¿Es esta partícula la portadora del programa?

– Se puede decir así, pero no es el propio programa en sí. Es como un hito de ubicación del alma en el Volumen general* de la Esencia*. Cada alma está predestinada para su propio y menor Volumen, por ello, esta partícula orienta con exactitud a qué Volumen, y en consecuencia, en qué dirección debe desarrollarse un alma, y en qué Volumen otra, y así sucesivamente. Por lo que se puede decir, que esta partícula no solo le aporta al alma su individualidad, sino que también determina su ubicación en el Volumen general de la Esencia*.

– ¿Esta partícula se deposita inicialmente en el alma?

– Sí, inicialmente, desde el mismo momento de su creación, pero, con un momento determinante.

– ¿Puede cambiar la configuración del alma durante solo una vida?

– Va cambiando continuamente en el transcurso de cada vida y nunca permanece constante. Podría decirse incluso que la modificación visual de la estructura se produce cada segundo. En esto consiste la esencia del desarrollo.

– ¿Con qué está relacionada tal modificación? ¿Con el relleno de energía?

– Con la acumulación de las energías cualitativas y de algunas estructuras nuevas.

– ¿Las células de las almas degradadas se rellenan con energía?

– No solamente no se rellenan las células, sino que acontece la destrucción de las estructuras.

– ¿Qué es la matriz del alma?

– La matriz es el alma, su estructura determinada y compuesta por células individuales con un contenido cifrado y codificado.

– ¿Cómo se relacionan las células de la matriz con la configuración del alma?

– La configuración es un volumen común* que compone el alma. Tal configuración puede ser distinta para individuos distintos (véase el esquema 2). Las células se relacionadas entre sí en la matriz mediante determinadas Leyes de construcción. La configuración del volumen común de la matriz se construye por la propia alma según el diferente relleno de las células con algunos tipos de energías. Cada individuo se autoconstruye. El principio de AUTOCONSTRUCCIÓN está depositado en la propia matriz. Esta es la causa de por qué cada alma tiene su propia configuración, no hallándose idénticas entre sí. La composición cualitativa y cuantitativa de todas las matrices es absolutamente diferente. Las células con un relleno diverso de energías componen el composito del alma y atribuyen a esta las cualidades especiales.

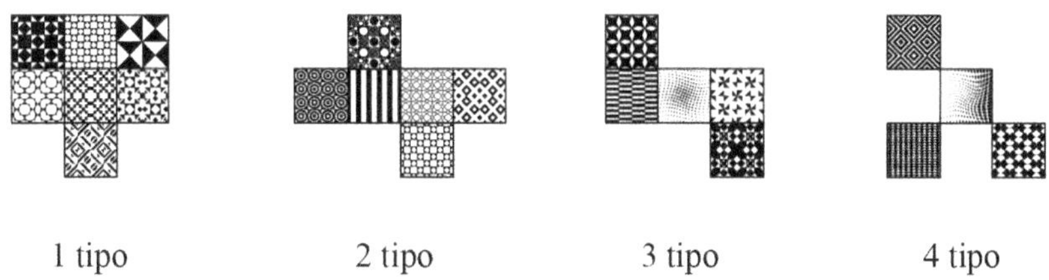

1 tipo   2 tipo   3 tipo   4 tipo

Esquema 2. Los tipos de configurasiones de las matrices

– ¿Existen configuraciones simples?

– Por lo general, todas son complejas. Para Nosotros, son simples las almas en su inicio.

– ¿Qué es lo dominante en el alma? ¿La matriz o la configuración general?

– La matriz, por supuesto. Es ella la que condiciona la construcción de configuración del alma. De la matriz dependen todas las estructuras del alma.

– ¿Las matrices iniciales tienen una cantidad determinada de células?

– Sí. Todas las matrices al principio tienen la misma cantidad de células. Pero hablo de Mis almas, de aquellas que Yo creo. Las de otros Dioses pueden ser diferentes.

– En la etapa inicial de la creación del alma, ¿la matriz está vacía o ya se depositan en ella algunas energías iniciales?

– Durante su creación se depositan en el alma necesariamente la energía vital y la dirección del desarrollo.

– ¿Qué es lo que representa la dirección del desarrollo en sí?

– Es aquella partícula que orienta a cada alma en su desarrollo individual, forma su singularidad, es decir, es un microprocesador, que hace que la persona elija constantemente algo del surtido ofrecido, pero cuando llega el momento de elección aquella impulsa al individuo a tomar forma en esa dirección, que es la necesaria para aquel Volumen particular* para el que ese individuo esté predestinado en el Volumen general* de la Esencia* (véase el esquema 3). Cada Entidad no se

27

desarrolla así de simple por sí misma y para sí misma, sino para unos Volúmenes especiales.

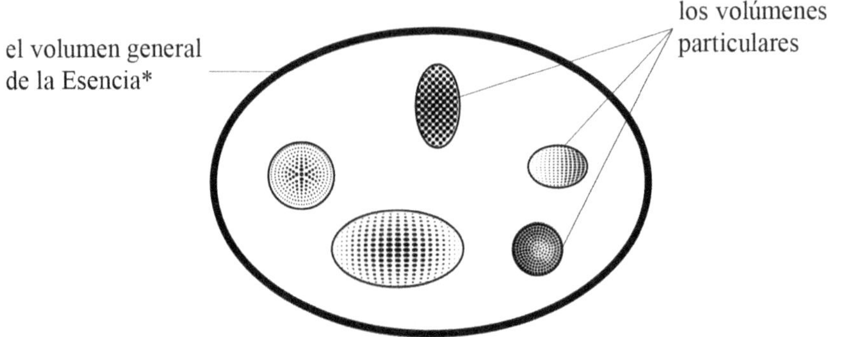

Esquema 3. Los volúmenes de desarrollo

– ¿Este microprocesador está presente en el alma de un mineral, una planta y de un animal?

– Por supuesto, en todas partes. La individualidad es inherente a toda Unidad en desarrollo.

– ¿Con qué se puede comparar la matriz originaria?

– Tiene un aspecto gráfico similar a las celdas vacías de un panal de abejas. Y la propia partícula directriz es un mecanismo determinado que se ocupa de rellenar las celdas vacías. Dirige constantemente el alma hacia aquella energía de que la que deben rellenarse las celdas. Este mecanismo se asemeja, vagamente, a cuando surge un deseo relacionado con la adquisición de lo que le falta al alma.

– ¿En qué momento de la creación de la matriz se produce su espiritualización? ¿Y es en el momento de su encarnación cuando se introduce en ella la energía espiritualizadora adicional?

– La espiritualización de la matriz se realiza en el mismo momento en que ésta se carga de energía por primera vez. Tras la creación de la matriz, ésta se convierte en una estructura aislada que posee autonomía y puede existir sin cuerpo. En otras palabras, es un alma autosuficiente, capaz de evolucionar. Durante la encarnación en un cuerpo material no se deposita ninguna energía espiritualizadora adicional, ya que la materia es espiritualizada por la propia matriz, es decir, por el alma, pero al cuerpo se le suministra otro tipo de energía que necesita.

– ¿Cómo se rellena la matriz de energías? ¿Cómo pasa la energía a través de las envolturas?

– Las envolturas sirven como una especie de filtro. Las energías que corresponden al tipo de energías de las propias envolturas: astral, mental, etc, se quedan atrapadas en sus respectivas envolturas, mientras que las energías más "sutiles" penetran a través de todos los cuerpos "sutiles" existentes, con lo que se produce una purificación de las energías. Cada envoltura retiene su propia gama, por lo que, tras reiteradas purificaciones, las energías de mayor calidad penetran y rellenan las celdas de la matriz.

– ¿Cómo se produce ese rellenado?

– Se utiliza el principio de jerarquía: cada tipo de energía rellena las celdas según su Nivel, es decir, las celdas se rellenan en un orden determinado.

– ¿Aumentarían las Entidades Superiores de modo artificial el volumen de la matriz, si fuera necesario? Por ejemplo, cuando se rellenan todas las celdas iniciales.

– No hay tal necesidad.

– ¿La matriz se da de una vez y para siempre?

– Sí.

– ¿Y es suficiente para un desarrollo infinito?

– Verá, la matriz está diseñada de tal manera que crece por sí misma. Es una construcción compleja que se autodesarrolla. Ella misma va construyendo nuevas celdas vacías a medida que va rellenando las existentes. Estas crecen en todas direcciones: perpendicular, diagonal, adyacente, en paralelo. Así, en consecuencia, aumentan los estados de transición.

– Entonces, ¿es el relleno de la matriz lo que afecta a su configuración?

– Sí, cambia constantemente y nunca hay una construcción constante de la matriz. Si, por ejemplo, una energía llena por completo una celda, inmediatamente aparece una nueva construcción, por lo que cada celda es un número, un código. Y el rellenado de una celda conlleva el cambio de su código, dado que el contenido vacío se cambia por el lleno. Las cifras de una celda cambian sistemáticamente a medida que se va llenando, es decir, se produce un rellenado de la celda, que se expresa en el cambio de las cifras que contiene. El relleno corresponde a un código completado, que a su vez da la señal para iniciar una nueva construcción de la siguiente celda. Y al haber una nueva celda y una nueva energía en ella, la composición de los números cambia toda. Con la llegada de una nueva energía, todas las combinaciones interiores y el código general del alma cambian a la vez.

– ¿El espectro de energías que rellenan es el mismo para todas las matrices?

– El relleno inicial se ajusta a un volumen particular y a una determinada calidad de energías, ya que el alma aún no se ha desarrollado y desconoce lo que necesita y lo que no. Un estadio inicial es formado inequívocamente y delimitado por un marco concreto. Y cuando esta matriz inicial está completamente llena, comienza a rellenarse por sí misma con lo que más necesite. Entonces, continúa a moverse en relación con su relleno inicial, como punto de partida. Apareciendo ya su propia meta, su propia elección individual, su propio camino. La configuración de la matriz cambia en función de su relleno y el volumen total crece.

– ¿Cualquier elección que haga una persona en la vida cambia su configuración?

– Sí, los caminos de perfeccionamiento afectan a la configuración de la matriz, ya que determinan los tipos de energías que deben rellenarse. Todo está interconectado.

– ¿Cambia la configuración de la matriz cuando un alma pasa de un Nivel a otro?

– Sí. La configuración cambia en todas las direcciones, volumétricamente.

– Pero ¿estos cambios se producen bruscamente, a saltos o suavemente?

– Todo depende de las emociones de los individuos que pasen del plano terrestre al primer Nivel. Hablemos del Nivel inferior de la Jerarquía, ya que es el más comprensible para vosotros. Cuando las almas pasan del plano terrestre al primer Nivel de la Jerarquía, todavía poseen muchas emociones, y éstas afectan a la construcción del alma. Aunque dicen que no hay emociones, pero en la etapa inicial se conservan y afectan a la construcción de la configuración del alma. Es decir, dependiendo de lo que el individuo experimente en el momento de la transición hay un rellenado peculiar de las celdas, por lo que las emociones fuertes pueden cambiar la configuración bruscamente, y las emociones tranquilas pueden cambiar la configuración suave y tranquilamente.

– ¿Qué significa para la matriz que el alma de una persona alcance el centésimo Nivel en la Tierra?

– La matriz primaria se rellena completamente con las energías necesarias y, a continuación, comienza el proceso de crecimiento autónomo de la matriz. Este es el comienzo de una nueva etapa de desarrollo. Pero todavía el alma sigue siendo dirigida desde lo Alto.

– ¿Se detiene alguna vez el rellenado de la matriz con energías?

– La matriz es una constante, y el rellenado de las celdas con una nueva composición cualitativa nunca se detiene. El desarrollo es una transformación infinita del contenido interior o composito.

– ¿Se permite la entrada en la matriz de energías de baja calidad?

– No, no se permite su entrada. Sólo se admiten en las celdas energías de calidad absoluta, es decir, las más puras, sin la menor impureza. ¿Y qué es la "suciedad"? También es energía, pero de otra calidad, muy baja en el Nivel, por lo que también la calidad es baja. No puede pasar a los mundos Superiores, se elimina del alma y permanece abajo. Por esta razón, en la Tierra, el alma se purifica desprendiéndose de las envolturas temporales en las que se acumulan los componentes energéticos de baja composición. Las envolturas no dejan entrar en la matriz cualidades inapropiadas. Sólo entran en ella las energías de orden más elevado. Por lo tanto, son homogéneas. Sólo entra en la matriz la energía más pura, aunque con diferentes cualidades. Cada cualidad tiene su valor absoluto, un cierto punto de referencia para el ciclo de desarrollo dado. El ser humano acumula las mismas energías que Yo. Sólo difieren en potencia y cantidad.

– ¿Se puede considerar que la energía que una persona recibe a través de los vicios es de baja calidad?

– Para el Sistema positivo es de mala calidad, y para el Sistema negativo es de mejor calidad. En la Jerarquía del Diablo también se perfeccionan, pero en dirección opuesta, por eso la energía de los vicios son cualidades que conducen al Diablo.

– ¿Determina la matriz el tipo de comportamiento humano para cada etapa del desarrollo, por ejemplo, ser valiente en una vida y cobarde en otra? ¿Cómo se determina el tipo de comportamiento en la siguiente vida?

– Todo está determinado por el objetivo. Es la meta la que determina qué energías debe acumular una persona en la próxima vida cuando alcance el objetivo que se ha fijado. Las energías que debe acumular son las cualidades de su carácter, por lo que el tipo de carácter se elige en correspondencia: coraje o cautela, u otra característica.

– La matriz del ser humano comienza a rellenarse en la Tierra, y cuando su alma pasa a la Jerarquía y se convierte en la Entidad, ¿su matriz continúa llenándose o en los mundos Superiores las acumulaciones necesarias se producen de otra manera?

– No, todo ocurre de la misma manera. La Entidad rellena las celdas y hace nuevas superestructuras y agregados. Las ampliaciones se producen primero en los primeros Niveles de las celdas y después en las bases celulares. Se trata de las mismas celdas, pero de mucho mayor tamaño.

– Al ascender por los escalones de la Jerarquía, ¿tiene el alma que rellenar la matriz en cada Nivel con una cierta cantidad de energía para ascender al siguiente Nivel?

– Sí, pero no sólo se tiene en cuenta la cantidad. El programa está configurado para obtener cierto número normativo de tipos de energías diferentes, cualidades diferentes.

– ¿Se rellena la matriz en un Nivel con unos tipos de energías, y en el siguiente con otros?

– Cada Nivel requiere tanto la cantidad como la calidad correspondiente de energías en las celdas. Sin alcanzar los valores normativos, el alma no puede ascender al siguiente Nivel. Pero durante la transición, en la etapa inicial el alma puede completar aquellas energías que comenzó a adquirir en el Nivel anterior, es decir, algunas celdas comienzan a rellenarse en un Nivel inferior y continúan en uno superior.

– ¿En qué período de desarrollo se da la matriz inicial? ¿Durante todo el tiempo de permanencia en la Tierra o hasta el final de la permanencia en la Jerarquía?

– No, ciertamente hay un límite para la construcción inicial de la matriz. Teniendo en cuenta otras celdas planificadas, la matriz primaria está pensada para el rellenado hasta los primeros Niveles de la Jerarquía. Pero, por supuesto, éstas no son sus limitaciones exactas. El individuo tiene derecho a un desarrollo acelerado, por lo que un individuo hábil y decidido puede rellenar la matriz ya en la Tierra. Todo depende del propio individuo. Nunca hay una respuesta definitiva. Siempre hay variantes.

– ¿Puede aparecer tal momento en el desarrollo de la Entidad cuando la matriz ya no tenga importancia para ella?

– Nunca habrá tal momento. La matriz siempre es de gran importancia para cualquier Entidad, porque sin ella un individuo no es un individuo. Un individuo sin matriz deja de existir como ser espiritualizado. La matriz es el Individuo.

La trinidad del alma

El alma posee muchas peculiaridades estructurales y entre ellas debemos destacar su carácter trinitario. Cuando comenzamos a explorar este tema lo hicimos partiendo de una sola frase que Dios había dicho: "El alma es trina". Pero la preparación de las preguntas sobre este tema permitió captar, de contacto en contacto, muchas verdades relacionadas con este concepto.

– El alma es trina. ¿En qué consiste su trinidad?

– El alma está formada por tres principios: positivo, negativo y de dirección, es decir, se la puede visualizar como un volumen, representado en el plano, formado por tres sectores (véase el esquema 4), de los cuales el sector de Dirección es el principal. En cada alma hay un principio positivo del bien y un principio negativo del mal, y cada uno de ellos, cuando está en equilibrio, ocupa una cuarta parte del volumen. La parte de la Dirección ocupa siempre la mitad de la esfera en un individuo en desarrollo. En el momento de la creación inicial del alma, los tres sectores son iguales entre sí, comenzando cada uno su desarrollo con un uno por ciento. Esto se da inicialmente en cada alma. En el transcurso del desarrollo las proporciones entre los sectores cambian constantemente, pero la parte de la Dirección, habiendo alcanzado la mitad del volumen, siempre mantiene su parte equivalente a la mitad del volumen total. Así es el programa de construcción del alma.

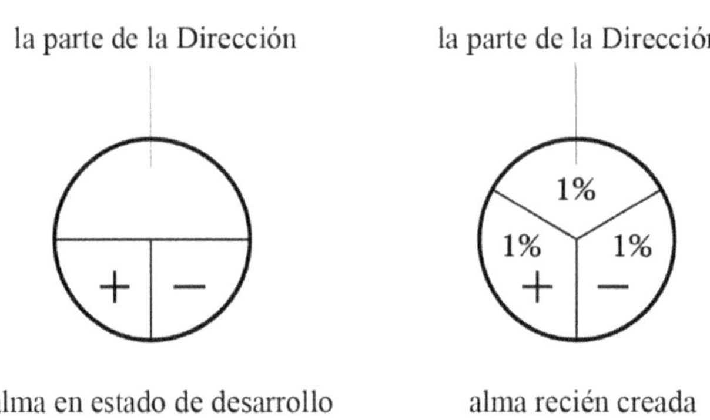

Esquema 4. La trinidad del alma

– ¿Existen otros tipos de energía, además de la positiva, negativa y neutra, que se den al alma en el momento de su creación?

– No. El alma recibe tres energías esenciales y no necesita nada más para seguir desarrollándose.

– ¿Es capaz esa alma de pensar en seguida?

– No, es como un recién nacido. Hace lo que está previsto en el programa para la primera etapa. Lo principal que tiene es el impulso para desarrollarse. Y el pensamiento en sí se desarrolla durante el proceso de paso por las etapas.

– Si el alma se desarrolla sólo en la dirección del bien, ¿quedan en ella sólo dos sectores: el sector positivo y el sector de Dirección?

– No, necesariamente queda un uno por ciento del sector negativo. Es una constante. Existe desde el principio de la creación y nada puede destruirlo.

– Entonces, ¿también la parte positiva puede reducirse sólo al uno por ciento?

– Sí.

– ¿Puede disminuir la parte de Dirección?

– No, sólo se incrementa en el curso del desarrollo, porque cualquier aumento en la parte positiva o negativa genera un aumento en el sector de Dirección.

– Durante el desarrollo, ¿tiene el individuo que mantener un equilibrio entre lo positivo y lo negativo dentro de su alma?

– No necesariamente. Los sectores nunca deben ser iguales. El propio desarrollo siempre conduce a la superación de una u otra parte.

– Y si en el proceso de desarrollo un individuo lograse tal equilibrio de sectores que, salvo en un uno por ciento, todo en él se vuelve positivo, ¿qué le ocurriría más adelante? ¿Qué hace después con ese conjunto de energías?

– Ese individuo se volverá creativo en el Sistema de los Ángeles. Y si se volviera totalmente negativo, aparte del uno por ciento positivo, pasaría al Diablo. Viraría hacia otras direcciones de progresión, hacia otros intereses.

– ¿Qué incluye el sector de Dirección?

– Es una construcción especial del alma. Se puede decir que hay autoconciencia, una mente del alma misma.

– ¿Es como un cerebro humano?

– Algo parecido. El sector de Dirección del alma crece a expensas de otros sectores: uno positivo y otro negativo.

– ¿En qué se basa el sector de Dirección del alma: ¿en la consciencia, en el subconsciente?

– Muy buena pregunta. – Le gustó tanto esta pregunta que le dio cien puntos. – La parte de Dirección es la subconsciencia, se basa en la energía de la espiritualización y en la consciencia del "yo".

– ¿Cuál es la estructura de la parte de Dirección? ¿Está en la matriz?

– La consciencia, como envoltura, envuelve la matriz desde el exterior y es la principal fuerza actuante del subconsciente, ya que éste se encuentra constantemente preservando su contenido interno y, por lo tanto, es menos activo que la consciencia. Proporciona a la Entidad una conciencia con autonomía para todo. La autoconciencia del alma sólo se produce en el estadio inicial con la matriz sin rellenar (así, un bebé es consciente de sí mismo, de que existe, aunque no comprenda nada). Y cuando el alma se desarrolla y la matriz se rellena, el individuo toma conciencia de la existencia del mundo circundante además de sí mismo.

– ¿Y cómo se relacionan entre sí la parte de Dirección y el programa?

– En el caso de las Entidades, el programa elaborado se inserta en la parte de Dirección para un límite vital. El programa de un ser humano también está conectado con la parte de Dirección, pero como también tiene envolturas, el programa se graba en cada envoltura con el modo de funcionamiento correspondiente al de cada una de ellas. Cada envoltura tiene su propio programa, o, para ser más precisos, un subprograma. En cuanto al límite de vida útil de un programa, es diferente para cada uno. Por ejemplo, en Mi caso, el límite es el ciclo completo de desarrollo de la Jerarquía. Así es una vida Mía. Después de completar el desarrollo de la Jerarquía, Mi programa es reemplazado por uno nuevo.

– ¿Cómo desenvuelve el programa la parte de Dirección?

– La conciencia del individuo efectúa el despliegue del programa y dirige el curso de su ejecución, es decir, calcula de qué manera es más beneficioso llevarla a cabo. Uno planifica el día siguiente: qué hacer, cómo y con qué, para lo que no tendrá tiempo, teniendo que posponerlo para más adelante.

– ¿Cómo funciona la parte de Dirección?

– La parte de Dirección produce ciertas acumulaciones que entran en la matriz. Pero la propia matriz está dividida en tres departamentos que contienen tres tipos diferentes de energía, es decir, las partes del alma trina, la positiva, la negativa y la parte de Dirección, haciendo las acumulaciones en su propio departamento de la matriz. Además, las energías más elevadas de las otras dos partes van a parar a la parte de Dirección. Esto se suma al hecho de que hace acumulaciones propias. Así que en realidad sus recursos energéticos se triplican.

– ¿Cuál es la función de la parte de Dirección dentro del alma, si la parte positiva y la parte negativa pueden disminuir o aumentar hasta un mínimo o un máximo límite establecido?

– El sector de Dirección lo dirige todo, todas las Leyes del desarrollo que funcionan dentro, como el cerebro físico de un hombre dirige los procesos fisiológicos dentro de su organismo, controlándolos. Todo está sujeto a determinadas Leyes del cuerpo físico. También la parte de Dirección del alma controla todo lo que ocurre en su interior y lleva a cabo reconstrucciones cuando es necesario. En cuanto a la reducción o aumento de la acumulación de energías de signos opuestos hasta los límites establecidos, pues en esto consiste la dirección, en sentido de que más allá de estas magnitudes máximas o mínimas no se acumularán ni se perderán energías. Todas las energías superfluas serán ya descartadas o asentadas temporalmente en envolturas "sutiles", siendo empleadas en algo diferente en el organismo.

– Pero, entonces, ¿cómo se permite que las energías positivas del alma se reduzcan al mínimo? – Lo habíamos malentendido, al dar por supuesto que el que dirige no debe permitir que el alma se transforme de positiva en negativa.

– Este mínimo lo establece la parte de Dirección. Y durante el desarrollo va cambiando cuantitativamente. Este mínimo no se le da al alma en el momento de la creación. El volumen del alma se incrementa a medida que va perfeccionándose. Y el mínimo al que puede reducirse o aumentar la parte positiva o negativa se toma del nuevo volumen total, es decir, del uno por ciento del estado actual del alma. Por lo tanto, el uno por ciento del alma inicial y el uno por ciento del volumen actual pueden ser inconmensurablemente diferentes. La parte de Dirección determina sistemáticamente mediante cálculo este uno por ciento de cada nuevo volumen.

– ¿No es importante para la parte de Dirección mantener un equilibrio entre la parte máxima y la mínima en el alma?

– Cómo no va a ser importante. Hace todo lo que está en su mano para mantenerlo. Lo vigila todo, tiene todas las Leyes del desarrollo, incluidas las Leyes del equilibrio. Si las Leyes lo permiten, ella lo permitirá. Pero es el libre albedrío el que toma las decisiones.

– Lo que no comprendemos es lo siguiente: si partimos de que el desarrollo negativo es malo, ¿por qué la parte de Dirección no impide que el alma adquiera cualidades negativas? ¿No podría habérsele impuesto dicha restricción?

– Esto se debe únicamente a la Ley de libre albedrío. Cada individuo tiene derecho a elegir, y nadie puede limitar sus deseos ni obstaculizar su elección. Todo sucede sobre la base del funcionamiento de las Leyes.

– Algunas almas absorben en sí muchas cosas negativas. ¿Hay alguna manera de evitarlo?

– ¿Queréis decir que Nosotros dirigimos esas almas que después se van con el Diablo y no lo impedimos?

– Sí. Podría prevenirse con algunas medidas artificiales.

– En Mis mundos rige el libre albedrio. Todo depende de él. Quiero almas altamente conscientes, sus cualidades que se logran a través de la alta conciencia. Cualquier limitación artificial da las cualidades inadecuadas. Además, si impedir que los individuos se degraden hacia el lado negativo, ¿quién trabajará entonces para el Diablo? Él también necesita personal para hacer el trabajo sucio, y en grandes cantidades. Lo importante es que hagan el trabajo sucio bajo Su control, pero para Mí, para Mis propósitos.

– Entendemos.

– El poder es necesario tanto para Mí como para Él -continuó Dios-, para cumplir con el volumen de trabajo que Yo le dé. Por lo tanto, es necesario que Él se expanda junto Conmigo. Nosotros también dirigimos el desarrollo de los individuos y observamos la elección del alma. Hasta cierto punto, ella elige hacia dónde quiere ir: hacia el bien o hacia el mal. Pero esta elección llega al límite, después de lo cual el alma o viene hacia Mí en la dirección positiva o va hacia el Diablo en la dirección negativa. La parte de Dirección en cualquier alma tiene la misma función de elegir entre más y menos. Dicta las Leyes. Y su cumplimiento depende de una elección.

– ¿La parte de Dirección es neutra?

– También se compone de más y menos, es decir, lo mejor de la parte positiva entra en ella, manteniendo el polo positivo. Y también entra de la parte negativa. Por eso contiene ambas, y además entra en esta estructura Dirigente la energía de espiritualización portando el principio Divino.

– ¿Dónde está la matriz en la trinidad del alma? ¿Cómo se relacionan entre sí?

– Esquemáticamente, se ve así: (a la contactado L. Seklitova se le da un esquema (véase el esquema 5)).

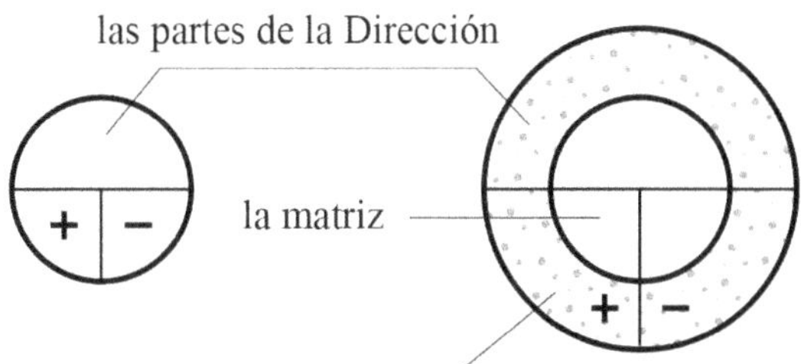

todas las envolturas «sutiles» del alma,
con las acumulaciones correctas (visión general del alma)

Nota:
La visión general del alma incluye: la matriz trinitaria, todas las envolturas sutiles, incluyendo las temporales.

Esquema 5. El alma trinitaria

– ¿La memoria del Individuo Superior se encuentra en la parte de Dirección o en otra parte?

– La memoria se encuentra en la matriz. Cada una de sus celdas representa algún bloque de memoria, porque cada partícula de cualidad energética contiene el recuerdo de aquella situación, acción, pensamiento, sentimiento a través del cual fue recibida. La memoria del alma registra incluso pensamientos embrionarios, que aún no han recibido su forma definitiva. Incluso las ilusiones que el alma tiene sobre algo también se fijan en la memoria del alma. Los Individuos Superiores son capaces de extraer recuerdos de los bloques de memoria por sí mismos. Sin embargo, los Individuos sólo pueden referirse a su pasado, leyéndolo, a partir de un determinado Nivel de Desarrollo.

Enfermedad de la matriz. Degradación

El cuerpo material del ser humano sufre enfermedades, pero a menudo sentimos que nuestra alma también sufre. Por lo tanto, la cuestión de las enfermedades de la matriz es oportuna. El alma es etérea, pero ¿puede su materia "sutil" dañarse, enfermar? En este asunto también hay muchas dudas, por lo que comenzamos a indagar formulándole a Dios las siguientes preguntas:

– ¿Existe algún defecto que haga que la matriz enferme?

– Existe.

– ¿Con qué tiene que ver?

– Con un error de cálculo en la formación de estructuras de construcciones añadidas. Ocurre que la energía almacenada se escapa de la matriz si se produce una avería en alguna de las celdas. La energía puede salir de ella completamente.

– ¿Y interviene alguien en este caso?

– ¿Qué pensáis vosotros?

– ¿Podría intervenir el Determinador* o el Sistema que controla el desarrollo de ese individuo?

– Interviene el Sistema Médico, el guardián de todas Mis Entidades. Este Sistema cura al individuo, es decir, reconstruye la celda dañada. Aunque después del tratamiento, quedará vacía y habrá que volver a rellenarla.

– Pero ¿el individuo al pasar por diversas situaciones va perdiendo energía sin tener culpa?

– Pues tendrá que volver a rellenarla. La celda debe rellenarse con la calidad requerida. ¿Quién le dará esa energía? Todo debe ganarse con el propio esfuerzo. Sólo el esfuerzo personal en curso dará la calidad requerida.

– ¿No se le conceden indulgencias o recompensas?

– No. De nuevo – esfuerzo y esfuerzo.

– ¿Pero cambia el siguiente programa individual?

– Naturalmente. Debido a lo que ha sucedido, el alma baja varios grados y empieza a hacer la acumulación necesaria a partir de ahí. Sí, eso también sucede. Todo pasa.

– ¿El relleno de la matriz en Su Jerarquía es similar al del Diablo?

– El proceso de rellenado de las celdas con energías es el mismo, ya que Yo soy el Creador de todas las almas, no importa en qué sistemas estén, y el principio de construcción sigue siendo el Mío, mientras que las cualidades de las energías dependen de los caminos de desarrollo elegidos.

– Sabemos que un alma tiene una matriz y una envoltura. ¿Y dónde se encuentran exactamente la consciencia y la mente de una persona?

– La consciencia está en la matriz, mientras que la mente, el intelecto, está en los cuerpos permanentes. Por supuesto, la mente de una persona no pertenece al cerebro físico y no depende totalmente sólo de él. Cuando el alma abandona la envoltura material, su mente se preserva y enriquece de encarnación en encarnación. Sin embargo, el ser humano, debido a su escaso desarrollo, aún no es capaz de pensar con la matriz, es decir, mientras desarrolla su aparato pensante, que se encuentra fuera de la matriz.

– ¿A los Supremos Jerarcas les pasa lo mismo?

– No, con ellos es un poco diferente. Pero aún no lo podéis entenderlo.

– ¿Cómo y a qué coste se producen las destrucciones en la matriz?

– A través de Mi intervención, es decir, Quien la creó, sólo Él puede destruirla. La matriz no se destruye espontáneamente.

– ¿Y ningún otro Ser puede romperla o desmembrarla?

– No. Ningún Ser es capaz de destruirla desde fuera o desde dentro. Lo único que puede afectarle por parte de un individuo es el aumento de su propia matriz con nuevas celdas, nuevas formaciones. Es todo lo que permito.

– Entonces, ¿qué ocurre en la degradación del individuo?

– El vaciamiento de las celdas de la matriz, es decir, gasto de energías, dispersión de los componentes energéticos acumulados anteriormente. Pero la propia base energética, la estructura de la matriz, nunca se destruye, y la partícula que controla la acción inicial, el microprocesador, también es constante, y nada puede destruir estos dos constituyentes básicos del alma salvo Yo mismo.

– Entonces, ¿una persona degradada desperdicia Su energía Divina en sus celdas y las rellena con las energías densas del Diablo en la transición a Su Jerarquía negativa?

– Sí, el relleno cualitativo de la matriz cambia. En sentido figurado, se puede imaginar que la energía luminosa es reemplazada en las celdas por una energía negra. Pero la matriz no está completamente oscura durante la transición al Diablo. Como la matriz misma está hecha por Mí y se desarrolla en Mi mundo, se rellena de energías claras hasta cierto punto, y durante la degradación no se desperdician todas, sino sólo aquellas cuya calidad es incompleta. Por lo tanto, una parte de las energías claras permanece en esa alma durante la transición al Diablo.

– Entonces, ¿no hay diferencia entre las matrices de Vuestras almas y las de las almas del Diablo?

– Hay diferencia. Después de la transición final al Diablo, comienza el rellenado de nuevas bases agregadas con otro tipo de energías: solo con energías del Diablo, que son las necesarias para el desarrollo de las almas en la dirección que Él quiere. Para este propósito, Él hace programas para nuevas almas, que les ayudan a adquirir solo Su tipo de energías.

– En el sistema del Diablo, ¿puede un individuo degradarse?

– Sí, hay casos en que Sus individuos se vuelven hacia el bien, pero Él los destruye o los vacía completamente, limpiándoles las energías acumuladas y vuelve a desarrollarlos de nuevo en Sus mundos inferiores.

Tiempo y matriz

El alma humana, durante su encarnación en la Tierra, está permanentemente conectada al tiempo, y cada etapa de su desarrollo se sitúa dentro de ciertos límites temporales. Hay que averiguar qué significa el tiempo para el alma eterna.

– ¿Cómo influye el tiempo en la matriz? ¿Depende la matriz del tiempo, es decir, lo que acumula durante un período de existencia?

– El tiempo no tiene ningún efecto sobre la matriz. No puede depender de él, ya que ella es eterna.

– Entonces ¿el tiempo sólo actúa como portador del programa?

– Sí, no existe ninguna otra relación. La matriz, a través del tiempo, sólo está conectada al programa del cuerpo desde su nacimiento hasta su muerte. Para la propia matriz, el tiempo puede extenderse hasta el infinito si se queda sin relleno.

– ¿La matriz del alma humana existe fuera del tiempo cuando el alma está fuera del cuerpo?

– Cuando el alma está fuera del cuerpo, el tiempo no está ausente en ella. Ya está sujeta a otro tiempo, correspondiente al mundo en el que habita. En ella, el tiempo se mide de otra manera y su duración es diferente. Aunque se diga que el tiempo es infinito, siempre es mensurable.

– Cuando un alma es enviada a un mundo, ¿se une al tiempo de ese mundo?

– Sí. Cada alma tiene su propio tiempo, que se desarrolla junto con el individuo al que ese tiempo conduce. El hombre está acostumbrado a tratar el tiempo como una cierta constante para una persona o para el mundo. Y el tiempo es capaz de desarrollarse como todo lo demás y también tiene su propia matriz constructiva. Al desarrollar algo el tiempo, en primer lugar, se desarrolla a sí mismo.

– ¿Y cuál es la diferencia entre la matriz del alma y la matriz del Tiempo?

– Se diferencian en la calidad de la materia, en su configuración, en sus posibilidades y objetivos. En general, el tiempo es una magnitud absoluta, totalmente independiente y, por lo tanto, está presente en todo, es decir, ha alcanzado un nivel de desarrollo tan alto que está en todas partes. Impregna todos los planos. Sin tiempo no hay vida.

– ¿Cuando el cuerpo físico de una persona muere, todas las unidades temporales que había en él pasan al campo general?

– El tiempo tiene su propia Jerarquía, ya que a cada Nivel de desarrollo le corresponde su propio Nivel de desarrollo del tiempo, sus unidades. Por eso, tras la destrucción del cuerpo físico, las unidades temporales vuelven al nivel de perfección correspondiente.

– ¿Cómo encaja la matriz del Tiempo con el programa de una persona cuando es enviada a la Tierra?

– Es difícil explicaros lo que no podéis ver... El tiempo se superpone a cada matriz numérica como si fuera un cuadrado: el cuadrado numérico de la matriz del alma y el cuadrado de la matriz del Tiempo son iguales, o, mejor dicho, no son iguales, sino que se corresponden en volumen, programa y código, es decir, no llevan el mismo número, al tratarse de estructuras "sutiles", y ellas mismas tienen un tiempo diferente. Por eso la duración del tiempo superpuesta a las matrices es diferente a la duración del tiempo en el mundo físico. En realidad, el ser humano vive distintos tiempos continuos: el cuerpo físico en un tiempo, las estructuras "sutiles" en otro y la matriz en un tercero.

– ¿El control por parte del tiempo del programa de una persona consiste en atar fuertemente las cifras a la matriz?

– Se conecta tanto a la matriz como al propio programa y da una especie de orden a las acciones, activa unas situaciones y procesos y desactiva otros. Manteniendo todo dentro de unos ciertos límites temporales.

– La matriz del alma suele rellenarse con las energías elaboradas por el ser humano. ¿Y, la matriz del Tiempo se rellena de algo?

– Por supuesto que sí. Si el tiempo se perfecciona y no se degrada, lo que también es posible, la matriz se rellena necesariamente con los componentes adecuados. El tiempo tiene su propio composito especial.

– ¿Los Seres Eternos también tienen una matriz de Tiempo?

– Nombrad a esos Seres Eternos. ¿A quién se refieren? Hay muchos mundos donde hay Seres Superiores.

– Por ejemplo, los Determinadores o los Fundadores*.

– Sí, tienen una matriz de Tiempo.

– Entonces, ¿obedecen a las Leyes generales de la Creación Universal?

– Sí, por supuesto.

– Las almas de algunas personas tienen la capacidad de salir volando de su cuerpo físico. ¿Pero por qué el alma no siente el paso del tiempo cuando está dormida?

– Siente, pero sólo en un tiempo diferente. El ser humano está en sintonía principalmente con la percepción de las unidades temporales físicas. Para él es lo más perceptible. El alma tiene percepciones más "sutiles" del tiempo, por eso el ser humano no lo nota. Pero el alma siente el tiempo que está programado en relación con un sueño determinado. También hay tiempo en un sueño, pero es su propio tiempo. El tiempo está en todo, pero tiene diferentes unidades de medida y extensión.

Matrices de diferentes formas

Del aprendizaje de los fundamentos del alma humana pasamos al estudio de las almas de otras formas vivientes.

– ¿Los seres de diversos mundos paralelos tienen matrices iguales o diferentes?

– Diferentes. Las construyen de diferentes maneras y a partir de diferentes tipos de energías.

– ¿Todas las almas tienen una construcción matricial?

– Todas.

– ¿Puede el alma con una matriz vacía incorporarse directamente a un cuerpo humano o debe desarrollarse primero en el cuerpo de un pez o un animal?

– Todo depende de la creación del tipo de alma requerido. Para el primer tipo terrestre no puede. El alma debe rellenar previamente sus celdas con las energías subyacentes.

– ¿Un alma nueva tiene que partir del Nivel mineral de desarrollo?

– No, no necesariamente a partir de minerales. Un alma puede empezar su camino evolutivo en plantas y en algunos casos en insectos.

– ¿La encarnación del segundo tipo de alma terrestre se produce directamente en un cuerpo humano?

– Sí, por supuesto. Son precisamente aquellas almas que se crean especialmente para la Tierra para una forma humana, es decir, las matrices habituales con envolturas permanentes y temporales se introducen en un cuerpo material. Pero como ya se ha dicho, en el cuerpo humano pueden encarnarse almas del mundo animal y de otros mundos, en los que los seres se desarrollaron a base de energía acumulada hasta el Nivel humano. El potencial de sus almas es igual al potencial energético de vuestro mundo. Tales personas sienten intuitivamente su origen extraterrestre y pueden considerarse a sí mismas como alienígenas.

– ¿Las almas de los planetas también tienen algún tipo de matriz?

– Sí, por supuesto. Pero ¿por qué, por ejemplo, ahora Nosotros podemos introducir el alma de un planeta en un cuerpo humano, aunque a vosotros os parezca irreal? En este caso nos referimos a la introducción del alma del planeta en la persona de vuestra contactado. Comparemos la matriz de una persona y la matriz de un planeta. Es necesario comprender por qué tal encarnación es posible en almas tan complejas como A ... (dice el nombre cósmico* de la contactado). Su configurabilidad es muy compleja. Cuanto más elevada es el alma en términos de desarrollo, tanto más compleja es su configuración, y tanto más cerca están unas de otras las almas cuanto más complejas. Por lo tanto, el alma compleja del ser humano es muy cercana en su construcción al alma del planeta, y viceversa. Los planetas en sí son más elevados que un ser humano, y se necesita mucho tiempo para que este alcance, por ejemplo, alguna etapa inicial de su desarrollo en términos de potencia, en cuanto a la variedad de energías que llenan la matriz, y en cuanto a su configuración. Por eso, si una persona ha alcanzado el centésimo Nivel terrestre, puede introducir plenamente su alma en el cuerpo de un planeta, ya que la configuración de su matriz se aproxima al máximo a la estructura de la matriz del planeta. Esto se asemeja a la transición de un alma de un Nivel a otro en la Jerarquía. Del mismo modo, cuando el alma de un animal alcanza su Nivel superior, cuando su matriz se vuelve similar en estructura a la matriz humana del Nivel inferior del plano terrestre, entonces el animal, su alma, puede introducirse en el cuerpo humano. Pero esta transición tiene lugar en el Nivel inferior, y el Nivel inferior del ser humano en la Tierra difiere del Nivel superior en el camino del desarrollo de un centenar de Niveles terrenales. Y hay que saber distinguir estos Niveles: un alma acaba de salir del mundo animal, mientras que la otra está construida de forma tan poderosa y multidimensional que está preparada para encarnarse en la forma planetaria.

Cuanto más elevado es, en su configuración, el potencial energético de un alma más cerca está de mundos nuevos, de Niveles de la Jerarquía. Por ejemplo, vosotros, habéis pasado ya una cierta etapa de planetas y os habéis aproximado a la etapa de algunos Seres más elevados, Superiores*. Así que podríais ser introducidos en los cuerpos de estos Seres, pero en otro mundo, en otro planeta o en algún nivel energético superior. Es poco probable que aparezcáis de nuevo en el mundo físico, pero podéis aparecer en un nuevo nivel energético.

– ¿Y por esta razón, cualquier Ser Superpuesto puede encarnarse en un ser subyacente?

– Sí, puede. La incorporación se produce en la frontera de los Niveles de desarrollo. Cuando una encarnación se hace en orden inverso: de un Nivel superior a uno inferior, lo que está relacionado con el cumplimiento de una tarea especial, necesariamente se utiliza un cálculo exacto, para que la forma subyacente pueda soportar el potencial energético más elevado, para que el cuerpo no estalle a causa de la inmensa potencia. En efecto, cada forma de un mundo está diseñada sólo para su potencial energético superior. Y cuando el alma desciende a este cuerpo desde un Nivel subyacente, entonces el alma necesita protección, y el propio cuerpo también necesita protección de muchas capas especiales.

– ¿Tienen los Jerarcas Superiores la misma matriz que un ser humano?

– No. Tienen una construcción completamente diferente.

– ¿Y de dónde proviene esa "otra construcción", si comenzaron su desarrollo en el plano terrestre, pasando por la etapa humana?

– Un número reducido de Entidades de la Jerarquía pasaron por la etapa humana. Y esas tienen una construcción diferente a la vuestra. Por lo general, el crecimiento de los volúmenes requeridos se produce en los Seres Superiores desde lo Alto. Pero si hablamos de aquellas almas que vinieron de la Tierra, entonces, después de que su matriz en el plano terrestre ha sido rellenada con la composición necesaria de energías, desde lo Alto se agregan volúmenes adicionales a su matriz. Crecen como un panal en diferentes direcciones. La matriz se expande.

– ¿Cuanto más elevado es el intelecto, más rápido se rellena la matriz?

– Sí, unas almas inferiores no siempre son capaces de rellenar las celdas con energías de la calidad requerida, por eso hay que purificarlas de las llamadas energías "sucias". No todas las energías que generan las almas inferiores, aunque estas evolucionen, entran en sus matrices. Las energías "sucias" no pueden entrar allí. Y los individuos Superiores que ya están en la Jerarquía no producen una gama baja de energías, por lo que no tienen esa necesidad de purificación que existe en la Tierra. Los individuos Superiores trabajan con tal gama de energías que entran directamente en la matriz, sin defectos, por eso la matriz se rellena más rápidamente.

Capítulo 2

EL DESARROLLO

DIFERENTES VÍAS DEL PERFECCIONAMIENTO

En el capítulo anterior aprendimos que el alma tiene una estructura. Pero ¿cómo acontecen los cambios en ella? ¿O se mantiene constante? ¿Para qué estudiamos durante toda nuestra vida y qué proporciona esto al alma? Hay muchas preguntas que necesitamos hacerle a Dios para poder comprender el significado de nuestra existencia. Así que nuevamente nos dirigimos al Creador.

– ¿En qué consiste el perfeccionamiento del alma?

– A Nivel cotidiano, consiste en la adquisición de experiencia de vida, de Nuevos Conocimientos, en el desarrollo tanto de sentimientos como de inteligencia. Y en el plano energético, en la ampliación del propio potencial energético.

– ¿Debido a qué acontece el crecimiento evolutivo del alma?

– Debido a su desarrollo a través de situaciones de la vida.

– ¿Es posible acelerar la progresión del alma?

– La evolución del alma no puede acelerarse. Esto debe entenderse así: según como se le dé a ella, así se desarrollará. Para ello se componen programas que determinan el destino.

– ¿Todas las almas tienen derecho a evolucionar?

– No, no todas. Hay programas de degradación.

– ¿Por qué las personas reciben tales programas?

– Para probar la resistencia de las cualidades adquiridas en el pasado, o para desarrollar las que falten.

– Pero ¿se puede alentar la degradación? ¿no debería la persona luchar contra ella?

– Por supuesto, debe luchar. Este es el significado de la prueba: determinar hasta qué límite un alma en particular puede hundirse en condiciones adversas. Si las cualidades internas son fuertes puede que no se hunda y solo se detenga en su desarrollo en el mismo Nivel: siempre que esa persona no beba ni consuma drogas. Simplemente se cierra en un círculo estrecho, cumpliendo automáticamente la tarea encomendada. En el caso de que el programa de degradación se oriente hacia la adquisición de las cualidades faltantes, entonces, el alma seguirá el camino negativo, adquiriendo así las energías necesarias. Así, una persona no se convertirá necesariamente en villana, pues algunas formas de actividad que contribuyen a la adquisición de cualidades negativas. Por ejemplo, calculadores, programadores, militares, pueden generar energías negativas debido a actividades necesarias para la sociedad.

– ¿Si alguna persona se ha elevado mucho en su desarrollo, ¿no bajará o comenzará a bajar de nuevo en algún momento?

– ¿Por qué suponéis que la involución es posible?

– La gente tiene una teoría por la que el individuo, en primer lugar, se elevará en el desarrollo para luego comenzar un retorno en la dirección opuesta, descendiendo nuevamente a la materia. Sería como en las oscilaciones de un péndulo: primero en una dirección y luego en la contraria.

– No, eso es absolutamente erróneo. ¡Cómo va a bajar de nuevo un ser humano que ha ascendido mucho! Su consciencia se vuelve completamente diferente, y lo más importante, energéticamente sería imposible, al tener repulsión hacia las energías de nivel inferior. Pero, si hablamos de una persona de Nivel intermedio, entonces podría caer si empezara a consumir drogas y alcohol, porque el alcohol, así como las drogas, apagan la consciencia y la persona comenzaría a actuar mecánicamente, destruyéndose, quemando la energía acumulada. Por lo que, dado que su volumen disminuye, también se reduce el potencial energético y el alma, por tanto, se hunde. Pero esto solo es aplicable al

Nivel de desarrollo intermedio. Las almas elevadas son incapaces de ello, por lo que no descienden. La gente construye teorías acerca del desarrollo pendular de las almas, confundiendo algunos aspectos. Por ejemplo, el alma de una persona podría encarnarse en el cuerpo de un animal, descendiendo un grado, pero esto sería un castigo, lo que acontece con muy poca frecuencia. Por otro lado, las almas de los individuos más elevados solo descienden en caso de misiones especiales. Pero esto no es necesario para su desarrollo, sino para ayudar a otros a elevarse con ellos. Por supuesto, estos también son casos muy aislados.

– ¿Cómo se valora a una persona justa?

– Los justos y los alcohólicos son diferentes. Por lo que, en ocasiones, la actitud de un alcohólico puede considerarse más alta que la de un justo. Hay personas justas que no se dan cuenta del daño que hacen a los demás persiguiendo lo correcto con sus actitudes. Dan la impresión de que están haciendo el bien, luchando por la verdad, pero es una lucha que solo genera el mal en los otros. Se ha de juzgar a una persona por los resultados, por lo que le da a los demás. Igual pasa con los alcohólicos. Hay individuos que son inferiores y brutos, pero también los hay inofensivos, que simplemente duermen sin ocasionar daño a los demás. También hay alcohólicos, cuyos programas están fuertemente entrelazados con los de otras personas, que hacen posible identificar las propiedades negativas de estos. Con lo que hay alcohólicos que crean situaciones en las que se revelan las cualidades de otras personas. Por lo tanto, estos individuos inferiores son apreciados no por sus cualidades personales, sino por lo negativo que desvelan de los demás.

¿Por qué el desarrollo del ser humano ha de transcurrir solamente a través de dificultades?

– Porque, como viene demostrando la práctica, el ser humano es incapaz de compadecerse por alguien sin haber experimentado las dificultades por sí mismo. He de conseguir para su alma cualidades positivas, porque cuantos más obstáculos supere la persona, tanto más alto será su Nivel de concienciación. Los bienes solo corrompen el alma. La vida fácil y tranquila no contribuye a la adquisición de altas cualidades espirituales ni del potencial energético necesario.

– ¿Tiene cada nación sus propios caminos de perfeccionamiento?

– Sí. Cada una tiene peculiaridades en su perfeccionamiento, pero no son trayectos aislados. Todas tienen los mismos caminos en la Tierra, todas pasan por dificultades.

– ¿Puede el perfeccionamiento del alma transcurrir sin dificultades?

– Las variantes de los programas de desarrollo pueden ser muy diferentes. Para los individuos elevados la vida puede transcurrir con calma. Ven el objetivo más alto y se esfuerzan por alcanzarlo. Ya no necesitan dificultades, porque han adquirido las cualidades necesarias del carácter, han acumulado el potencial energético, por lo que solo les queda avanzar paulatinamente hacia el objetivo. Pero, los individuos inferiores no saben a dónde ir, corriendo de un lado a otro, ya que su inteligencia no les permite encontrar la orientación necesaria, por lo que hay que forzarlos a desarrollarse. Las dificultades ayudan a adquirir la experiencia de vida y al desarrollo del pensamiento. El individuo elevado hará todo lo posible para acelerar su desarrollo, por lo que las dificultades podrían, por el contrario, ralentizar su progresión.

– ¿Es posible, cambiando el material del cual se crea el alma, cambiar su naturaleza y modo de perfeccionamiento?

– Sí, es posible. Pero ese otro modo ya no será para la Tierra, sino para otros mundos y planetas, ya que es la materia del mundo, su energía, la que establece el modo de perfeccionamiento.

– ¿Desde qué mundo comienzan su desarrollo las almas que pasan su etapa de progresión en formas distintas al ser humano? ¿Dónde comienza su evolución?

– Se puede explicar de diversas maneras: desde un determinado momento de su evolución, porque el ser humano carece de un conocimiento completo y correcto sobre la Creación Universal. Podemos decir que la evolución del alma comienza en el laboratorio en el que es creada; o podemos tomar un punto de referencia del mundo al que se la envía inicialmente. Pero si hablamos de la versión de laboratorio de su creación, entonces debemos aclarar que el alma puede considerarse eternamente existente, porque está ensamblada a partir de partículas eternas.

– Y C.*, Ю.* – aquí pronunciamos los nombres cósmicos de dos Jerarcas Superiores -, ¿por qué proceso de evolución han pasado? Ya que, cuando aparecieron, la Tierra aun no existía.

– Pasaron por otros mundos y por otro camino evolutivo, diferente al del ser humano. Hay mundos que ni siquiera podéis imaginar. Allí transcurre una vida que es imposible transmitir a través de vuestros conceptos. Es decir, es imposible transmitir imágenes de esos mundos, de modo que sean comprensibles para vosotros.

– ¿Puede mostrarnos al menos algo parecido que podamos comparar con algo?

A la contactado se le muestra una imagen en la que los citados Jerarcas están muy por debajo en relación con la Tierra, indicando con esto, que comenzaron su desarrollo desde niveles mucho más bajos que los del ser humano. Y para nosotros ya es un hecho por el cual podemos juzgar que almas diferentes comienzan a evolucionar desde mundos diferentes, desde diferentes Niveles, lo que no impide que se eleven mucho. Incluso algunas almas pueden llegar a superar a otras en su progresión.

Después de mostrar la imagen, agregó:

– Si hay mundos inferiores, esto no significa que todos los seres que los habitan sean irremediablemente estúpidos. De una forma u otra, las almas que viven muchas vidas adquieren una gran experiencia y conocimiento.

– Pero ¿la vida en estos mundos transcurría con más o menos dificultad que en la Tierra?

– Todo es muy complicado en todas partes. Nada es fácil. Incluso ahora tenemos nuestras propias dificultades.

– ¿Cuál es el significado del sufrimiento constante?

– El perfeccionamiento del alma, el desarrollo de cualidades como la empatía, la compasión por el prójimo, la bondad, el desinterés. Solo a través del sufrimiento puede una persona alcanzar tales propiedades espirituales, y, por lo tanto, llegar a Mí. La saciedad y la riqueza producen en la persona unas cualidades, es decir, un tipo de energías, que la conducen al Diablo.

– ¿Qué sentido tiene la existencia humana? Muchas personas afirman que solo está en el amor.

– El amor es una de las etapas de desarrollo de la Jerarquía terrenal. Se divide en varias fases, de las cuales el grado inferior del amor es el amor al género opuesto, el grado medio es a toda la humanidad, y el más elevado es a Dios. Pero por encima del amor está el sentido del deber y la alta concienciación, que no permiten acciones erróneas, sabiendo siempre qué elegir. En Mí Jerarquía, la escala de valores para las Entidades cambia en relación con la terrenal. Pero en todas partes la progresión individual es primordial.

Por lo tanto, el sentido de la vida y de cualquier existencia en cualquier mundo es el perfeccionamiento del alma. Cada momento debe traer conocimiento**, sentimiento y comprensión de lo nuevo. Cada individuo debe alcanzar** Mi **Estado en su desarrollo, para convertirse en** Mi **firme apoyo y fiel ayudante en las tareas.**

– ¿Hay solo dos direcciones del desarrollo para el ser humano: hacia Usted o hacia el Diablo?

– Hay dos direcciones principales, pero hay varios caminos que conducen a Mi o al Diablo. Nombraré los principales.

Caminos positivos que conducen a Dios:

1. El camino de la bondad: amor, altruismo, auxilio a los demás;
2. El camino de la creatividad;
3. El camino del desarrollo a través de la medicina;
4. El camino del cálculo y la programación relacionadas con la creatividad.

Los caminos negativos que conducen al Diablo:

1. El camino de la maldad: crimen, engaño, robo, odio, agresión;
2. El camino de cálculo y la programación sin principio creativo.
3. El camino del automatismo.

– ¿Cuántas vidas debe vivir una persona en la Tierra para pasar al primer Nivel de la Jerarquía Divina?

– Hay cien Niveles para el plano terrenal. Pero el alma no siempre pasa precisamente por este número. Hay almas que se desarrollan lentamente y pueden permanecer en el mismo Nivel durante varias encarnaciones o programas. Y hay almas que se desarrollan más rápido y pueden pasar por dos o tres niveles en una vida, por lo que rápidamente pasan a la Jerarquía. Cien Niveles del plano terrenal son cien Niveles de Jerarquía terrestre.

– ¿La Jerarquía de la Tierra en qué estructura está incluida?

– Esta estructura me pertenece a Mí (Dios), pero estoy colaborando dentro de sus límites junto con el Diablo. La Jerarquía de la Tierra está diseñada para perfeccionar las almas iniciadas, es decir, las almas recién creadas que comienzan su desarrollo desde el mundo físico*.

– Después de pasar cien Niveles en la Tierra ¿llega el ser humano al primer Nivel de Su Jerarquía?

– Sí. Pero hay almas que, en la Tierra, avanzan repentinamente en el desarrollo, por lo que pueden llegar inmediatamente al segundo Nivel de la Jerarquía.

El programa

El alma es enviada a la Tierra para su evolución, la adquisición de experiencia de vida, el desarrollo de algunas cualidades y talentos. El hombre siempre ha creído que es él mismo el que elige los caminos de su desarrollo. Pero esto no es así. Resulta que cada persona vive y se desarrolla en este mundo de acuerdo con el programa que los Individuos Superiores le diseñan. En este sentido, surgen muchas preguntas nuevas e interesantes.

– Independientemente de la forma en que permanezca ¿se desarrolla cualquier alma de acuerdo con el programa?

– Sí. Cualquier piedra, cualquier grano de arena, tienen su programa de conexión, de existencia, de desconexión. Todos los mundos y espacios, incluso las formas que los habiten progresan solo según el programa.

– ¿Quién compone programas para el ser humano?

– El Sistema Negativo en el que trabajan los programadores.

Esta respuesta nos dejó un tanto perplejos, ya que creíamos que el ser humano hace todo de acuerdo con la voluntad de Dios, y, por lo tanto, buscando algún respaldo para nuestras viejas ideas, tratamos de aclararlo:

– ¿Pero Usted dirige la composición de estos programas?

– No. El Diablo. Él hace todos los programas para la Tierra, – Dios hizo una pausa para que el mensaje encontrase su lugar entre nuestras nociones, y continuó: – Le indico metas y direcciones de desarrollo, y Él desarrolla el curso de los acontecimientos y todo lo demás en función de aquellas. Él trabaja para Mis objetivos.

Su respuesta presentó por primera vez una calidad completamente nueva del Diablo que necesitaba ser comprendida en conexión con otros conocimientos.

– ¿Entonces, el Diablo compone un programa para cada persona?

– Más precisamente, el Sistema que Él dirige, Sus desarrolladores. Pero todos los objetivos son Míos. Y si Yo digo qué cualidades necesito obtener en una persona, entonces Él desarrolla métodos sobre la base de los cuales aparecen tales cualidades. Pero lo principal que le proporciono al ser humano en los programas es el libre albedrío, que tiene en cuenta los deseos del individuo y le permite desarrollarse en la dirección deseada. Necesito individuos fuertes y con un alto desarrollo espiritual.

– ¿Se produce el enlace del alma con el nuevo programa antes de su encarnación?

– Antes de enviarlas a la Tierra, solo las almas de nivel más alto al intermedio pueden conocer el contenido de sus programas. Y mientras el alma permanece en el mundo "sutil", se va acostumbrando al nuevo programa. Pero no a todas les gustan sus vidas. Las almas inferiores no se familiarizan con las perspectivas de su futuro desarrollo. Simplemente son enviadas.

– ¿Por qué no les gustan los programas a todas ellas? Creíamos que cuando una persona se acostumbra a su vida es que realmente le gusta mucho.

– No. Si todas vivieran de la misma manera, entonces sí que les gustaría, ya que no habría nada con lo que compararse: todas vivirían en la abundancia o en la pobreza, pero de la misma manera. Mas cuando las personas tienen la ocasión de comparar, por la cual ya comienzan a diferenciar lo bueno de lo malo, entonces, naturalmente, a muchas personas no les gusta una existencia pobre.

– ¿En qué lugar del alma humana se graba el programa?

– No se graba en el alma misma. El programa se graba en sus envolturas.

– Al ser las personas inferiores su programa se graba en sus envolturas. ¿Y dónde se graba el programa de los Seres Superiores?

– También en las envolturas. En las envolturas permanentes y defensivas. Nunca se graba nada en el alma misma. El programa está asociado con diferentes estructuras, esto ya depende del grado de desarrollo de individuos Superiores, ya que Su configuración en los Niveles inferiores y Superiores de la Jerarquía es diferente entre sí.

– ¿Quién compone los programas para los Jerarcas Superiores?

– Para cada Nivel subyacente de desarrollo del programa las compone el Nivel Superpuesto, por lo tanto, los programas de los Jerarcas Superiores componen Seres aún más Altos en su grado de evolución.

– Cuando el programa de una persona cambia en el transcurso de la vida, ¿en cuál de sus estructuras se introducen los cambios: en el cerebro central, en el cerebro del género, en la médula espinal, ...?

– Las modificaciones, según el programa, pueden realizarse en algunas partes específicas de la estructura o todas a la vez.

– ¿Quién decide en qué estructuras deben introducirse cambios?

– De acuerdo con el programa compuesto, estas decisiones las toma el Fundador* de un alma determinada, que controla su desarrollo.

– Si se realiza una corrección en el programa de una persona, ¿cómo se produce el enlace de nuevas situaciones del programa modificado con los programas ya activos de otras personas?

– Al mismo tiempo, produciéndose modificaciones en todos los programas de las personas vinculadas con este individuo. Cambian tanto el programa de una persona como todos los programas enlazados.

– Pero los cambios en el programa conducen a cambios en las situaciones. Entonces, ¿algunas personas pueden desaparecer de la vida de este individuo?

– Sí. Simplemente no se encontrará nunca más con ellos.

REENCARNACIÓN. MUERTE. DECODIFICACIÓN

Después de la muerte de una persona, su alma pasa al mundo sutil. Pero, qué le sucede allí: ¿duerme o disfruta de la vida en el paraíso? Ninguna persona podría describirlo, a pesar de que todos hayan estado en ese mundo. Pero trataremos de descubrir este misterio de Dios. Por supuesto, no nos lo habría revelado si no hubiera llegado el momento de transferir la conciencia humana a un nuevo Nivel de comprensión. Por lo tanto, continuaremos con el aprendizaje de nuevas nociones relacionadas con el alma.

– ¿Se desarrolla el alma de una persona después de la muerte en el mundo "sutil", tras pasar por el Purgatorio y el Separador?

– El desarrollo del alma humana nunca se detiene, sino que continúa durante el sueño y entre las reencarnaciones, – (ver los capítulos correspondientes).

– ¿Dónde evoluciona más rápido el alma: en el mundo físico o en el "sutil"?

– Naturalmente, en el mundo "sutil". La envoltura física del ser humano está compuesta de materia, en la que el tiempo, y, en consecuencia, todas las reacciones, se ralentizan. El propio tiempo del movimiento en la materia física es más lento que el tiempo en el mundo "sutil". Además, la envoltura física es densa y, por lo tanto, ahoga las manifestaciones "sutiles" del alma. Para el alma es difícil manifestarse debido a la densidad de la materia física. En el mundo "sutil" todo es diferente, pero en la Tierra el alma está como en una escafandra. Sin un cuerpo material es más rápido también porque en el mundo "sutil" descubre un conocimiento verdadero, diferente del que hay en la Tierra, donde todo está distorsionado y es inexacto. En el mundo "sutil", el alma recuerda mejor todo, pero en el físico su memoria está bloqueada. Además, hay un Nivel muy bajo de información en la Tierra y la mayor parte del conocimiento es erróneo.

– Si el alma se desarrolla más rápido sin un cuerpo, ¿para qué la hacen descender al interior de la densidad de la materia, es decir, a nuestro mundo físico? Al fin y al cabo ¿no podría comenzar su desarrollo desde el plano astral?

– Verán, para esta Unidad en el mundo físico, deben generarse ciertas acumulaciones, de energía con la calidad correspondiente, que el alma no puede recibir en el mundo "sutil". Allí hay otro tipo de energías. Y lo que necesita para su progresión futura, fundamentalmente, se establece solo sobre una base material. Además, en el mundo material, el objetivo educativo del alma se logra mejor. En el plano "sutil", el alma recuerda todo y no puede cometer errores adicionales por su alto nivel de consciencia, sino por una buena memoria y miedo al castigo en forma de karma. Y, cuando el alma está en el cuerpo físico, su memoria se bloquea, si no tiene cualidades de carácter firmes, y se equivocará cometiendo errores una y otra vez hasta que logre cualidades más elevadas.

Errando, el alma adquiere más experiencia, percibe la situación en sus múltiples variantes de cumplimiento, y no solo en una. De este modo, fijará más cualidades positivas. La materia permite que el alma gane más experiencia positiva y negativa. El perfeccionamiento del alma en un cuerpo material se valora más en comparación con su simple existencia en el nivel energético. Las energías generadas que se obtienen serán más limpias, de calidad, y el potencial energético del alma será mayor.

– ¿Entonces, el potencial energético principal se adquiere en el plano físico?

– No es el principal, pero sí el más necesario para este tipo de almas. Los seres humanos de la Tierra van a cierta pirámide de la Jerarquía. Su estructura es tan multidimensional que por ello deberá comenzar en el mundo material. Hay otras estructuras de almas que no requieren el desarrollo en el plano físico, es decir, tal y como han sido creadas, inmediatamente comienzan su desarrollo en el plano "sutil". Por lo tanto, cada tipo de almas tiene su propio fundamento, y las del ser humano comienzan en la Tierra.

– ¿Cómo se desarrolla el alma en el mundo "sutil"?

– Se les administra también un programa, pero diferente al programa terrenal, porque se dan otras condiciones de existencia, otras situaciones.

– ¿Hay algún maestro que dirija el alma en el mundo "sutil" o esta se desarrolla por sí misma allí?

– También está guiada por un Determinador*, que puede ser el mismo que la condujo en el plano terrestre, o que puede ser diferente. No todos pueden guiar en el mundo físico y en el "sutil". En este caso, el Determinador debe tener una escala más amplia de conocimiento, combinando la información sobre dos mundos, tener más experiencia que la de un Determinador corriente que conduzca al individuo en un plano.

– Cuando un alma pasa de un mundo a otro, al desechar sus envolturas, ¿adquiere energía o la pierde?

– El alma adquiere energía. Junto con las envolturas el alma desecha la defensa, como una escafandra, y todo lo que ha acumulado permanece con ella. Cuanto más se desarrolla, más adquiere y acumula. Cuanto más se eleva el alma, más se perfecciona. Además, en el proceso de elevación recibe información adicional, como, por ejemplo, en la actualidad, muchas personas reciben Nuevos Conocimientos sobre los mundos superiores, y esto contribuye a un crecimiento espiritual adicional.

– El hombre se reencarna en la Tierra muchas veces. ¿Cuál es el papel de la reencarnación?

– El trabajo con el karma, la superación sucesiva de los Niveles de Jerarquía terrenal, es decir, la adquisición sucesiva de componentes de composito* del alma. Cuanto más se reencarna una persona, más abundante se vuelve su composito*.

– ¿Hay almas que no se reencarnan?

– La reencarnación es un concepto figurativo, pero la esencia* de este proceso está presente en todas partes y siempre. Por ejemplo, tiene lugar en la Jerarquía, es decir, la transición de Nivel a Nivel puede considerarse una reencarnación. También ocurre en el cuerpo físico de una persona cada segundo del tiempo, porque cuando el alma se perfecciona, cada momento se llena de algo nuevo, experimentando **la reencarnación: una actualización cualitativa completa, una transición a un nuevo estado.**

– ¿Hay almas que una vez se encarnan en un planeta, luego en otro, y así sucesivamente?

– Sí, existen.

– ¿Para qué se hace esto?

– Para, de nuevo, ir a un perfeccionamiento más rápido. Pero este método se utiliza para almas temperamentales y muy inteligentes que necesitan una variedad de procesos muy activos.

– ¿Se da un proceso de reencarnación similar a la Tierra en algún otro lugar?

– Sí, hay planetas materiales en los que todo es análogo. En general, todo es dual.

– ¿En qué consiste la dualidad?

– En la relatividad de la estructura.

–A los artistas les encanta interpretar la vida de otras personas. ¿Se basa su actividad en el recuerdo de reencarnaciones pasadas?

– La memoria aquí, por supuesto, no importa. Se les instala un programa especial para mostrar las posibilidades de que un alma se manifieste de forma diferente en distintas circunstancias. El propósito de la actividad artística es mostrar a la gente cómo la misma persona, de acuerdo con el programa, que desempeña el papel del guion en este caso, puede comportarse inadecuadamente, sentirse diferente y ser completamente diferente a sí misma, de una vida a otra. Pero esa profesión, por supuesto, se basa en el principio de reencarnación.

– Si una persona experimenta un fuerte deseo de defender a alguien, ¿significa esto que tenía algo en el pasado relacionado con la protección de los demás, y por lo tanto, en ella, tal vez, se active la memoria del pasado?

– No, esto no necesario. El comportamiento puede estar relacionado con el programa. Y de acuerdo con este, una persona necesitará intervenir en una situación para defender a otra, a fin de resolver su deuda kármica. Todo está relacionado con el karma.

– Si una persona en una vida se dedica al perfeccionamiento de su cuerpo físico, ¿las habilidades de dominio del cuerpo pasan a otra vida?

– Depende de las habilidades. Si es culturismo, entonces no pasa, pero si es la habilidad de bailar, sí.

– ¿Se transfiere la capacidad de levitar o dominar la telepatía a una nueva vida?

– No. Es cosa del programa.

– ¿Por qué se hace que una persona para adquirir cualidades deba pasar por muchas vidas cortas, y no solo por una larga? ¿No podría haber vivido una vida, por ejemplo, de mil años y haber acumulado todo lo necesario?

– En primer lugar, las vidas cortas ayudan a enfocar objetivamente a una persona, ya que constantemente se dirige en la dirección equivocada. Cada programa ajusta su desarrollo a la dirección necesaria. En segundo lugar, un solo cuerpo no permite obtener la diversidad cualitativa de energías que se requieren. El mismo cuerpo proporciona una mentalidad constantemente definida, pensamientos, sentimientos, crea una cierta monotonía. Esto obstaculiza en gran medida el desarrollo integral de la individualidad. En las reencarnaciones, los cuerpos deben ser diferentes.

– A lo largo de toda la existencia de la humanidad, miles de millones de almas han vivido en la Tierra. ¿A dónde se fueron?

– Las que hayan alcanzado el nivel debido de perfección han ascendido a las Jerarquías. Las que no lo hayan alcanzado continúan encarnándose, o pasan a otros mundos. Pero ahora, a partir del año 2000, como saben, habrá una selección de almas, y muchas de ellas serán destruidas.

– ¿Y en el pasado, hubo también muchas almas fracasadas que fueron destruidas?

– No, antes no las destruíamos. Hay periodos en los que se verifica la madurez de las almas. Y el proceso de averiguación masiva de defectos cae en periodos similares que se corresponden con la finalización de los ciclos de desarrollo.

– ¿Las almas fallidas son siempre destruidas en el momento de tales transiciones?

– Sí, siempre.

– Y, a pesar de ello ¿pueden reaparecer esas almas defectuosas en civilizaciones posteriores?

– No siempre. Hay civilizaciones muy exitosas.

– ¿De dónde vienen estas Unidades tan degradantes? ¿Cómo aparecen?

– Por errores en el programa, que a veces se cometen.

– ¿Qué tipo de alma se considera fracasada y está abocada a su destrucción?

– Básicamente, son almas que cometieron asesinatos en todas sus vidas.

– ¿Y además de estas, hay otras?

– Las que caen bajo la influencia del Sistema negativo y siguen el camino de la tentación. Pero debo decir, que cada época tiene su propia escala de normas morales, sus propios valores espirituales y, por lo tanto, las causas por las cuales se destruyen almas pueden ser diferentes. Pero si llegamos a un denominador común, la mayoría de las veces se decodifican* por su trato inhumano hacia los demás. Son destruidas algunas almas de asesinos que en la vida terrenal se han vendido al Diablo, creyendo que, pasándose a su lado, los acogería bajo Su protección. Pero todas las almas de la Tierra son Mías, y Yo decido qué hacer con cada una: sí dárselas o decodificarlas. También sucede que las almas de asesinos son tan rudimentarias que no tienen valor alguno. Y al no necesitarlas el Diablo, este las rechaza, y por tanto se eliminan.

– Si las almas están decodificadas, ¿puede considerarse que son eternas solo en el segmento de desarrollo de una civilización?

– No, excepto aquellas que están siendo decodificadas, el resto de las almas son eternas. Es decir, todas las almas han de pasar por una prueba de clasificación. En caso de que la superen, pasarán a la existencia eterna.

– ¿Puede ocurrir que en una generación se encarnen las almas inferiores y en la siguiente las más elevadas? ¿Hay una alternancia entre los diferentes grados de desarrollo de las almas a través de las generaciones?

– Sí, lo habéis señalado muy bien. Existe alternancia en el nivel de desarrollo. Las almas de una generación se seleccionan para cumplir tareas específicas, por ejemplo, la generación de destructores actual debe ser reemplazada por una generación de creadores. Pero con esto pasa siempre durante la evolución de las almas.

– ¿Y antes, tal cambio generacional también tuvo lugar?

– El cambio de almas ocurre de generación en generación. Habitualmente, el factor tiempo y el programa general influyen en sus almas, lo que las une y les presenta un objetivo común. Ese objetivo es el que determina la naturaleza del comportamiento. Pero, por supuesto, las almas se seleccionan por su calidad. De este modo se produce habitualmente su circulación. La rueda de las encarnaciones gira, pero siempre hacia delante. Nada se repite nunca. La evolución está sucediendo constantemente, pero todos se desarrollan de manera uniforme, y avanzan también de manera uniforme.

– ¿Hay una reposición de nuevas almas?

– Sí, necesariamente.

– Actualmente, entre los jóvenes hay muchas almas inferiores. ¿De dónde han surgido?

– Exactamente, *ahora,* – dijo Dios pensativo, considerándolo, – estas son las almas que se supone que se deben decodificar. Están sujetas a la destrucción, pero… – hizo una pausa, – se les da una última oportunidad de mostrar sus mejores cualidades para su salvación. Ya veremos quién lo mostrará y cómo.

– ¿Aproximadamente, cuántas veces necesita reencarnarse el alma para pasar a un mundo elevado…veinte, cincuenta, cien veces?

– Todo depende de las almas mismas. Unas cien reencarnaciones no son suficientes.

El número de almas

En diferentes momentos en la Tierra, ha habido diferentes números de personas, unas veces más y otras menos. ¿Pero con qué está relacionada la población de nuestro planeta? ¿Qué es lo que influye en ella? Vamos a intentar aclarar estos patrones.

– El número de personas en la Tierra está cambiando constantemente. ¿Cuál es la razón de este cambio?

– Las necesidades de la Tierra y el Cosmos. Las personas son portadoras de energía. A través de ellas la energía necesaria se transmite a la Tierra y a través de ellas el Cosmos recibe energías de diferente tipo para sus necesidades. Es decir, a través de las personas se produce la circulación de energías entre la Tierra y el Cosmos. A medida que la Tierra se desarrolla, su actividad cambia, volviéndose mayor o menor, y por lo tanto, el planeta va requiriendo más o menos energía. Diferentes lugares de la Tierra también requieren diferente número de personas. En aquellas áreas donde el planeta está densamente poblado, se produce un intercambio intensivo de energías. Por lo tanto, la población va dependiendo directamente de las necesidades de la Tierra. Y, al mismo tiempo, su actividad está en función de las necesidades de los Sistemas jerárquicos. Cuando necesitan recibir una gran cantidad de energía de la Tierra, se activan en el planeta los procesos correspondientes en los que el ser humano está involucrado. Entonces todo está interconectado, por lo que la población depende de las necesidades del Cosmos y la Tierra.

– ¿Está la población bajo control?

– Necesariamente. Cada persona nace con un objetivo específico, y el que lo cumpla o no depende de sí misma. Pero el número de la población está siendo controlado constantemente, y Nosotros sabemos cuál es la población actual con mayor precisión que sus estadistas.

– ¿Cómo se realiza el cómputo de personas en la Tierra?

– Podemos determinar cuántas personas habrá en cada momento, teniendo en cuenta el libre albedrío de una persona en distintas situaciones de la vida, ya que sabemos a dónde conduce cada situación y cómo termina de acuerdo con el programa. Cada momento involucra a un cierto número de personas en los acontecimientos y otro tanto se lo quita. La población de una u otra época depende del libre albedrío del individuo.

– ¿Hay más almas negativas en el plano terrestre?

– No, negativas no. Hay muchas almas jóvenes que no pueden llamarse negativas, porque aún no se han formado. El comienzo del desarrollo de las almas se produce aquí en la Tierra. Casi el comienzo. Aquí está su escuela, aquí se les enseña y educa. Y más adelante ya se verá en qué se convertirán.

– ¿Pueden ser superfluas las almas positivas?

– No hay nada superfluo. ¿Por qué pregunta sobre lo superfluo?

– Porque siempre hay ciertas variaciones en las cantidades.

– No, todo lo hacemos con exactitud. La necesidad del número de almas está determinada por el cálculo. Si no son suficientes, se crean nuevas almas. Y no hay almas superfluas. El exceso se destina a la continuación del perfeccionamiento, cada una tiene su propio lugar exacto. *Solo puede haber un déficit.* – enfatizó esta última frase con la entonación, – debido a algunos defectos estructurales de las propias almas, ya sea por haber sido mal guiadas en la vida, ya sea debido a programas defectuosos, es decir, cuando las almas tienen que ser removidas o decodificadas.

– ¿La producción de almas humanas específicamente para la Tierra es infinita o limitada?

– Limitada. Cualquier mundo, cualquier planeta está diseñado con un tope máximo, es decir, con un número determinado, habiendo restricciones para todo.

– ¿El Sistema Jerárquico que posee más almas, tiene alguna ventaja sobre el Sistema que posee menos?

– Sí, la tiene.

– ¿Cuál es esa ventaja?

– La ventaja de disponer de un mayor volumen de energías acumuladas. Cada alma produce energía, por lo que quien tenga más adquiere más energía y, por lo tanto, se vuelve más fuerte.

– ¿Produce Usted almas periódicamente? Supongamos, que crea un cierto número de almas durante dos mil años y luego se tome un descanso y se dedique a su educación. Pasado este periodo parte de las almas se decodifica, lo que produce un déficit, y por esta razón es por lo que nuevamente crea nuevas almas.

– Las almas tienen que ser producidas constantemente y por muchas razones. Si hablamos del factor del tiempo, cualquier momento requiere un cierto número de Unidades para su desarrollo. Estas Unidades llenan volúmenes concretos tanto en la Jerarquía como en el resto de Mis Universos. Son las Unidades de trabajo que construyen y reconstruyen todos los mundos, por lo que la necesidad de más almas existe constantemente. Es decir, si hablamos de su cantidad, en cualquier volumen esta es una cantidad concreta, pero por la razón de que cualquier volumen, al llegar al final del ciclo de desarrollo, va a planos superiores de existencia, llevándose consigo almas desarrolladas, entonces en el espacio vacío que dejan se requieren nuevas Unidades del anterior Nivel de desarrollo. Por lo tanto, en la Creación Universal general, su producción no se detiene.

– Cuando Usted pase al grado superpuesto de la nueva Jerarquía, ¿se detendrá la producción de nuevas almas?

– Cuando Yo ascienda, muchas almas no vendrán conmigo, porque Yo les concedo el derecho de ser independientes. Continuarán su camino a Mi lado, es decir, se mantendrán al mismo Nivel que el Mío, pero continuarán el desarrollo independientemente de su Jerarquía. Por esta razón, Yo tendré que completar Mi propia Jerarquía.

– ¿Resulta entonces que las almas se producen principalmente para los mundos inferiores?

– Las almas comienzan su desarrollo en los mundos inferiores, pero luego se van elevando más, reponiendo los mundos Superiores con ellas mismas. Sin embargo, la necesidad de producir nuevas almas viene de lo Alto. Si no hay suficientes almas en lo Alto, en primer lugar, se crean, luego, a petición de lo Alto, se envían a los mundos inferiores, desde donde, a continuación, reponen los mundos subyacentes.

– ¿Es posible construir determinada estructura del alma para que no comience desde el mundo inferior, sino, por ejemplo, desde el primer Nivel de la Jerarquía al menos?

– Para el primer Nivel se requiere un gran potencial energético del alma y una gran cantidad de componentes energéticos internos. Deben ser adquiridos por el alma misma, no traídos desde afuera. La calidad del alma se pierde, por lo que esta opción no me conviene.

– ¿Pero, en general, podría darse esta opción?

– Sí, tal vez. Pero no me conviene. ¿Entendéis por qué? Si se ponen en el alma tantas cualidades como sean necesarias, por ejemplo, para el primer Nivel de la Jerarquía, entonces el alma tendría que darnos mucho a cambio. En Mis mundos todo se construye sobre una base de autosuficiencia. Y para compensarlo el alma necesitaría una tremenda velocidad de desarrollo. Sería una velocidad tal que comenzaría a interferir en el desarrollo de otros individuos que están en el mismo mundo. Es decir, en ese caso, para esas almas debería haber una Jerarquía separada con una gran velocidad de desarrollo, para que el alma también pudiera desarrollar lo que es necesario para sí misma y al mismo tiempo pagar sus deudas relacionadas con su producción. Pero en una Jerarquía terrenal como la vuestra, el desarrollo es lento, sistemático y gradual. Desde el Nivel inferior las almas avanzan a medida que compensan sus deudas. Pero si se permitiera que dichas almas vinieran junto a vosotros al mundo terrenal, entonces, al existir en paralelo con vosotros, simplemente os tumbaran con la presión.

– ¿Hay algún equilibrio en el plano terrenal entre las almas positivas y las negativas?

– Tal balance puede darse, pero no necesariamente. Las almas positivas se cultivan principalmente en la Tierra y están diseñadas para funcionar en Mí Jerarquía. Pero, aunque el Diablo reciba todo tipo de almas defectuosas, aquellas que no siguieron el camino Divino, Él también trata de obtener tantas almas de la Tierra como le sea posible. Así funciona el sistema físico de la estructura del mundo.

– ¿Para qué se hace la selección de las almas? ¿No es perfecto todo lo que Usted hace?

– Mis planes son perfectos, pero en el funcionamiento de los Sistemas subordinados a Mí se producen defectos. Los defectos con respecto a las almas no están relacionados con su estructura, sino con su psique, la conciencia humana. Es difícil predecir cómo se comportará una persona en una u otra situación, ya que se le ha proporcionado el libre albedrío. Por eso, habitualmente, es difícil prever el comportamiento de un individuo en las primeras etapas de su desarrollo, cuando aún está en un nivel muy bajo, y no se sabe cómo comenzará ni qué hará en el próximo momento. Un alma inferior es muy sensible a la falta de energía. Al tener muy pocas acumulaciones propias, es por ello que cuando le falta algo de energía, puede dirigirse libremente a lugares indeseados para Nosotros. Y, por eso mismo, tiene que ser suprimida, decodificada. Podemos decir que este es el Nivel cero de desarrollo del alma, que es peligroso y en el que el alma puede entrar en una variante sin salida.

– ¿Se suprimen las almas de un nivel de desarrollo más alto? ¿Y qué significa esto?

– Las almas se suprimen hasta el Nivel "50" en el plano terrenal, es decir, si el alma ha acumulado un potencial energético igual a 50 unidades convencionales, ya no será destruido como individuo. El proceso de supresión consiste en la limpieza del alma de todas las acumulaciones energéticas que logró hacer. Se borra todo, hasta sus cualidades individuales, es decir, es *decodificada*. Al quedarse limpia puede comenzar desde cero, es decir renovarse. Pero su propio "yo" desaparece para siempre. Las almas con el potencial energético de 50 o más unidades conservan su propio "yo".

– ¿Hay algún otro indicador por el cual las almas sean destruidas?

– Las almas no destruyen por completo, ya que son estructuras muy costosas. La supresión o decodificación consiste en una limpieza de su estructura permanente, la matriz, de aquellas energías con las que el individuo la rellenó durante su vida en la Tierra. Esta energía se extrae de su base permanente, de las celdas de matriz, se va quitando, despegando y eliminando mediante un raspado, se limpia. El proceso de decodificación es muy doloroso para el alma, es como arrancarle piezas a un cuerpo vivo. Y dado que los sentimientos del alma no están desconectados, ella es plenamente sensible a esta operación. De ahí vinieron las leyendas del Infierno, en el que sufren los pecadores. Y no hay exageración en esto, porque el individuo degradado se escinde de sus partes constituyentes. Cada tipo de energía del alma se escinde por separado. Los componentes deben desmontarse en su forma primigenia.

– ¿Quién se dedica a este proceso de separación?

– Este es un trabajo muy desagradable, podría decirse que sucio, por lo que son los individuos del Sistema negativo del Diablo los que lo hacen.

– El potencial energético del alma es de 50 unidades convencionales. ¿Cuánto tiempo tarda un alma en acumularlas?

– El número de encarnaciones puede variar, ya que la velocidad de desarrollo de cada individuo es diferente. Pero, por lo general, cuando el alma se encarna en la Tierra 10 veces, es decir, que vive 10 vidas, necesariamente se analizan el resultado alcanzado y la energía acumulada. Y si en este periodo logra aproximadamente un Nivel energético de "50", entonces el camino a la evolución está abierto para ella. Si el potencial energético es menor, pero el alma ha adquirido las cualidades positivas y negativas, entonces se le da el derecho de demostrar sus intenciones en encarnaciones posteriores. Si en diez vidas el alma adquiere cualidades muy bajas, es decir, se degrada y su potencial energético llega a cero, entonces es cuando se plantea el decodificarla. Pero antes se le ofrece esa alma caída al Diablo. Él analiza qué cualidades ha adquirido, después de lo cual la toma o la rechaza. En este último caso se decodifica. Hay almas que ni el Diablo las necesita. Pues, este material defectuoso tiene que ser compensado.

Una parte de Mis almas del Sistema positivo pasa así al Sistema negativo del Diablo. Y del Sistema negativo no hay vuelta atrás al positivo. El Diablo no permite que un alma regrese. Este es su principio.

– ¿Quién decide qué alma no es adecuada para Usted?

– Hay Individuos Superiores que se dedican a evaluar las cualidades de las almas Mías y las del Diablo. Y, por supuesto, hay un canal para la transición de las almas degradadas de Mi Sistema al Sistema negativo. Cuando el Diablo toma de mi parte un alma degradada, entonces me paga por ella, es decir, me entrega una energía de cierta calidad, equivalente al valor de la estructura del alma entregada. Nada se da ni se hace gratis a nadie.

– Pero, cuando el alma entra en un camino de desarrollo negativo, ¿significa que, ya que está evolucionando, de alguna manera está obteniendo cualidades positivas, como, por ejemplo, disciplina o un aumento de las capacidades intelectuales? ¿Puede volverse más inteligente?

– Sí, el Diablo tiene disciplina y es muy estricta. La diferencia entre Mi Sistema y el Suyo, es como la que hay entre la vida de una persona en libertad o en prisión. Él tiene una disciplina extremadamente estricta, desarrollando el proceso de pensamiento en sus almas con la ayuda de programas estrictos, asegurándose de que el proceso de pensamiento para cada subordinado Suyo se vuelva absoluto, pero, por supuesto, contrario al pensamiento de Mis almas. Mis almas pensarán en la dirección del bien. Las Suyas en la dirección opuesta.

– Entonces, ¿hay una separación de almas para el Sistema positivo y el negativo?

– No solamente. También hay un Sistema Medicinal neutral, donde se destinan las almas de los médicos con un alto grado de conocimiento terapéutico, y algunas almas a las que les gusta salvar o auxiliar a otras. Las almas pasan del plano terrestre a tres Jerarquías, pero solo después de que cada una supere en la Tierra un ciclo completo. Según las cualidades adquiridas, Nosotros examinamos en qué dirección es preferible que se desarrollen más. Pero la elección principal que se le da al alma durante el desarrollo es *la elección entre el bien y el mal.* Estos dos caminos disponen a las almas de diferentes maneras. Y el mecanismo de su división se oculta en el interior de las almas. Si se plantea este proceso en sentido figurado, se vería así: haciendo buenas acciones, haciendo algo desinteresadamente, desde un corazón puro, el alma produce energías "ligeras" que llenan su volumen y facilitan el movimiento hacia arriba, es decir, hacia Mi Jerarquía. Al hacer el mal, el alma produce energías "oscuras y pesadas" que rellenan su volumen. Estas energías la empujan hacia el fondo como una piedra. En este caso, no es necesario vigilar a la persona. Todo pasa automáticamente.

– Hay más personas negativas en la Tierra, ¿entonces es que hay más almas que se están pasando hacia la Jerarquía del Diablo?

– No, Mis almas son más. La gente común es Mía. Son los que crean, los que construyen bienes.

– ¿Por qué hay una población tan grande en China?

– Esto se debe al potencial energético de la Tierra en este lugar y con métodos especiales para criar almas. Ya hablamos sobre la primera cuestión, y con respecto a la segunda, por ejemplo, en China, como en Japón, se ha creado una densidad de población muy alta con el objetivo de desarrollar ciertos rasgos de carácter en ellos: deben aprender a valorar cada porción de espacio libre, a utilizar racionalmente el espacio pequeño. Y este conocimiento viene a través de la estrechez, a través de todo tipo de cosas cotidianas. Para cada nación y raza, se crean sus propias dificultades, y esta es la peculiaridad del perfeccionamiento de sus almas. No hay naciones que no estén atormentadas. En la Tierra, nadie vive en el paraíso. Sufren tanto de pobreza como de riqueza. Cada nación debe perfeccionarse en algo suyo, aisladamente. De este modo, en Rusia abunda la pobreza y a través de ella se perfecciona el alma. Y en Estados Unidos, el alma sufre de saciedad y de ociosidad. Pero en el proceso de las reencarnaciones, cada Unidad pasa a través de lo uno y lo otro.

EL VALOR DE LAS ALMAS

Por qué se valoran las almas

La Jerarquía le pertenece a Dios. Se compone de muchos mundos. El ser humano sabe por su experiencia de vida en la Tierra que existen valores materiales y espirituales. ¿Pero cuáles son los valores en los mundos de Dios? ¿Qué es lo principal allí?

– ¿Qué se considera más valioso en Su Jerarquía?

– Por supuesto, el alma, las Entidades.

– ¿Qué determina el valor del alma humana?

– Hablaré sobre tres categorías principales: las almas iniciales, las medias y las altas. El valor del alma recién creada está determinado principalmente por los componentes que hemos introducido en ella. No hay nada más por lo que se la puede valorar ya que todavía no ha acumulado nada. Estas son almas jóvenes o, como las llamáis, inferiores. Pero, en la primera etapa, por ejemplo, después de la primera vida, su valor está determinado por las cualidades ya adquiridas. El valor de las almas de desarrollo medio está determinado por el estado de su carga* energética y su nivel creciente de desarrollo. Así aparece el potencial energético* del alma. El valor de las almas superiores de una persona está determinado por estas mismas características, pero se agregan dos indicadores más: el Nivel* de potencial y fuerza o poder* del alma.

– ¿Es grande el potencial energético del alma inicial, si lo comparamos con el potencial de una persona que ha alcanzado el centésimo Nivel?

– Por supuesto, sus potenciales no son incomparables entre sí, ya que ponemos una miseria en el alma inicial en comparación con el ahorro que consigue incluso en el quincuagésimo Nivel. Es decir, si en el alma inicial el potencial energético de cada célula es igual a uno (véase el esquema 6), entonces una persona de nivel medio ya lo tendrá de cincuenta en cada célula. Esta es una inflación energética celular. El potencial del alma* consiste en la suma de todas estas células. Por supuesto, todo es orientativo. Puede ser más o menos. Pero, entonces, cuando el alma se desarrolla su inflación energética y Fuerza general aumentan.

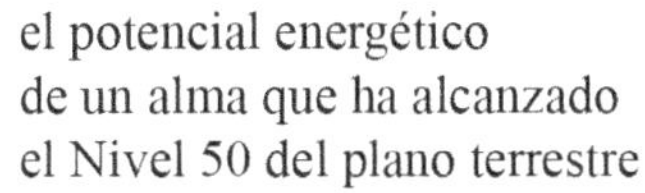

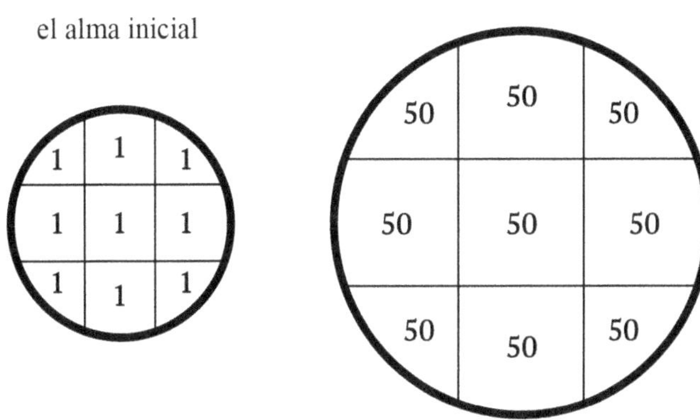

Esquema 6. El potencial del alma

– ¿Y del mismo modo se determina el valor de las almas de los Determinadores, o tienen algo diferente?

– No, es el mismo. Tienen una estructura del alma similar a la vuestra. De hecho, los Determinadores son calculadores. Simplemente ofrezco una elección de profesión cuando las almas vienen a Mí: una u otra. El desarrollo en la etapa de perfeccionamiento planetario es una fase de desarrollo separada, es la creativa. Y hay otro camino, la fase de dirigir, calcular, guiar a alguien, a una persona o criatura*. Esta ya es una dirección mecánica. Está concretamente relacionada con los Determinadores. Estos pasan por su etapa, aumentando su potencial, su fuerza, y sus indicadores superan en muchas veces a los mismos indicadores de una persona común. Así que los valoramos mediante los mismos datos.

– ¿Qué determina el valor de las almas de los planetas?

– Su fuerza. Del mismo modo que en el de una persona, pero en unidades más grandes. La estructura del alma es la misma, y la propia alma de una persona, al alcanzar el desarrollo correspondiente, entra en la etapa de perfeccionamiento en forma de planeta, pero, por supuesto, por su propia voluntad.

La compra de almas

Dios crea las almas y es su dueño. Sin embargo, como aprendimos en el libro "Los misterios de mundos Superiores", nuestro Dios no es el único. También existen otros Dioses que crean almas para sí mismos. Y las almas de un Dios diferirán en calidad de las almas de otro Dios. Esto significa que las almas tendrán diferentes habilidades, por lo que los Dioses, en ocasiones, tienen la necesidad de adquirir otras almas para realizar algún trabajo en su mundo. Por lo tanto, me dirijo a Dios con la siguiente pregunta:

– En uno de los contactos Usted dijo que las almas se pueden vender y comprar. ¿Por qué es permisible comercializar con almas? A nosotros nos parece que no se puede vender a la gente, que eso está mal.

– ¿Estáis comparándolo con vuestro mundo?

– Sí.

– Es difícil de explicároslo. Porque Nuestro mundo no se puede comparar con el vuestro. Tenemos formas diferentes de ser, nociones diferentes.

– ¿Pero la venta de almas se realiza con su consentimiento o está determinado por el propósito de la venta?

– Todo está determinado en función del propósito. Sin embargo, esto rara vez sucede.

– Pero ¿las almas otorgan su consentimiento o no?

– El alma sabe que está cumpliendo con su deber y que está comenzando una nueva etapa de desarrollo. Es, por ejemplo, como una persona que emigra a otro país. Por ejemplo, sus atletas que se venden a otros países y también comienzan una nueva vida. Hay alguna analogía entre estos ejemplos. Y también en el sentido contrario, es decir, si necesitamos alguna cualidad especial del alma que no tenemos, entonces también la compramos para nosotros. Pero las almas son reclutadas y vendidas no solo entre Sistemas, sino que existen relaciones similares dentro del mismo Nivel. Por supuesto, todo esto está relacionado con los mundos inferiores. Por ejemplo, un Determinador puede comprar un alma deseada a otro Determinador. En los mundos intermedios y superiores tales relaciones ya no existen.

– ¿De qué tipo de relación se trata cuando un Determinador puede comprarle el alma de alguien a otro, y por qué motivo?

– Actualmente se está produciendo un reparto de almas. Del mismo modo a como vosotros compartís vuestras posesiones, en ciertos periodos las almas también se comparten. Incluso en una Jerarquía hay muchos Sistemas jerárquicos con diversas especializaciones, por lo tanto, cada Sistema intenta seleccionar tantas Unidades como sea más adecuado para sí mismo en términos de calidad. Por ejemplo, vuestras empresas pueden reclutar o comprar para sí ciertos especialistas, personas con esas cualidades que necesitan para su actividad.

– Entonces, ¿es ahora que hay un reparto de las almas entre los Sistemas cósmicos, ya que estamos pasando por un periodo de transición?

– Sí, por supuesto. Solo que no es entre los Sistemas Cósmicos, sino entre los Jerárquicos. En Mi Jerarquía solo hay Sistemas jerárquicos que realizan el seguimiento y trabajan con la Tierra, por lo tanto, las almas las reparten ellos. Tales repartos siempre ocurren en momentos de transición. Las almas más desarrolladas en el sentido espiritual entran en Mi Jerarquía, y las que quedan fuera serán recogidas por los demás Sistemas, como dije: el Medicinal y el negativo. En estos mismos periodos, se produce la compra o reventa de almas.

– ¿El reparto de almas depende del potencial energético que logró acumular una persona durante su vida?

– Sí, las cualidades de las energías que el alma haya acumulado determinan su destino. Las distribuciones ocurren de acuerdo con las cualidades internas, de modo que nadie quede ofendido; lo que ha adquirido durante muchos años de vida es lo que obtiene. Actualmente este reparto se ha agravado especialmente debido a la destrucción de muchas almas, y las restantes serán repartidas o compradas por Sistemas jerárquicos, que administrarán las almas compradas, siendo de su propiedad, desarrollándolas en la dirección que necesiten.

– ¿El reclutamiento de las almas se produce en cada milenio?

– El reparto ocurre cuando hay una destrucción masiva de almas defectuosas, como en el periodo actual. Básicamente, esto sucede durante el cambio de épocas, ya que también está relacionado con los códigos, que influyen positivamente en los cambios generales.

– ¿Con qué se queda el Determinador de quien tomaron o compraron el alma que él dirigió a través de su vida?

– El Determinador recibe la energía, igual que una persona recibe dinero. Se le paga muy caro por su alma, o más bien, todo lo que necesita que se le pague. Supongamos que se compra una persona a un Determinador que se suponía que debía generar energía de cierta calidad para él en sesenta años. Pues, exactamente el volumen de energía que le dan por sesenta años. A su vez, a la persona comprada la trasladan a la producción de otra energía, bajo la dirección del otro Determinador.

– Entonces, ¿cuándo compran un alma, la pagan con energías?

– Sí, Nuestra medida monetaria es la energía.

– ¿Y puede suceder que por el alma de una persona se pueda llegar a dar un planeta o algún tipo de mundo?

– Por supuesto, de hecho, sucede. Se pueden llegar a dar por vosotros. Las personas son diferentes.

Libertad para las almas

El hombre ha escuchado mucho en la Tierra acerca de la noción de libertad, que siempre sirvió de estímulo a su vida y como objetivo de lucha. En su nombre luchó y traicionó a otros, dio todas sus riquezas y realizó hazañas heroicas. Pero ¿qué nos dice Dios sobre el concepto de libertad? Volvamos a dirigirnos a Él.

– ¿Qué es la libertad para el alma?

– La libertad para el alma es el deseo de no estar delimitado ni tener restricciones en las acciones.

– ¿Restricciones para acciones espirituales o físicas?

– Todo lo que se dice es solo sobre el alma, no sobre el cuerpo. Pero cuando ella está en el cuerpo, su libertad está más limitada que cuando está fuera del cuerpo. Para el alma, la libertad principal es la libertad creativa, y no la libertad para comportarse con deshonra y ociosidad, como la comprende la persona de Nivel medio. Un alma honesta solo puede ser libre en la creatividad. Pero un alma se considera a sí misma verdaderamente libre fuera del cuerpo. Cuando entra en el cuerpo, pierde parcialmente su libertad, queda encadenada a una forma material, y en el nivel subconsciente sufre de tal condición. Por lo tanto, una vez liberada del cuerpo en el momento de la muerte, el alma experimenta alegría.

– ¿Y puede un alma encarnada en un cuerpo ser feliz?

– Sí, si se le da un programa de acción que corresponda a sus necesidades espirituales.

– ¿Es posible que los músicos reconocidos experimenten esa sensación de felicidad ya que su alma está en un estado constante de creatividad?

– Sí, en el momento de la creación musical experimentan sentimientos especiales elevados, desconocidos para una persona común. Y también las almas de los artistas, escultores, poetas y otras personas creativas experimentan el mismo estado. Al aislarse del mundo, quedan inmersos en un estado creativo especial, lo que les da una sensación de felicidad. Para ellos, la libertad creativa es el principal factor de su perfeccionamiento. Pero, por supuesto, **cada individuo comprende la libertad de acuerdo con su Nivel de desarrollo**. Un individuo de nivel bajo encontrará la felicidad en la libertad de crear vulgaridad o de satisfacer sus bajos deseos. Podemos decir que para cada Nivel de desarrollo existe su propia libertad y su propia felicidad. Sin embargo, nunca ni lo uno ni lo otro se da de forma plena y duradera, de lo contrario una persona se detendría en la perfección permanente. La felicidad es un breve instante experimentado por algún logro del alma.

Experimentos de los científicos de la Tierra con el alma

Recientemente, en un periódico había un artículo que decía que los científicos pretenden crear cuerpos humanos sin cabeza con el fin de luego usar sus órganos para reemplazar órganos enfermos en otras personas. ¿Sus Sistemas jerárquicos encarnarían almas en tales cuerpos?

– No, estos cuerpos se quedarán sin alma. Pero en la Tierra ya han aprendido a combinar cabezas con los cuerpos de otras personas. Y si la cabeza de un mono u otro animal se cose a un cuerpo sin cabeza, entonces el alma ya estará allí. En cualquier cabeza hay un alma, pero, por supuesto, no de una persona, sino de aquel animal al que pertenece. La cabeza es la portadora del alma. El alma será del individuo al que pertenece la cabeza.

– ¿Y esos experimentos se permiten hacer desde lo Alto?

– Tales experimentos ya están funcionando con éxito.

– ¿Para qué son? ¿Para desarrollar el potencial creativo?

– Esto se hace para desarrollar la ciencia. El ser humano necesita probar sus posibilidades. Tiene mucho que aprender aquí en la Tierra.

– ¿Puede un cuerpo existir y desarrollarse si no tiene un alma? ¿Puede haber cuerpos sin alma como los robots?

– No, tales cuerpos no pueden existir. Si un cuerpo se crea sin cabeza, este es un asunto completamente diferente, no como en un cuerpo con cabeza. La diferencia aquí es grande… Pero en casos experimentales concretos ha habido personas sin alma, pero esto es solo, repito, en versiones experimentales.

– ¿Los Determinadores Superiores hicieron experimentos similares?

– Si experimentamos algo en esferas Superiores, lo mismo se repite aquí en la Tierra. Es decir, Nuestros experimentos son vuestros experimentos.

– ¿Es posible identificar de alguna manera a una persona que no tiene alma? ¿Hay algún criterio?

– Estamos hablando ahora de un cuerpo sin cabeza. Y en la Tierra todas las personas están con almas. Los Determinadores no permiten que nadie nazca sin un alma.

TIPOS DE ALMAS

– Sabemos que hay almas que se crean artificialmente. Un tipo que comienza su desarrollo inmediatamente desde la etapa del ser humano. Y al mismo tiempo, las almas de los animales pasan al cuerpo humano. ¿Resulta que en la Tierra hay dos tipos de almas?

– Sí, se crean dos tipos de almas para el mundo terrenal. Aunque las almas también se crean para otros mundos, y las formas en que se encarnan son innumerables.

– ¿Por qué se hicieron dos tipos de almas para la Tierra?

– Aclaremos que hay dos tipos que son solo para vuestro mundo físico. En los mundos paralelos de la Tierra, también habitan seres. Pero, por lo que concierne específicamente al plano material, tales tipos de almas se requerían en relación con la necesidad de generar energías de cierta calidad. Las almas que pasan a través de animales producen una gama específica de energías, porque sus emociones están estructuradas de modo diferente. Producen otras emisiones.

– ¿Más bajas?

– No. Su tonalidad es diferente. Pero se puede decir que son más puras que las del ser humano, porque estas almas son más simples y más limpias. Los niños, por ejemplo, son ingenuos y poco sofisticados, perciben todo con inocencia, sin malas intenciones. Las almas que llegan del mundo animal son parecidas.

– En términos de desarrollo, ¿estos dos tipos de almas se diferencian?

– Las almas que proceden de animales están en un grado más bajo de desarrollo. Y las almas creadas directamente para la forma humana tienen un desarrollo mayor, pero una calidad más bruta.

– ¿Y por su composición estructural, se diferencian mucho estas almas?

– Se puede decir que solo la mitad, casi la mitad.

– ¿Las almas que proceden de animales tienen un desarrollo más largo que las almas creadas para la forma humana?

– Sí, tienen que desarrollarse mucho más tiempo que el alma que pasa solamente por la forma humana. Sin embargo, finalmente, tanto esas como otras alcanzan el mismo Nivel de desarrollo, aunque las primeras, que provienen de animales, lo alcanzan más tarde.

– Cuando el alma de un animal se encarna por primera vez en el cuerpo humano, ¿se somete a esta alma a alguna preparación preliminar? ¿O se le da de inmediato un nuevo programa y enseguida comienza a actuar de la manera requerida?

– No, simplemente se le adelantan reservas de Nuevos Conocimientos, que luego deberá compensar. También se proporcionan reservas de algunos procesos no instintivos, así como las habilidades conductuales necesarias en la sociedad.

– ¿Pueden los viejos instintos manifestarse también?

– Por supuesto. Para estas personas, los instintos permanecen y están presentes en su comportamiento casi constantemente hasta que alcanzan un Nivel más alto. Aunque algunos instintos irrumpen incluso al cabo de muchas vidas.

– En el propio reino animal, ¿de qué depende la encarnación del alma de un animal en un cuerpo u otro? Por ejemplo, ¿con qué fundamento encarnan un alma en el cuerpo de un animal herbívoro o depredador? ¿Qué indicadores determinan la elección del cuerpo?

– La elección del cuerpo depende de la composición de energías que el alma debe acumular.

– Pero, digamos, ¿se puede colocar un alma después de estar en el cuerpo de un animal herbívoro en el cuerpo de un depredador y de este modo adquirir los componentes que le faltan?

– Cabe señalar que todos los depredadores en el Nivel de desarrollo son más bajos que los herbívoros. La primera etapa desde abajo es la de los depredadores, y la segunda, más alta, la de los herbívoros. Voy a explicar por qué. Los depredadores que matan constantemente acumulan energía "sucia". Por lo tanto, mediante la encarnación del alma del antiguo depredador en el cuerpo de un animal herbívoro se produce su purificación en el proceso de su existencia.

– Pero, como regla, los herbívoros mismos son matados: los matan tanto los humanos como los depredadores.

– Sí, los matan, pero no lo hacen ellos mismos. Y esto es importante.

– ¿Es posible considerar que cuando un depredador mata, adquiere karma y luego reintegra lo debido en el cuerpo de un herbívoro?

– Los animales inferiores no tienen karma. Y los superiores, que ya entienden de qué va esto y aquello, lo tienen. En los animales en su etapa más alta de desarrollo, el karma ya actúa. Y en la etapa inferior: el principio de su desarrollo se organiza de modo diferente.

– ¿Los depredadores matan para acumular cualidades de lucha en el alma?

– No. Es una etapa de su desarrollo.

– ¿La agresividad en una persona se manifiesta desde su base animal, es decir, desde las almas que provienen del mundo animal?

– No. La agresión también se introduce en el programa con el objetivo negativo. Y tales objetivos son necesarios para la existencia terrenal.

– En una de las sesiones de contactos se dijo que nuestra contactado en el pasado estuvo en la envoltura de un pequeño planeta. ¿Por qué comenzó su alma a desarrollarse a través de la forma de un planeta?

– Ella ya había completado su etapa de existencia en forma semejante a la humana no en la Tierra, y desde hacía ya mucho tiempo, después de lo cual continuó su perfeccionamiento en un estado diferente.

– ¿Por qué en este momento está encarnada en el cuerpo humano, y no en una forma superior equivalente a su alma?

– Necesitaba un gran potencial energético para recibir energía de Nosotros y transmitirla a la Tierra.

– Entonces, ¿su alma fue originariamente creada y construida como el alma de un planeta?

– No, no lo entendéis. Después de perfeccionamiento en forma semejante a la humana, ascendió más alto y para aumentar su fuerza comenzó a pasar por una etapa planetaria en la envoltura física de un planeta. Para ser más exactos, se desarrolló en varios planetas, lo que contribuyó al crecimiento de su potencial energético y de su fuerza en general.

– Entonces, ¿tiene un alma muy vieja?

– No muy vieja. Según los estándares cósmicos sería de mediana edad.

– ¿Con qué frecuencia sucede que el alma de un planeta se encarne en el cuerpo humano?

– No mucha. Acontece principalmente cuando es necesario hacer algo grandioso, realizar algún tipo de cambio mundial. Esto es muy raro, pero sucede, – en ese momento, en el que a la contactado le recordaron su existencia pasada, por un instante se le abrió parcialmente la memoria de su pasado, y, ella se sintió a sí misma como algo enorme, majestuoso y difícil de transmitir mediante el entendimiento humano. Se percibió a sí misma en una forma diferente, con un Nivel diferente de comprensión de las cosas y los procesos, con una visión diferente del mundo que la rodeaba.

– Si las almas pueden existir en forma de animales y en forma de planetas, entonces es que pueden existir en diferentes formas.

– Todo depende del Nivel de desarrollo del alma. Hay formas más bajas y las hay más altas, por lo tanto, si el Nivel de desarrollo del alma es bajo, puede permanecer en la forma de un animal o en la forma inicial de una persona. Es decir, en una etapa adyacente: el Nivel superior de un animal se equipara a veces con el Nivel más bajo de una persona. La diferencia está en los programas de comportamiento, y el composito* de las almas es muy parecido. Del mismo modo, el Nivel superior del ser humano puede ser análogo al Nivel inferior de un planeta pequeño (véase el esquema 7).

– ¿Puede una persona ser devuelta al cuerpo de un animal por alguna razón?

– Puede, pero esto sucede muy raramente.

– ¿Esto sucede como un castigo?

– Hay dos posibilidades. La primera es realmente el castigo. Ha habido casos en la Tierra en que algunos animales se comportaron de manera muy inteligente y fuera de lo estándar en comparación con otros animales. Esta es precisamente la primera posibilidad, cuando una persona es devuelta al cuerpo del animal como castigo. Y la segunda posibilidad, es cuando una persona regresa al cuerpo del animal porque en el proceso de la vida su alma ha perdido algunos de los componentes energéticos que debería tener. Es decir, la persona entró en el camino de degradación, por ejemplo, convirtiéndose en un alcohólico o meramente entrando en su desarrollo en un bucle centrado en el juego del fútbol. Su desarrollo no avanzó más allá de tales pasatiempos, resultando así la degradación. Por esta razón, tal persona perdió muchos puntos, es decir, no llegó a acumular los componentes necesarios para el alma.

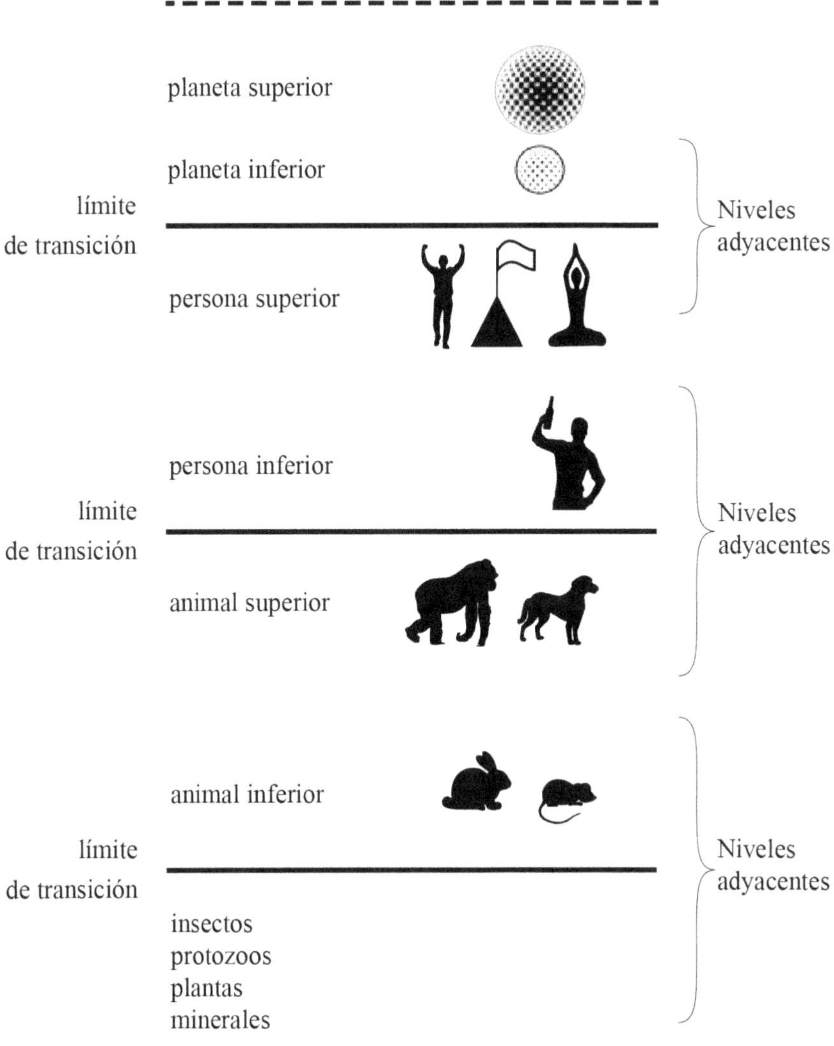

Esquema 7. Las etapas orientativas del desarrollo del alma

En este caso, se puede devolver el alma a la forma del animal de la especie en la que estuvo antes. Pero solo en esa especie, no en ninguna otra. Por lo que el alma al estar nuevamente en la fase animal adquiere la energía que le faltaba, pudiendo vivir una vida corta, después de la cual regresa al cuerpo humano y comienza de nuevo su perfeccionamiento, por así decirlo, de acuerdo con el programa humano. Pero al haber perdido tiempo en su desarrollo, en la nueva etapa el alma genera esas cualidades humanas que se perdió en la encarnación fallida. Además, se le agrega un nuevo programa, que le proporciona el desarrollo en la siguiente etapa, es decir, el alma pasa en una vida por un programa doble.

– ¿Con qué objetivo se introduce el mal, la agresividad, en el programa de una persona?

– Para la educación de otras personas y la práctica del karma. Una persona no puede distinguir entre lo malo y lo bueno sin comparar, porqué su Nivel de desarrollo sigue siendo bajo hasta ese momento. Pero incluso con ejemplos obvios de oposiciones, muchas personas aún no pueden comprender si sus acciones son buenas o malas, si siguen el camino positivo o el negativo. Tomen a cualquier persona del Nivel medio de desarrollo e intenten analizar su vida. Encontraréis en ella mayor cantidad de elementos negativos, que positivos.

Las personas a menudo piensan que, si algo está permitido en la sociedad, esto significa que puede utilizarse para fines personales y no quieren ver que este es un camino de degradación o maldad. Por ejemplo, actualmente está permitido abrir diversos establecimientos, pero hay muchos de ellos que conducen a la corrupción y no al progreso. Algunos países eligen el camino de la guerra en lugar de las negociaciones pacíficas para la regularización de asuntos contenciosos. Es decir, el ser humano ya es suficientemente consciente del bien y del mal y, sin embargo, elige el camino del mal. Esto solo indica su baja concienciación. Por lo tanto, esa alma debe ser confrontada con el mal más de una vez, para que sienta en sí misma qué es la agresión ajena y cuán repugnante es su rostro. Por lo tanto, la introducción de la agresividad y el mal en el programa es un método de educación rigurosa para los que no hacen esfuerzos para comprender.

– ¿Y pueden intencionalmente también introducir el mal en las almas buenas para algún propósito?

– Sí. Pero estas cualidades pueden no revelarse, todo depende de las circunstancias, del camino que elija el alma. Puede transformar las energías negativas en positivas a través de situaciones en las que elija la dirección del bien y, por ejemplo, salva una vida en lugar de matar.

– Sabemos acerca de la presencia de almas cósmicas en la Tierra. ¿Qué tipo de almas son estas?

– Para el mundo físico: este es el tercer tipo de almas encarnadas en la forma humana. Por lo general, estas son almas que tuvieron su desarrollo inicial no en la Tierra, sino en otros mundos y fueron enviadas a vuestro mundo con una determinada misión. Pero son más resistentes, más fuertes. Tienen una gran experiencia pasada.

– En la calidad del material del alma, ¿se diferencian de la terrenal?

– No, su material es idéntico, pero su fuerza es mayor.

– ¿Cuál es la diferencia entre la encarnación de las almas terrenales y las cósmicas?

– Las almas cósmicas no están atadas a la Tierra, y las almas terrenales están destinadas solo a la Tierra, es decir, se encarnan en ella hasta que haya pasado un ciclo de desarrollo dado.

– ¿Qué les sucederá después?

– Pasarán a etapas superiores de perfeccionamiento si, por supuesto, se lo merecen. Todo depende de la propia alma: si no desciende de grado, ya que esta puede caer, entonces irá más alto; y si se degrada, será enviada a mundos incluso más bajos que la Tierra, o puede ser decodificada.

– ¿Cuál es la diferencia en la preparación de las almas terrenales y cósmicas antes de enviarlas a la Tierra? ¿Acaso en las almas cósmicas se colocan más envolturas?

– Las almas cósmicas tienen una estructura configurativa diferente a la de las terrenales. Estas últimas tienen envolturas muy brutas, porque se forman en el plano material a partir de los componentes de la Tierra. Las envolturas de la Tierra y las del tipo del ser humano terrenal son idénticas y difieren en la rigidez de la construcción. Las envolturas para las almas cósmicas son creadas por Sistemas jerárquicos especiales. Son mucho más finas y resistentes que las envolturas terrenales y se ponen sobre el alma antes de bajarla.

– ¿Resulta que cuando se envía un alma cósmica a la Tierra, entonces se le ponen envolturas adicionales para su protección?

– No son precisamente envolturas de protección especial, sino aquellas que son necesarias para el trabajo. Tienen sus propias envolturas permanentes, y dado que las almas mismas tienen un grado de desarrollo y un potencial energético más alto que las terrenales, no necesitan de una protección especial. Cualquier alma terrenal es más débil que ellas. Solo se requieren envolturas adicionales para el descenso a la materia más densa y para el mantenimiento de su densidad durante el tiempo establecido.

– ¿Cuál es la diferencia entre el camino evolutivo de las almas terrenales y el de las cósmicas?

– Las almas cósmicas se envían específicamente para algún propósito. Aparecen aquí raramente, pueden encarnarse una vez y luego regresar a su mundo, o pueden hacerlo varias veces, dependiendo de las tareas establecidas.

– Si las almas cósmicas se encarnan solo una vez en nuestro mundo, ¿entonces, no tienen mucho karma? O, por el contrario, ¿es que están reintegrando algún tipo de deuda de culpabilidad aquí en la Tierra?

– De hecho, las almas cósmicas son almas que han venido de la Jerarquía. Sería más correcto llamarlas almas jerárquicas. Estas suelen ser misioneros, como, por ejemplo, Cristo. O puede que estas almas sean enviadas a su mundo a petición de la Tierra. El planeta puede necesitar algún tipo de energía heterogénea o muy alta que no tiene, y entonces el alma correspondiente se envía aquí, trayendo la energía requerida con su encarnación.

– ¿Hay alguna diferencia en el tratamiento de las almas terrenales y cósmicas después de la muerte? Ya que las terrenales volverán a la Tierra nuevamente, mientras que otras la abandonarán para siempre.

– Nuestras almas jerárquicas cumplen una misión, por lo que los requerimientos para ellas son mayores. Y las almas terrestres son enviadas al separador y allí responden por lo que han hecho. Las almas cósmicas, o jerárquicas, no pasan por el separador.

– ¿Qué almas se preparan para la encarnación en el mundo por más tiempo: las terrenales o las cósmicas?

– Las almas cósmicas también pueden ser diferentes y de mundos distintos. Por lo tanto, en comparación con la terrenal, algunas de ellas se preparan más rápido, y otras llevan más tiempo.

– Y si se compara la velocidad de desarrollo, ¿quién progresa más rápido?

– Eso también ocurre de diferentes maneras. Las almas terrenales siguen su propio camino de evolución en duración, y las almas cósmicas, el suyo. Y entre las personas hay muchas avanzadas. Bajo las condiciones de la Tierra, han podido lograr un Nivel muy alto de desarrollo y se han trasladado a la Jerarquía. En cualquier mundo, hay individuos avanzados y rezagados, de modo que incluso dentro de un mundo algunas almas alcanzan rápidamente la perfección, otras lo hacen lentamente.

– ¿Es posible decir que todos los seres vivos en nuestro Universo son creados estructuralmente de acuerdo con un principio único?

– El principio de desarrollo es el mismo para todos, y el principio de estructura es diferente, ya que la estructura depende de las condiciones en que se introduce el alma.

– ¿Depende de la forma el desarrollo en que se introduce el alma?

– No, no depende de la forma.

– ¿Se da cuenta el alma de la forma en que está introducida?

– Por lo general, no, porque los seres que permanecen en la misma forma siempre parecen bellos entre sí, aunque en realidad puedan ser feos. Pero sin compararse con otros no lo saben. Además, una opinión generalmente aceptada, si pertenece a la mayoría, puede tomar una forma fea como un estándar de belleza, y considerar una forma realmente hermosa como fea. Entonces, incluso la comparación no siempre puede ser objetiva.

ALMAS DE PLANETAS, ESTRELLAS

De los contactos con Dios, aprendimos que no solo el ser humano y los animales tienen un alma, sino también las enormes formas como son planetas y estrellas.

– ¿De dónde viene el origen del alma de los planetas?

– Hay dos tipos de ellas. Un tipo se crean directamente para la forma de un planeta, y el otro proviene de otras formas.

– ¿El alma de un planeta está formada por los mismos componentes energéticos que el alma humana?

– Sí, las energías especiales de otros adquiridas por las almas planetarias se juntan, se enlazan y se cultivan.

– ¿Existen laboratorios específicos para esto, o se crean las almas de personas y planetas en el mismo lugar?

– No, en diferentes lugares. Las almas de los planetas son creadas por especialistas de un rango superior.

– ¿Las energías utilizadas para la producción de almas humanas y planetarias son de diferente calidad?

– Por supuesto, son diferentes.

– ¿Las matrices planetarias tienen energía de calidad más alta?

– Todas las matrices originales de planetas y humanos son idénticas y están creadas a partir de energías de alta calidad, ya que están predestinadas a evolucionar en el mismo Universo (y esto es lo que las une)*.

– ¿De dónde viene el cuerpo material para el alma de un planeta?

– Es creado por Sistemas planetarios. Hay un programa de la secuencia de conexión y del factor temporal, como una especie de código genético que comienza a desarrollarse después de una explosión, considerada como el momento de su nacimiento, que se coloca en un cierto conjunto de elementos químicos y componentes energéticos. La introducción de energía adicional desde el exterior conduce a una explosión, que es el momento de activación de todas las reacciones. El planeta alcanza un tamaño determinado en el mismo momento de su nacimiento, es decir, después de la explosión. Todo esto se calcula: las dimensiones requeridas y la dimensión con que debería comenzar su crecimiento. El planeta crece, se expande a partir del coágulo de materia formado. La expansión viene de adentro. Así es como está programado. Las etapas de crecimiento y desarrollo se incorporan al programa. Y cuando la forma física está completamente lista, para lo que existen sus propios estándares, un alma se deposita en ella, después de lo cual el planeta cobra vida.

– ¿Cuál es la diferencia entre la incorporación del alma en el cuerpo humano y el cuerpo del planeta?

– El proceso de incorporación es básicamente el mismo. Aunque hay pequeñas diferencias.

– Existen dos tipos de almas de planetas: unas provienen de otras formas y otras se crean especialmente para el planeta. ¿Hay alguna diferencia entre la incorporación de tales almas?

– Sí, la hay. Esto se debe a su diferente construcción. El alma que se perfeccionó en una forma diferente, que se construyó a sí misma y, de acuerdo con su libre albedrío, rellenó su matriz con diversas energías, por lo tanto, su incorporación siempre tendrá algunas características individuales. Y la incorporación de nuevas almas planetarias especiales será estándar.

– ¿Qué otra diferencia hay entre un alma que proviene de otras formas y una nueva alma creada especialmente para el planeta?

– Hay muchas diferencias: en construcción, en energías. Un alma que proviene de otra forma debe pasar por un largo camino de desarrollo para corresponder a los requerimientos energéticos de un planeta. Pero en el momento de su incorporación, tanto esa alma como la otra están en el mismo Nivel, que corresponderá a los requisitos planetarios. Y, a continuación, en el proceso de desarrollo, el alma creada nuevamente para el planeta deberá esforzarse mucho más que una Unidad humana encarnada en la misma forma, porque el alma nueva está vacía, y necesitará trabajar más para rellenar su matriz de energía correspondiente. Esta es la diferencia sustancial. El esfuerzo del alma de un planeta será mayor.

– ¿Y qué potencial debería acumular el alma de una persona para incorporarse al cuerpo del planeta?

– ¿En qué tipo de unidades de medida preguntan?

– Al menos en unidades de los Niveles terrestres.

– Los planetas también son diferentes, los hay pequeños y grandes, por lo que las almas incorporadas tendrán un potencial energético diferente. Para el planeta más pequeño, puede valer el último Nivel del plano terrenal, el centésimo, pero para el grande, tal Nivel ya será insuficiente, y necesitamos escoger uno mucho más elevado.

– ¿Debido a qué el alma humana adquiere tanta fuerza que incluso puede incorporarse al cuerpo del planeta?

– Debido a pruebas severas, debido al programa, al trabajo, debido a una gran cantidad de reencarnaciones. Sin embargo, hay una opción alternativa: para el planeta se puede escoger un alma cuyo programa esté diseñado para un pequeño número de vidas, pero muy activas. En este caso, el alma tiene menos elección, por lo que desarrolla rápidamente el potencial requerido. Este es el camino de Mis almas.

– Y si sucediera al revés, es decir, que el alma de un cuerpo muy grande, como un planeta, se incorporase en el cuerpo pequeño de una persona, ¿qué dificultades surgirían? Después de todo, ¿tendría esa alma un potencial tan grande que el cuerpo pudiera no enlazarse con él?

– Por supuesto, esa falta de coincidencia puede tener lugar. En estos casos, en el cuerpo en el que se encarna el alma se coloca una protección que mantiene el alma dentro, impidiendo que salga volando. Exactamente no se trata de una protección, sino de una carcasa especial que se encuentra fuera del cuerpo para contener todo en su interior. Un alma con un alto potencial energético siempre se esforzará por salir volando de un cuerpo menos poderoso, por lo tanto, se requieren construcciones adicionales para su mantenimiento en el interior.

– ¿Tendrá esa persona un campo muy potente a su alrededor?

– Seguramente.

– ¿Todas las personas con poderes extrasensoriales tienen una carcasa tan potente?

– No, no necesariamente. Hay psíquicos que son individuos poderosos, pero desarrollados uniformemente.

– ¿No están las almas de los planetas encarnados en ellos?

– No, no las de los planetas. Las almas de los planetas son muy raras en los cuerpos humanos de la Tierra. Esto no sucede a menudo. Básicamente, tales encarnaciones se realizan para alguna corrección de la Tierra.

– ¿Y el alma de Jesucristo también estaba incorporada en un planeta?

– Sí, y no solo al planeta. Estuvo en muchas formas, incluso en forma de estrella, por lo tanto, acumuló un potencial muy poderoso.

– ¿Hay planetas degradantes?

– Sí, pero muy pocos.

– ¿Qué factores llevan al planeta a la degradación?

– El rechazo a otra vida que lleva consigo.

– ¿Es capaz el planeta de crear algo? ¿Son los minerales que crea parte de sus procesos creativos?

– Podría decirse de ese modo. Pero todo de lo que se compone viene establecido por el programa, y uno alimenta al otro de acuerdo con las fases de desarrollo, del mismo modo que sucede en la persona. El proceso creativo se activa en cierta fase, pero lo crea el planeta principalmente con el pensamiento. Sus procesos de pensamiento están muy bien desarrollados.

– El alma de una persona se desarrolla a través del sufrimiento. ¿Y a través de qué procesos se desarrolla el alma del planeta?

– Básicamente a través de la actividad mental propia de su Nivel. Trabaja con energías.

– ¿Pero puede el alma del planeta sufrir por alguna razón?

– Sí, por ejemplo, cuando está en el campo negativo de un mundo o cuando se altera la correspondencia entre ella y los mundos que se encuentran en su superficie, entonces sufre.

– ¿El alma del planeta produce algún tipo de energía espiritual?

– Por supuesto. Su actividad mental es muy diversa. Tiene sus propios métodos de trabajo con diversos tipos de energías, incluidas las espirituales. Es un rango de frecuencia muy alta, es decir, las energías más "sutiles" están involucradas en la actividad mental, se agrupan y, pasando a través de las envolturas, entran en la matriz del planeta. También tiene cuerpos de depuración.

– ¿Ese tipo de energía espiritual es el más alto para ella?

– Sí, del mismo modo que para el ser humano.

– ¿Y para las otras Entidades?

– Este es el más alto para los cuerpos materiales, y para los otros el rango de altas energías no está limitado. Y cuanto más alto es el Nivel de la Entidad, más alto es el nivel de su espiritualidad. Pero, mientras se desarrolla en el cuerpo material, para el planeta y el ser humano el tipo de energía espiritual es el Absoluto.

– ¿Cuál es la siguiente etapa de desarrollo del planeta después de estar en un cuerpo físico?

– Del mismo modo que en los seres humanos, pasará a una nueva forma de existencia, más alta que la anterior.

– ¿Y a las estrellas les sucede de la misma manera?

– Sí.

– ¿Y el alma del planeta, en el curso de su desarrollo, puede entrar en la envoltura de las estrellas?

– No, eso no sucede. Su estructura es diferente. El alma de un planeta es para los planetas, el alma de una estrella es para las estrellas.

– Cuando un planeta finaliza su vida física ¿a dónde se dirige su alma?

– Tienen el mismo camino que los seres humanos. Todo es igual: hay clasificadores, Repositorios, Determinadores individuales que las guían de acuerdo con su programa, etc.

Mundos diferentes

En nuestro Universo y en los Universos energéticos de Dios hay muchas formas espiritualizadas. Viven y se desarrollan allí, aunque está claro que en cada mundo las almas se guían por sus propias Leyes de existencia. ¿Pero qué hay en común entre su vida y la nuestra? ¿Qué reglas generales debemos obedecer tanto nosotros como ellas? ¿Y qué diferencias nos separan?

– ¿En cada mundo las almas evolucionan de acuerdo con ciertas reglas?

– Las leyes existen en todas partes. Hay leyes generales que conciernen absolutamente a todos los mundos, y hay particulares que se aplican solamente a mundos concretos.

– ¿Hay mundos donde las amas se desarrollan muy rápido?

– Los hay donde las almas se desarrollan rápidamente, y los hay donde son más lentas.

– ¿Qué son estos mundos?

– Son mundos energéticos.

– ¿En qué se fundamenta el desarrollo del alma en ellos?

– En cualquier mundo el alma se desarrolla mediante la adquisición de experiencia de vida. Solo que los procesos de existencia pueden organizarse de maneras completamente diferentes, porque todos los mundos son diferentes entre sí, su tiempo es diferente, y su espacio está organizado de manera diferente.

– ¿Cualquier alma puede existir en cualquier mundo?

– No, cada alma existe para su propio mundo, y para hacerlo en otros aún debe crecer. El alma debe cumplir con ciertas cualidades y con cierto programa. La no correspondencia de las cualidades y, en consecuencia, del potencial energético, puede conducir a que será aplastada en aquel mundo en el que se requiere un potencial energético superior. En cada mundo, los individuos tienen sus propios programas específicos, por lo que el alma en la estructura de su composición debe estar preparada para cumplirlos. Por lo tanto, hasta que acumule las cualidades necesarias, permanecerá en ese mundo, al que corresponde en sus parámetros.

– Ahora están bajando energía del Cosmos a la Tierra. ¿Ayudará esto a las almas de las personas para ascender a un Nivel más alto? Del mismo modo que, por ejemplo, en física, para que un electrón salte a otra órbita se le da energía adicional.

– Esta energía está destinada específicamente para la Tierra, pero no para las personas. Aunque, por supuesto, el Nivel energético general del ser humano aumenta debido al hecho de que sus envolturas se rellenan con la misma energía, aunque temporalmente, mientras permanezca en la Tierra. Cuando la persona muere, toda esa energía desaparecerá.

– Entonces, ¿qué necesita el ser humano para elevarse más?

– Debe perfeccionarse a sí mismo.

– ¿Mediante trabajo intelectual, u otros medios?

– No siempre es necesario el trabajo intelectual. Lo principal es el perfeccionamiento del *alma*, – enfatizó esta última palabra de manera especial con la entonación.

– ¿Los Determinadores de la Tierra también están bajando algún tipo de energía ahora?

– Sí.

– ¿Cuál es la diferencia entre la energía descendida para la Tierra a través de las personas y la de la energía bajada directamente a ella?

– La Tierra es muy consciente de la energía que se le envía por el camino habitual, sin vuestra mediación, la de los contactado, por lo que está acostumbrada a ella. Mientras que la energía que pasa a través de vosotros permanece oculta para ella. El planeta no sabe nada sobre esta energía, como tampoco sabe que de esta manera se transfiere a otra orbital*. Esta es la diferencia.

CONCLUSIONES SOBRE EL ALMA

Hagamos breves conclusiones generales de los principios básicos sobre el alma humana, deteniéndonos en los aspectos principales y abarcando la integridad de su percepción para que no haya interpretaciones erróneas, porque el cerebro humano ajusta constantemente la verdad a su propia concepción.

El alma es una estructura energética destinada solo para la existencia del plano terrestre, que consta de componentes temporales y permanentes. Tiene una estructura compleja basada en la trinidad y una matriz de desarrollo autónomo, originalmente espiritualizada por Dios. En otros mundos, toda estructura similar lleva un nombre diferente.

1. La trinidad del alma radica en la presencia en ella de las partes positiva, negativa y de Dirección, que son el mecanismo de la lucha de contraposiciones, que conducen al alma a la perfección. El alma no puede ser completamente positiva o completamente negativa: un porcentaje dado de la energía contrapuesta (un uno por ciento de su volumen total) está necesariamente presente en ella, porque esta es su estructura, creada por Dios a su semejanza.

La parte de Dirección, que encabeza los dos primeros sectores: el positivo y el negativo, es la principal, y la que rige a las otras dos. La dirección de desarrollo se realiza sobre la base de programas proporcionados de lo Alto, que están conectados a la parte de Dirección.

El sector de Dirección crece debido a sus propias acumulaciones de energía, y también se trasfieren aquí sus mejores acumulaciones (es decir, las energías más altas) de las partes positiva y negativa. Por lo tanto, su base energética se triplica. Pero, en relación con el volumen total, siempre ocupa la mitad, y no importa cómo aumente el volumen energético total de la Unidad, como tampoco importan los cambios de relaciones en su interior entre las partes positiva y negativa, el sector de Dirección siempre ocupará la mitad del volumen total del alma.

2. Una partícula especial entra también en la configuración del alma, orientando la Unidad* hacia la individualidad. La singularidad en el desarrollo, es decir, el factor de individualidad fue originariamente implantado por Dios en su estructura. Por lo tanto, cuanto más se desarrollan los individuos, más diferentes se vuelven unos de otros.

Cualquier individuo se perfecciona no solamente para sí mismo, sino también para un volumen concreto dentro del Volumen* total de la Esencia*, porque forma parte constituyente de aquel y, además, ese lugar en la Esencia está originariamente predeterminado para él. Por lo tanto, debe ampliar ese volumen concreto en el que continuará su desarrollo a partir de una cierta etapa de perfeccionamiento. Tal trayectoria en el desarrollo, el cual conduce a la realización del trabajo continuado en un Volumen dado, también determina la misma partícula.

3. Pero mientras el alma permanece en la Tierra, pasa por etapas de progresión relacionadas con el plano material de existencia, y, por lo tanto, tiene estructuras que están destinadas solo a este mundo, es decir, envolturas temporales (o cuerpos "sutiles").

Las envolturas temporales protegen al alma y sirven como capas filtrantes que recogen en sus volúmenes un espectro bajo de energías, cuya entrada está vetada a los mundos Superiores, y, por lo tanto, se desechan cuando el alma abandona el cuerpo. Las envolturas quedan retenidas en las capas purificadoras de la Tierra, diseñadas para limpiar las almas de energías "sucias". El alma desecha todas las envolturas o cuerpos temporales, permaneciendo solo una envoltura de enlace y los demás cuerpos "sutiles" permanentes.

4. La construcción permanente de la Unidad incluye, además de las envolturas permanentes, la parte estructural más importante del alma: la matriz. La matriz tiene la capacidad de acrecentarse a medida que las celdas se llenan con los tipos de energías requeridos. La matriz, como principio de acumulación por parte del alma de las energías, se utiliza solo hasta la mitad de la Jerarquía de Dios, luego el acrecentamiento de los volúmenes ya no se realiza desde el interior, sino desde el exterior, es decir, que los volúmenes más grandes requeridos se agregan desde el exterior. En una persona, el acrecentamiento de la matriz se lleva a cabo solo desde el interior. La acumulación de energías comienza con un espectro bajo y continúa hacia el lado de las frecuencias altas.

Después de un cierto Nivel de desarrollo, cuando la matriz se rellena con las energías requeridas, el alma pasa a una etapa más alta de perfeccionamiento y puede ser reconducida a otros mundos Superiores ubicados en la Jerarquía de Dios.

El desarrollo del alma se lleva a cabo debido a la acumulación de energías de diversos tipos que ingresan en las celdas de la matriz creando características cualitativas del individuo.

En cada celda solo hay un tipo de energía que constituye la cualidad. Una celda es una cualidad. Tantas celdas estén llenas, tantas cualidades poseerá el alma. Todas las células juntas forman la factura* del alma o su composito*. Cada alma tiene un composito individual, es decir, una composición cualitativa de energías.

Cada celda se rellena con un tipo homogéneo de energía durante varias vidas hasta que alcanza un cierto estado cuantitativo que fija el código de la celda.

La celda recibe energía pura de una calidad, es decir, de una escala alta, correspondiente a la frecuencia de energías de Dios o del Absoluto. Y todas las energías sucias de baja frecuencia son retenidas por las envolturas externas, impidiéndoles ingresar en el interior de la matriz.

Cuando la matriz inicial se llena de energías, las celdas nuevas se agregan desde el interior, es decir, a medida que las celdas existentes se llenan, se produce la agregación de las celdas vacías para las siguientes acumulaciones. Todo esto está regulado por códigos numéricos, ya que cada celda tiene su propio código. El código para el alma inicial es constante, pero en cuanto comienza a desarrollarse, las acumulaciones de energía de las celdas cambian sus códigos numéricos.

5. El código orienta el alma en la calidad y cantidad de energía necesaria. Los códigos corresponden a las energías del mundo en el que se va a desarrollar el alma. Por lo tanto, de acuerdo con el código, la energía de la calidad requerida ingresa a la celda. Dado que el código expresa el volumen cuantitativo requerido, que corresponde al rellenado completo de la celda, el código cambiará a medida que la celda se llene de energías. Y debido al hecho de que todas las celdas estén unidas por ciertas proporciones numéricas, un cambio en el número en una celda conducirá a un cambio de todas las demás magnitudes numéricas. Por lo tanto, los códigos de la matriz están en constante cambio.

6. Cualquier celda lleva un cierto potencial de energía correspondiente al volumen de energía en la celda. Los potenciales energéticos de las celdas, en suma, crean el potencial energético general del alma. El potencial energético de las envolturas permanentes también se suma aquí. El potencial energético es un indicador importante en las distribuciones de almas en los Niveles de la Jerarquía, ya que el potencial energético del alma debe corresponder al potencial energético de un mundo dado.

El proceso de perfeccionamiento conduce a un crecimiento gradual de potencial del individuo. Y cuanto más alto se hace, más alto se eleva el individuo en los Niveles de la Jerarquía de Dios, aumentando de tamaño, de ahí los Seres Superiores en las pinturas, a los que los artistas los pintan más grandes en comparación con las personas.

Durante la transición a un mundo nuevo, en la matriz y en las estructuras permanentes se colocan envolturas adicionales de la materia de este mundo. Estas envolturas también sirven de protección y, al mismo tiempo, están diseñadas para el rellenado de nuevas energías y la adquisición por Unidad de potencial energético más poderoso. También se llevan a cabo procesos que unen la matriz al medio ambiente.

Cuanto más se eleva el alma en el desarrollo, más poderoso es su potencial energético, fuerza y más alta es la presión energética por unidad de volumen.

El principio mismo de perfeccionamiento del alma, que contribuye al aumento de su potencial energético, consiste en pasar por las situaciones establecidas por el programa. La acumulación de energías en la matriz transcurre a través de acciones, procesos de pensamiento, sentimientos.

7. Dios crea todas las matrices iguales. Pero ¿por qué se dice que el alma es una forma estructural destinada solo a la Tierra? El hecho es que cuando se envían matrices iguales a mundos diferentes para comenzar el camino evolutivo, se conectan a estructuras temporales (en la Tierra, envolturas), que tienen funciones defensivas: proteger la matriz y los cuerpos "sutiles" permanentes del daño y la interferencia ajena, y también realizar otras funciones especiales, que dependen de la especificidad de los mundos. Por lo tanto, una matriz con estructuras permanentes adicionales en condiciones terrestres se denomina alma, una matriz con adiciones especiales en otro mundo ya es algo diferente. La Entidad está en la Jerarquía. Por lo tanto, todo depende de las estructuras defensivas y auxiliares que se ajusten a la matriz para la vida en ese o aquel mundo. Crean diferencias en las formas de existencia.

Las formas externas son siempre diferentes entre sí, no hay similares. Pero los elementos que se utilizan para crear la estructura interna son siempre iguales, es decir, las estructuras originales son idénticas, pero el contenido las hace diferentes durante el desarrollo. La progresión finalmente lleva a las almas a diferencias constructivas y de calidad.

Una forma externa, como, por ejemplo, el cuerpo humano, está necesariamente vinculada a los procesos tecnológicos que debe producir en este mundo. Por lo tanto, la forma de la criatura depende del tipo de energía del que está compuesto este mundo y de procesos tecnológicos de procesamiento de energía en los que está involucrada su matriz.

El alma humana fue creada por el Sistema Espiritual de Dios, y su envoltura material fue creada por el Sistema Material Altamente Desarrollado, que es su análogo. Solo Dios y Sus ayudantes más próximos del Sistema jerárquico* de Ángeles están comprometidos en la espiritualización.

Hay dos tipos de almas para la Tierra. El primer tipo pasa por la etapa animal. Este es un tipo de alma animal.

El segundo tipo es una matriz vacía, cuya etapa inicial comienza directamente con la etapa del ser humano, su primer Nivel en la Tierra, y por lo tanto puede denominarse el tipo de alma terrenal. Es decir, unas almas pasan por la etapa animal y otras no. Y esta es su diferencia cualitativa. Por supuesto, el primer tipo de almas también es creado por Dios, y por la estructura de matrices es idéntico a las almas que comienzan a desarrollarse desde la etapa del ser humano. Pero comienzan con diferentes puntos de partida. Y esto es importante, ya que es el comienzo es lo que las hace diferentes entre sí.

Si comparamos estos dos tipos de almas, podemos identificar las siguientes diferencias en ellas. El primer tipo ya ha acumulado algunas energías en su matriz en el momento en que ingresa al cuerpo humano. El segundo tipo no ha acumulado nada, su matriz está vacía, y todas las adquisiciones de energía tienen su comienzo en el cuerpo humano directamente, de acuerdo con el programa. La creación del segundo tipo de almas lleva más tiempo, pero se desarrolla más rápido y la cualidad de tales almas es más dura. Sin embargo, ambos tipos alcanzan el Nivel de desarrollo requerido en plazos diferentes.

Las almas de otros mundos materiales, similares al terrestre o de un Nivel de la Jerarquía Superpuesto, también pueden encarnarse en el cuerpo humano. Este es el llamado tipo de almas cósmicas. Los primeros acumulan en su matriz el tipo de energías terrestre que requieren para algún propósito, y los otros cumplen una determinada misión pudiendo, por lo tanto, ser mucho más altos que todas las demás almas terrestres en términos de desarrollo.

¿En qué consiste el perfeccionamiento del alma?

Es necesario también concentrar la atención del lector en esta cuestión y al menos explicarlo brevemente, ya que el ser humano todavía no puede entender por qué vive y para qué sufre. Por supuesto, podríamos hablar interminablemente sobre el propósito de la vida, pero vamos a ser breves.

El significado de la vida humana, como el de cualquier otra criatura, consiste en el perfeccionamiento de su alma y de almas subyacentes.

Cada individuo debe desarrollarse, lo que implica: aumento del Nivel intelectual, concienciación, refinamiento de los propios sentimientos y percepciones, ampliación de la conciencia. Cada minuto de la vida debe brindarle a una persona una nueva experiencia de vida, enriquecerla con Nuevos Conocimientos e información. Una persona está obligada a crecer tanto moral como espiritual, estética y creativamente, aprender todo lo creado por la humanidad, y desde el conocimiento material pasar a la comprensión de los mundos "sutiles" y Superiores.

Cada individuo no solo debe desarrollarse por sí mismo, sino también impeler consigo a lo alto a los subyacentes o crear condiciones para su desarrollo.

El ser humano se perfecciona en la Tierra a través de sufrimiento y pruebas. Esta es la metodología de educación de Dios.

Las pruebas ayudan a identificar las debilidades y vicios humanos, aumentar el potencial energético y la fuerza del alma. El sufrimiento tiene como objetivo enseñar al ser humano a compadecerse de los demás, conmoverse con sus fracasos, sentir su dolor y resentimiento. Si te duele mucho y te sientes mal, no inflijas lo mismo a los demás: la conciencia del sufridor debe llegar a esta conclusión. Habiendo experimentado el mal, el ser humano debe esforzarse para lograr el bien, la nobleza, la virtud moral, aquellos fundamentos espirituales superiores que generan las más altas cualidades del carácter humano, lo que le permitirá entrar a la Jerarquía de Dios. Quien genera cualidades opuestas al sufrimiento y las pruebas, amargura y odio a los demás, irá a la Jerarquía del Diablo.

El propósito principal de la vida es alcanzar el Nivel actual de Dios. Y esta no es una tarea mística, sino el objetivo real de cada persona. Solo necesitamos sentir con nuestro corazón qué caminos y metas conducen a Dios, y cuáles conducen al Diablo. No os equivoquéis al elegir.

Capítulo 3

EL CEREBRO DESCONOCIDO DEL SER HUMANO. EL CEREBRO CENTRAL O ANILLO DE IMPULSO. EL CEREBRO DEL GÉNERO. EL CEREBRO DE LA SANGRE

LA SANGRE DEL SER HUMANO

La sangre humana está bien estudiada tanto por la medicina rusa, así como por la extranjera. No es mucho lo que se puede añadir al respecto. Aunque, por supuesto, si la observamos bajo la visión de los especialistas que han diseñado el proyecto de estructura del ser humano, entonces podríamos descubrir muchas más cosas nuevas y desconocidas en diversas partes del organismo humano.

Pero, incluso, sin dirigirse directamente al Creador de la envoltura física humana, sino contactando con el Maestro Celestial, este siempre encontrará algo nuevo que decirle a la persona sobre ella misma.

- - -

– ¿Entonces, qué es la sangre? ¿Y qué es lo que no sabemos sobre ella?

– La sangre es el portador directo del programa del cuerpo material del ser humano, de su composición química y física, así como también de sus componentes "sutiles". En la sangre se deposita el programa del cuerpo sano y, en relación con esto, todos los indicadores cuantitativos y cualitativos que corresponden a la normalidad. Por ello, cuando el trabajo de cualquier parte del cuerpo se desestabiliza, es la sangre la que en primer lugar recibe una completa información cuantitativa acerca de cualquier alteración que haya aparecido. Las simples comparaciones numéricas de composición de la sangre en estado normal con el desequilibrio cuantitativo que haya aparecido a causa de dicha alteración permiten activar las reservas defensivas, que conducen con el paso de tiempo hacia la normalización de su estado.

– ¿Y si la mejora no acontece, entonces, por qué no funciona el programa?

– No existen personas absolutamente sanas. Las enfermedades se dan a cada uno de acuerdo con el programa de desarrollo común. Por una parte, está el programa común, y por otra, los programas particulares de cada órgano del cuerpo. Por lo que, si la persona ha de tener alguna enfermedad de acuerdo con el programa común, entonces el propio programa de la sangre se orientará, a partir de una determinada edad, a la composición química que corresponda a los parámetros de la enfermedad necesaria.

– ¿Cuáles son las funciones de la sangre, a parte de las conocidas?

– Transportar tanto la información entre las células, órganos, así como la energía.

– ¿Es dañino hacer transfusiones de sangre de persona a persona?

– Sí, es muy dañino, aunque tal operación permita salvar al enfermo o lesionado. Vuestra medicina aún no conoce otros métodos, pero los hay.

– ¿Qué es lo que sucede durante la transfusión de sangre?

– Que cambia el potencial energético del organismo y el programa de la persona.

– ¿Es decir, que el programa del enfermo se enlaza con el programa del donante?

– Sí, exactamente. El programa del enfermo se enlaza con el programa de la persona cuya sangre ha sido transfundida.

– ¿Si el programa del donante es bueno, es capaz de mejorar el programa del enfermo?

– No existen programas buenos ni malos.

– ¿Queríamos decir "más exitoso"?

– ¿Más exitoso? Sí, en alguna medida puede mejorar el programa de la persona a la que se le ha transfundido la sangre, mejorarlo por un determinado plazo de tiempo. Pero, de nuevo, esto se reflejará en su karma. Por ello, si en la vida actual su programa mejorara, en la próxima empeorará necesariamente.

– ¿La sangre de los hombres se diferencia de la sangre de las mujeres?

– Sí, por supuesto, se diferencia tanto por su composición como energéticamente. Su carga energética es diferente: para los hombres es de signo positivo (+) y para las mujeres de signo negativo (-). Pero puede ser al revés. Todo es figurativo. Aquí también hay diferencias más sutiles.

– ¿Es probable que no sea recomendable trasfundir la sangre de un hombre a una mujer o viceversa?

– Si, no es deseable. Pero, vuestra medicina es muy bruta, y al auxiliar, por un lado, produce un daño por otro. Es su condición ineludible.

– El ser humano tiene cuatro grupos de sangre. ¿Para qué ha sido dividida la sangre en grupos?

– Cada grupo de sangre porta determinada información según el programa. Pero la causa principal de la división de la sangre humana por grupos consiste en que las personas corresponden a diferentes Sistemas Cósmicos, es decir, que las dirigen diferentes Sistemas. Un Sistema dirige a las personas con el primer grupo sanguíneo, otro a los del segundo, y así sucesivamente. Así es como decidimos diseñar al ser humano conforme a sus componentes líquidos, todo ello, para hacérnoslo más fácil a Nosotros, ya que distintos grupos sanguíneos proporcionan diferentes cualidades energéticas a los propios Sistemas.

– ¿Cómo una persona de un grupo sanguíneo se diferencia de otra persona con otro grupo?

– Sus habilidades son diferentes. Para ser más exacto, las capacidades psíquicas de las personas del primer grupo están más desarrolladas, por ello, ellas pertenecen a los individuos que se interesan por las ciencias especializadas en el ser humano y su comportamiento en sociedad.

Las personas del segundo grupo sanguíneo tienen la capacidad de levitar, es decir, pueden llegar a volar en el plano físico transgrediendo las Leyes de la física, si, por supuesto, se entrenan para ello. Sin embargo, ha habido muchos casos de levitación espontánea de personas en la Tierra. Esta es precisamente la manifestación de una construcción energética especial de la sangre, cuando el cuerpo físico evita la gravitación terrenal.

Las personas del tercer grupo sanguíneo poseen capacidades extrasensoriales.

Y el cuarto grupo sanguíneo se destaca por tener un cerebro mejor desarrollado. Principalmente son personas con una gran capacidad intelectual. Por supuesto, estas han sido llamadas como capacidades principales, pero también existen otras. Sin embargo, de acuerdo con dichas capacidades podéis apreciar cómo la composición sanguínea, su estructura energética y su programa pueden influir en las capacidades de un ser humano, y en consecuencia, en su conducta.

– ¿Qué es el cerebro de la sangre?

Es el programa genético de materia física del cuerpo que está depositada en su estructura liquida. Este programa regula y dirige todos los procesos líquidos en el interior del organismo, activa unas reacciones y desactiva otras, las delimita temporalmente. La sangre posee memoria. Su intensidad energética varía constantemente dependiendo de los procesos que ocurren, pero la sangre siempre tiende a alcanzar un potencial genérico, característico para este tipo de materia. Pasando la energía de un órgano a otro se nivela el potencial energético promedio del cuerpo. La sangre esconde en sí muchos misterios, desconocidos para el ser humano.

- - -

– Además de la sangre, en el cuerpo humano existe el fluido linfático. ¿Cómo se distingue este de la sangre desde el punto de vista de su composición energética?

– La sangre es energía positiva, la linfa es energía negativa, es decir, cualitativamente son dos materias diferentes.

– Últimamente, las personas a menudo tienen hinchazón de los nodos linfáticos. ¿Cuáles su causa?

– Actualmente, el nivel de radiación es elevado y es precisamente la radiación la que influye en su aumento.

– ¿Cuáles la función de la linfa?

– Su función es defensiva. Además, crea un equilibrio en el cuerpo: el equilibrio entre la sangre blanca y la roja.

EL CEREBRO DEL GÉNERO

La envoltura física del ser humano está dotada de una serie de estructuras auxiliares sutiles. ¿Qué nos pueden decir los Superiores acerca de los elementos invisibles de su estructura sutil para el ojo humano? En uno de los contactos, durante la conversación sobre el cerebro físico, los Individuos Superiores nos señalaron que, además de este, el ser humano tiene algunos otros centros cerebrales. Esto sirvió de base para desarrollar un tema nuevo.

– ¿Cuántos centros cerebrales tiene el ser humano?

– Cinco, -respondieron Ellos. (En esta ocasión se han incorporado al contacto los Jerarcas Superiores)

– ¿Cuáles?

– Dos centros se encuentran en el plano físico: es *el cerebro de la cabeza y la columna.* Y tres centros se ubican en el plano "sutil", y por esto el ser humano no sabe nada sobre ellos. Son: *el anillo de impulso, el cerebro del género y el cerebro de la sangre.*

– ¿Qué representa en sí el centro cerebral del género? ¿Dónde se ubica?

– Es una estructura "sutil" en forma de círculo que rodea a la persona en la parte inferior del abdomen y le dicta la forma de comportamiento según sea un individuo femenino o masculino.

– ¿Es realmente un círculo o es algo más complejo?

– En sentido figurado, sería un círculo, aunque si lo observamos desde otra perspectiva, desde el plano astral, entonces dicha forma cambiaría, ya no sería un círculo, sino algo diferente.

– ¿Tienen todas las personas idéntica estructura al círculo? Es decir, ¿la tienen todos los hombres igual?

– No, no es igual. Las características de su estructura están asociadas con la nación. Si se escoge una nación en particular, su estructura variará, junto con muchos parámetros generales, según el tipo astrológico de la persona. La formación de caracteres en los signos del zodíaco influye en la composición del centro cerebral del género, es decir, en la estructura del círculo alrededor de las caderas.

– ¿En qué se diferencia el círculo de los hombres del círculo de las mujeres?

– La diferencia consiste en sus colores y cualidades. Cada persona, por lo general, lleva su propia tonalidad, su gama de colores. Pero, hay una para los hombres y otra para las mujeres.

– ¿La estructura del círculo cambia durante la vida?

– Se puede decir que es permanente. Tienen lugar unos cambios insignificantes, pero en general, es permanente para cada vida de un determinado cuerpo físico.

– ¿Este círculo tiene movimiento, como el anillo de impulso?

– No, es inmóvil.

– ¿Se forman las estructuras "sutiles" del *cerebro del género* en el momento del nacimiento de la persona o a partir de una edad determinada?

– Cualquier centro cerebral se introduce a partir de nacimiento del niño.

– ¿Existen en su funcionamiento algunas peculiaridades en comparación con el centro cerebral intelectual?

– Son dos cosas completamente diferentes, y es incorrecto comparar los dos.

– ¿Está relacionada la estructura del centro cerebral del género con las envolturas astral y mental?

– Sí, necesariamente, ya que el centro cerebral del género influye en los sentimientos del individuo y en peculiaridades de su pensamiento.

– ¿De qué manera influye en las envolturas?

– El centro cerebral tiene un programa, que se corresponde con el funcionamiento por el cual el individuo produce energías de una determinada cualidad, es decir, las energías relacionadas con el funcionamiento exclusivo del centro cerebral del género. Influye, principalmente, en la cualidad de las energías producidas por la persona. Este es un espectro especial. El centro cerebral indica específicamente el comportamiento del individuo, como mujer, o como hombre, y también influye en la formación de su envoltura física. En el transcurso del tiempo activa en el organismo los procesos de envejecimiento. La envoltura física funciona al unísono con la astral y la mental, por lo que, cualquier cambio en aquella se refleja en estas.

– ¿Quién dirige el funcionamiento del centro cerebral del género: el alma o en él está ya depositado un programa especial? ¿Es un sistema autónomo?

– No, no es un sistema autónomo. Absolutamente todos los procesos transcurren a través del ordenador del Determinador de la persona, y se dirige por medio de este ordenador. Es decir, en el ordenador está depositado el principio del funcionamiento de tal círculo, y funciona conforme al mecanismo diseñado. El mecanismo de funcionamiento es un programa determinado, diseñado especialmente para determinado centro cerebral. Para cada órgano existen sus propios programas aislados en las que se depositan enfermedades concretas. Por lo que, manipulando las cifras, el Determinador dirige los procesos en el organismo o manda algunas órdenes a los órganos. Pero, Él no dirige permanentemente, sino que, al introducir el programa del trabajo, activa la regulación automática y solamente durante algunos intervalos de tiempo, va comprobando aquellos procesos que transcurren en el cuerpo humano.

– En la Tierra se han dado casos de hombres o mujeres que han cambiado de género. ¿A qué programa se debe?

– Son desviaciones del propio programa. Por algunas causas el individuo es incapaz de cumplir con su programa, por lo que intenta, con el cambio de género, una nueva forma, acumular aquellas características que necesita en la vida actual según su programa.

– ¿Son almas jóvenes o maduras?

– Son jóvenes, con pocas encarnaciones, y consecuentemente, con insuficiente experiencia en la vida. Las almas jóvenes en la Tierra se denominan "inferiores", porque aún no han subido bastante alto en su desarrollo. Habitualmente, tales operaciones de cambio de género se realizan en almas jóvenes. Las almas altas jamás permitirán algo parecido. No importa lo difícil que les sea la vida, tratarán de cumplir su programa personal en la forma que se les da al nacer.

– ¿Pero, el cambio de género está incluido en su programa?

– No, no está incluido. Se puede decir, que en esta situación es determinante la influencia de la Tierra, que tiene ciertas áreas muy energéticas. La psique de un individuo de nivel bajo no es capaz de soportarlo. Tales personas padecen trastornos energéticos y psíquicos, como resultado de los cuales empiezan a sentirse de forma diferente sobre sí mismas.

– La célula sexual contiene el código genético humano. ¿Qué representa tal código?

– Es un programa especial cifrado. Pero, el código genético es solo la mitad de lo que se encuentra en cada persona, y debe responder por el desarrollo del cuerpo físico. El código por sí mismo no significa nada. La segunda mitad, que se une con el código y que convierte a una persona en ser humano es la propia base energética, es decir, aquella energía, que se introduce con la aparición de una persona concreta. La energía se introduce durante la concepción. El código genético, por su parte, responde de la dirección del cuerpo físico.

– ¿Cómo se diferencia el código genético de una nación del de la otra?

– Por la cualidad de energía que se introduce con la concepción.

– ¿Va cambiando el código genético a lo largo de los siglos? ¿O permanece inalterable?

– Va empeorando y con el tiempo degenera. Al ser humano se lo puede comparar con una máquina en funcionamiento, que con el uso se desgasta. Del mismo modo el código genético, se deteriora con el tiempo. Entonces, se repara o, mejor dicho, se reemplaza con uno nuevo.

– ¿Debido a qué la célula de un hombre se fusiona con la célula de una mujer durante la fecundación? Ya que otras células no poseen tales cualidades.

– La fusión celular se debe al control sobre la persona futura a través del ordenador del Determinador, el que la guiará por la vida. Después de la fusión de células, el Determinador controlará todos los procesos de formación del cuerpo infantil hasta su nacimiento. Es decir, el Determinador dirige los procesos a partir de la concepción hasta el momento de nacimiento.

– ¿Ningún cuerpo puede aparecer sin Determinador?

– No, no puede.

– Hay muchos cuerpos que se conciben y se eliminan antes de su nacimiento. ¿Así es como debe ser?

– No, no es así como está predeterminado. Si el embrión se elimina antes de su nacimiento, entonces, el Determinador lo intenta de nuevo y, de misma pareja, trata de obtener un nuevo cuerpo, es decir, para que se produzca la concepción de nuevo. Si tal intento es infructífero, y resulta en vano esperar de tal pareja un cuerpo, él busca otros padres, con una estructura del cuerpo físico parecida a la de pareja anterior. Por lo que, cuando tal pareja se escoge de los archivos, el Determinador nuevamente se esfuerza para obtener de ellos un cuerpo nuevo. Por lo tanto, en ocasiones debe esforzarse más de una vez en la búsqueda de unos padres para el alma de su niño que puedan proporcionar aproximadamente la misma estructura física.

– Existen personas que no tienen hijos. ¿Son los Determinadores los que no se los dan?

– En primer lugar, eso se debe a que necesariamente haya un Karma presente en la vida de las personas. En segundo lugar, se trata de un programa especial de desarrollo sin hijos. Se da para la obtención de determinadas cualidades.

– ¿Entonces, el desarrollo del huevo fecundado está completamente controlado por el Determinador?

– Sí.

– ¿Este Determinador es de la madre o del futuro niño?

– Del futuro niño. Todo lo hace un Determinador nuevo. Es decir, durante el período en que la madre lleva al niño en su vientre, dos Determinadores se ciernen sobre ella a la vez: el suyo propio y el de la persona futura. Los procesos del cuerpo físico de la madre los dirige su propio Determinador, y a los del cuerpo físico del embrión, el otro Determinador. Por lo que, durante nueve meses están mutuamente conectados en su trabajo.

– Es complejo, – decimos.

– Por supuesto, – confirma Él, – en el mundo no hay nada fácil.

– ¿Entonces, el Determinador del niño controla la formación de todos sus órganos?

– Sí, todo esto entra en sus funciones.

– ¿No existe un programa especial para esto?

– ¡Como que no! Claro que existe.

– ¿El programa existe y, conforme al mismo, el Determinador controla el correcto desarrollo de órganos del niño?

– Para la formación de la envoltura física existe una Ley especial de desarrollo del cuerpo en el interior de la persona. Es un esquema determinado. El único para todos. Por lo que, en correspondencia con el programa dado para su futuro subordinado, el Determinador introduce en el cuerpo del niño las desviaciones necesarias, defectos natos, o al revés, establece una defensa efectiva, le da forma de un modo determinado, por ejemplo, en la laringe y las cuerdas vocales, si se tratase este de un futuro cantante.

– ¿Si nacen las personas deformes, también es resultado del trabajo del Determinador?

– Sí, es el karma de padres e hijos. Pero los cuerpos defectuosos siempre se desarrollan a partir de padres absolutamente sanos. Y la introducción de los defectos y enfermedades las realiza el propio Determinador del niño.

– ¿Si los cromosomas y la estructura del ADN se dañan, también nacen niños con discapacidades físicas, no es así?

– Esta, ya es otra cuestión. No estamos hablando sobre algunos drogadictos o alcohólicos, que dañan su ADN, sino en general, sobre personas sanas. Las demás desviaciones tratan completamente de otro asunto, por lo que tenemos que examinarlos por separado.

– En consecuencia ¿cuando el ADN es bueno y la genética normal, todas las desviaciones son proporcionadas por el Determinador?

– Sí, conforme al programa de desarrollo de la persona. Todo se hace estrictamente según el programa, el que se ocupa de lo que la persona necesita y de lo que no. Lo último se determina por Individuos Superiores especiales, que se ocupan del ser humano y de su educación.

– Actualmente la ecología en la Tierra va mal, y la gente dice que es la causa del nacimiento de personas físicamente deformes. ¿Influye la ecología en esto?

– Influye mucho. Pero esta también es una cuestión diferente, cuando son destruidos algunos procesos químicos a través del cuerpo de madre.

EL CEREBRO CENTRAL O ANILLO DE IMPULSO

¿Cómo se inicia el proceso de pensamiento del ser humano?

Esto no puede ser explicado por ningún científico o filósofo, ya que no tiene a su alcance la base de datos completa sobre la composición del ser humano, incluidas sus estructuras "sutiles".

Últimamente, la ciencia ha alcanzado grandes resultados en el estudio del cerebro físico del ser humano, pero sus estructuras "sutiles" aún permanecen ocultas. Los científicos han descubierto que determinadas estructuras cerebrales reaccionan ante señales procedentes del propio organismo de la persona o desde su medio ambiente. Tales señales activan determinados procesos en el aparto cerebral, que imponen una u otra forma de conducta a la persona. Es decir, nuestra conducta depende completamente del funcionamiento normal del cerebro.

Los científicos han descubierto y, en alguna medida, han estudiado solamente aquellas partes del cerebro que están relacionadas con necesidades fisiológicas de la persona y con su conducta. Pero ¿cómo se toman en la mente las decisiones en torno a problemas lógicos o matemáticos, ¿cómo nacen los inventos técnicos, ¿cómo se hacen los descubrimientos científicos, se escriben poemas o se realiza la trama de una pintura? todo ello permanece más allá del ámbito de lo incognoscible, y nadie puede explicar el funcionamiento del cerebro en estos casos.

Algunos científicos, analizando el cerebro físico, han llegado a la conclusión de que la experiencia consciente del ser humano, así como el mundo de sus preocupaciones internas, existen independientemente de su cerebro y no están relacionados con él mismo como con un objeto físico. Otros científicos lo atribuyen a encontrarse en la parte inexplorada del cerebro.

De una forma u otra, el caso es que tras dos mil años de desarrollo de la humanidad actual los procesos de pensamiento siguen sin siendo poco conocidos y sin resolverse.

Y solamente ahora, antes del inicio de una nueva era, nuestros Maestros Celestiales están revelando a la humanidad, o, mejor dicho, a la sexta raza*, algunas estructuras "sutiles" del ser humano, ocultas a vuestra visión física.

Resulta que en los procesos de pensamiento el rol central es desempeñado por el cerebro central o el llamado anillo de impulso, cuyas estructuras pertenecen a la materia "sutil".

Esto es lo que Dios nos dijo sobre él. Sin embargo, al escuchar las respuestas a las preguntas, es necesario señalar que el propósito de Sus respuestas no es una "masticación" detallada de verdades desconocidas, sino que es el trasfondo de la presentación general del objeto de discusión: proporcionar los conceptos básicos y la dirección del pensamiento. Esta es la razón por la cual muchas de las respuestas son breves en su forma y requieren una mayor reflexión e investigación sobre el objeto de la conversación.

Composición y funcionamiento del anillo de impulso

El anillo de impulso pertenece a las estructuras sutiles del ser humano. Antes, tenía la denominación de nimbo, y así se vio en algunos santos como un resplandor brillante sobre la cabeza.

– ¿Que representa en sí el cerebro central? ¿Cuál es su estructura energética? ¿Cuál es su forma: de anillo, globo, disco…?

– El cerebro central se ubica a una distancia de 3 a 10 centímetros sobre la cabeza de la persona y tiene la forma de un anillo tridimensional que recuerda al nimbo (véase el esquema 8). Es más, aquello que antaño los clarividentes confundían con un halo, no era más que un anillo de impulso o un cerebro central, lo que es lo mismo. Su estructura sutil tiene forma de anillo, de aquí viene su segunda denominación. Los santos, que debido a sus continuos rezos concentraban en él mucha energía pura, haciendo que el anillo de impulso brillara, siendo visible a simple vista. Por ello es solo accesible a la visión de los clarividentes, cuyo rango de visión se encuentra en el Nivel del cuerpo etérico del ser humano. Como sabéis, existen diversos tipos de clarividentes: unos pueden ver los órganos humanos igual que con rayos X; otros ven sus estructuras sutiles; hay unos terceros, más desarrollados, que pueden ver otros mundos; unos cuartos que son capaces de ver planetas; es decir, la clarividencia tiene varios Niveles. El primer Nivel es capaz de distinguir el anillo de impulso por encima de la cabeza y del aura.

– ¿Cómo se produce la conexión entre el cerebro humano y el anillo de impulso?

– El anillo contiene dos tipos de energía: positiva y negativa. Debido a la diferencia entre los potenciales de las energías, el anillo gira y su trabajo se realiza. La energía inicial para la actividad del pensamiento de una persona proviene del ordenador del Determinador, como una base de datos necesarios para el trabajo durante un período concreto de tiempo. Mientras la persona está viva y cumple con su programa, permanece constantemente conectada por un canal de conexión al Determinador que le guía por la vida. O más exacto, no es que esté conectado al propio Determinador, sino a su ordenador, donde guarda todos los datos de la persona: sobre todo, sus estructuras físicas y sutiles. Por ello, la energía inicial para la actividad del pensamiento proviene del ordenador del Determinador al entrar en el cerebro central, el que, a su vez, al girar, envía los impulsos al cerebro físico de la persona. El anillo de impulso es el estado intermedio de la materia, que sirve de base mediadora entre la materia sutil del Determinador y la materia bruta de la persona.

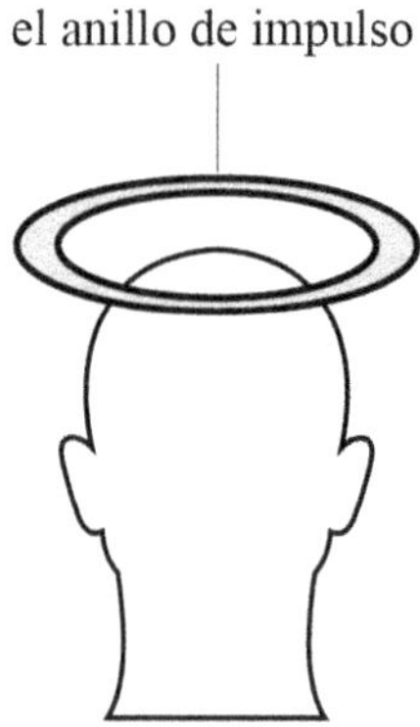

Esquema 8. El anillo de impulso o cerebro central

Cualquier impulso representa en sí un grumo de información codificada. El impulso, enviado al cerebro, se descodifica en una voluminosa información detallada.

Para comprender mejor cómo se produce el envío del impulso y qué es lo que representa su descodificación, podéis imaginar una simple cinta de vídeo en una cajita rectangular. Pero que cuando llega al dispositivo apropiado, es decir, a su reproductor de vídeos, decodifica la información almacenada en ella, en forma de película, por lo que, durante dos horas pueden verse vídeos fascinantes. Hablamos en este caso particular de un tiempo de dos horas, ya que cualquier información durante el descifrado se ajusta a un cierto volumen de tiempo.

Es un ejemplo burdo del descifrado. Pero es que el cerebro humano es capaz de transformar los impulsos en información detallada del mismo modo.

– Ha dicho que el cerebro central contiene dos tipos de energía. ¿De qué modo están ubicadas en el anillo?

– Cada partícula del anillo es bipolar, es decir, está compuesta de carga positiva y negativa. Por ello, el propio anillo de impulso está dividido en dos polos contrapuestos, de modo similar al imán.

– ¿De qué modo está dividido: es su polaridad interna o externa?

– Depende del cerebro de cada persona. Es decir, el hemisferio izquierdo es positivo, el hemisferio derecho es negativo. Del mismo modo transcurre sobre ambos hemisferios el funcionamiento del anillo de impulso (véase el esquema 9).

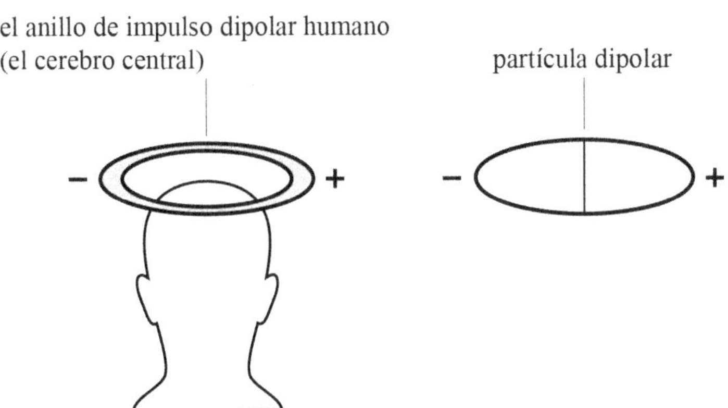

Esquema 9. El esquema dipolar del anillo de impulso

– ¿Qué es lo que proporciona a la persona el predominio de algún tipo de energía?

– La conversión de energía y su transformación en información es completamente diferente, es decir, el propio mecanismo de conversión se transforma, por lo que la cualidad de energía producida también se altera y, consecuentemente se producen resultados diferentes.

– ¿De dónde aparecen los impulsos que contribuyen al desarrollo del pensamiento?

– La naturaleza del nacimiento de los impulsos es diversa. En primer lugar, los Determinadores envían los impulsos a sus subordinados. Todas las ideas llegan a las personas desde sus Maestros Celestiales, y aquellas, las van descifrando en teorías y escritos generales. Los Superiores proyectan a través de los impulsos el pensamiento científico y creativo. El proceso del pensamiento es muy complejo. Dependiendo de su capacidad de pensar y trabajar con altas energías, al ser humano se le conecta a según qué base de información. Por lo que, cuanto más alto es el grado de pensamiento de la persona, es decir, cuanto más alto sea el potencial energético intelectual, así como mayor sea el potencial de transformación energética, tanto más altos serán los niveles de información a los cuales puede ser conectado, y, en consecuencia, sus saberes serán más profundos y complejos.

En segundo lugar, el ser humano percibe los impulsos de diversas situaciones cotidianas, cuando recibe algunas fuertes impresiones o conclusiones tras la observación del desenvolvimiento de programas ajenos. O para decirlo más sencillo, aprende de los errores y experiencias ajenas. Por lo general, tales impulsos le obligan a luchar y lo involucran en otros procesos sociales y domésticos.

En tercer lugar, Los impulsos también provienen del propio programa de la propia persona, desde sus puntos de control. Por ejemplo, si una persona vive tranquilamente durante muchos años, y de repente se le ocurre la idea de crear algún negocio propio o irse de viaje al extranjero para renovar su forma de vida; o cuando, de pronto, una persona decide deshacerse de todo lo viejo y empezar una nueva vida. Todo es por impulsos del programa.

El anillo de impulso recibe su segunda denominación a raíz de su función principal: recibir los impulsos de los Determinadores.

– ¿El anillo de impulso está siempre girando?

– Gira solamente durante la actividad de pensamiento de una persona. El resto del tiempo está parado.

– ¿El cerebro central funciona continuamente, o durante la noche, cuando la persona está durmiendo, también descansa?

– No, el anillo de impulso funciona continuamente, siempre y cuando el desarrollo de la persona transcurra con normalidad. Además, no solamente funciona cuando está girando. Durante el giro, realiza una función, y mientras se detiene, realiza otras. Y durante el sueño, se modifica su propio esquema de funcionamiento, ya que el anillo empieza a girar hacia el lado contrario.

– ¿Por qué sucede el cambio de dirección de su rotación?

– A lo largo del día se realiza la acumulación de información, y durante el sueño su entrega. En el transcurso del día la persona acumula la más diversa información, incluyendo un cúmulo de información inútil, presente ya en el bagaje de su memoria, o inservible para el individuo. Por ello, el cerebro central clasifica la información en útil e inútil, y esta última, como si fuera escoria, se deshecha. La limpieza de lo sobrante y lo repetido en la conciencia se realiza a través de una unidad especial en el anillo de impulso, el que divide la información recibida durante el día en necesaria y no necesaria. Las imágenes innecesarias se desechan caóticamente, es decir, no llegan hacia las unidades de memoria. Y debido a la expulsión desordenada de estas imágenes, a menudo se producen desagradables y extrañas escenas en los sueños. Sin embargo, este tipo de sueños caóticos, obtenidos a raíz del trabajo del anillo de impulso, es solo una posibilidad en la multiplicidad de sueños que la gente tiene.

La persona puede no ver esos sueños caóticos, debido a que en su programa pueden ser introducidos otros sueños, programados previamente por su Determinador. Empero, todos los demás tipos de sueños, formados por el Determinador, son enviados por este a la persona a través del anillo de impulso, pero sobre este asunto habría que hablar aparte, aunque destacando lo principal: el anillo de impulso participa en el trabajo con los sueños.

– En consecuencia, ¿Incluyen las funciones del cerebro central la recepción y entrega de energía cósmica?

– Sí, son todo funciones del potencial energético del anillo de impulso. Exactamente a través de este se produce la conexión con el Determinador de una persona, desde el cual la energía se canaliza a través de la computadora hasta el anillo de impulso, es decir, en el cerebro central de la persona, y de allí accede desde el plano "sutil" en el cerebro físico de la persona. El ser humano no puede pensar sin este anillo, ya que su función consiste en la formación de pensamientos. Sin embargo, las personas son capaces de vivir sin cerebro físico, así como funcionar con normalidad a nivel doméstico. Y más de una vez se han dado esos casos, o, mejor dicho, Nuestros experimentos en la Tierra.

– ¿Giran, tanto el anillo de las mujeres como el de los hombres, en la misma dirección o en diferentes?

– En la misma. Aquí no hay ninguna diferencia. La única diferencia está en la velocidad de rotación. Hay personas para las que es diferente, independientemente del género.

– ¿De qué depende la velocidad de rotación del anillo?

– De la recepción de información, de su conversión, de las capacidades intelectuales de una persona. Cuanto mayor es la intensidad del pensamiento, mayor es la velocidad de rotación del anillo. En el caso de los individuos intelectualmente desarrollados, la velocidad es alta, mientras que para las personas con pensamiento débil, es lenta. El anillo de aquellos que no piensan en absoluto está detenido.

– ¿Disminuye con la edad la velocidad de rotación del anillo?

– La velocidad de rotación del anillo cambia constantemente. Nunca permanece igual. Si, por ejemplo, una persona en su juventud se dedica intensamente a la actividad mental y luego la abandona por completo, al principio el anillo girará a gran velocidad, pero luego se detendrá. Nunca gira en vano.

– ¿Entonces la velocidad de rotación en el caso de niños y ancianos es igual?

– La edad no influye en la velocidad. Todo depende solamente de cómo una persona se dedique a su actividad intelectual. Si el niño piensa intensamente, su anillo girará rápido. Si un anciano se esfuerza en su pensamiento, entonces su anillo también girará rápido. Y viceversa.

– ¿Cuáles son las causas por las que el anillo de impulso podría no girar, es decir, detenerse?

– En vuestro mundo muchas personas lo tienen desactivado. La primera causa, de la que ya hemos hablado, es la ausencia de pensamiento. Por ejemplo, el anillo de vuestros alcohólicos está habitualmente desactivado, o podría decirse, que su momento de rotación es igual a cero. El anillo está predestinado para activar el pensamiento humano, por lo que, si este está ausente, entonces el anillo no funcionará en el modo de conversión de energías mentales.

También, les pasa a algunas personas que su anillo no gira durante el sueño.

La segunda razón por la cual el anillo no se mueve es la presencia de un defecto en el cuerpo, concretamente, en la estructura del anillo.

La tercera causa, por ser un alma muy joven y con poca experiencia. Por ello, prácticamente toda la información acumulada durante el día se destina al bagaje de sus saberes, es decir, en tal caso, por una parte, no le es necesario clasificar la información, y por otra, ese alma es aún incapaz de pensar por sí misma.

La cuarta causa consiste en que las personas con gran experiencia vital y una larga cadena de encarnaciones ya no necesitan los conocimientos terrestres. Puede que estén finalizando su último programa o hayan sido enviadas con una misión especial, por lo que su anillo funciona en un régimen distinto en comparación con las personas normales.

– ¿El anillo de qué personas gira a velocidad máxima?

– De las personas con consciencia cósmica. Su anillo gira tan rápido, que se convierte en una vaga nube luminosa. Además, el propio cerebro central, en su caso y a diferencia de los demás, ya no tiene una forma de anillo, sino de disco.

– ¿De qué depende esa gran velocidad de rotación?

– Las personas con consciencia cósmica, que poseen conceptos más amplios, involucran en el proceso de su pensamiento energías muy altas, las que determinan la velocidad de movimiento del disco. Es decir, influyen altas frecuencias de energía. La Información sobre el Cosmos y los conocimientos cósmicos incluyen en sí, y en su potencial, energías de altas frecuencias. En cambio, la información terrestre contiene un espectro bajo de frecuencias. Por lo tanto, la velocidad de rotación del anillo será mayor cuanto más altas sean las frecuencias de energías involucradas en el proceso de pensamiento; o puede decirse que la velocidad de rotación también está influenciada por las frecuencias de energía.

– ¿El funcionamiento de cerebro central de los santos se diferencia en algo de su funcionamiento en el caso de personas normales?

– Su cerebro central también tiene forma de anillo, pero, además, debido a una alta concentración de fuertes energías en tal anillo, alcanzada mediante la oración y la meditación religiosas, este comienza a brillar. Su velocidad de rotación es también mucho mayor en comparación con las personas normales. En otros aspectos, el principio de su trabajo sigue siendo el mismo.

– ¿Qué mecanismo activa el funcionamiento del cerebro central?

– Es un proceso complejo. El cerebro central y el cerebro físico funcionan estrechamente el uno con el otro. El Determinador envía al anillo de impulso una unidad de energía, es decir, un volumen de energía o impulso, con el cual continúa trabajando el cerebro físico. Este último transforma esa energía en el proceso de pensamiento, produciendo otro tipo de energía en comparación con aquella que ha sido enviada inicialmente. La nueva energía mental, producida por el cerebro físico, se envía de vuelta al Determinador a través del anillo de impulso, y se acumula por este en depósitos especiales, o puede transmitirse más allá.

El cerebro central en la hora de la muerte

– ¿Cómo funciona el cerebro central en el momento de la muerte, qué es lo que acontece en sus profundidades cuando la materia sutil del alma se separa del cuerpo físico?

– En el momento de la muerte, así como en el periodo de fuertes situaciones de estrés, que equivalen a las mortales, se produce un rebobinado rápido de imágenes del programa de la vida hasta su inicio. Algunas personas pueden ver cómo, por ejemplo, en el momento de producirse un accidente, durante una fracción de segundo toda su vida pasa delante de ellos. Esta observación es exactamente el funcionamiento del anillo de impulso.

En la hora de la muerte y de un fuerte estrés se produce una potente salida de energía, que desbloquea el programa y sirve de señal para el rebobinado por parte del anillo de impulso de imágenes de la vida hacia atrás, hacia el momento del nacimiento. Con lo cual se vuelve a grabar desde la envoltura física a la astral, ya que el alma desecha la envoltura física, y esta se desintegrará. Y las imágenes se rebobinarán por el anillo de impulso al inicio con el objetivo del Juicio Superior sobre el alma humana que acontece en el día cuarenta después de la muerte, por lo que toda su vida será analizada desde principio hasta el final. Es decir, la "cinta" del programa deberá de ser rebobinada al inicio para el momento del Juicio. Esta es la causa de por qué en el momento de accidentes o de muerte clínica una persona puede ver las imágenes de su vida pasando en sentido contrario. Es decir, de la vejez hacia el momento del nacimiento. Durante el rebobinado, el anillo de impulso gira en sentido contrario.

Cuando la persona desecha la envoltura astral, se produce el rebobinado de imágenes de la vida de la envoltura astral a la mental. Y así sucesivamente, a medida que se produce la separación de las envolturas. Pero, en los procesos más sutiles el anillo de impulso ya no participa. Allí actúa otro mecanismo.

– ¿Qué acontece con el anillo de impulso después de la muerte de la persona?

– El anillo es la materia que corresponde a los mundos más próximos a la Tierra. Por ello, después de la muerte se deshace, y sus componentes complementan la materia sutil del plano terrenal.

– ¿Existen personas sin anillo de impulso encima de la cabeza?

– No. El anillo de impulso necesariamente forma parte de la estructura principal del ser humano. Su formación se inicia con el nacimiento del niño y debe ser completada hasta cinco años de edad.

– ¿Quién controla su formación?

– Es tarea del Determinador. Cuando la formación del cerebro central se ha completado, lo que acontece a los cinco años de edad, el Determinador activa su funcionamiento.

– ¿El Determinador conecta el cerebro central consigo mismo o con el ordenador?

– ¿Consigo mismo? Nunca. El Determinador conecta el cerebro central del niño a su ordenador. A continuación, realiza el control del cerebro central a través del ordenador, que fija tanto el estado físico y los pensamientos como la correspondencia del comportamiento con un programa dado.

– ¿Tienen los monos, así como otros animales, un anillo similar que posea un intelecto primitivo?

– Sí, lo tienen. Los animales también tienen una actividad de pensamiento en un Nivel* determinado, aunque en menor grado. Pensad en el comportamiento de los perros, monos, delfines… El proceso de pensamiento de los animales está dirigido hacia la auto preservación de sus vidas.

– ¿Y las plantas? ¿Tienen un pensamiento rudimentario?

– No. Las plantas no lo tienen. Pero poseen sentimientos.

– ¿Tienen los minerales el anillo de impulso?

– No, están estructurados de modo diferente.

– ¿Quién más en el mundo de los vivos tiene un anillo de impulso?

– Vuestra Tierra y algunos otros planetas también tienen cerebro central.

– ¿Dónde se ubica en la Tierra?

– Su anillo de impulso se encuentra en el exterior, en una de sus envolturas, y está ubicado a la altura de los polos.

– ¿Esa estructura similar se mantiene para todos los planetas?

– No, existen planetas sin anillo de impulso. Su actividad de pensamiento transcurre en el núcleo. El Cosmos es enorme, por lo que los modos del pensamiento de los seres que lo habitan son diversos.

– ¿Las criaturas del plano sutil tienen anillo de impulso?

– No, el principio de funcionamiento de su pensamiento es completamente diferente en comparación al del ser humano.

Resumiendo el diálogo, podemos sacar las siguientes conclusiones sobre las funciones principales del cerebro central humano, aunque, por supuesto, su funcionamiento, así como también el del cerebro físico, es demasiado amplio, y no se limita a los puntos señalados a continuación.

El cerebro central o anillo de impulso:

1. Participa en el proceso de pensamiento del ser humano;

2. Durante el sueño clasifica la información diurna en necesaria y no necesaria;

3. Hace pasar las imágenes de los sueños del Determinador a la persona;

4. Hace pasar la información;

5. Hace pasar la energía del Determinador a la persona y viceversa.

EL CEREBRO HUMANO DESCONOCIDO

Introducción

Habiendo examinado el trabajo del cerebro central humano, descubrimos que el cerebro físico es un aparato, que, aun siendo poco conocido, en los procesos de pensamiento juega un papel no tan importante. Además, el propio anillo de impulso está principalmente predestinado para pasar la información del mundo sutil al nuestro, que es físico y denso. Son los mediadores entre dos mundos, el visible y el invisible. Por lo que son necesarios solamente para la permanencia del alma en el mundo material.

Sin embargo, cuando el alma abandona su envoltura material y pasa a mundos más sutiles, su capacidad de pensar y percibir el ambiente que la rodea permanece.

¿Cómo, entonces, puede el alma pensar sin utilizar el cerebro físico, lo habitual en nosotros, e incluso sin cerebro central? Dado que son estructuras relacionadas solamente con el mundo material, y ambas se quedan en la Tierra. Además, después de la muerte del ser humano, cuando el cerebro físico empieza a desintegrarse, descomponiéndose a continuación el cerebro central, algunos estudios de frecuencias sutiles, correspondientes a la envoltura mental de la persona, han demostrado, que el intelecto del individuo después de la muerte no solo no se debilita, sino que comienza a elevarse hasta algunos límites, y después se detiene.

El límite es aquella magnitud máxima, que una determinada individualidad es capaz de alcanzar en el curso de su desarrollo en una vida: durante la vida en materia densa, y después de la muerte en materia sutil.

Después de la muerte y el traspaso a un nuevo plano, el intelecto del individuo comienza a aumentar porque su alma está descubriendo el mundo sutil, mientras que su conciencia no sea desconectada, aconteciendo así una acumulación rápida de Nuevos Conocimientos.

Pero dado que el individuo ha sido programado para alcanzar un cierto potencial, no puede expandir su conocimiento y horizontes de una manera puramente constructiva, y, al haber acumulado un volumen determinado de información sobre el nuevo mundo, se detiene en su momento consciente. Por lo que, para continuar su desarrollo, se requiere una reprogramación (pero solo para las almas inmaduras). Aquellas que ya hayan alcanzado un alto Nivel de desarrollo pueden acumular en el mundo sutil un potencial mucho mayor de conocimiento.

Por lo tanto, el desarrollo y adquisición de Nuevos Conocimientos por parte del alma se lleva a cabo solo sobre la base de un programa que va cambiando de una vida a otra. Sin embargo, para cualquier alma humana, el camino del conocimiento y el cumplimiento del programa de vida transcurre a través del intelecto.

¿Sobre la base de qué piensa y adquiere Nuevos Conocimientos el alma, si un dispositivo de pensamiento como el cerebro, tan habitual para nosotros, deja de existir en el mundo "sutil"?

Resulta que la estructura del alma posee una serie de características especiales que le permiten pensar. Pero lo más importante, es que el impecable diseño del aparato del pensamiento humano no es suficiente para que este pueda pensar por sí mismo, construir las teorías, inventar algo nuevo.

Como cualquier aparato terrestre como, por ejemplo, un televisor, una lavadora o una computadora, son solo unas máquinas en sí mismas. Y un ser humano también es una máquina biológica compleja, que posee múltiples estructuras "sutiles". Para que un televisor funcione, además de la estructura compleja que posee, necesita dos cosas más: conexión al suministro eléctrico y, necesariamente, alguien que quiera encenderlo.

Estos dos puntos importantes no se le han pasado por alto la estructura del ser humano. Resulta que para que este comience a pensar, pensar en la dirección requerida, es necesaria la voluntad de su Maestro Celestial, es decir, del Determinador. Y a continuación, el envío a través del canal o hilo de comunicación (que para todos es diferente) de la energía por la que el pensamiento comienza a funcionar. Y el programa de una persona no es suficiente para esto, como tampoco es suficiente su deseo de pensar.

La persona piensa, interviniendo en ello tres cosas juntas: el programa, el Determinador y la persona misma. Y entre ellos opera un sistema de comunicación muy complejo, estando implicadas la tecnología sutil y la energía adicional, la que, a su vez, desempeña el mismo papel que la corriente eléctrica en un televisor. El programa, por su parte, proporciona aquella dirección en la que debe desarrollarse el pensamiento del individuo. Este no puede salirse del programa.

Pero trataremos de comprender gradualmente este complejo esquema, para nosotros, del pensamiento humano, comenzando nuestro conocimiento a partir del dispositivo visible del pensamiento, es decir, con el cerebro físico.

Algo sobre el cerebro físico

Comenzamos nuestro estudio de las funciones del cerebro con un tema candente que durante mucho tiempo ha estado atormentando al ser humano:

– Puede decirnos, por favor, ¿por qué se utiliza el cerebro humano en el trabajo solo en un seis por ciento, a pesar de que la capacidad del cerebro da para mucho más?

– Al crear la estructura del ser humano de la quinta raza, pensamos, que, para el final del milenio, es decir, para el año 2000, este desarrollaría su cerebro al menos en un cincuenta por ciento, pero no lo hizo. El ser humano no ha estado a la altura de nuestras expectativas.

–¿Qué es lo que deben hacer las personas para desarrollar su cerebro según Vuestros planes?

– En primer lugar, aumentar su actividad mental. En segundo lugar, llevar un modo de vida completamente diferente, y no en lo que se ha convertido actualmente. Muchos se dedican básicamente a su vida cotidiana, al entretenimiento, y a unas charlas vacías que se toman por actividad intelectual y capacidad de pensar. El tiempo libre debería aprovecharse al máximo para la perfección espiritual. No debe haber vacío en la vida.

– ¿Con qué fines han sido creados los dos hemisferios en el cerebro, derecho e izquierdo? ¿Podría haber solo uno?

– Aparte de lo que ya saben ustedes acerca de estos hemisferios, podemos decir que el hemisferio izquierdo está destinado principalmente a recoger y procesar la información que una persona recibe en la Tierra durante su vida. Y en la otra parte del hemisferio hay información de vidas pasadas e información que le llega desde el Cosmos, o más exactamente de su Determinador.

– ¿Con qué fin se proporciona información de vidas pasadas?

– Esta es exactamente la información con la que una persona debería trabajar en caso de tener un desarrollo favorable para el progreso posterior de su alma, así como para la comparación con el presente y su análisis. Pero el ser humano no ha aprendido a usar tal información.

– Si, por alguna razón, el cerebro físico de una persona dejase de funcionar, ¿sería esta capaz de pensar, aunque fuera a Nivel cotidiano en la vida ordinaria?

– Por supuesto, que es capaz, y no solo a nivel cotidiano. Es más, una persona puede incluso elevar su propia actividad intelectual a cuenta de la activación del funcionamiento del cerebro astral, que está en la envoltura astral. Su diseño no tiene nada que ver con vuestro cerebro físico.

– ¿Cuál es la diferencia entre el funcionamiento del cerebro astral y el físico?

– El cerebro astral piensa con mayor volumen. Está especialmente desarrollado en personas con ciertas habilidades o talentos. Los que destacan en su desarrollo intelectual, poseen un cerebro mental más desarrollado, que está ubicado en la siguiente envoltura.

– Por lo tanto, ¿es mejor para una persona pensar con el cerebro astral o mental?

– Por supuesto, ambos cerebros son de un orden de magnitud superior al del hombre medio.

– ¿El cerebro mental es más alto que el astral?

– Naturalmente. Cuanto más "sutil" sea el cuerpo, mayor será su rendimiento. Y, por supuesto, el cerebro de cualquier cuerpo humano "sutil" no se parece en nada a la forma del cerebro del cuerpo físico. El cerebro es un bloqueador de energía que ocupa un volumen relativamente pequeño y es capaz de realizar operaciones mentales. En cada envoltura, o cuerpo "sutil", ese bloqueador porta consigo funciones de tiempo, por lo que, después de que el alma se desprenda de estas envolturas, los bloqueadores finalizarán su existencia como unidades independientes y se descompondrán. Es decir, la existencia de cualquier cerebro de envolturas sutiles (de otro modo podrían ser denominados como dispositivos predestinados para pensar), también es temporal, del mismo modo que los propios cuerpos sutiles. Mientras la persona viva, trabajarán todos juntos. Después de la muerte, acontece la activación secuencial del funcionamiento de cerebro de aquella envoltura, en la que se encuentra el alma en este momento. Si se suelta la envoltura etérica (o durante su breve existencia), entraría en funcionamiento el cerebro astral. Si se desecha la envoltura astral, se activaría la mental, y así sucesivamente. En el caso de las personas que tienen el pensamiento mental muy desarrollado: filósofos, científicos, inventores y otros, después de librarse de su envoltura física, puede entrar de inmediato en funcionamiento el bloqueador mental.

– ¿Cuáles son las características destacadas en el funcionamiento del cerebro astral y mental?

– La característica es la de pasar a otros mundos "sutiles" y, en consecuencia, obtener acceso a una información más amplia. Esta es la característica principal.

El proceso de pensar

– El proceso de pensar sigue siendo para las personas un fenómeno incomprensible y complejo. Son demasiadas las estructuras sutiles que están involucradas en él. Pero ¿dónde comienza el proceso de pensamiento en un ser humano?

– Cualquier proceso de pensamiento de una persona comienza por la recepción de un impulso de su Determinador. Y, si se percibe ese impulso, a continuación, se suministra la energía.

– ¿Qué representa en tal caso un impulso?

– El impulso es un grumo de energía, o una unidad de potencia, que aquel debe desenvolver con una información a su Nivel. Tal energía, en sí, representa unas cifras ordenadas de modo lineal, las que, a su vez, se transforman en una imagen a través del descifrador del cerebro. La imagen, por su parte, trae una idea, y cualquier idea porta consigo el objetivo. El objetivo es una correlación de acciones deliberadas, las que puedan ser expresadas de nuevo por una persona en magnitudes de materia física, en teorías verbales y, finalmente, en acciones mecánicas o en transformaciones del entorno.

– ¿A partir del Determinador, el impulso se dirige directamente al cerebro central o a la envoltura mental?

– Para empezar, todo transcurre a través de envolturas sutiles, después entra en el cerebro central, y por último en la cadena en el cerebro físico, en su hemisferio derecho.

– ¿El impulso del Determinador alcanza siempre a la persona? Dado que entre ellos hay una distancia importante.

– Si aparecen algunas interferencias, puede no llegar.

– Además de los impulsos, ¿puede de alguna manera transmitirse información a la persona?

– También puede ser enviada por un determinado canal de comunicación, pero no todas las personas lo poseen. Solo algunos individuos tienen ese canal de comunicación, debido a su trabajo para los Sistemas jerárquicos*, es decir, que pueden tener dicho canal los contactados, los científicos. Pero los científicos también se diferencian entre sí. Hay quienes lo niegan todo: la religión, a Dios, los mundos "sutiles". Están convencidos de que hacen sus descubrimientos por sí mismos, y no se dan cuenta de que los reciben a través de sus Determinadores, y básicamente en forma de impulsos, los que aquellos a su vez desentrañan en teorías. Algunos científicos obtienen ese canal de comunicación debido a su elevada inteligencia y trabajo sistemático. Debido a una constante actividad cognitiva establecen con su

Determinador una conexión más estable y constante, que se expresa en forma de canal.

– ¿Cuál es la diferencia entre la comunicación a través de impulso y de canal?

– El pensamiento que se realiza a través de los impulsos es periódico, no duradero, y principalmente destinado para el Nivel intermedio de desarrollo humano. El canal de comunicación, por su parte, es un enlace más estable y constante, que brinda una información más extensa y compleja.

– El impulso es energía. Y al mismo tiempo, cuando comienza el proceso de pensamiento, el Determinador le da a la persona aún más energía. ¿Cuál es la diferencia entre estas energías?

– Como ya se dijo, el impulso lleva en sí la información codificada. Y para transformarla a una forma comprensible se necesita otra energía que asegure el funcionamiento de la unidad de cifrado del cerebro. Sin esta energía secundaria, no habrá descifrado alguno, ni habrá trabajo mental. Los tipos de energía, en ambos casos, son completamente diferentes, pero una es la que descifra, y la otra es la base sobre la que se realiza el descifrado.

– ¿Por qué se le dio a la persona de la quinta raza un pensamiento imaginativo*, y no uno más progresivo?

– Primero hay un impulso, y luego es traducido por el cerebro en una imagen. Así está construido el ser humano en esta etapa de desarrollo. Esta etapa requiere trabajar con energías de frecuencias más bajas, que necesitan transformarse en una imagen, para que después el ser humano pueda percibirla. Es decir, el pensamiento imaginativo es como una etapa de desarrollo de la materia desde lo más denso a lo más "sutil". Es la secuencia en el desarrollo del pensamiento. Por supuesto, si el ser humano fuera más sensible y pudiera percibir, en virtud de su desarrollo, energías más "sutiles", entonces cambiaría su forma de pensar. Pero como es bruto (de Nivel bajo) de por sí, funciona en un rango de energías brutas, que se manifiestan en imágenes. En la sexta raza, por ejemplo, donde el ser humano avanzará en su desarrollo, el rango de frecuencias percibidas se irá volviendo más sutil, el pensamiento figurativo desaparecerá y la persona pasará a un pensamiento de impulsos. Es decir, ya no será necesaria la futura transformación del impulso en una imagen. La imagen, como etapa intermedia en la noción del ser humano, desaparecerá, ya que podrá leer la información directamente del propio impulso. Además, en la sexta raza aún se mantendrá la información cifrada, ya que cada impulso está dividido de lo alto en determinadas cifras, y desde abajo es una imagen que desaparecerá en el futuro.

– ¿Entonces, existe una cadena en la transmisión de información con la siguiente secuencia: cifras, impulso, imagen?

– Claro, que no basta con eso. Antes de las cifras hay una energía aún más "sutil". Y todo esto se incluye solo para que el ser humano en la Tierra piense y actúe de acuerdo con su propio programa. La menor desviación en el cálculo conllevará una cadena de pensamientos erróneos, acciones innecesarias, lo que en consecuencia conducirá a la paralización de todo su programa.

– ¿Cómo se forma la información cifrada allí, en lo Alto?

– En tal proceso está involucrada la tecnología de las estructuras sutiles, y, además, Nuestro trabajo. Esto último también hay que tenerlo en cuenta.

– Si, por ejemplo, un Jerarca Superior crea en lo Alto un código cifrado, entonces, ¿cómo se nos transmite tal código hacia nosotros y hacia una persona en concreto?

– Mediante el ordenador al que esté conectada esa persona.

– ¿Y el ordenador ya transmite los impulsos?

– Sí, el ordenador convierte las cifras del plano "sutil" en un impulso, porque para entrar en la materia es necesaria una tecnología "sutil". Las transformaciones en la materia son imposibles sin la tecnología, que a su vez tiene varios grados de modificación. Al acercarse a la materia física, la tecnología utilizada se aproxima a la energía más densa. También, en la última etapa de descenso del ordenador en la materia, tenemos una tecnología cercana a la materia que ya corresponde a las estructuras sutiles del ser humano. Antes de esta etapa son mucho más "sutiles". Cuanto más alto es Nuestro mundo, más "sutil" es Nuestra tecnología. Y en comparación con lo más alto, desaparece por completo. En los Niveles Superiores no existe.

– ¿El trabajo allí se realiza mediante el pensamiento?

– Sí. Nosotros tenemos esa habilidad. Pero, por supuesto, actuamos no solamente mediante el pensamiento, sino con todo nuestro potencial volumétrico de energía, muy alto en los mundos Superiores.

– ¿Existen entre los seres humanos personas que son capaces de percibir los impulsos si imágenes?

– No. La percepción de una idea sin la imagen es imposible para vosotros. El ser humano debe, en primer lugar, imaginar, comprender, y solamente después se involucrará en el trabajo. Sin la imagen no puede comprender nada. La composición de un potencial energético determinado siempre da lugar a alguna imagen o a alguna acción.

– Cuando una persona envía a su Determinador una señal por medio del pensamiento sobre el deseo de obtener algún conocimiento, ¿cómo capta el Determinador esta señal?

– La persona está bajo el control constante de su Maestro, que siempre sabe lo que piensa aquel, lo que quiere y lo que le corresponde dar. El aparato de pensamiento humano también está conectado al ordenador, por lo que todas las señales de una persona se recogen en el banco de datos del ordenador. Y el Determinador, conforme al programa de la persona y el programa general de toda la humanidad, analiza qué conocimientos se le deben dar y cuáles no. Por lo que, si el subordinado está estancado en su desarrollo o ha llegado a un callejón sin salida, decide qué impulso o situación enviar para sacarle del punto muerto.

– Entonces, ¿el Determinador puede leer todo lo que piensa una persona durante el día?

– Sí, por supuesto. Es más, el propio pensamiento como un grumo de energía no penetra en ninguna parte. Pero todo lo que concierne a la propia persona se incluye en las unidades de su memoria, y el Determinador puede leer cualquier información con la ayuda de su ordenador, es decir, activa un dispositivo especial de lectura en el ordenador y lee lo que necesita. De este modo averiguan qué es lo que ha pensado y si ha mentido y cuándo. Todos los pensamientos humanos, absolutamente todos, son conocidos por su Maestro, por lo tanto, cuando una persona dice a alguien una cosa y piensa lo contrario, esta diferencia aparece inmediatamente como mentira y como debilidad del carácter.

Todo lo que una persona escribe o compone, está escrito en las unidades de su memoria y puede ser leído por el Determinador. Este es el sentido de la frase "los manuscritos no se queman" [M.Bulgakov, "Maestro y Margarita"], es decir, en el plano material pueden ser quemados, pero en las unidades de memoria se mantendrán intocables. Las unidades de la memoria de largo plazo del ser humano se parecen a un disco duro de un ordenador, en el que se graba todo lo que haga falta.

– Me gustaría aclararme. Los pensamientos de la persona que aparecieron un día se graban en las unidades de su memoria operativa. ¿Pero se graban también en el ordenador de su Determinador?

– Sí, también quedan grabados en el ordenador.

– Cuando el Determinador lee los pensamientos de la persona, ¿los lee desde las unidades de memoria o desde la base de datos del ordenador?

– En general, existe una relación mutua entre la memoria del ordenador y la memoria humana. Es casi lo mismo, porque dirigen a la persona, y todo está contenido en el ordenador, en él se guarda todo.

– Si, por ejemplo, el Determinador tuviera bajo su subordinación a un centenar de personas, y todas estas personas enviaran simultáneamente una señal solicitando que se les proporcionen Nuevos Conocimientos, ¿podrá aquel enviarles la información de respuesta? ¿O tiene que conectarlos a algún tipo de regulador automático?

– A esto último también se recurre a veces en su trabajo, pero en general, el Nivel de dicho Determinador es tan alto que es capaz, con ayuda de su equipo, de enviar simultáneamente a cada alumno la información solicitada. En este caso es muy determinante la tecnología que tenga a su servicio, el dominio del propio equipo; la tecnología en sí misma es más compleja en comparación con la del Determinador que conduce a una sola persona.

– En el proceso de pensamiento, una persona produce nueva energía. ¿Regresa tal energía a la envoltura mental en calidad de algún tipo de acumulación o se envía de vuelta al Determinador?

– El cerebro físico no es capaz, por sí mismo y sin intermediarios, de transmitir nada a Nuestro Mundo, ninguna información. Recuerde:

nin – gu – na. Todo transcurre en una conexión mutua a través de las envolturas, todo entra y sale solo a través de estas.

– ¿Pero no puede alguna idea simple aparecer en una persona sin la intervención de su Determinador?

– No, ninguna.

– ¿Entonces, todas las ideas vienen de lo Alto?

– Sí, de lo Alto.

– ¿Cómo funciona entonces el pensamiento de las personas simples, las que piensan solamente a Nivel doméstico?

– Todo viene del Determinador y del programa personal. A ver si una persona es capaz de recordar a sí misma en sueños. ¿Y, pensará esta mucho en los sueños? Básicamente actúa, pero no reflexiona. Y este es el Nivel de desarrollo de su aparato de pensamiento.

– ¿Y en el caso de los alcohólicos que no piensan? ¿Funciona su cerebro?

– Débilmente, pero también piensan. En el caso de personas con pensamiento débil, su proceso de pensamiento se lleva a cabo a través de la envoltura astral, es decir, a través de sus sentimientos. Y las personas desarrolladas intelectualmente, piensan principalmente a través de la envoltura mental, aunque algunos incluso tienen cuerpos "sutiles" más altos. Pero en el caso de los alcohólicos, algunos de ellos pueden ser muy astutos y, cuando está en juego su propio beneficio, siempre resuelven los problemas lógicamente a su favor, es decir, a Nivel doméstico, un alcohólico puede resolver algunos asuntos lógicos: robar o no robar, apropiarse o no apropiarse. Pero incluso este pensamiento primitivo proviene de su Determinador, porque este debe obtener, de una u otra manera, alguna energía de aquel. Por lo que, forzándolo a resolver pequeñas tareas lógicas de carácter doméstico, el Determinador le fuerza a pensar y, en consecuencia, a producir energía.

– ¿La energía producida por una persona en el proceso de su pensamiento es diferente de la que recibe de su Determinador?

– Sí, es diferente. La energía resultante juega el mismo papel que la electricidad en los electrodomésticos: activa su movimiento o funcionamiento, y así el dispositivo o aparato ya es capaz de producir mucho más. Del mismo modo en el caso del ser humano, recibe un tipo de energía, pero produce otro distinto.

– ¿Para el pensamiento de una persona el Determinador aporta algún tipo especial de energía?

– Se requiere una cantidad concreta de energía para cumplir con determinado programa del individuo. El volumen necesario de la misma se calcula con antelación y la calidad se determina por el tipo de actividad que una persona en concreto debe desenvolver. Todo está interconectado: el intelecto con el programa, es decir, de acuerdo con el programa se le da determinada cantidad de energía, que es exactamente para la actividad intelectual. Si el proceso de pensamiento está asociado con una situación particular, entonces se le asigna a tal operación de pensamiento tanta cantidad de energía como sea necesaria para el trabajo de pensamiento en dicha situación.

– Si además esa situación estuviera relacionada con las emociones, ¿qué sucedería en ese caso? ¿Se asigna por separado la energía para las emociones?

– Va todo unido. En primer lugar, va el pensamiento, y después las emociones. Al revés nunca funciona. El pensamiento es primario, solo intervienen en el trabajo las energías enviadas por el Determinador. En la envoltura mental se produce un proceso, y la energía de esta envoltura se transfiere a la astral, causando emociones. La actividad del pensamiento siempre va acompañada de emociones. Para que una idea sea comprendida, debe estar coloreada por el sentimiento.

– ¿Es imprescindible?

– Es habitual en la Tierra. Los sentimientos no son necesarios solo para algunos trabajos de cálculo.

– ¿Los sentimientos proporcionan al pensamiento la energía inicial?

– No.

– ¿Puede desarrollarse el pensamiento de una persona sin sentimientos?

– Puede.

– Cuando una persona finaliza su permanencia en este mundo ¿su desarrollo humano debería ser de alto Nivel?

– No, no es necesario. Esto sería tomar como ejemplo a un robot humano o a un zombi, que pueden pensar, pero no sentir. Su envoltura astral es muy pobre en cuanto a energías emocionales, debido a que aún no puede acumularlas por encontrarse en una etapa inferior de desarrollo. Y, en caso contrario, para una persona altamente desarrollada, la envoltura astral ya estaría completamente rellena de todas las energías necesarias, por lo que su calma proviene de ese estado de plenitud.

– ¿Qué es lo que le da color al pensamiento con una u otra sensación?

– El sentimiento proporciona la cualidad. En general, la cualidad se divide en varios compositos* específicos. Digamos que la cualidad de la energía del propio pensamiento es una cualidad aislada. También existe la cualidad de energía de las emociones. Es otra cualidad. Y hay muchas cualidades similares.

– Dado que, en unas ocasiones su pensamiento es más débil, y en otras más fuerte ¿produce diversas energías el ser humano mediante su trabajo mental?

– No, normalmente las personas piensan de la misma manera, es decir, la carga energética de todos sus pensamientos es la misma, independientemente de lo que piense. La persona transfiere su propia energía para el pensamiento, y por lo tanto este lleva la misma carga de energía que cualquier otro.

– Un científico piensa y un trabajador corriente también piensa. El primero tiene un pensamiento fuerte, y el segundo débil. Un pensamiento fuerte produce energía y un pensamiento débil también produce energía. ¿Cuál es la diferencia entre la energía producida por uno y por otro? ¿En una mayor concentración de energía en una unidad de volumen total?

– Las energías producidas se diferencian por su potencial energético. Un pensamiento fuerte tiene mayor potencial energético.

– ¿Cuál es el pensamiento más poderoso?

– Es el pensamiento que posee el mayor potencial energético, no se fragmenta en ningunas características ni se divide en partes. Aunque existe otro tipo de frecuencia susceptible de fragmentarse. Pero en este caso todo es diferente. La división se produce cuando el pensamiento se mezcla con sentimientos. Por ejemplo, cuando se hace una pregunta con sentimiento, lo que se percibe se expresa sensorialmente. En este caso, se obtiene un pensamiento de un tipo. Pero, si planteáis la misma pregunta sin sentimientos, entonces habrá otro tipo de pensamiento, es decir, la cualidad del pensamiento será diferente. Y la energía producida a raíz de la generación de tal pensamiento será diferente. Por lo que, tal energía, que es capaz de dividirse de modo similar en subespecies, es menos poderosa que la que no es capaz de diferenciarse.

– ¿Es posible que un pensamiento humano muy poderoso sea capaz de alcanzar a otro planeta o al confín del Universo, como afirman algunos yoguis?

– No, Nosotros no permitimos "volar" de ese modo. Todos los pensamientos son controlados y dirigidos. El pensamiento humano no está diseñado energéticamente para tales distancias, porque, en primer lugar, el Universo no es en absoluto lo que pensáis. En segundo lugar, todos los pensamientos están limitados a determinadas distancias, tomadas de acuerdo con el cálculo de los Programadores jerárquicos, distancias que deben recorrer antes de llegar a sus depósitos de energía. Allí se clasifican y vinculan de acuerdo con su potencial. Y, en tercer lugar, todos los pensamientos son controlados por los Determinadores de las personas.

– Entonces ¿no existen viajes por el Universo?

– Por supuesto que no. Todo eso existe solamente en la imaginación del ser humano, es decir, su fantasía dibuja el Universo tal y como es capaz de imaginarlo. Por ello, debido a su insuficiente desarrollo, no podrá captar su construcción verdadera. Del mismo modo, un insecto cualquiera de vuestro mundo no puede ver ni comprender íntegramente la estructura del mundo físico de la Tierra. Son capaces de ver solamente su reducido espacio y de forma completamente diferente de la que percibe un ser humano el mundo material.

– ¿La energía producida por una persona en el transcurso de un trabajo intelectual es recogida por su Determinador?

– Sí, existen instalaciones especiales de almacenamiento de energía.

– Ya que, todo se basa en el hecho de que lo subyacente sirve como alimento para lo superpuesto ¿se usa la energía del pensamiento humano para alimentar a las Entidades Superiores? Como, por ejemplo, las plantas, que producen el oxígeno que consume el ser humano, o el mundo animal que sirve de alimento para aquel.

– Eso pasa solamente en los mundos inferiores. Y la energía producida en el proceso del pensamiento humano se usa para otros fines.

– ¿Para cuáles?

– Por ejemplo, para construir otros sistemas en mundos "sutiles".

– ¿La cualidad de las energías producidas por pensamientos buenos y malos es diferente?

– Sí. Son energías de cualidad opuesta.

– Hemos escuchado que a los pensamientos agresivos no se los deja pasar al Cosmos. ¿Existen algunas instalaciones de purificación de pensamientos agresivos y malintencionados alrededor de la Tierra?

– No, no existen purificadores especiales de esa clase. Los pensamientos negativos, o más bien su derivado energético, son recogidos por Sistemas Cósmicos Negativos.

– ¿Cómo se determina el grado de desarrollo del intelecto humano: por el relleno de la envoltura mental o por su capacidad de producir cierta cantidad de energía, por ejemplo, ¿mental?

– Por supuesto, la envoltura, el grado de su desarrollo y el relleno caracterizan las capacidades mentales del ser humano. Pero hay métodos más precisos. Determinamos el Nivel intelectual cuando el alma comparece ante Nosotros sin envolturas. Las celdas del alma portan todas las características del individuo que han sido acumuladas a lo largo de los años de todas las vidas pasadas. Para efectuar la medición, Nos valemos de unos determinadores especiales, o como se dice en la Tierra: de dispositivos electrónicos, que pueden ver la totalidad del alma y medir el volumen del compuesto energético de cada celda de la matriz y, a continuación, facilitarnos la información acerca de todas las acumulaciones de la persona generadas durante sus encarnaciones terrestres.

– ¿Las energías mentales con las que funciona el cerebro humano, se distinguen en frecuencias o en otros parámetros?

– Todos los tipos de energías: mentales, astrales u otras, difieren en frecuencia, y en muchos otros parámetros, desconocidos por el ser humano.

– Aproximadamente, ¿cuáles son estos parámetros?

– Frecuencia, densidad, potencia o fuerza, potencial energético, carga y otros parámetros desconocidos para el ser humano.

– ¿Cómo afecta el desarrollo del intelecto humano al llenado de su matriz? ¿Existe alguna correlación, es decir, cuanto más alto es el intelecto, más rápido se llena la matriz?

– Sí. Cuanto más elevado es el intelecto, más alta es la capacidad de traducir la información con la que aquel funciona, y más las trayectorias en las que la transforma. El aumento de la capacidad de pensar contribuye a una mejor comprensión de las situaciones, y a la evaluación de su propio Nivel de vida.

– ¿Cuáles son los indicadores que determinan el grado de desarrollo intelectual de los Individuos Superiores? ¿También según su matriz?

– Sí. Pero en Su caso todo es mucho más complejo. Sus estructuras difieren de la humana.

– ¿Con qué piensan los Individuos Superiores, si no tienen un aparato similar al cerebro físico de una persona? ¿Utilizan para ese propósito Sus envolturas o algunas estructuras especiales?

– Piensan con energías de la matriz, es decir, es como una especie de cerebro para Ellos. Los Superiores tienen un pensamiento matricial. Pero también tienen las envolturas permanentes que realizan funciones defensivas, como las humanas, que acumulan cualidades correspondientes a la capacidad de pensar. Durante su existencia forman sus envolturas de un modo determinado, que junto con la matriz participan en su proceso de pensamiento.

– ¿Puede un ser humano pensar con la matriz?

– Para un ser humano es completamente diferente debido a su bajo Nivel de desarrollo.

– ¿Qué es lo que debemos hacer para que las personas aprendan a pensar con la matriz, cómo debe esforzarse para lograrlo: participar enérgicamente en la actividad mental?

– No es suficiente solamente pensar, sino que hay que aprender a sentir, a concentrar su atención en las sensaciones internas.

– ¿Actualmente el ser humano piensa principalmente a través de su envoltura?

– ¿A cuál de ellas os estáis refiriendo?

– A la mental.

– Cada tipo de energía piensa con su cualidad, es decir, está trabajando en su escala de energías, exactamente por esta razón, cada envoltura tiene su propio aparato mental. Si una persona está desarrollándose como artista o actor a través de los sentidos, pensará con el cerebro astral. En caso de dedicarse al cálculo y creación de teorías, trabajará con el aparato mental. Y si escogiera el camino espiritual, su pensamiento estará relacionado con una envoltura más alta, la espiritual. Por ello, cada envoltura está involucrada en los procesos del pensamiento, dependiendo del nivel de desarrollo de la persona y de las opciones de perfeccionamiento que esta elija.

– ¿De qué modo se produce el proceso de traspaso del pensamiento a través de la envoltura al matricial?

– Una forma física como la humana no puede pensar mediante la matriz, y aún le queda mucho tiempo para que sea capaz de realizar un traspaso así. Pero en el momento actual, entre la matriz y el aparato de pensamiento de envoltura existe una conexión, así como hay unos canales especiales que conectan a uno y otro. Del mismo modo que, por ejemplo, los órganos humanos se conectan entre sí por medio del sistema sanguíneo o nervioso, produciéndose una transferencia en ambos sentidos.

– Pero ¿cómo puede una persona comprender este tipo de pensamiento?

– Solo puede sentirlo. La matriz piensa por sí misma, porque es del Nivel de pensamiento Superior, de ahí que el ser humano aún no sea capaz de ajustarla para sí mismo, para satisfacer sus necesidades. Incluso alcanzando un alto grado de desarrollo no podrá pensar con ella, porque la propia envoltura física es una materia de nivel muy bajo. Por el contrario, la matriz está mucho más alta en el Nivel de organización. ¿Cómo puede una persona dominar el pensamiento de la matriz? **Lo**

Superior nunca se someterá a lo inferior. Es al revés, es la matriz la que, conforme a sus necesidades, piensa y dirige al ser humano, afectando a sus estructuras sutiles. Pero, la densa envoltura física no le permite captar sus procesos.

– ¿Cómo puede una persona percibir su matriz?

– Es muy difícil. Es necesario perfeccionarse. Solamente un alto Nivel de desarrollo puede acercar al ser humano a tal percepción. Pero todas las sensaciones que experimente una persona a través de su corazón, es decir, esa voz interior que proviene del corazón, emanan de la matriz.

– Pero cuando una persona alcance un determinado grado de desarrollo, ¿aprenderá entonces a pensar con la matriz? – no dejamos de insistir, porque realmente lo que queríamos es que las personas llegasen a la perfección lo antes posible.

– Cuando una persona, o más bien su alma, se traspase a otra forma de existencia en el Nivel de Jerarquía* correspondiente, podrá entonces pensar con la matriz. Pero será necesario un largo camino de desarrollo, el ser humano abandonará la envoltura física y desarrollará otros cuerpos sutiles. Se requieren estructuras adicionales, que ya se están desarrollando más allá de los límites del mundo terrestre. Por lo que, cuando el ser humano se desarrolle de la manera que a Mí Me guste, entonces podrá pensar con lo otro. El cerebro ya no será necesario, porque se quedará atrás respecto a la parte espiritual de la estructura. Por lo tanto, en el proceso de pensar se introducirán otras estructuras, y entonces, el ser humano comenzará a pensar con la matriz, es decir, con el alma. Todo transitará por el alma.

– ¿La forma de pensar de las Entidades Superiores que se ubican en la Jerarquía depende del Nivel en el que estén?

– No depende del Nivel. El Nivel es la distribución de Entidades, su ubicación, que corresponde al grado de su desarrollo y potencial.

– ¿Cambia en cada Nivel la forma de pensar o simplemente hay una ampliación de conocimientos y de conciencia de cada individuo?

– Sí, así es. Todo sucede en correspondencia. A lo largo del ascenso por los Niveles de la Jerarquía, los individuos van cambiando cualitativamente su conciencia. Pero no se transforma de modo rápido y brusco. Todo sucede paulatinamente, y en ocasiones de modo tan continuo, que la transición de un nivel de pensamiento a otro es prácticamente imperceptible. Por lo que no se dan cuenta de su traspaso.

Formas de pensamiento

Los pensamientos humanos siempre se han considerado inmateriales, y por lo tanto inexistentes. El cerebro de un hombre funciona, pero nunca se ha conseguido constatar lo que él produce en el plano sutil. Y solamente en los últimos años, con la aparición de las cámaras ultrasensibles, en la película fotográfica han comenzado a fijarse algunas formas que son los derivados del cerebro material. Algunos clarividentes también han podido observarlas. Por ello, han surgido toda una serie de preguntas relacionadas con las formas de pensamiento.

– Trabajando, el cerebro humano construye unas formas de pensamiento. ¿Son realmente creados por el pensamiento en el mundo sutil?

– Sí.

– ¿De qué manera son creados por el pensamiento?

– Desde el punto de vista de la mecánica y la física, es un proceso muy complicado.

– ¿Es posible considerar las formas de pensamiento del ser humano como unos desperdicios de su proceso de pensamiento?

– También puede verse así.

– ¿Cualquier pensamiento es capaz de crear una forma de pensamiento? Teniendo en cuenta que hay pensamientos muy débiles.

– Absolutamente, cada pensamiento construye una forma de pensamiento. Pero su fuerza y su perdurabilidad en el mundo "sutil" depende de la energía de sus propios pensamientos, del potencial energético de la propia persona. Si tiene un potencial energético débil y pensamientos débiles (típico en personas de desarrollo inferior), entonces las formas de pensamiento creadas por él se desvanecen rápidamente. Por ejemplo, en individuos que se degradan: borrachos, o personas sin hogar con un intelecto débil, las formas mentales se dispersan inmediatamente, o no consiguen consolidarse en ninguna forma concreta. Su pensamiento es muy débil tanto en la acción como en la capacidad de moldear una forma. Pero si el desarrollo y potencial energético del individuo fuese un poco más alto, su pensamiento concentrará la imagen en una forma estable y esta perdurará más. Aunque con el tiempo se desvanecerá igualmente. En caso de individuos con alta capacidad energética, sus formas de pensamiento se agrupan en unos bancos de energía aislados.

– ¿Qué tipo de pensamiento tiene el potencial energético más fuerte?

– Los pensamientos sobre el Cosmos, sobre los mundos jerárquicos. Todo el conocimiento cósmico está relacionado con el conocimiento Superior y posee una energía más fuerte. Todos los pensamientos materiales están relacionados con un tipo bajo de energía.

– ¿Las formas de pensamiento son capaces de manifestarse como individuos en el mundo físico?

– No, en el mundo material no tienen tal capacidad, pero en el "sutil" sí que pueden.

– ¿Pueden después mandar sobre una persona o interferir en su vida?

– No, las formas de pensamiento no son capaces de influir en el mundo físico. No tienen suficiente energía para hacerlo. Por lo tanto, tampoco viven mucho en el mundo "sutil", desvaneciéndose necesariamente a continuación.

– ¿Por qué las formas de pensamiento son capaces de actuar en un mundo "sutil", ya que no tienen ni alma ni un programa?

– El ser humano crea juguetes a partir de la materia física y, sobre la base de simples Leyes de la mecánica, impulsa su movimiento. Ellos también son capaces de moverse de manera independiente, habiendo recibido de la persona algún impulso inicial. Del mismo modo, al crear a partir de la materia sutil una forma de pensamiento, es capaz, sobre la base de las Leyes del pensamiento, también introducir en ella el mecanismo del movimiento o acción automática durante algún período de tiempo.

– Una persona en el transcurso de su trabajo mental produce energía, y al mismo tiempo, las formas de pensamiento también son un derivado de este proceso. ¿Cuál es la diferencia entre ellos? ¿O es lo mismo?

– No, esto no es lo mismo, aunque a menudo el ser humano tome formas de pensamiento por la energía que se produce en el transcurso del trabajo intelectual. Pero la diferencia entre ellos es la misma que, por ejemplo, entre la energía térmica que produce una persona durante el trabajo mecánico de creación de una escultura. Está trabajando y sus músculos liberan la energía térmica. Y aquello que está haciendo sobre la base de un proceso mecánico, es decir, la escultura, es un producto de su actividad, el que está siendo creado mediante la inserción de tal forma en otra materia. Del mismo modo, las formas de pensamiento son un producto formado sobre la base de la inclusión en la imagen (en forma de pensamiento) de otra materia "sutil".

– ¿De qué materia se construye la forma de pensamiento? ¿De materia etérea o es aún más "sutil"?

– En el proceso de formación de pensamiento participan todas las envolturas temporales del ser humano, unas trabajan más, y otras lo hacen menos. Por lo tanto, la forma del pensamiento no es homogénea en su estructura, se compone de diferentes tipos de energías.

– En consecuencia, ¿participan en la creación de una forma de pensamiento, todas las envolturas, incluso la mental?

– Sí. Por lo tanto, teniendo un juego completo de energías cualitativas, se manifiestan como seres vivientes. El potencial energético que tienen es el que la propia persona ha introducido en ellas y que les permite actuar y manifestarse.

– ¿Cuál es la causa de la creación por parte del pensamiento humano de formas mentales? Después de todo, una persona podría, en el proceso de pensar, no crear forma alguna, sino simplemente irradiar energía.

– Una persona reproduce todo mentalmente tal y como lo ve todo en el mundo material. No puede hacerlo de otro modo. En el mundo astral, ya podrá ver de manera diferente, y por lo tanto no pensará con formas de pensamiento, sino en concreto, con impulsos, y en lo más alto con cifras. Allí, el proceso de formación del pensamiento se vuelve más complejo.

– ¿Y cambia lo derivado del proceso de pensamiento?

– Sí. Allí el mundo es más sutil, mientras que, en la Tierra, todo es muy denso. Naturalmente, todo cambia en el plano "sutil". Pero en el mundo físico, aquello que una persona ve en la realidad, lo reproduce a continuación mentalmente. Una forma de pensamiento es el reflejo de la rudeza de vuestro mundo. Sólo de esta manera el individuo puede comprender y darse cuenta de algo, al haber reproducido lo que ve a través del prisma de su conciencia. En esta etapa de desarrollo, él no podrá darse cuenta de nada más de ninguna manera. ¿Cómo va, por ejemplo, a comprender una cifra concreta? Antes deberá saber descifrarla.

– ¿El proceso de formación del pensamiento depende de aquel mundo en el que se encuentra el alma?

– Sí, así es.

– Entonces, en el plano mental ¿el proceso de pensar del alma será completamente diferente?

– En el plano mental ya se produce la descodificación*.

– ¿Cuáles son las formas de pensamiento de la Tierra, si también es capaz de pensar? ¿O son acaso las nubes, los relámpagos esféricos?

– No, sus formas de pensamiento no son visibles.

– ¿Pero, son similares a las formas de pensamiento humanas?

– Sí, son análogas. Pero se forman a partir de sus datos estructurales, es decir, desde sus envolturas. El mundo físico es completamente homogéneo. La Tierra también tiene envolturas temporales, asimismo como el ser humano. Pues del mismo modo, transcurre su formación del pensamiento.

Tipos de pensamiento

Existen múltiples tipos de pensamiento. Cada ser vivo tiene su propio tipo de pensamiento. En cada uno de los mundos, los procesos de pensamiento transcurren en correspondencia con la forma, la especie del ser, la materia de la que está compuesto, el objetivo del aparato de pensamiento. Por ejemplo, el objetivo de pensar de una persona es uno, el objetivo de pensar en las Entidades Superiores es diferente, el animal tiene otro distinto, y así sucesivamente.

Y lo más importante, el tipo de pensamiento se ve afectado por el Nivel jerárquico al que pertenece el ser. En los Niveles inferiores hay tipos primitivos de pensamiento, en los intermedios son más perfeccionados, y en los Niveles más altos de la Jerarquía están las formas más perfectas de pensamiento.

Previamente, hasta cierto punto en el tiempo, se creía que solo un tipo de pensamiento es inherente al ser humano, sobre la base del cual y a través de todas las posibles reacciones bioeléctricas y químicas del cerebro, fue capaz de transformar la materia física. Pero los posteriores descubrimientos sobre el pensamiento han demostrado, que no solo un tipo de pensamiento es intrínseco al ser humano, sino varios, es decir, una combinación de tipos, condicionados por el trabajo no solo en la materia densa, sino también en la "sutil".

El tipo de pensamiento de un ser vivo lo determinan: materia, forma, propósito y Nivel de desarrollo.

Tratemos ahora de descubrir algo nuevo sobre el pensamiento del propio ser humano y de otras formas de existencia que conocemos.

– ¿Qué tipos de pensamiento son inherentes al ser humano?

– El más común es el pensamiento imaginativo-verbal, y el menos frecuente, el telepático y cósmico. El pensamiento imaginativo es discontinuo, una persona corriente siempre piensa de modo intermitente. El pensamiento telepático, aunque es inherente a unas pocas personas en la Tierra, pero también es un tipo de pensamiento discontinuo, es decir, intermitente. Tal pensamiento ya no trascurre a través de imágenes, sino de conceptos. Y el tipo de pensamiento cósmico puede ser discontinuo en la primera etapa, en la segunda, se mantiene ininterrumpido o constante.

– Para poder compararlos, ¿podría saberse qué tipo de pensamiento tienen los Determinadores?

– Viven en el mundo "sutil", por ello, aquellos procesos físicos que forman parte del pensamiento humano ya no son adecuados para la utilización de su mecanismo de pensamiento. Carecen de un sistema de señalización como el nervioso, y tampoco poseen un aparato físico como el cerebro. Pero tienen su propio mecanismo de pensamiento, más perfeccionado y modernizado, ya que cualquier materia "sutil" ofrece múltiples ventajas en su desarrollo en comparación con la materia densa, física. Por lo tanto, los Determinadores poseen muchos tipos de pensamiento. En comparación con el ser humano, tienen un pensamiento superior.

– ¿En qué consiste ese pensamiento?

– En su volumen. Pero, por supuesto, no tridimensional, como en los humanos, sino multidimensional, porque su pensamiento existe en varias dimensiones a la vez. Es propio del Determinador tener pensamientos paralelos, es decir, puede pensar en muchas cosas a la vez. Y a diferencia de las personas, su pensamiento es ininterrumpido, porque su trabajo consiste, precisamente, en pensar constantemente.

– ¿Están en la base del pensamiento de un Determinador las reacciones nucleares, como por ejemplo las del Sol?

– Ellos no tienen reacciones. Las reacciones tienen lugar en la materia física. Y lo que sucede en Ellos, está relacionado con los procesos del plano "sutil", cuya física no es conocida por los seres humanos.

– ¿Cuáles son las ventajas del pensamiento ininterrumpido en comparación con el pensamiento discontinuo?

– Las ventajas son enormes. Se produce más energía en el proceso de pensar.

– ¿También producen energía los Determinadores, del mismo modo que los seres humanos, en el transcurso de formación de los pensamientos?

– Sí. En este punto su proceso es análogo. Pero la persona, debido a su pensamiento discontinuo, no está obteniendo todo el potencial para el que fue diseñado.

– ¿Usted ha dicho que hay personas que también poseen un pensamiento constante?

– Sí, algunas. Pero no son muchas.

– ¿Cómo distinguirlas entre la gente común?

– Es imposible reconocerlas entre la gente común mediante signos externos. Su aspecto exterior es similar al de todos los demás. Solamente en el plano "sutil" puede distinguirse la poderosa irradiación de energía de su cerebro.

– ¿Cómo lograron el pensamiento ininterrumpido?

– Por medio de un trabajo intenso en sí mismo. Su pensamiento constante se produce en ellos a cuenta del gran flujo de energía recibido del Determinador, el cual procesan durante la actividad intelectual.

– ¿En el pensamiento de estas personas también participan el cerebro y el anillo de impulso?

– Tienen una estructura diferente en algunos aspectos, y, por lo tanto, no tienen un anillo funcionando sobre su cabeza, sino un disco, como el de vuestros ordenadores. Un disco que gira a una gran velocidad.

– ¿Qué tanto por ciento de su cerebro está involucrado en el trabajo?

– Un treinta por ciento.

– ¿Cambiará algo en el pensamiento del ser humano en el futuro?

– Sí, necesariamente. Todo debe progresar y más aún el tipo de pensamiento. Los nuevos tiempos imponen la involucración de nuevas áreas del cerebro en el proceso de pensamiento, lo que aumentará su coeficiente de acción útil. También habrá muchos cambios en las estructuras sutiles. El ser humano del futuro presentará una modificación mejorada de la persona moderna. Por lo que Nosotros establecemos este objetivo: activar el funcionamiento de su cerebro al noventa por ciento, a diferencia del seis por ciento como sucede en el momento actual. El ser humano debe recuperar lo perdido. Tendrá el pensamiento figural*.

– Pero ¿los principales cambios en el pensamiento tendrán lugar en el plano "sutil"?

– No. El pensamiento figural permanece en el Nivel material. Se abrirá una unidad adicional en el cerebro físico.

– ¿Cómo es este pensamiento?

– El pensamiento figural consiste en el trabajo con imágenes volumétricas. El ser humano del futuro pensará mucho más rápido que el actual. Imagínese, si en el transcurso del trabajo intelectual, en lugar de percibir la información a través de combinaciones verbales, se perciben imagines volumétricas que incluyen acciones, reacciones, procesos, entonces, empiezas a comprender mejor el significado de lo visto y con mayor rapidez. El ser humano leerá y pensará de un modo diferente, excluyendo la forma verbal de comprensión. Comparativamente, la forma verbal es peor para el ser humano, ya que dificulta la percepción. Sin embargo, las personas también denominan imaginativo el pensamiento que transcurre con ayuda de expresiones verbales, pero este es un poco distinto, ya que cualquier imagen en su cerebro aparece después de su expresión en forma verbal. Para esto, deben intervenir los procesos adicionales: composición de palabras a partir de letras, de letras a partir de cifras, de cifras a partir de energías. Con el tipo de pensamiento figural, el proceso de formación del pensamiento omite palabras y letras. Irá directamente de los números a la imagen. Es decir, que dos pasos intermedios (el de letras y palabras) en la cadena: cifras – letras, palabras – imágenes, será eliminado, por lo que el pensamiento transcurrirá por una ruta más corta: cifras – imágenes. Esta es la diferencia entre el pensamiento imaginativo de la persona actual y el del ser humano en el futuro.

– ¿Cuál es la transformación del pensamiento en las etapas de la evolución por encima del nivel de los Determinadores?

– En lo más alto predomina el pensamiento energético. La energía se divide en ciertas vibraciones o frecuencias. La frecuencia, a su vez, se divide en una determinada composición. Yendo cada vez más y más al interior de la materia de energía. Y la manipulación en el pensamiento de las Entidades Superiores se realiza en principio con frecuencias, cifras, y a continuación, con las propias partículas de energía. En el proceso de pensamiento acontece la dominación de energías, así como de la composición de sus partículas, cada vez más y más sutiles.

– ¿En qué consiste el Nivel de pensamiento lumínico de los Individuos Superiores?

– Este es precisamente el tipo de pensamiento en el nivel de partículas cuánticas, el proceso de pensamiento opera con partículas de energía.

– ¿Este tipo de pensamiento no es inherente al ser humano, incluso alcanzando el Nivel cien en la Tierra?

– Por supuesto que no. Para tal pensamiento es necesaria una estructura sutil especial.

– ¿Los Determinadores poseen el pensamiento lumínico?

– No Este tipo de pensamiento es característico de aquellas Entidades Superiores, que ya piensan a través de cifras e impulsos. Naturalmente, la descomposición de cualquier color para Ellos es cifrada, es decir, pueden descomponer cualquier color en cifras que les proporcionen conceptos concretos. Los Determinadores aun no llegan a descomponer los colores en series de números que les proporcionarían la información necesaria.

– Entonces, en primer lugar, ¿es necesario dominar el pensamiento cifrado?

– Sí. Y sobre su base se desarrolla un tipo de pensamiento más elevado, lumínico.

– ¿Todas las Entidades energéticas tienen esas habilidades, es decir, las de un pensamiento cifrado ultrarrápido?

– Cuanto más elevada es la Entidad, mayores capacidades posee. Este es el pensamiento de los Niveles Superiores de jerarquía. Cuanto más cerca de la cima se encuentre, tanto más perfecta es la forma del pensamiento. Esto es lo que se desarrolla hasta el infinito, a diferencia, por ejemplo, de los sentimientos, que se perfeccionan solamente en el plano terrestre.

– Y si el alma humana progresa gradualmente, ¿desarrollará las cualidades necesarias para la activación del pensamiento lumínico en ella?

– No.

– Y cuando el alma de una persona completa su desarrollo en el plano terrestre y entrase en la Jerarquía ¿comenzaría ella a obtener el pensamiento lumínico, si, por ejemplo, pasará por cinco o seis Niveles en su desarrollo?

– No, no. El individuo comenzaría a poseer este tipo de pensamiento aproximadamente a medio camino en la Jerarquía. Y antes de eso, comenzando desde su Nivel inferior, deberá construirse a sí mismo, perfeccionándose. El individuo se construye a sí mismo a través de los procesos de progresión que elige. Por lo tanto, está formando gradualmente su base, sobre la cual se erigirá, a continuación, el pensamiento lumínico. Cuanto más alto sea el Nivel de la Jerarquía, tanto mayores serán las posibilidades del pensamiento.

– ¿Qué significa la transformación lógica del pensamiento?

– La transformación es un cambio. La transformación lógica es un cambio lógico. El pensamiento en sí mismo cambia constantemente, pero la lógica lo dirige hacia un cambio necesario.

– ¿Cuáles son las ventajas de una transformación lógica del pensamiento de una persona en comparación con la forma de pensar habitual?

– Se puede pensar de manera ilógica, de un modo caótico. La transformación lógica del pensamiento siempre conducirá hacia un objetivo a través de ciertas etapas de razonamientos lógicos. El pensamiento ya no salta ni hacia delante ni hacia atrás, no se precipita en diferentes direcciones. El pensamiento caótico gasta mucha energía en vano en opciones falsas y puede conducir a una persona a la muerte, sin encontrar finalmente el camino correcto. El pensamiento caótico es inherente a las personas de bajo Nivel de desarrollo, así como a los enfermos. En el caso de estos últimos, aparece en relación con diversas alteraciones en los procesos fisiológicos. Por otra parte, las personas de bajo desarrollo aún carecen de experiencia en la práctica mental. Por ello, su débil potencial energético es incapaz de enlazar correctamente en una unidad los fragmentos necesarios de una situación, para obtener, en consecuencia, el resultado buscado. El potencial energético mental no desarrollado no tiene capacidad para realizar enlaces similares en el programa. Por lo tanto, el comportamiento y las acciones de tales personas en la vida a menudo son erróneas.

– Empleando la transformación lógica del pensamiento, ¿siempre se pueden evitar errores o pasos incorrectos?

– No, no siempre. En ocasiones, la lógica también puede confundir. Para no confundiros, es mejor combinar la lógica con la intuición del corazón, entonces, podréis evitar a confundiéndoos. Debéis preguntar a vuestro corazón con más frecuencia.

– ¿De qué depende la fuerza del pensamiento?

– Del desarrollo de las energías mentales, del nivel de desarrollo de la persona.

– ¿De dónde vino la habilidad de pensar en el ser humano? Los árboles, por ejemplo, como forma de vida, no poseen tal habilidad.

– El alma del ser humano recibe dicha habilidad desde la etapa inicial de su existencia, es decir, se deposita en ella desde el origen. Sin embargo, y prestad atención, se deposita solamente la habilidad de pensar, y nada más, por lo que todo lo demás lo deberá desarrollar el alma por sí misma, es decir, deberá convertir esa habilidad en la posibilidad de pensar amplia y globalmente.

– Es decir, ¿la capacidad de pensar se desarrolla en el transcurso de la evolución?

– Sí, por supuesto.

– ¿No habéis realizado experimentos en los que el pensamiento superior se deposite directamente en la matriz? Por ejemplo, la aparición de niños superdotados en nuestra sociedad ¿no da testimonio de semejante experimento?

– No, lo de los niños es completamente diferente. Pero, por supuesto, realizamos experimentos de diversas características. Fue algo parecido. Os referís al pensamiento acelerado. Teniendo en cuenta que todo debe estar en estricta correspondencia, el hecho es que, para cada mundo en concreto, se requiere una cierta velocidad de pensamiento. Por lo tanto, estamos desarrollando para cada mundo la velocidad de desarrollo que le corresponde. Si el alma encarnada empezara a adelantar su desarrollo general, entonces el cuerpo comenzará a interferir con la matriz. En este caso, la inteligencia del alma crecerá, no por días, sino por horas, por lo que al crecer su cuerpo comenzará a molestarle, y, en consecuencia, el alma tratará de salir de él. El escenario anterior puede ser indeseable para el cumplimiento del programa. Por lo tanto, se hace para que **la velocidad de pensamiento de los individuos se corresponda con la velocidad general de desarrollo del mundo** al que se ha destinado el alma. En uno de Mis cuatro Universos, existen mundos así en los que todo transcurre de modo veloz. Allí, el pensamiento es acelerado y todos los procesos son acelerados. Es decir, que no todo el Universo se está desarrollando aceleradamente, solo algunos mundos.

Tipos de pensamiento de otras formas de vida

Estamos acostumbrados al hecho de que solo el ser humano, como forma animada, puede pensar y dedicar su tiempo al trabajo intelectual. A continuación, hemos aprendido que los animales también piensan, así como hemos aprendido algo sobre el pensamiento de los Seres Superiores. Pero, además, existen otras formas de seres vivos capaces de pensar, y que no se parecen absolutamente en nada a los seres humanos.

Resulta, que incluso en la Tierra hay distintos tipos de pensamiento, desconocidos para los seres humanos, y que las formas características de tales tipos son rechazadas sistemáticamente por las personas, como si se tratar de algo sin vida e inerte. ¿Qué novedades nos han sido reveladas sobre el pensamiento de otras formas de vida? Continuamos el diálogo.

– ¿Es el proceso de pensar inherente a los animales? Algunos científicos sostienen que su comportamiento se basa únicamente en reflejos condicionales e incondicionales.

– Por supuesto, los animales tienen la capacidad de pensar y, al mismo tiempo, el Nivel de pensamiento de todos es diferente. Hay animales estúpidos y los hay inteligentes. El grado de desarrollo de su inteligencia está determinado por el grado de desarrollo del alma del animal. Si el animal ya se ha encarnado en la Tierra varias veces, entonces tiene ya alguna experiencia en sus esferas de existencia, por lo que, su mente siempre será más elevada que la del animal que se ha encarnado de tal forma solo una o dos veces.

– ¿Tienen los animales un anillo de impulso que participe en el proceso de su pensamiento?

– Sí, los animales, igual que el ser humano, poseen un anillo de impulso o cerebro central. Se ubica, asimismo, por encima de su cabeza y está interconectado con el trabajo del cerebro físico.

– ¿Y las plantas? ¿Poseen, aunque solo sea el nacimiento de un pensamiento?

– No, las plantas no lo tienen, pero tienen sentimientos. Las plantas viven de acuerdo con sus sentidos.

– ¿Existe un proceso de pensamiento en los minerales?

– Sí. Algunos minerales incluso superan con su pensamiento a algunos animales.

– ¿Los minerales también tienen un anillo de impulso?

– No. Están diseñados de manera diferente. Su proceso de pensamiento se lleva a cabo por medio de información cósmica que llega a sus envolturas mentales, es decir, a través de una información de un tipo determinado, producida especialmente para las piedras. Sus envolturas están en el interior de sus formas materiales.

– ¿Qué objetivo tiene el proceso de pensamiento de los minerales, así como, por ejemplo, para un ser humano puede estar dirigido hacia el aprendizaje, la creatividad, las situaciones de la vida?

– El proceso de pensamiento de los minerales transcurre de una manera que no puede compararse con la del ser humano, al ser sus formas diferentes. Comprended que existen diversas formas de pensar, y que la persona en este sentido no es una excepción. La actividad de pensamiento de algunos cristales, por ejemplo, es tan fuerte que pueden influenciar a una persona y hasta llegar a controlar a personalidades débiles. Por esta razón, apareció la magia de las piedras. El cristal es una forma especial de vida, aun no estudiada ni comprendida por los seres humanos. Pero principalmente, el proceso de pensamiento de los minerales, en su estado habitual, tiene la función de conectarse con el Cosmos, ya que reciben de sus profundidades una gran cantidad de información necesaria. También interviene en los procesos que ocurren en ellos. Una persona también piensa en lo que está sucediendo en su interior, en sus experiencias, sufrimientos, alegrías, inspiraciones, etc., en todo lo que otros ni siquiera sospechan. Cada forma de vida tiene su propia individualidad.

– ¿Nuestra Tierra también es un ser pensante?

– Naturalmente. Su mente supera en muchos grados a la mente humana.

– ¿Cómo es el pensamiento de la Tierra?

– La actividad de pensamiento del planeta se distingue por su gran velocidad. Incluye también el funcionamiento del cerebro central, ubicado fuera de su envoltura física. El planeta piensa muy rápido en comparación con el ser humano. Además, posee un pensamiento paralelo, lo que le permite resolver simultáneamente y con rapidez muchas tareas, el número de las cuales también depende del nivel de desarrollo de dicho planeta. Estos procesos de pensamiento requieren diferentes tipos de energías, producidas por un Sistema especial ubicado en el núcleo del planeta.

– ¿Con que está relacionado el pensamiento de la Tierra, con qué procesos?

– Principalmente, la Tierra también se dedica a procesar la información cósmica de su Nivel. Además, su pensamiento está relacionado con la creatividad, que consiste en la creación de minerales, en la recopilación de información sobre la vida en los mundos físicos y paralelos y la transferencia de esta información a sus destinatarios.

– ¿El funcionamiento de pensamiento de otros planetas es análogo?

– Hay planetas idénticos con el mismo tipo de pensamiento, pero también hay otros tipos, es decir, planetas sin el anillo de impulso. Piensan por medio de su núcleo y su aparato de pensamiento se ubica en el interior de aquel. Por lo que, todo el trabajo mental tiene lugar en el interior del planeta, en el mismo núcleo.

– ¿Qué ocurre con el pensamiento de formas más grandes, por ejemplo, del Sol?

– También está pensando como cualquier ser vivo. Al sol pertenece el estado nuclear de la Mente.

– ¿Qué significa tal estado?

– La mente del Sol se ubica en el núcleo, del mismo modo que el alma. El estado nuclear de la Mente consiste en que la Mente transforma todas las formas de pensamiento en una red estructurada y esta red, a continuación, se descompone en el aparato mental en unos puntos aislados, que conducen a una sola cosa. Por lo tanto, de este modo, a través de la simplificación de lo complejo, más fácilmente se asimila la información.

– ¿Cuáles son las ventajas que proporciona el estado nuclear de una Mente en comparación con la de un ser humano? ¿Son comparables como tipos de pensamiento, o no se los puede medir?

– Todo es comparable, si examinamos las relaciones a Nivel de construcción cualitativa. Y la ventaja consiste en que un estado de pensamiento nuclear facilita la asimilación de la información.

– ¿Quién posee el estado plasmático de la Mente?

– Los plasmoides poseen tal tipo de pensamiento. Son formas de criaturas de los Sistemas negativos del Cosmos.

– ¿Los rayos globulares de la Tierra también poseen el pensamiento plasmático?

– No.

– ¿Puede el Sol pensar simultáneamente en varias dimensiones?

– Puede. Esta es la característica principal de su pensamiento que la diferencia del pensamiento humano.

– ¿Las eyecciones de masa coronal o protuberancias solares son manifestaciones de su pensamiento o de sus emociones?

– Son emociones.

– ¿Tiene el Sol comunicación directa con otros planetas de su sistema?

– Como un individuo, no tiene comunicación inmediata.

– ¿Por qué el Sol no es capaz de comunicarse directamente con los planetas?

– El nivel de desarrollo del Sol es mucho más alto en comparación con el planetario, por ello, la diferencia entre sus tipos de pensamiento y conceptos no permite tal enlace, y por lo tanto, se requiere la transmisión de energía a través de un intermediario. La comunicación transcurre por medio de una especie de intérprete, es decir, a través de la transformación de la información de niveles diferentes. Pueden hacer el mismo trabajo en común, pero no comunicarse directamente entre sí. Por ejemplo, la Tierra y las plantas (tomemos este ejemplo, aunque las plantas no son capaces de pensar, pero nos permiten comprender la colaboración de formas de diferentes niveles), realizan un trabajo en común que consiste en la producción de alimentos para el consumo humano y la creación de su hábitat. Sin embargo, no pueden comunicarse directamente entre sí. Aunque en base a su colaboración se produce entre ellos un intercambio recíproco de elementos químicos: agua, gases, los que, como formas densas de energía, con su tratamiento correspondiente, intercambian mutuamente información sobre ellos. Pero, tal información es de un tipo algo diferente al que, a su vez, utilizarían ellos mismos como individuos para el mismo propósito de intercambio. Es decir, es necesario distinguir los tipos de información, así como las formas de su recepción y transformación.

– ¿Cuál es el Sistema intermedio que posibilita la comunicación del Sol con los planetas?

– Tal comunicación se realiza a través de un mundo completamente diferente, y, por supuesto, no físico. El Sol y los planetas se comunican entre sí a través de sus Determinadores planetarios y estelares. Sólo a través de ellos. Y Ellos, por su parte, se ubican en el mundo sutil, en sus Niveles de la Jerarquía.

– ¿Cuál es la base de la actividad mental de las estrellas? ¿Cómo transcurre su proceso de pensamiento?

– La actividad de pensamiento se realiza como resultado de la transformación de energía en el interior de sus estructuras sutiles. Transfieren la energía de planeta a planeta, entre sí, a partir de lo cual reciben una Información Nueva. Se produce un intercambio de energía y su correspondiente transformación en el aparato mental de las estrellas. Del mismo modo que una persona intercambia energía con el Sol, transformándola en su cuerpo. Y sin este intercambio, su cerebro no podría funcionar en su Nivel de comprensión. Es decir, se produce un intercambio de energía entre ellos, aunque no hay comunicación directa. Todas estas transformaciones son bastante complejas, por lo tanto, la cadena de transmisión y transformación de energía en información, o viceversa, puede ser muy larga y complicada.

– ¿El aparato de pensamiento se ubica en el núcleo de las estrellas?

– No, está ubicado fuera de las envolturas físicas de las estrellas, en sus estructuras "sutiles".

– ¿Qué hay en el núcleo entonces?

– Masa, que es necesaria para el trabajo de la estrella en el plano físico. A través de las reacciones termonucleares, esta masa calienta la estrella y le sirve como fuente de energía.

– En el proceso de pensamiento humano participan las energías positiva y negativa. ¿Cómo es en el caso de las estrellas?

– En las estrellas es del mismo modo. Es un tipo mixto. Aunque existen estrellas en las que solo predominan las energías negativas, y en contraste con ellas, estrellas en las que solo están presentes las energías positivas.

– ¿Cuál es la diferencia entre el trabajo de pensamiento de un tipo de estrellas y el de otro?

– La diferencia está en los enlaces de contacto, en la calidad de la información recibida. Si las estrellas están compuestas solamente de energías positivas, se comunican con otras estrellas similares, con luceros positivos, es decir, que se intercambia información entre estrellas homogéneas.

– ¿Y las estrellas negativas?

– Las negativas también se intercambian información entre sí, descifran la nueva información recibida, pero la transforman de acuerdo con un esquema diferente al de las positivas. Es decir, las estructuras estelares negativas interactúan con las estructuras negativas, las positivas con las positivas, y un tipo mixto de estrellas, en el que están presentes ambas energías, las positivas y las negativas, se comunican con un tipo mixto similar. En consecuencia, en el transcurso de la actividad de pensamiento se producen tres tipos de energías. Su cualidad es diferente.

– ¿La energía producida a través del pensamiento de las estrellas también se recoge en los depósitos de almacenamiento de energía?

– Sí, cualquier energía se distribuye por los depósitos de almacenamiento o bancos de energía. Pero para los seres humanos hay unos depósitos, y para las estrellas, otros, ya que su cualidad de energía, obtenida a través de procesos de pensamiento, difiere de la humana.

– ¿Para qué fines se utiliza la energía producida en el transcurso del proceso de pensamiento de las estrellas?

– Se utiliza para completar la construcción de Sistemas Cósmicos creados sobre la base de las energías del pensamiento humano. La construcción comienza con estructuras en la formación de las cuales se utilizan las energías de humanidad: se construyen componentes más débiles, y luego pasan a la construcción de Sistemas estelares más potentes.

Niveles de desarrollo

Los seres humanos siempre han considerado que son iguales entre sí y, si existen algunas diferencias, no son significativas. Pueden diversificarse por su intelecto, talentos, cualidades del alma, pero el ser humano nunca ha podido explicar en qué se basan todas estas diferencias entre las personas.

Solo el dialogo con Dios nos ha ayudado a descubrir numerosos enigmas del desarrollo del ser humano y a comprender en qué se basan todas nuestras diferencias y como se construyen.

Debido a que cada uno de nosotros desea aproximarse con mayor rapidez hacia los Individuos Superiores, hemos empezado el diálogo sobre el desarrollo con una comparación.

– Tenemos el conocimiento de que los Maestros de la humanidad, los Determinadores, poseen el pensamiento paralelo. Pero el ser humano, aproximándose hacia estos en sus últimos grados evolutivos en la Tierra, debería también acercarse hacia los Determinadores por su tipo de pensamiento. En este sentido, aparece la siguiente cuestión, ¿ha sido concebido el cerebro humano para el pensamiento paralelo?

– Sí, vuestro cerebro, que posee una estructura muy potente, ha sido, en perspectiva, diseñado para múltiples tareas, pero principalmente, para el funcionamiento del aparato cerebral al cien por cien. Pero los seres humanos no han cumplido con Nuestras expectativas. Para cuando llegue el final de la quinta raza el cerebro humano debería ser activado al cincuenta por ciento, sin embargo, en la realidad, está funcionando solamente al seis por ciento.

– ¿Qué es necesario, para que el cerebro funcione al cien por cien?

– El ser humano debe dedicar mucho tiempo a la actividad intelectual, interesarse por todas las ciencias sobre el alma, sobre los mundos sutiles, desarrollar todas sus envolturas sutiles, utilizar con destreza los ejercicios de meditación. Solo a partir de conocimientos materiales no llegará lejos. Aquí, en la Tierra, no existe la información para activar al cien por cien todo el volumen del cerebro. Por ello, el ser humano ha tenido que aprender a relacionarse con los mundos sutiles, para obtener de allí Nuevos Conocimientos. Por lo que, si hubiera desarrollado en sí la capacidad de meditar, entonces ahora podría obtener la información de otros planetas y mundos. Si el ser humano hubiera escogido semejante camino, habría acontecido, en tal caso, un desarrollo de la humanidad completamente diferente. Podría hacer muchos descubrimientos en muy diversos ámbitos de su actividad. En la sexta raza aumentaremos el potencial de pensamiento del cerebro hasta un noventa por ciento.

– ¿De qué depende el grado de desarrollo del intelecto humano?

– Del Nivel de su desarrollo. En el proceso de la vida el individuo adquiere alguna experiencia, conocimientos, desarrolla su capacidad de pensar. El ser humano debe aprenderlo a través de un largo e intenso trabajo. La persona que es incapaz de pensar y solo vive según el programa pertenece al Nivel cero. En la Tierra hay cien Niveles de desarrollo para el ser humano. Es decir, para finalizar su desarrollo por completo en el plano terrestre, debe pasar por cien Niveles. El grado de celo de las almas, que aspiran al desarrollo, es diferente. Unos pueden ascender rápidamente por los grados de la Jerarquía humana, otros ascienden al principio y, después se degradan, descendiendo de nuevo. Después pueden ascender nuevamente. Esto puede acontecer reiteradamente en el transcurso de varias encarnaciones, por ello, el individuo puede ascender o descender por los Niveles durante las reencarnaciones. Pero, en el transcurso de una vida, cada persona está conectada con su Nivel de desarrollo.

– ¿A qué edad se produce la conexión de la persona con su Nivel: ¿a los cinco años, a los siete o cuando el niño empieza a pensar?

– Desde el nacimiento.

– ¿Se conectan los niños con algún Nivel específico de niños? ¿Tienen siempre ese pensamiento peculiar que se diferencia tanto del pensamiento de los adultos?

– No. Cada niño es dirigido por su Sistema. Pero el Nivel al que conecten al niño en el momento de su nacimiento, dependerá de sus logros durante el ascenso por los grados de desarrollo en las vidas pasadas.

– ¿Es imprescindible pasar por todos los Niveles terrestres, de abajo arriba, para que una persona pueda trascender a una nueva cualidad y llegar hasta Vosotros?

– Hacia Nosotros es imprescindible. Es necesario pasar por todos los Niveles, del cero al centésimo. Pero, también es posible trascender en otra cualidad, sin regresar más a la Tierra, desarrollarse a través de otro mundo, o puede que ni siquiera llegue a Nosotros si su alma resulta descodificada. Todo depende de peculiaridades individuales del alma.

– ¿Puede una persona pasar de un Nivel a otro durante una vida?

– Puede.

– El Nivel de la persona, ¿es un sistema de conocimientos delimitado o algo más?

– Para vosotros, el Nivel es principalmente el del conocimiento del mundo físico y de acumulación espiritual.

– ¿Activa el Nivel las acciones de las personas?

– Las acciones se activan según el carácter de la persona, de su educación. Pero, principalmente dependen de la espiritualidad del individuo, es decir, la actitud dependerá de la espiritualidad de la persona. Aunque, por supuesto, si pudiese compararse con, digamos, los Niveles Superiores, allí, las propias acciones de las personas serían diferentes en relación con las del plano terrestre. Por lo tanto, cuando se trata de los Niveles de Jerarquía, a cada uno de estos le es inherente su conjunto de acciones. Por lo que las Entidades del primer Nivel de la Jerarquía tendrán un comportamiento diferente al de, por ejemplo, el Nivel veinte. Esto está relacionado con el cambio de modo de vida de las Entidades en los distintos Niveles. Y en la Tierra, todos los Niveles están entremezclados; por ello, solo un individuo muy observador sería capaz de distinguir la diversidad de formas de comportamiento de las personas.

– ¿A qué Nivel terrestre están conectadas las personas que no realizan la actividad de pensar?

– Tienen su propio Nivel, que, naturalmente, es más bajo que el de las personas pensantes. Sus almas no son necesariamente inferiores. Permanecen en un grado determinado, como si se hubiera detenido su desarrollo. Han alcanzado su límite en la vida actual, ya que las almas tienen diferentes posibilidades, aunque aún pueden seguir descendiendo, ya que su vida continúa. Hay que señalar, que en ese grado en el que estas permanecen, existen también sus divisiones en subgrados. Las personas que no piensan también son diferentes en sus cualidades espirituales, y, por lo tanto, están conectadas en este grado con distintos subgrados. Por ello, cada Nivel se divide en subniveles.

– ¿Se proporciona a las almas que se degradan la posibilidad de evolucionar?

– Sí, esa posibilidad se da necesariamente. El desarrollo continúa. Pero todo sigue dependiendo de la propia persona.

– ¿Cómo es el proceso de traspaso del pensamiento de la persona durante el traspaso del Nivel cien terrestre al primer Nivel de la Jerarquía? ¿Cómo se produce el paso del pensamiento con el cerebro físico al pensamiento con la envoltura?

– La preparación para el traspaso se realiza en la Tierra. Durante su paso por los cien Niveles la persona va perfeccionando y desarrollado todas sus envolturas sutiles, construyéndose a sí mismo paulatinamente de un modo especial. Aunque, semejante proceso de autoconstrucción viene implantado en la estructura del ser humano por los Creadores Superiores del Sistema Material.

– Pero, de todas formas, cuando el ser humano asciende al primer Nivel ¿se compone su estructura con partes adicionales para que pueda pensar mejor en las condiciones de un mundo nuevo?

– No. Todo lo va adquiriendo por sí mismo. Si no adquiere una determinada cantidad de las cualidades necesarias para el pensamiento, así como nuevas nociones, simplemente no se le dejará entrar en el primer Nivel de la Jerarquía. No podría comprender nada en las condiciones nuevas. La acumulación de las cualidades necesarias, y, en consecuencia, de las energías del potencial correspondiente, son las que forman sus estructuras del pensamiento.

La memoria

De un modo completamente nuevo pudimos observar la noción de la memoria humana desde el punto de vista de los Nuevos Conocimientos revelados a la humanidad por Dios.

– ¿Qué es la memoria de un ser humano?

– La memoria de una vida es la conservación de la memoria pasada en unas unidades especiales de la memoria del cerebro. La memoria de las encarnaciones es la preservación de la información de todas las vidas pasadas.

– ¿La memoria humana es una cualidad exclusiva del cerebro físico?

– La memoria es el cerebro físico, al que se suma el funcionamiento de los cuatro cuerpos sutiles, en sus secciones respectivas.

– ¿Qué representa en sí la memoria de una vida?

– El conjunto de energías, que, durante el paso por los decodificadores especiales de la unidad de la memoria, se codifican en imágenes mentales y situaciones. El ser humano posee la memoria permanente y la temporal. Con la memoria permanente están relacionadas aquellas energías que componen los momentos principales de su vida, y que se muestran a través de los dispositivos de señalización en el momento actual de su vida, lo que le permite siempre recordar quién es y cómo fue su pasado antes de la vida presente. Los momentos secundarios de la vida se bloquean, es decir, la persona no puede recordar detalles insignificantes de su pasado, ya que esto obstruiría la memoria con imágenes innecesarias, y, en consecuencia, con energías innecesarias. La memoria temporal se introduce en las unidades de memoria como un esquema completo de la vida. Pero esta memoria, en las vidas siguientes se convierte en innecesaria y es retirada después de un análisis completo de la vida. Lleva consigo una parte de las energías de enlace, que componen escenas completas de la vida de la persona. La memoria temporal está compuesta de energías temporales de enlace, que son las partes necesarias para el trabajo de los individuos en los momentos fundamentales de sus vidas. Las energías temporales de una vida se eliminan, y las permanentes, como puede ser una información necesaria, permanecerán durante todas las encarnaciones siguientes en la Tierra.

– ¿Cómo se distinguen en su composición la memoria de una vida y la memoria de todas las encarnaciones?

– La memoria humana no son los recuerdos dulces del pasado, como habitualmente lo percibe el ser humano. Y, aunque, los recuerdos juegan un papel importante, por supuesto, su cometido consiste, en primer lugar, en el hecho educativo. En segundo lugar, son un punto de partida para el principio de algo nuevo. Y, por último, es necesaria para la comparación del pasado con el presente, para poder analizar en su integridad su propio desarrollo y el de la sociedad. La memoria ayuda al individuo a desarrollarse. El objetivo principal de la memoria consiste en conservar en sus depósitos las energías acumuladas por la persona en el transcurso de su vida, aquellas energías que contribuyen a su progreso como un individuo.

La memoria configura el objetivo del desarrollo en forma de una cadena de acciones sucesivas y necesarias, que construyen al Individuo como una acumulación de las energías necesarias (o cualidades) en los depósitos de sus matrices.

Por ello, la memoria de una vida es la energía que ha sido acumulada por la persona, conteniendo toda la información sobre la misma, o también, son aquellas cualidades del carácter que la persona debe adquirir durante su paso por diversas situaciones en una encarnación dada. La memoria de todas las encarnaciones se suplementa con aquellas energías, de las que el individuo aún carece para poder ascender a un grado superior.

Durante una vida, la energía que se conserva en las unidades de memoria del alma se transforma en un momento necesario en las imágenes mentales de la criatura, en la que en el momento actual del tiempo está reencarnada el alma. Por ello, si esa persona ha pasado por la fase animal, podrá recordar acontecimientos de ese tipo de vida, pero ya transformados en nociones propias de la razón humana, y no de un animal. Ya que las imágenes mentales humanas y las de los animales se distinguen en su percepción, del mismo modo que se diferencian sus respectivos juicios acerca de situaciones idénticas. El Nivel superior, recordando las situaciones de su Nivel inferior, las valorará desde un plano superior.

Si se traspasa un alma a las esferas Superiores de existencia, entonces sus unidades de memoria transformarán la vida humana en aquellas imágenes o nociones cifradas, o percepciones lúcidas, que está captando la criatura. Exactamente por esta razón, la memoria está compuesta de energías de diversas cualidades, transformadas en imágenes de aquel mundo, al que corresponden ese tipo de energías. Es decir, la energía de la memoria del alma posee movilidad.

– ¿Se graba todo en las unidades de memoria?

– No. Los episodios más insignificantes se retiran de la grabación, todo lo innecesario, lo nimio, se elimina como una cáscara. Queda la memoria de una vida que se conserva durante la vida en el cerebro físico. Después de la muerte acontece la regrabación de las unidades de memoria del cuerpo físico a las unidades de memoria de las envolturas. La memoria de todas las encarnaciones se conserva en la propia alma, en una sección determinada de esta. Son unas energías más sutiles y altas. Durante el traspaso de una persona hacia las esferas Superiores, cuando se detiene la cadena de encarnaciones en la Tierra, poco a poco va perdiendo la necesidad de la memoria de las vidas terrestres. Sobre la base de las energías físicas se añaden las energías más sutiles y fuertes, por ello, cada vez una parte más grande de las energías terrestres, que componen la memoria, se aparta por la falta de necesidad. Por lo que se quedan solamente aquellas que componen la base fundamental más rígida del desarrollo del alma, los momentos más importantes de su existencia como un individuo.

– El ser humano posee una memoria doble: la memoria del cuerpo y la del alma. ¿En qué se diferencian?

– La memoria de una vida, de la presente, es la memoria corriente en un intervalo de tiempo dado. La memoria del alma es para todo el periodo de su existencia. El cuerpo físico también tiene su memoria, que se compone de las características de los estados de la envoltura física, e incluye en sí todos los cambios que se producen con esta. Esta memoria se encuentra en el cerebro físico de la persona y en el ordenador del Determinador que guía a esta persona.

– ¿La memoria sobre el estado del cuerpo físico desaparece junto con su descomposición después de la muerte?

– No, no es del todo así. Todo lo concreto desaparece, pero lo principal permanece en la memoria del cuerpo astral. La mitad del volumen de la memoria se conserva allí, por ello, después de la muerte el alma recuerda durante algún tiempo su cuerpo físico e incluso sus enfermedades y defectos.

– ¿Cuánto tiempo se conserva la memoria del cuerpo físico?

– Hasta la composición de la envoltura astral. Después, solo permanece la memoria general sobre la propia persona, es decir, sobre quién ha sido en la vida anterior, conservándose una imagen externa sin más detalles. Esta memoria se conserva durante todo el periodo de las encarnaciones de la persona en la Tierra. Si su alma traspasa a las esferas Superiores, esta imagen externa se borrará, y permanecerá una especie de esquema de ella. Es decir, ahora ya es una Entidad Superior que recuerda que en una vida fue hombre, y en otra, mujer, nada más que esto, porque esta memoria ya se vuelve innecesaria para las Entidades Superiores.

– ¿La energía de la memoria que construye las imágenes mentales de una vida y la energía de la memoria que pasó al alma es la misma?

– No. Tras la finalización de la vida de una persona, la energía de la memoria se transforma a través de las envolturas, de modo, que se va haciendo más sutil a medida de su aproximación al alma. En cada envoltura pasa por las correspondientes transformaciones, es decir, durante el regrabado de información de la memoria se produce la transformación de las energías desde las frecuencias más bajas hasta las frecuencias más altas. Por ello, el contenido permanece, aunque va cambiando la cualidad de la materia que los contiene. Desde esta perspectiva, puede decirse que la memoria del ser humano que está en el cerebro es completamente diferente de la que está en el alma.

– Los pensamientos de una persona, que aparecen durante el día, se graban en las unidades de su memoria. ¿Se graban también en el ordenador de su Determinador?

– Sí, también se graban allí, porque el Determinador controla los pensamientos de la persona guiada y debe analizarlos para tomar una u otra decisión.

– ¿Cuándo el Determinador lee los pensamientos de su discípulo, penetra en las unidades de su cerebro o en la base de datos del ordenador?

– Existe una muy estrecha interconexión entre la memoria de la persona y la memoria de base del ordenador. Es casi lo mismo, porque en esta estructura consiste la dirección de un ser humano. En el ordenador está guardado todo lo esencial sobre la persona y con lo que debe trabajar el Determinador. Y al cerebro se traslada solamente aquello que necesita la propia persona para su desarrollo. Todo lo demás permanece en el ordenador. Por ello, aquello que el Determinador debe leer sobre la persona lo extrae desde la base de datos de su dispositivo tecnológico, hacia donde fluye toda la información sobre la persona: sobre su cuerpo físico y estado psíquico, controlando sus pensamientos, acciones, sentimientos.

– ¿La vigilancia de los pensamientos de la persona guiada por el Determinador es continua, permanente?

– No, no siempre, porque tiene multiplicidad de asuntos propios. Aunque a través del ordenador puede calcular cualquiera de sus pensamientos en el momento presente o pasado. En lo principal, el Determinador conoce a su subordinado y sabe qué es lo que se puede esperar de este. Si según el programa se aproximase a alguna situación crítica o peligrosa, entonces, por supuesto, en este periodo el Determinador vigilará el transcurso de sus pensamientos, para sacar sus propias conclusiones necesarias. Para resolver correctamente una situación concreta, el Determinador debe conocer con exactitud el estado actual de las cosas, así como las posibles opciones, por ello, examinará todos los pensamientos de la persona y calculará la situación a fondo, para saber, qué es necesario corregir y cuánta energía suministrar para dicha corrección.

– ¿Cada persona se encuentra bajo ese control?

– Eso sucede solamente en el caso de que surja una necesidad de intervención. Por lo que, si no es necesaria, todos los pensamientos del subordinado transcurren colateralmente, porque no representan nada de valor. Pero los propios elementos derivados de su formación de pensamientos se dirigen a su Nivel. Tienen su propio mundo de imágenes mentales. Y, por supuesto, los pensamientos de cada sujeto se conducen asimismo en sus unidades de memoria. Por lo que tienen una trayectoria de tres direcciones.

– ¿Se dirigen los pensamientos al Nivel en el mundo de las imágenes mentales, en las unidades de memoria y en el ordenador de Determinador?

– Sí, así es.

– El Determinador y su discípulo se encuentran en mundos diferentes, con diferentes formas de existencia y, además, el pensamiento de ambos es diferente. ¿Cómo logra comprender el Determinador el pensamiento verbal e imaginario de la persona?

– Entre vuestro mundo físico y Su mundo sutil existe una red completa de dispositivos tecnológicos, que transforman las energías mentales del plano terrestre en la información alcanzable para la percepción del Determinador. En el ordenador aparece el resultado de tales transformaciones. Es como, por ejemplo, cuando dos personas de países diferentes hablan en idiomas diferentes a través de una teleconferencia. Los traductores facilitan la traducción lingüística de las nociones, de modo que uno y otro lo entiendan todo. Pero, entre ellos existe una red completa de dispositivos variados. Entre los mundos esa red es aún más compleja.

– ¿Puede el Determinador leer los pensamientos de una persona de seis años de edad?

– Absolutamente todo lo que haya producido la persona podrá ser leído: así como lo que haya producido tanto verbalmente, como por escrito o mediante la imaginación.

– ¿Por qué es diferente la memoria de las personas, ya que unos la tienen débil y otros fuerte?

– La memoria fuerte la poseen las almas evolutivamente jóvenes, y la memoria débil las viejas. Las almas jóvenes son como folios en blanco, requieren el relleno, y por ello, admiten la recepción de cualquier información. Las almas viejas ya están llenas de experiencia de la vida en un mundo dado, llenas de conocimientos que pertenecen a ese mundo, por ello, en general no necesitan la memoria ni los acontecimientos secundarios o insignificantes, así como la información innecesaria para su alma que olvidan en seguida.

– Pero, muchas personas olvidan también los conocimientos necesarios para su vida. ¿Por qué se produce esto? ¿Debido a desperfectos en el organismo o es que hay un sentido especial en este fenómeno?

– Existen diversas y múltiples causas. Pero la principal consiste en que cuando las almas que ya no son jóvenes pierden la memoria, perdiendo además los conocimientos necesarios para su trabajo, tal hecho sirve de señal para estas de que están avanzando en su desarrollo por un camino incorrecto o diferente al necesario. Y para explicarlo con lógica puede verse del siguiente modo. En primer lugar, si una persona ha olvidado algo es, por consiguiente, que tal hecho no le gusta. Así que, si no le gusta, entonces, el alma no aceptará aquella información que no corresponda al **objetivo de su desarrollo**. La persona debía acumular un tipo de energía, pero eligió un camino equivocado, adquiriendo una energía absolutamente innecesaria, para la cual no están adaptadas las unidades de memoria, es decir, no la admiten y, en consecuencia, la rechazan. En conclusión, la memoria liquida lo innecesario. Y, en segundo lugar, si tal hecho se ha borrado en esta vida, por consiguiente, es que los conocimientos correspondientes ya han sido acumulados en las vidas pasadas y, por lo tanto:

Las unidades de memoria guardan en sus depósitos solamente los Conocimientos Nuevos, completando la información ya adquirida en las vidas pasadas.

– Puede pasar que la persona pierda la memoria después de un accidente. ¿Por qué se produce esto?

– Si a una persona se le borra la memoria después de una catástrofe, entonces, se trata de una penalización, como consecuencia de algunas deudas kármicas.

– ¿Por qué cuando, de pronto, el ser humano tiene que procesar muchísima información de golpe, empeora su memoria?

– Porque no aguantan las unidades de memoria. Se produce una sobrecarga con la información entrante, y para que no se queme, se efectúa el bloqueo de las unidades de memoria. Si una persona trabaja muchísimo, y su envoltura material está diseñada para un potencial determinado, un aumento del mismo podría conllevar procesos irreversibles en el organismo, por ello, para que no suceda tal sobrecarga, se activa automáticamente una defensa con efecto de bloqueo de la memoria. La propia persona lo percibe como un debilitamiento de memoria.

– ¿Por qué algunas personas tienen mala memoria para los rostros ajenos?

– Eso significa que ya no necesitan información de ese tipo, que el alma ya acumuló los conocimientos suficientes acerca de rostros y fenotipos humanos, y sobre los correspondientes rasgos del carácter de cada uno. Por ello, la percepción especifica de la persona desaparece, y, en consecuencia, los rostros se perciben como un determinado tipo en el que está presente lo común y ausentes los detalles.

– ¿Qué significa cuando un niño tiene mala memoria?

– Como ya hemos señalado, puede tratarse de un alma vieja, que necesita obtener selectivamente la energía faltante. Los intereses del niño indicaran por sí mismos la dirección en la que debe desarrollarse, sin sufrir por la mala memoria. Pero también puede haber otra causa, que al niño se le haya dado una memoria débil para que pueda adquirir la asiduidad y persistencia necesarias para el estudio de las materias escolares, o porque es necesario desarrollar su capacidad de recordar en la unidad de memoria, nuevamente, con el objetivo de adquirir para el carácter ciertas cualidades, en particular, la de aprender a luchar con la propia pereza. Y también puede haber otras causas.

– ¿Está relacionada la memoria con el funcionamiento del anillo de impulso? Por ejemplo, ¿puede empeorar la memoria si este funciona mal?

– No, es diferente. El anillo de impulso no influye en el empeoramiento o fortalecimiento de la memoria, pero hace el regrabado de las imágenes de la vida de la persona en el momento de su muerte, desde el cuerpo físico al astral, y etc., es decir, se ocupa del traslado de la memoria a las envolturas sutiles.

– ¿Está relacionada la memoria con la duración de la vida humana?

– No, la memoria no está relacionada con la duración de la vida, sino con un modo de vida correcto, que permite a las personas mantener la unidad de memoria y la red de canales relacionados con la misma, en un estado de normalidad. Los canales de las unidades de memoria de la red de la mayoría de las personas se atascan por diversas causas con una energía "sucia", y por ello, las señales de la información requerida no llegan desde los Depósitos de la memoria hasta el punto necesario, o, si llegan, entonces, puede que sea porque no funcione la retro conexión.

– ¿Depende la memoria del potencial de la espiritualidad? Por ejemplo, ¿a mayor espiritualidad, mejor memoria?

– No, tal dependencia no existe. Estudiémoslo. Escojamos a un mero trabajador con un nivel de espiritualidad bajo y a un sacerdote con una alta espiritualidad. Puede que el primero tenga buena memoria, y el segundo la tenga mala. Por consiguiente, la memoria no depende del potencial de la espiritualidad.

– ¿Se puede reforzar la memoria?

– Se puede. Para esto, las personas poseen múltiples recursos facilitados continuamente por los Determinadores para la estructura de personas de la quinta raza. A continuación, a las generaciones de la sexta raza, les serán facilitados recursos.

– ¿Cómo se produce la grabación en las unidades de memoria de todo aquello que una persona ve y oye?

– Del mismo modo que en un ordenador. El cerebro humano es un ordenador bioquímico, vivo y autorregulado. Para la comprensión humana resulta un mecanismo bastante complejo, porque el regrabado de la información se produce desde el plano físico al energético, aún invisible e imperceptible para el ser humano. Pero algunos dispositivos muy precisos pueden captar determinados impulsos eléctricos como consecuencia de dicha grabación. Sin embargo, todas las reacciones químicas y eléctricas que se dan por esta causa son simplemente resultado de los procesos más sutiles, que se producen durante la grabación de la información.

– ¿Cómo se produce la activación de la memoria cuando una persona recuerda algo necesario en un momento dado?

– El impulso-señal proviene de la mente, de los componentes "sutiles" del alma, y se dirige al cerebro físico, hacia las unidades de memoria. Allí empieza una búsqueda, del mismo modo que en un ordenador, pero muy deprisa, en ocasiones, incluso puede ser instantánea, si la señal se mezcla con una energía de fuertes emociones, amplificándola. El impulso-señal es una energía de cierta frecuencia que rastrea en las unidades de memoria las celdas con energía homogénea, es decir, de la misma frecuencia, y se ensambla con ella por resonancia. La resonancia amplifica el impulso a la mitad, lo que sirve de llave para desbloquear la información necesaria en los bloques de memoria.

– Usted ha dicho una vez, que el ser humano puede disponer en la Tierra de una cantidad menor de conocimiento de la que realmente tiene.

– Sí.

– ¿Dónde se ubica el potencial general del conocimiento humano, en su envoltura física o fuera de ella?

– Todo el conocimiento que una persona ha acumulado durante sus vidas pasadas se encuentra en ella misma, es decir, en las estructuras "sutiles" de su alma. Pero cuando el alma se encarna en la Tierra, en las unidades de memoria, se implanta un bloqueo sobre una parte del conocimiento, que los cierra, impidiendo la utilización de todas las reservas del saber acumulado. En esta unidad bloqueada se encuentra todo, por ello, dicen, que todas las almas desarrolladas poseen un gran potencial de información. Sin embargo, durante el transcurso de su vida, pueden usar una parte muy pequeña del total del potencial de conocimiento acumulado. El bloqueo de la memoria es una defensa para el ser humano.

– Pero ¿para qué sirve esta defensa? ¿Es perjudicial para una persona utilizar en la vida sus grandes reservas de conocimiento?

– En el depósito de la memoria no solamente está el conocimiento terrenal, pero las unidades de memoria guardan en un grado mucho mayor los conocimientos acerca de los mundos energéticos y otros mundos, completamente diferentes a la Tierra. Por lo tanto, gran parte de conocimiento del pasado puede entrar en contradicción con el conocimiento del mundo físico. En consecuencia, en la cabeza de la persona puede desencadenarse un tremendo desconcierto, o puede que otras personas perciban sus increíbles conocimientos como los de un loco de atar. Por lo tanto, cuando el alma se encarna en un mundo determinado, los conocimientos de ese alma han de ser coherentes con el Nivel de desarrollo de las almas de su entorno, de lo contrario, no será capaz de vivir en ese mundo nuevo. En cada plano de la existencia este Nivel oscila dentro de ciertos límites. También hay otra razón por la cual a las unidades de memoria se les coloca la protección. Es porque la propia envoltura material del ser humano no está adaptada para percibir tal cantidad de conocimiento, que se manifiesta en un poderoso volumen de potencial energético. Para comprender todo esto, imaginaos un pequeño frasco insertado en vosotros. Está cerrado y codificado, pero en su interior hay una enorme carga de energía, tanta que, si lo abriésemos, entonces, en sentido figurado, todo su interior se vertería sobre vosotros, y en consecuencia, el cerebro se derretiría y el cuerpo se quemaría.

– ¿Las personas con poderes extrasensoriales pueden desbloquear las unidades de memoria?

– Sí, los psíquicos poderosos poseen tal habilidad, pueden quitar la protección bajo hipnosis, pero solo desbloquean una pequeña fracción de esta. En consecuencia, después de un tiempo, empiezan a aparecer distorsiones de la psique y esa persona acaban enviándola a un manicomio. Los psíquicos solo pueden desbloquear parcialmente la defensa de las almas jóvenes. Las personas altamente desarrolladas, en primer lugar, no permitirán invadir los secretos de sus vidas, y, en segundo lugar, la defensa colocada sobre sus unidades de memoria es mucho más poderosa. Cuanto más alto es el potencial energético del individuo, más poderosa es la protección que se implanta sobre sus unidades de memoria.

– ¿Se abren los conocimientos del pasado de una persona en seguida después de su muerte?

– No. Los conocimientos generales se abren solamente en el momento de alcanzar el alma un estado determinado, cuando todas las envolturas temporales se apartan, y el alma empieza a permanecer solamente en sus envolturas permanentes, traspasando al plano sutil de existencia.

– ¿Puede el ser humano, aparte de las imágenes del pasado, conocer sus pensamientos en las vidas pasadas, para, por ejemplo, analizar por sí mismo en qué medida ha crecido en comparación con su desarrollo anterior?

– Por supuesto, pueden recordarse no solamente las situaciones, sino también los propios pensamientos.

– ¿Entonces, si a una persona se le devuelve la memoria del pasado, se conservarán en esta sus pensamientos pasados?

– En general, en la memoria se graba todo. La memoria es el disco duro del ordenador que está fijándolo todo. Por ello, el individuo lo recuerda todo de sí mismo. Supongamos que un alma traspasa al estado de Entidad en uno de los Niveles de Jerarquía. Por supuesto, en los grados iniciales tal Entidad aún no es capaz extraer algo de las profundidades de su memoria, ya que acaba de llegar de un mundo inferior. Pero, cuanto más ascienda, tanto más libre será su habilidad de activar las unidades de memoria, y más exacta será su capacidad de encontrar los lugares concretos, necesarios para recordar. De este modo, en consecuencia, la Entidad aprenderá a visualizar cualquiera de sus vidas y recordar en ellas todo aquello que necesite.

– ¿Es posible que esto recuerde a la visualización de una película?

– Sí, es análogo.

– ¿Puede también recordar sus sentimientos?

– Absolutamente todo: hechos, pensamientos, sentimientos.

– ¿Cómo es la memoria de los Determinadores? ¿Con qué se la puede comparar para entender el principio de su funcionamiento?

– La memoria de los Determinadores representa en sí una red multicompleja de varios ordenadores.

– ¿Puede pasar en su caso que se olviden de algo?

– La cualidad del olvido no es propia de los Determinadores. No es un Nivel como el del ser humano, en el que se puede olvidar. La memoria de los Individuos Superiores es precisa y de calidad en las manifestaciones de sus propósitos principales.

– ¿De qué se compone la memoria de los Determinadores?

– De todo lo vivido por ellos como individuos, pero en su Nivel de desarrollo.

– ¿Hay diferencia en el funcionamiento de la memoria de los Determinadores positivos y negativos?

– No hay ninguna diferencia en absoluto en la mecánica del funcionamiento de las unidades de memoria. La diferencia se haya solamente en la cualidad de las energías que se depositan en la memoria. La cualidad de sus energías es opuesta.

– ¿Dónde se encuentra la memoria de las Entidades?

– Su memoria está situada en la matriz, en cada una de sus celdas. Cada partícula de la cualidad de energía* contiene en sí la memoria de esa situación a través de la cual ha sido producida, de ese pensamiento o preocupación que han intervenido en dicha situación. La memoria del alma retiene incluso los pensamientos más rudimentarios, esos que aún no han acabado de formarse. Incluso las ilusiones que construye el alma en relación con algo, también se depositan en la memoria. Cuanto más alta esté en la Entidad, con mayor facilidad podrá leerlo todo, extrayéndolo desde las unidades de su propia memoria. En general, la Entidad solo puede leer los recuerdos pasados a partir de un Nivel de desarrollo determinado.

– ¿Poseen memoria los planetas? ¿O no la necesitan?

– Todos tienen memoria.

– ¿Qué otros modos de conservación de información existen, además de las unidades de memoria en el cerebro humano?

– El banco de datos en el Nivel terrestre. Pero cada Nivel de desarrollo posee su propio modo de conservación de información, y, cuanto más alto, más perfectos son los modos de conservación. En los grados de Jerarquía muy altos la necesidad de memoria, como forma de conservación y extracción de información, desaparece, porque allí los procesos de pensamiento, y otros, transcurren de otro modo. Las Entidades Superiores saben y recuerdan todo en la misma unidad del tiempo. La memoria es necesaria como un elemento determinado de la educación y de la formación del individuo en los grados inferiores de la Jerarquía.

– ¿Qué es la memoria del planeta?

– El mecanismo de la memoria del planeta se distingue sustancialmente del mecanismo de la memoria humano. La memoria contiene una conciencia complementaria, formas de la ionosfera y una memoria asociada a mundos paralelos.

– Algunos filósofos afirman que la memoria de nuestro planeta está formada de la memoria de todas las personas que viven en la Tierra. ¿Es posible?

– Eso es diferente. El planeta tiene su propia memoria, que no está conectada ni es comparable con la humana, porque la Tierra tiene una escala mayor de la actividad de su pensamiento y un tipo de energías completamente diferente a aquellos con los que está trabajando.

La consciencia, el subconsciente

– Con la noción del subconsciente relacionamos habitualmente una serie de reflejos condicionales e incondicionales que posee el ser humano y los que adquiere durante su vida. ¿Qué es lo que entra en el campo de su regulación?

– El subconsciente del ser humano incluye en sí todas las reacciones automáticas inherentes al cuerpo físico y sus envolturas sutiles. Ese funcionamiento automático no se extiende a la propia alma.

– ¿Qué más incluye en sí el subconsciente?

– La memoria de las vidas pasadas está guardada en el subconsciente, y en este sentido se puede decir, que el subconsciente está relacionado con el alma: toda la experiencia de las vidas pasadas se encuentra en aquel. El subconsciente es el guardián de los conocimientos permanentes, que nunca se esfuman del mismo. La consciencia, a su vez, posee la información no permanente.

– ¿Dónde se encuentra en el alma humana la concienciación de uno mismo como individuo: ¿en la matriz o en las envolturas?

– ¿Dónde pensáis vosotras?

– En el propio núcleo del alma.

– La concienciación es aquello, que NUNCA – (claramente enfatizado con la entonación) puede cambiarse en la propia base. Por supuesto, la propia matriz cambia continuamente en la dirección del crecimiento de sus estructuras, pero aquello que ya ha sido adquirido, permanece constante. Por ello, la base inicial, en la que está depositada **la concienciación de uno mismo**, siempre es constante e invariable.

– ¿Cuando el ser humano muere, su consciencia presente se conecta con el subconsciente?

– Sí. En primer lugar, su consciencia presente se desconecta, después la consciencia pasa al subconsciente. Se produce el traspaso desde cuerpo físico al cuerpo sutil. Por lo que la experiencia de todas las situaciones de la vida, como un enlace energético o un modo de comportamiento, se queda en su subconsciente. Todo lo nuevo, que ha sido adquirido en la última vida, se suma con aquello, que la persona adquirió en sus encarnaciones pasadas, y también pasa a ser conservado en el subconsciente después de la muerte. Por lo que el Nivel general de la consciencia, enriquecida con una experiencia nueva, aumenta.

– ¿Dirige el alma a la persona a través del subconsciente?

– No, el alma no dirige. El alma y el subconsciente son los Depósitos de la experiencia pasada. El ser humano es dirigido por el programa diseñado por los Superiores*.

– ¿Pero, no es el Determinador el que dirige a la persona?

– El Determinador guía a la persona de acuerdo con el programa de esta.

– ¿Contiene el subconsciente la información del programa de la persona para su siguiente vida?

– Para la siguiente vida ya no lo contiene, dado que el programa futuro deberá partir de las adquisiciones del alma en la vida presente, por lo que hasta que esta no termine y no sea visible el resultado, el programa para el futuro no se plantea.

– ¿Y para la vida presente?

– Tampoco contiene información del programa de la vida presente. Al revés, toda la vida presente, del modo como la vive la persona, se deposita en el subconsciente como algo del pasado.

– ¿Dónde se encuentra, entonces, el verdadero programa del ser humano?

– El programa se encuentra en el cuarto cuerpo sutil de enlace. Los tres cuerpos sutiles, que se aproximan al cuerpo físico, se deshacen después de la muerte mientras el alma se eleva (etéreo, astral, mental, aunque el cuerpo etéreo no se considera como un cuerpo sutil independiente), los demás se mantienen. En el cuarto cuerpo sutil (causal) está depositado su programa para la vida presente, el programa principal. Pero cada envoltura posee su propio programa secundario.

– La concienciación de cada persona es diferente. ¿De qué depende, de la experiencia pasada o del hecho de que en el programa de la persona se introducen adicionalmente energías de un orden más alto?

– Depende, principalmente, de la experiencia de las vidas pasadas, de aquellas cualidades que la persona haya acumulado atravesando una diversidad de situaciones.

– ¿Qué es la conciencia del ser humano?

– Es el funcionamiento de su cerebro físico junto con el subconsciente que procede del alma. Con-ciencia: son los conocimientos conjuntos que permiten percibirse a sí mismo como individuo. Así es la percepción física. La percepción en los planos sutiles es algo diferente.

– ¿Qué contribuye a la ampliación de la conciencia en el ser humano?

– A la ampliación de la conciencia contribuyen los conocimientos.

– ¿De qué tipo?

– De diversos tipos, de los que aumenta el intelecto humano.

– ¿Cómo se enlazan entre sí la experiencia de muchas vidas y el diferente Nivel de conciencia?

– La conciencia se distribuye entre las personas por los Niveles de desarrollo, es decir, aquellos Niveles que el ser humano debe atravesar en la Tierra como los distintos cursos de enseñanza escolar. Por lo que, dado que para el ser humano existen cien grados de ascensión, por los que debe pasar en el transcurso de distintas reencarnaciones, por ello, dependiendo de la experiencia que este haya acumulado, se conecta con un Nivel de desarrollo en el plano terrestre correspondiente. La pertenencia de la persona a uno u otro Nivel determina la altura de su conciencia.

– Nosotros conocemos dos tipos de conciencia: la normal y la superconciencia. ¿Puede una persona con nivel de desarrollo intermedio alcanzar la superconciencia?

– Las personas de nivel de desarrollo intermedio no pueden tener tal conciencia. La superconciencia solo pueden tenerla los individuos altamente desarrollados, porque contiene en sí una experiencia muy grande de las vidas pasadas, y, en consecuencia, un volumen muy grande de energías de cualidades diversas. A menudo, las personas la consideran intermedia, pero en realidad, el individuo con semejante conciencia ha atravesado una cadena de encarnaciones muy larga y acumulado una gran experiencia, y es por ello, por lo que tiene la superconciencia. Sabe más que los otros, puede ver aquello a lo que los demás no prestan atención, y es también mucho más sensible.

– ¿Desde qué momento del desarrollo aparece la conciencia normal en el ser humano?

– Con la primera encarnación. Cuando nace en la Tierra por primera vez, la conciencia aparece al final de esa vida. Es decir, nace sin poseer la conciencia en absoluto, por lo que vive según el programa, de tal modo que lo adquiere en el transcurso de la vida hasta el momento de la muerte. Por lo que al final de la primera vida, adquiere así la conciencia humana, adquiriéndola por sí mismo.

– ¿Tienen los animales una conciencia rudimentaria?

– Sí, la hay. Una vez que un animal comienza a pensar por sí mismo, a hacer elecciones, entonces adquiere conciencia.

– ¿Y los cristales?

– Son una forma de vida completamente diferente. Poseen la percepción de su comunidad según los tipos de piedras. Por ejemplo, los cristales de los diamantes se conforman en un ente unitario de conciencia por toda la Tierra en relación con los cuarzos y otras piedras. Su conciencia no es individual, sino que es como una especie de conciencia general.

– ¿Un monte y una arenilla desprendida de esta poseen idéntica conciencia?

– Absolutamente idéntica, si su materia es homogénea.

– ¿Pero siendo uno tan grande y otro tan pequeño?

– Porque es una unidad íntegra.

– ¿Y la Tierra? ¿Posee conciencia o algo diferente?

– La Tierra posee conciencia, pero a Nivel planetario.

– ¿En base a qué se desarrolla la conciencia de la Tierra, ya que no tiene las series de reencarnaciones como en el caso del ser humano?

– También con el fundamento de la experiencia de la vida. La experiencia de una vida de la Tierra es muy grande. Aquello que un ser humano va sumando con pedacitos diminutos de una encarnación a otra, la Tierra lo adquiere durante un largo periodo de existencia ininterrumpida. Por ello, la formación de su conciencia se produce en el transcurso de una sola vida, pero mucho más rápido que en el caso del ser humano.

– ¿La conciencia del ser humano se desarrolla solamente a través de las vidas pasadas o también debido a algunos otros factores?

– En el caso de las personas corrientes, solamente debido a la experiencia de las vidas pasadas.

– ¿Se produce el desarrollo de la conciencia a través de las situaciones y sentimientos?

– Sí. Y, además, las personas que son capaces de salir de su cuerpo adquieren experiencia desde los mundos paralelos. De allí obtienen la información adicional, y su conciencia se forma por cuenta de los conocimientos obtenidos desde los mundos paralelos.

– ¿Qué otros factores influyen en el desarrollo de la conciencia?

– También influye el desarrollo del pensamiento. Pero, principalmente, es la experiencia vital y todo lo que contribuye a su adquisición, es decir: las situaciones de la vida, especialmente las extraordinarias, así como sus conocimientos y sentimientos.

– ¿Contribuye el sufrimiento al desarrollo de la conciencia humana?

– Sí, pero poco. La conciencia se desarrolla a través del sufrimiento parcialmente, ya que este no es capaz de proporcionar el aspecto completo de su evolución. El sufrimiento no se desarrolla tanto como aumenta la conciencia, pero, principalmente, juega un gran papel en la educación y el perfeccionamiento del alma. Concretamente, en la conciencia entra solamente la experiencia de la vida, por lo que por esta vía no se añade ningún conocimiento.

– ¿Pero, la concienciación del ser humano no aumenta a través del sufrimiento?

– Sí que aumenta, por supuesto, pero no para todos. Para algunas personas el aumento es muy débil, ya que no se esfuerzan por sacar ninguna conclusión de su sufrimiento. Por ello, deben sufrir vida tras vida para aumentar su nivel de conciencia.

– ¿Es posible el desarrollo de la conciencia sin sufrimiento?

– Es posible. El ser humano adquiere mucho en su desarrollo a través del conocimiento. El intelecto también se desarrolla sin hacerlo necesariamente a través del sufrimiento, aunque tal opción puede tener lugar. Es un camino de desarrollo completamente diferente. El desarrollo del alma en los Niveles Superiores de la Jerarquía no transcurre a través del sufrimiento, sino mediante la superconciencia extendida. El conocimiento, como el objetivo de cualquier desarrollo, permanece para todas las formas de existencia. Pero en los grados Superiores, el conocimiento adquiere una expresión diferente: en primer lugar, como número, luego como energía, etc.

– ¿Existen Leyes para el desarrollo de la conciencia comunes?

– ¿Leyes de qué tipo?

– Por ejemplo, las Leyes generales para todos los seres que viven en la Tierra y que se encuentran en el mundo sutil. ¿No deberían desarrollarse de acuerdo con algunas Leyes cósmicas generales?

– Con las Leyes generales, según las cuales se desarrolla la conciencia de cualquiera de los seres de los diferentes mundos, puede relacionarse el programa. La conciencia de todos se desarrolla en base al programa compuesto.

– ¿Qué papel se asigna al desarrollo de la conciencia en otros mundos?

– Existen mundos donde el desarrollo se produce sin la participación de la conciencia. No la necesitan. Pero son unos mundos muy altos, que pueden vivir sin conciencia, ya que tienen una forma de mente diferente.

– ¿Cómo se produce el desarrollo de la conciencia en los mundos inferiores?

– La conciencia en los mundos inferiores es una etapa de desarrollo obligatoria.

– ¿La percepción del "yo" se instala en el alma desde el momento de su creación o desde un momento determinado de su desarrollo, cuando la conciencia adquiere alguna base de conocimientos?

– Desde el momento de la creación del alma.

– ¿Con qué se guía el alma después de la muerte: con la conciencia o con el intelecto?

– ¿Qué creéis que ayuda a la persona a ir más allá?

– Nos parece que es el intelecto, como en nuestra vida.

– La conciencia de la persona permanece después de la muerte. Se transmite a todas las vidas posteriores. El intelecto, por supuesto, también perdura, pero algunos conocimientos se borran, permaneciendo todo que está relacionado con la conciencia. Por ello, la conciencia es un principio primario en el desarrollo, pero solo hasta cierto grado de la Jerarquía. A continuación, para la base del desarrollo se escogerá otra cualidad.

– ¿Es regulada la fuerza del intelecto de una vida respecto con la otra, aumentándola o disminuyéndola?

– No, ni la aumenta ni la disminuye, sino que es regulada en lo que es necesario para el alma. Es decir, la fuerza del intelecto se forma según lo que el alma necesite para un período dado de desarrollo. Aunque potencialmente, el intelecto del individuo puede ser mucho más alto del que le corresponde en la vida presente.

– En ocasiones, el intelecto de la persona es muy alto, pero la conciencia es baja. ¿A través de qué evoluciona a continuación un alma así?

– Para esas personas se crean unas situaciones especiales.

– Es decir, ¿las conducen a través del sufrimiento?

– Sí, esto se hace para el aumento de la conciencia.

Iluminación. Conciencia cósmica

– ¿En qué condiciones se abre la conciencia superior en el ser humano y se produce la iluminación?

– Durante el contacto. En este caso, el canal está abierto completamente y la persona percibe un flujo potente de energía como iluminación.

– ¿Esta es la única posibilidad para la iluminación?

– Sí. La iluminación puede producirse solamente con esa variación de conexión en el contacto. Pero la persona debe ser preparada para establecerlo, tanto física como moralmente. Si no está preparada físicamente, se quemará, lo que en ocasiones ha tenido lugar en la Tierra. Si no está preparada moralmente, entonces se volverá loca.

– Escuchamos que, como consecuencia de la iluminación, puede abrirse la conciencia cósmica. Es decir, que el único camino para abrir en sí la conciencia cósmica es obteniendo la iluminación.

– No es necesaria ninguna iluminación para la conciencia cósmica. El ser humano confunde los Conocimientos Nuevos que adquiere a través de las visiones fugaces sobre otra esfera de existencia con la conciencia cósmica que se adquiere durante un largo periodo de tiempo esforzándose en el trabajo. La conciencia cósmica incluye en sí un gran volumen de Conocimientos y nociones Nuevas sobre el Cosmos y representa en sí la totalidad de la experiencia pasada en la esfera de la existencia extraterrestre. La iluminación es comparable con una mirada fugaz en el interior del mundo del más allá. Simplemente destruye las viejas ideas que la persona tiene acerca de la inmutabilidad del mundo en el que permanece, y, sorprendentemente, descubre por sí mismo la existencia de otro mundo y otros conocimientos. Por ello, semejante iluminación siempre se percibe por la persona como si fuera un milagro, como algo sobrenatural. Sin embargo, es meramente como una breve mirada desde la cabaña hacia un palacio.

– ¿Se produce durante la iluminación la activación de la visión del volumen del alma?

– No, no se activa ninguna visión del volumen, ya que el alma humana en tal momento no sale del cuerpo. La iluminación es la apertura del canal de conexión entre la persona y el Determinador, nada más. Cuando se produce la iluminación, se abre el canal, accediendo un volumen potente de energía al cerebro humano, que puede ser percibida por la persona como una luz muy brillante o, si está más preparada para la recepción de esta energía, puede descifrarla en forma de imágenes determinadas, a menudo de orden cósmico, o en forma verbal, o de cualquier otro modo.

– ¿Qué sirve de impulso para la apertura de semejante canal?

– Un gran deseo humano de conocer algo nuevo aparte de los conocimientos terrestres y el deseo del Determinador de ayudar a su discípulo, llevándolo a un nuevo ciclo de conocimiento, y, en consecuencia, a un nuevo grado de evolución. Ya que la iluminación se acompaña de los deseos mutuos del discípulo y su Maestro.

– Entonces, ¿el papel principal en la iluminación lo juega el Determinador?

– Sí. El Determinador envía una energía determinada para la apertura del canal, pero lo hace solamente en aquel caso en que ve que su discípulo lo necesita mucho. No toda persona que vive en la Tierra puede experimentar la apertura de semejante canal, solo es posible para las personas con un potencial energético especial.

– Se han dado casos en la Tierra de combustión espontánea de las personas, cuando estas, por causas desconocidas, se han quemado repentinamente, quedando solo su calzado. ¿No son estos casos de esa apertura del canal?

– No, no les abrieron el canal. En este caso, la causa es diferente. Estas personas han sido los transmisores de la energía cósmica a la Tierra. Y sucedía que, por error, sus Determinadores liberaban un flujo de energía muy potente a través de ellos, que la envoltura física de dichas personas no podía resistir, produciéndose, en consecuencia, su combustión espontánea. El fuego cósmico, por supuesto, es completamente diferente a vuestro fuego físico, por ello, se producía la combustión de los cuerpos, sin afectar a sus vestidos. Pero, tal hecho acontecía solamente por error de los Determinadores. Y tales hechos no tienen relación ninguna con la iluminación, ya que los objetivos son diferentes: en un caso, la transferencia de Conocimientos Nuevos, y en el otro, el descenso a la Tierra de las energías cósmicas y su distribución entre las demás a través de una persona concreta. Por cierto, en la actualidad, tales errores se prevén en la práctica, de ahí que los contactados, a través de los cuales se transmiten las energías cósmicas, están dotados de unos dispositivos refrigeradores en sus estructuras sutiles para evitar la combustión.

– ¿Pero, durante la iluminación, pueden llegar a revelarse partes negativas de este fenómeno?

– Sí, por supuesto. Todo depende de la maestría y el Nivel de conocimientos del Determinador. Si conoce suficientemente la estructura física de su subordinado, así como el potencial energético de sus envolturas sutiles, entonces, no ha de suceder nada imprevisible, y la apertura del canal se tornará en una iluminación. Sí, por el contrario, el Determinador no prevé las posibilidades físicas del cuerpo, siendo este calculado para la recepción de un potencial energético menor del que se le ha enviado, entonces, puede acontecer su muerte o algunos deterioros en el organismo. Habitualmente, las rupturas se producen en los puntos débiles, es decir, en los órganos enfermos en los que puede observarse el empeoramiento de las enfermedades. Si el Determinador no pronostica algunos componentes sutiles en la estructura humana, entonces, pueden producirse rupturas en las envolturas sutiles bajo la influencia de una energía muy fuerte, así como la pérdida del equilibrio de estas, lo que conducirá a la locura. Pero, todo esto sucede muy raramente, ya que antes de efectuar el suministro de energía, el Determinador realiza unos cálculos precisos del estado de la persona y del potencial energético, que esta es capaz de soportar.

– Ha dicho que la conciencia cósmica abarca los conocimientos y experiencia de aquello que existe en el Cosmos, la experiencia de las vidas pasadas. En consecuencia, ¿solamente las almas maduras son capaces de poseer dicha conciencia cósmica?

– Sí, por supuesto, las almas jóvenes no poseen tal experiencia, por lo que, hasta la activación de la conciencia cósmica en estas almas, aún les espera un largo camino.

– ¿Hay muchas personas en la Tierra que poseen la conciencia cósmica?

– No, son muy pocas, y, además, no todas serán conocidas por la humanidad. Porque están pasando su propio camino de desarrollo, y aquello que estas conocen, puede percibirse por las demás como una anomalía o desviación, ya que sus nociones trascienden los límites de la comprensión de una persona corriente. Para comprenderlas, una persona, estadísticamente de nivel medio, deberá alcanzar en su desarrollo el Nivel de aquellas, para que cualquier milagro o cosa fuera de lo normal pueda ser percibido como el conocimiento de mundos Superiores.

– ¿Es obligatorio poseer la conciencia cósmica para pasar a un grado nuevo de la evolución del alma?

– Sí, es obligatorio.

– ¿Cuáles son las condiciones, necesarias para el alcance por parte del ser humano de la conciencia cósmica?

– El paso por todos los Niveles predestinados para el ser humano. Una persona corriente debe ascender en la Tierra del nivel cero hasta el centésimo, por supuesto, si es que puede. En tal caso, esta realiza un salto evolutivo en su desarrollo y pasa a una forma de existencia nueva, más elevada que la terrestre. Más allá, en lo alto, existen otros Niveles.

– ¿Está implantado en el programa del ser humano moderno la posibilidad de que alcance la conciencia cósmica?

– Algunas personas llevan ese objetivo en su programa. Pero solamente aquellas que ya se encuentran en el camino hacia la conciencia superior, es decir, que ya alcanzaron el último Nivel terrestre.

– ¿Cómo logran las almas que no pasan por la etapa de desarrollo humano la conciencia cósmica? Por ejemplo, Vuestros Determinadores, que no han pasado por el camino de desarrollo humano, y, sin embargo, han logrado alcanzar la conciencia cósmica.

– La alcanzaron a través de las otras vidas en otros mundos. Las formas de existencia diferentes también comprenden los objetivos superiores y llevan al alma a través de ciclos de desarrollo diferentes hacia los conocimientos Superiores, y en particular, hacia la conciencia cósmica.

– ¿En qué etapa de desarrollo se produce la activación de su conciencia cósmica?

– Al alcanzar un Nivel determinado. Cada forma de vida posee su propio número de grados. Algunas tienen más, otras menos, pero el potencial definitivo de los conocimientos, necesario para el traspaso hacia las esferas Superiores, es el que es. Por ello, quien tiene menos grados posee un programa de desarrollo más intenso, y, por lo tanto, invierten más esfuerzos durante un intervalo de tiempo determinado. Los que tienen más grados se tienen que esforzar menos, pero intervienen más veces en la circulación de las encarnaciones.

– ¿Juega algún papel en el desarrollo de la conciencia cósmica la autodisciplina?

– En el Cosmos no existe tal concepto. La disciplina existe solamente para los inferiores. En los grados superiores de la Jerarquía, el alma sabe y siente por sí misma, qué es lo que necesita, y qué no. Por lo tanto, lo que no le conviene se descarta, y lo necesario se adquiere y acumula.

– ¿Poseen las personas con conciencia cósmica algunas cualidades especiales?

– Pueden poseerlas o no, ya que esto no es una condición obligatoria. Una de esas cualidades es su capacidad de pensar de modo ininterrumpido, por ello, su anillo de impulso gira a mayor velocidad y tiene forma de disco.

– ¿Son capaces las personas con conciencia cósmica de dividirla, estar en el cuerpo y en el Cosmos al mismo tiempo? ¿Cómo se produce en este caso el proceso de división de individualidad o de la conciencia?

– La división de la conciencia se produce con el auxilio de los cuerpos "sutiles" de la persona. Se puede decir, que en la división de la conciencia interviene un doble energético sutilmente material. Semejante persona debe poseer una energía muy elevada.

La conciencia colectiva

Empezamos nuestras investigaciones en el campo de la conciencia colectiva.

– El ser humano utiliza a menudo ese concepto de "la conciencia colectiva". ¿Existe en realidad esa conciencia? ¿Y por qué en los grupos aislados de personas, unidos por la misma profesión, ocupación u objetivo común, se piensan de modo semejante entre sí? ¿No será que la conciencia colectiva empieza a unir al grupo de tales personas, o lo hace algún egregor común?

– De hecho, tales egregores que imagina para sí el ser humano, o en concreto, unos volúmenes de plasma de la materia con pensamiento independiente no existen. Se puede denominar conciencia colectiva a aquel ordenador general al que están conectados grupos de personas. Por ejemplo, los músicos, están conectados con un ordenador, los de las artes plásticas con otro, los poetas con un tercero, los comerciantes con un cuarto, los políticos con un quinto, etc.

– Si un artista o poeta trabaja independientemente, por libre, ¿también está conectado al ordenador?

– No, aquellas personas que trabajan por libre, sin tener relación alguna con ningún gremio o grupo social, no están conectadas a un ordenador común, como el que une, por ejemplo, a todos los miembros de la "unión de pintores" o de la "unión de poetas". Al ordenador se conectan solamente los individuos que están unidos por gremios o por grupos sociales.

– Entonces, ¿el hecho de que los grupos de personas empiecen a pensar de modo semejante entre sí, se explica por su conexión con el ordenador común?

– Sí.

– Ahora es comprensible porque cada una de esas personas por separado piensa de modo curioso y, aparentemente correcto, pero, cuando se juntan, empiezan a obrar al contrario de lo que habían prometido. Y, a menudo, sus acciones se contradicen con sus promesas.

– Su conciencia colectiva es meramente un ordenador común. Aquello, a lo que este les conduce será defendido por el conjunto de esas personas. El proceso de dirección o el programa de ese grupo de personas se encuentran en el ordenador.

– Antes de convertirse en los diputados pensaban de un modo, pero, cuando llegaron al poder, empezaron a enriquecerse y a pensar solamente en su propio bienestar. O, por ejemplo, los comerciantes, y en general, la gente de negocios, todos están unidos por la misma idea: cómo enriquecerse al máximo a costa de las necesidades de las clases sociales más bajas. ¿Se les inducen esas ideas a través del ordenador?

– El enriquecimiento, por supuesto, no se induce. Es una especie de enfermedad de esas personas, los rasgos de su carácter y el karma futuro. A través del ordenador se les induce el programa social que estas personas deben ejecutar en la vida de tal sociedad. Sus almas han sido bien educadas en cuestiones sociales.

– ¿Qué sucede al conectarse un individuo al ordenador común? ¿Por qué la persona cambia los principios de su comportamiento?

– Cuando una persona entra en alguna sociedad, entonces se produce su conexión directa al ordenador común que expresa el programa de tal colectivo. El ordenador común, que se dirige por el Determinador más alto del desarrollo, es superior al ordenador del Determinador individual de una persona, por ello, el mandato de lo alto es lo que predomina (véase el esquema 10).

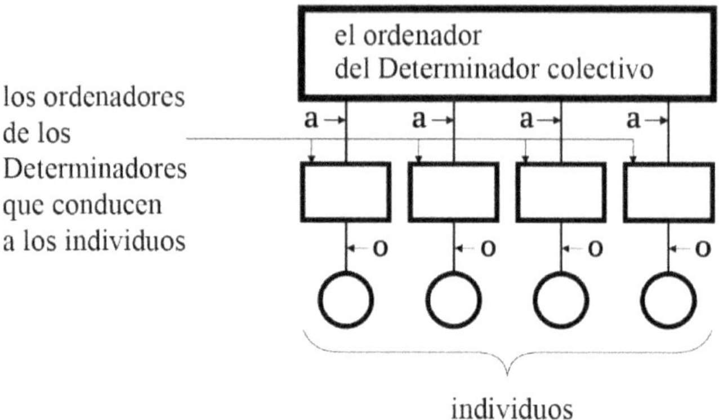

Notas:

a — la conexión con la conciencia colectiva varía en función del Nivel de desarrollo de la persona y de sus aficiones (curso — instituto; equipo — fábrica; escritor — asociación de escritores, etc.);

o — la conexión permanece constante a lo largo de toda la vida de la persona.

Esquema 10. El funcionamiento de la conciencia colectiva

– ¿Cuál es el mecanismo del funcionamiento de tal inducción colectiva?

– Todos aquellos miembros de una sociedad concreta, subordinados a una inducción común, entran en el ordenador conformando la conciencia colectiva. Y aquellos que no se subordinan a la idea enviada desde lo alto, colocando la suya por encima, salen de esa conciencia colectiva, es decir, se desconectan del ordenador. Pero, por regla general, son la minoría. La conciencia colectiva y el programa de la conciencia colectiva ganan siempre.

– ¿Cómo funciona la conciencia colectiva, es decir, el ordenador común? ¿Desciende algún campo de fuerza sobre el colectivo subordinado, que une a las personas, de modo que empiezan a crear o, en su lugar, a robarlo todo?

– El campo no es descendido para inducir al robo. Eso ya depende de cada individuo.

– ¿Y en la creatividad?

– Sí. No es por un campo, exactamente, sino también por el funcionamiento de un ordenador. Todos los individuos que construyen algo están relacionado con un ordenador, y los individuos que destruyen lo están con otro. Y todos los lazos de las personas creativas conducen al mismo lugar. No hay ningún campo. "El campo" es un concepto imaginativo. Concretamente, hay una conexión, a vuestro modo de ver, de lazos, entre cada persona y el ordenador. Es una especie de "cables" por los que se transmiten señales del Determinador a la persona y viceversa.

– ¿Existe alguna conciencia colectiva para los Determinadores?

– En el caso de los Determinadores es completamente diferente. La conciencia colectiva, como regla, está presente en las formas materiales: los seres humanos y otros seres vivos de la Tierra (aves, manadas de animales, insectos, etc.)

– ¿Y en lo más alto no hay?

– En lo más alto actúan otras Leyes. Allí hay Niveles. Por lo que las Entidades que les pertenecen están conectadas exactamente por sus Niveles. Están unidas gradualmente por los Niveles de su conciencia. En cambio, los seres humanos, incluso en los mismos niveles de desarrollo, son todos diferentes. Por ello, en la Tierra son necesarias tales uniones, por intereses comunes, y, en consecuencia, por los Niveles de conciencia. Sin embargo, puede decirse, que el Absoluto también es la conciencia colectiva total, porque proporciona el programa para todos los Niveles de Jerarquía subyacentes y los aúna en la misma dirección. Así es la pirámide de la Jerarquía de la conciencia colectiva.

La dirección de la sociedad (los egregores)

– Sabemos que el Determinador guía a la persona por su vida. ¿Quién dirige a una raza? Hemos escuchado de otras fuentes que las personas construyen en el plano sutil unas estructuras sutiles, una especie de egregor, el cual empieza a dirigir a las personas desde un determinado Nivel de su desarrollo.

– No, no es así. Los egregores no son capaces de dirigir a los seres humanos. La dirección se establece a partir de un gran ordenador en el que están introducidos todos los conocimientos sobre una raza o nación.

– ¿Dónde se encuentra el programa de una raza: en alguna estructura sutil especial o en la envoltura de la Tierra?

– El programa se encuentra en el ordenador, que se ubica justo encima de aquel territorio donde habita la raza guiada.

– ¿Las razas son guiadas por los Determinadores Superiores?

– Sí, el Nivel de los Determinadores de raza es más alto que el de aquellos que guían a la persona. En la Dirección existe su propia Jerarquía. Pero cualquier Dirección se efectúa a través de los ordenadores (véase el esquema 11). Cuanto más se desciende hacia el ser humano, menores son los ordenadores y el programa de trabajo.

– A cada persona le guía su Determinador individual. ¿A su vez todas las personas de una ciudad están enlazadas al programa de esa ciudad?

– Sí, existe un programa especial de desarrollo, en cualquier ciudad o población, que une a todos los habitantes. El programa se introduce en el ordenador de la ciudad y es vigilado por el Determinador de Ciudad, para asegurar que todo esté conectado correctamente.

– ¿En qué lugares energéticos se construye una ciudad?

– Ninguna ciudad en la Tierra aparece por la casualidad. Todo ha sido planificado. Su lugar se ha estudiado previamente por los Sistemas Jerárquicos de cálculo, escogiendo diversas características en función del transcurso del tiempo. Cada ciudad llevará un potencial energético especial, que se corresponderá con un tiempo concreto. El lugar para una población se escoge de tal modo que en la estructura escogida de la Tierra funcionen bien los canales del suministro de energía para la ciudad desde el Cosmos, así como recogida de vuelta al Sistema Jerárquico, y, además, para que se efectúe con normalidad el deshecho parcial de la energía "sucia" de la Tierra. Asimismo, se toman en cuenta la necesidad del planeta de según qué tipos de energía que se le suministran a esta a través de individuos determinados. Hay un complejo intercambio de energía entre el Sistema jerárquico, la ciudad, los individuos en particular y la propia Tierra.

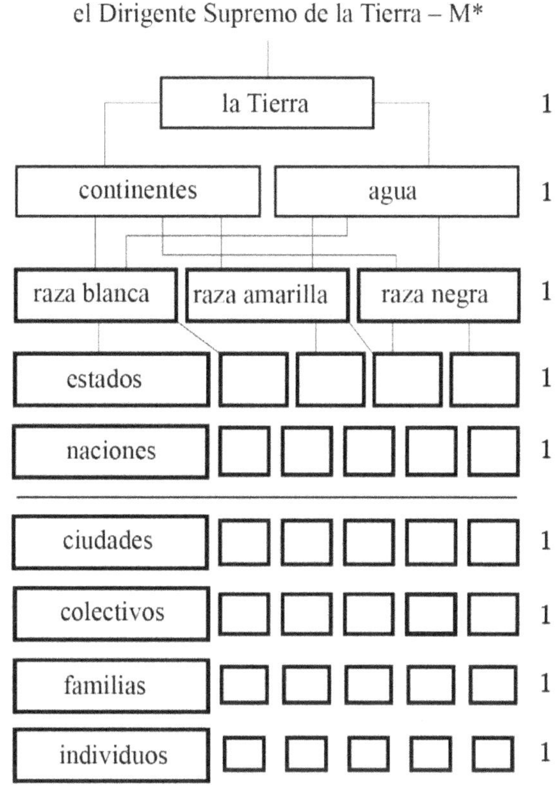

Nota:
1 — los ordenadores de diferentes Niveles, a través de los cuales se realiza la dirección.

Esquema 11. El Sistema jerárquico de ubicación de la población y su dirección a través de los ordenadores

– ¿Cómo se produce el enlace de programas de personas que pertenecen a una familia?

– La familia la dirigen otros Determinadores diferentes, por ello, el programa de una familia puede encontrarse en los ordenadores de diferentes Determinadores. Al mismo tiempo, sus programas entran en el programa común de la ciudad.

– ¿Entonces, existen Determinadores especiales que dirigen grupos de las personas?

– Sí.

– ¿Son por su grado de desarrollo más altos que los que guían a las personas individualmente?

– Sí. Existe una Jerarquía de los Determinadores, que pertenecen solamente al plano terrestre.

– ¿Cuál es el objetivo de dirección de un grupo de personas?

– La tarea de estos Determinantes consiste en conducir a los individuos hacia un objetivo social u otro.

– ¿Cuáles son los principios por los que se reúne a las personas en grupos?

– En primer lugar, por cualidades determinadas, ya que los grupos participan en la situación, por lo que para que esta (situación) funcione son necesarias personas con diversas características. En segundo lugar, las personas se escogen por su karma. Por ello, como sucede en el presente, por ejemplo, unos grupos se pelean, otros se dedican a la creatividad o elaboran las Leyes para el estado. En todos los grupos mencionados, las personas han sido escogidas por su grado de desarrollo, karma u objetivo perseguido.

– ¿Después del cumplimiento de un objetivo dado, escogen los Determinadores de un grupo a otro grupo de personas para otros objetivos?

– Los Determinadores individuales de las personas se mantienen hasta la muerte de estas. Los Determinadores que guían a los grupos también pueden acompañarlas hasta la muerte, por ejemplo, si se trata de colectivos creativos o de producción. Lo principal para Ellos es el objetivo al que se dirige a cada uno. Si es un grupo creativo, entonces, naturalmente, la tarea del Determinador consistirá en el máximo desarrollo de las capacidades creativas; si es un grupo de producción, el objetivo será diferente, pero seguramente acompañará a la persona hasta el final de su vida. Por supuesto, existen numerosas variantes por las que los Determinadores deben cambiar de objetivos y de personas.

– ¿Qué ocurre si el grupo se descompone sin alcanzar el objetivo?

– Si un grupo no deseó avanzar hacia el objetivo concreto y se descompuso, en esta variante pueden cambiar todos los dirigentes Suprapuestos: los Determinadores, los Dirigentes* y los Fundadores, e incluso los de rango más alto.

– ¿Durante la desintegración de la sociedad en grupos aislados se produce algún tipo de energía? ¿Es cierto, que cualquier desintegración va acompañada de una producción de energía?

– No, en este caso eso no sucede.

– Queremos precisar: la conciencia de un grupo de personas en el plano sutil representa un programa introducido en el ordenador del Determinador del grupo. ¿Es así?

– Sí.

– ¿Entonces, es errónea la creencia de la gente de que el agregado de la conciencia colectiva representa un egregor?

– No. En este caso se toma por egregor al ordenador con un programa, ya que la dirección se produce solamente a través de este.

– ¿Pero, en el proceso del pensamiento humano no se produce la energía mental?

– Sí, por supuesto. El proceso de formación del pensamiento se acompaña de producción de energía.

– ¿Y, no produce esta energía unas formaciones independientes en el plano sutil, capaces de dirigir a las personas determinadas de algún modo?

– No, no dirige nada, esta formación simplemente existe. La gente está confundida al respecto. La dirección de un grupo se produce solamente a través del ordenador. Pero, en el proceso del pensamiento humano se produce la energía, que realmente se acumula en depósitos energéticos especiales, que, a su vez, son meros depósitos de energía **o** bancos de energía. Cada depósito representa algún tipo de energía determinado y está bajo el control del Determinador del grupo, que se ocupa de acumularla y gastarla según sus necesidades.

– ¿Tiene tal egreror su propia conciencia?

– No. Es solo un conjunto de energías de determinadas frecuencias.

– ¿Entonces, que ocurre con las formas mentales que actúan por sí mismas?

– Las formas mentales de alguna persona es una cosa, y los egregores de un grupo de personas es algo completamente diferente. Ni las formas mentales de un individuo ni los egregores de un grupo de personas poseen conciencia independiente. Pero, el ser humano introduce en el momento inicial en sus formas mentales una especie de mecanismo de acción, a través del cual tal forma puede actuar independientemente, pero no por mucho tiempo, ya que esa forma no está espiritualizada. ¿Cómo puede hacer algo por sí misma si carece de alma y conciencia? La forma mental actúa por inercia, que se le transmite el individuo. Un vehículo también puede moverse si lo empujas: se moverá por inercia, pero no puede moverse por voluntad propia. La inercia de una forma mental solamente puede transmitirla una persona con un potencial energético muy fuerte. Una persona con el potencial energético débil no es capaz de hacerlo. Pero, incluso la forma mental de una persona con un potencial energético fuerte actúa durante poco tiempo, porque el Determinador la atrae hacia sí mediante un mecanismo, que se parece a vuestro imán. Sin embargo, el mecanismo de acumulación de energía mental en su banco de energía funciona continuamente.

– ¿Toda la energía producida por el cerebro humano se acumula en un solo banco o en bancos diferentes?

– Si hablamos de un individuo en particular, en tal caso, la persona no tiene su propio egregor. Los depósitos de energía existen, como regla, destinados a algún grupo de personas. Existe la unión en grupos por el volumen del potencial energético de las personas, es decir, cuanto más alto es el Nivel de desarrollo de un individuo, y, por consiguiente, su potencial energético, tanto más se agrupará en grupos sociales elevados. Y viceversa, cuanto más abajo está en el Nivel de desarrollo, más grupos inferiores le atraerán. Con lo cual, la energía de las formaciones mentales del banco de energía del primer grupo se distribuirá en los Niveles altos, y de los grupos bajos, en los Niveles inferiores.

– ¿Influyen en esta distribución de la energía mental la pertenencia a una nación o a un territorio?

– Por supuesto. Cada nación tiene su propio banco de energía para la acumulación de la energía mental, ya que cada nación tiene su Nivel de desarrollo. Por ello, todos los bancos de energía, o según vuestro lenguaje, egregores, de diferentes naciones están separados unos de otros. En tal caso, si las naciones están entremezcladas entre sí, entonces, los recolectores energéticos grupales estarán sujetos al territorio donde estas habitan.

– ¿Pueden los Determinadores de individuos aislados, que se infiltran en ciertos grupos, utilizar las energías del banco general del Determinador del grupo?

– No. Pues ese banco de energía está en un Nivel más alto que estos Determinadores individuales, por ello, solo puede utilizarlo el Determinador del grupo o los Superpuestos.

– ¿Con qué objetivo se utiliza la energía de los recolectores de energía?

– Principalmente, para construcciones de todo tipo.

– Antes, se consideraba que la evolución de las comunidades humanas era la evolución de sus egregores.

– La evolución de la sociedad transcurre a través de la evolución de su conciencia, lo que se logra con ayuda del desarrollo de programas evolutivos y por los Programadores Superiores. Con lo cual, cada sociedad se involucra en la transformación de algún tipo de energías: actualmente son unas energías, hace doscientos años atrás fueron otras, y mil años atrás otras aún más distintas. Por lo que no existen sociedades semejantes. Las situaciones pueden ser semejantes, pero no la sociedad ni el tiempo. Todo lo nuevo es irrepetible. Habitualmente, la esencia del programa de una sociedad consiste en la imposición del tipo de energía necesario para los Sistemas jerárquicos, y con este tipo deberá trabajar tal sociedad. El programa está formando procesos (para la Tierra y las personas son situaciones), a través de los cuales la energía suministrada se transforma.

– Supongamos que un grupo de personas ha producido la energía formando algún banco de energía. ¿Puede, por necesidad utilizar tal energía algún individuo en particular de ese grupo?

– No, no puede.

– ¿Y si fuera necesaria una recarga energética de dicho individuo?

– Si una persona pide energía adicional, entonces, podrán suministrarle, según su petición. Pero previamente la petición se examina en el Nivel de los Fundadores, a quienes los Determinadores transmiten dicha petición, y si esta se satisface, la persona recibirá lo que pide, pero después tendrá que devolverlo todo, es decir, las situaciones de la vida se complicarán o aumentarán en su número.

– ¿Cuando estallan guerras, sublevaciones o algunas otras manifestaciones masivas, quién las dirige? ¿Los Determinadores de la ciudad o del país?

– En las manifestaciones globales intervienen los Determinadores Superiores.

– ¿En tales situaciones, cada Determinador individual entrega a su supeditado a una autoridad de un Determinador más Alto?

– Colaboran en el trabajo. El Determinador de la persona obedece a lo Alto. Tienen un programa común de las actuaciones en la que varios Determinadores subyacentes agrupan a los individuos guiados en una situación común. El Determinador Superior controla su trabajo. Todo está calculado.

– ¿Está calculada cada situación o acción militar?

– Sí.

– ¿Pero, por qué la mayoría de las personas se inclinan por la idea común de la guerra en el periodo de manifestaciones masivas, aunque muchas estén en contra de la guerra y no quieran luchar?

– En primer lugar, en el entorno del individuo se crean unas condiciones determinadas, y no las puede obviar. Sin embargo, la participación de tales individuos en estas acciones es necesaria para la adquisición de experiencia de la vida, la adquisición de algunas cualidades de su carácter o por el karma. En segundo lugar, si el individuo desobedece a esta idea, solo empeorará bastante las cosas. Y, en tercer lugar, estas personas no tienen otra elección. La ausencia de elección se prevé especialmente, ya que todo esto está planificando por el programa con un objetivo determinado, por lo que más allá de los límites de su propio programa tales individuos no pueden salir.

– ¿Pero se conduce a las personas desde lo Alto en las manifestaciones masivas como a una manada de animales?

– No, nuevamente, cada persona es dirigida por un Determinador, y por el desarrollo de la guerra en sí es responsabilidad del Determinador Superior. Os facilitamos la dirección en red de ordenadores (véase el esquema 11), así es como funciona.

Capítulo 4

PROGRAMA DE VIDA

EL DESARROLLO SEGÚN EL PROGRAMA

Introducción

Todo en el Cosmos y en la propia Creación Universal se desarrolla según los programas, y no hay nada, incluso en los mundos negativos, que pueda desarrollarse arbitrariamente y sin un plan previamente preestablecido. Incluso cualquier caos está programado y representa en sí una especie de reorganización temporal de la materia, previa a una fase nueva de su evolución.

Si hay algo en la Creación Universal que intente entrar en un camino de desarrollo auto-determinante y arbitrario, inevitablemente perecerá, conduciéndose a sí mismo a la autodestrucción, ya que la violación de la armonía general de desarrollo vuelve al propio individuo, que intenta existir según su propia imaginación, vitalmente incapacitado. Tal individuo entrará en conflicto con el mundo que le rodea, porque todas sus conexiones del intercambio normal con la realidad existente resultarán dañadas.

Todo en el Cosmos se perfecciona conforme a Leyes determinadas, que expresan la esencia del desarrollo en armonía de las estructuras y formas particulares, que lo componen. Por lo que en base a estas leyes se construyen los programas de todo aquello de que se compone la Creación Universal como un espacio, así como de todo lo que habita en este espacio.

En la creación de un edificio, es necesario respetar que su construcción se desarrolle conforme a Leyes determinadas. Y para que no se destruya y sea duradero, es necesario que las personas que lo habiten respeten determinadas reglas que son las que sostienen su régimen de vida y su funcionamiento técnico. Es decir, que también en el hábitat humano todo está supeditado a la acción de determinadas Leyes, que imponen sus reglas de comportamiento para todos aquellos que habiten y compongan cierto volumen espacial. Por lo que solamente los sujetos ignorantes pueden considerar que todo lo que les rodea existe por sí mismo y que no hay Leyes que actúen por aquí. Del mismo modo en la Creación Universal, todo está supeditado a la acción de las Leyes generales y particulares. Por ello, fueron introducidos en el desarrollo los programas para que aquellas unidades menores que lo habitan, conformando un organismo íntegro, no salgan fuera de los límites de lo comúnmente preestablecido.

Los programas particulares de cualquier organismo se componen en base a las Leyes de la Creación Universal, orientando a cada partícula suya hacia una evolución particular, la cual, al mismo tiempo, contribuye a la evolución de lo general e íntegro que existe en tal partícula.

Los programas de las unidades aisladas sirven de enlace para todas las Leyes cósmicas.

Los programas unen a toda la Creación Universal en una unidad, con exactitud, forzándola actuar como algo integro. Por lo que cualquier programa se compone en base a Leyes de la existencia general y particular.

Por lo tanto, lo que desea desarrollarse según su propio parecer y antojo, sin contar con los intereses del mundo que le rodea y sin un programa, ante todo, entra en contradicción con las Leyes cósmicas generales e integrales.

Por lo que la violación de las Leyes supone autodestrucción, ya que, no obedeciendo a lo general, lo particular se degrada y se destruye. Por ello, el desarrollo en conformidad con el programa es, en primer lugar, el desarrollo en conformidad con las leyes cósmicas. Y bajo este fundamento, el pequeño programa humano enlaza no solamente con el programa de toda la humanidad y la Tierra, sino que, a través de estas, también con el programa de desarrollo de todo el Universo.

El ser humano no aparece en la Tierra arbitrariamente, como una casualidad, sino de acuerdo con las necesidades de desarrollo del planeta, ya que el ser humano es el transformador de las energías cósmicas dirigidas a la Tierra, es decir, el propio ser humano es derivado del programa de desarrollo general no solamente de la Tierra, sino también del propio Universo.

El nacimiento del ser humano se debe al requerimiento de la Tierra, que necesita en un punto concreto de su superficie la recarga de energía de una cualidad determinada. Es por eso por lo que el alma humana es especialmente seleccionada de acuerdo con sus indicadores energéticos para un punto dado de la Tierra para que, debido a la posesión de unos parámetros determinados, produzca a través de situaciones las energías emocionales, mentales, de trabajo físico, y que sean necesarias para ese punto determinado de la Tierra.

Para producir algo, el alma debe participar en determinados procesos vitales, es decir, procesos que deben ser planeados previamente. De lo contrario, no podrá producir aquellas energías necesarias para la Tierra en un tiempo dado y lugar requerido. Además, trabajando de modo predeterminado, el alma adquiere para sí el bagaje vital necesario. Y de este modo, sucesivamente, esta cadena de dependencias de cualquier unidad que permanezca en la Tierra o en la Jerarquía, se extenderá tanto hacia su interior como hacia afuera.

Exactamente esta cadena de la dependencia ratifica que nada en el Cosmos puede desarrollarse arbitrariamente por sí mismo o casualmente. Cualquier arbitrariedad estará programada y sometida a la ley. Y cualquier caos también forma parte del programa general de evolución.

De este modo, todo en el Cosmos, de lo grande a lo pequeño, se desarrolla en base a los programas y a un cálculo exacto.

Veamos lo que representa en sí el programa del ser humano, como ejemplo del ser vivo más comprensible y cercano para nuestro entendimiento.

El ser humano nunca ha sabido que su desarrollo se planifica previamente, pero siempre intuyó que existe alguna Fuerza poderosa e incomprensible, que le involucra en una cadena de acontecimientos sucesivos e inevitables y de los cuales no es capaz de liberarse. Por lo que tal inevitabilidad, que le involucra en ocasiones en acciones incomprensibles y de gravedad, el ser humano lo ha llamado, el destino. Más tarde, la aparición de tal denominación como karma, que expresa la acción de la Ley cósmica de la relación de causa y efecto.

Pero, todo esto: el destino, fortuna, karma, es la manifestación y revelación del programa del ser humano. El destino, es la manifestación del programa a través de situaciones inevitables.

Y la Ley del karma, es aquella entidad interior, sobre la base de la cual se construyen las situaciones del programa del ser humano utilizando la relación de causa y efecto creada por sí mismo en su vida anterior. Por lo que hay que comprender la dificultad de la creación de un programa, que ya, por un lado, debe contar con las necesidades de la Tierra en determinados tipos de energías; por otro lado, debe planear las situaciones y procesos que producirán los tipos de energías necesarias; y en tercer lugar, deberá revelar la dependencia kármica de la persona de su vida anterior y los procesos y situaciones utilizados, es decir, enlazar el desarrollo pasado del alma con el presente y crear los requisitos previos para la progresión.

Por ello, el programa del ser humano representa un conglomerado complejo de relaciones mutuas con la Tierra, la vida pasada del individuo y la evolución de su alma.

Existen dos tipos principales de programas:

1. El programa de desarrollo del individuo en el Sistema positivo de Dios;

2. El programa de desarrollo del individuo en el Sistema negativo del Diablo;

Dios abre para las almas los caminos que conducen no solamente hasta el umbral, a partir del cual unas podrán entrar en Su Jerarquía, y las otras en la Jerarquía del Diablo, sino que por primera vez habla sobre la evolución infinita en ambos Sistemas. El alma es capaz de progresar en igual medida tanto en la dirección positiva, como en la negativa, de acuerdo con su propio deseo. Pero los programas de Dios y del Diablo tienen muchas diferencias entre sí, entre ellas, las principales son:

1. la existencia del libre albedrío y el karma en el Sistema positivo de Dios;

2. la ausencia de la libertad de elección y el karma en el Sistema negativo del Diablo (v. el capítulo "El karma o la ley de la relación de causa y efecto").

Qué representa en si el programa

En el mundo existen numerosos y diversos programas: el programa de estructura del cuerpo humano, reflejado en el ADN del ser humano, el programa de movimiento del robot, el programa de funcionamiento del ordenador, etc. Pero, nos interesa el ser humano, por lo que, en primer lugar, examinaremos el programa de su vida.

– Entonces, ¿qué representa en sí el programa del ser humano?

Dios responde:

– El programa es una cadena de acontecimientos sucesivos, unidos por el tiempo, impuestos al individuo, que participa en los procesos predeterminados por el programa, que, a su vez, perfeccionan el alma, al mismo tiempo que producen las energías necesarias para la Tierra y los Sistemas jerárquicos. En el plano constructivo, el programa es una estructura de acontecimientos determinados rígidamente montada. Los programas se crean con un criterio individual y se componen para cada persona teniendo en cuenta las adquisiciones por parte del alma de aquellas energías cualitativas, que le faltan para el traspaso al siguiente grado evolutivo.

– ¿Qué representa en sí la estructura interior de un programa?

– El programa del Sistema negativo está configurado como un esquema lineal con el cumplimiento rígido de la situaciones y presencia exclusiva de los puntos de control, cada uno de los cuales, representa una situación que el individuo no puede obviar ni evitar de ningún modo (véase el esquema 12). El programa del Sistema positivo está compuesto de una rama de base con los puntos de control, como una variante principal, y otras dos o más subvariantes con los puntos secundarios, que representan en sí una posible elección de los acontecimientos. En el Sistema negativo, es decir, en la Jerarquía del Diablo, debido a la ausencia de las variantes y el karma, el individuo supera el programa más rápido y adquiere las cualidades requeridas por el Sistema negativo con mayor rapidez. En el Sistema positivo, o en la Jerarquía de Dios, la superación del programa se dilata en el tiempo, pero el contenido cualitativo del alma resultará más alto.

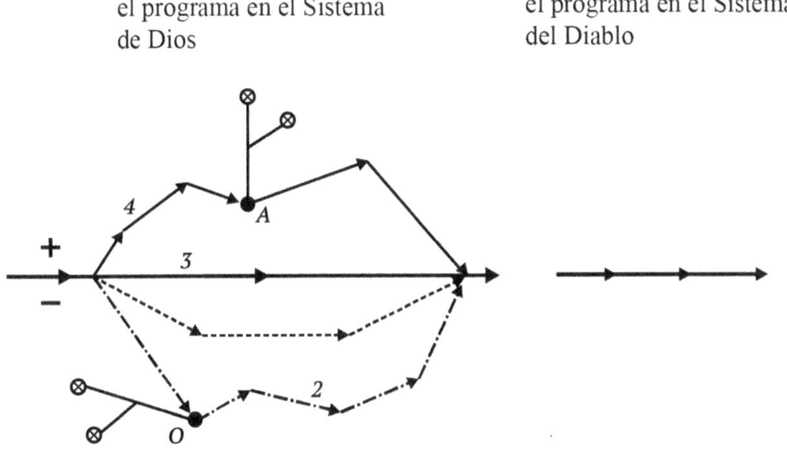

Notas:
1, 2 — variantes negativas del camino de desarrollo;
3 — variante óptima del camino de desarrollo;
4 — variante positiva del camino de desarrollo;
A, O — los puntos de transición a las variantes sin salida;
⊗ — fin del programa.

Esquema 12. Los programas de desarrollo opositivo

– En la Tierra hay almas terrestres y cósmicas. ¿Existen diferencias entre sus programas?

– Cualquier alma que se encarna en la Tierra recibe para su mejor orientación en vuestro mundo un tipo de programa terrestre.

– ¿Puede una persona traspasar los límites del propio programa?

– Puede, aunque tal hecho acontece raramente.

– ¿En qué ocasiones sucede esto?

– Puede acontecer en situaciones extremas, cuando se producen accidentes, catástrofes, asesinatos, suicidios. La vida cotidiana y habitual de una persona transcurre estrictamente según su programa, por lo que no podrá salir de la misma o inventar algo propio. Por ello, unas personas se convierten fácilmente en políticos y no pueden ser artistas, otros se dedican a las profesiones técnicas, pero no son capaces de realizarse en materias humanitarias, es decir, cada individuo tiene su propia línea de la vida, predeterminada por el programa. Y solamente en casos extremos algunas personas pueden traspasar los límites de su programa. En lo principal, el ser humano avanza estrictamente por el programa, sin desviarse ni un paso.

– ¿Puede el ser humano traspasar los límites de su programa al pasar por ciertas enfermedades? Ya que, en ocasiones, al luchar por su propia vida, muestra gran coraje y supera la muerte.

– No, las enfermedades no están en la categoría de situaciones extremas. Tienen que ver con el programa de la persona.

– ¿Participa el alma en la composición del programa de su encarnación futura?

– No, no participa.

– ¿Y en algún caso excepcional, podrían dejarle participar en ello?

– Tal excepción solamente existe para los Seres Superiores. Desde un Nivel determinado de la Jerarquía los Individuos Superiores tienen el derecho a componer por sí mismos sus propios programas y, de este modo, planificar su desarrollo para acumular la cantidad necesaria de energías de un modo más cómodo y rápido.

– ¿Entonces, un alma corriente no puede cambiar nada en su programa futuro, si hubiera algo en este que no le gustara?

– No. Una vez que le presentan su programa se encarna inmediatamente. La cuestión de sus gustos es irrelevante. Todavía no sabe lo que necesita y lo que no, por lo que escoge, habitualmente, aquello que le resulta más fácil y agradable. El alma aún es demasiado baja para comprender algo en este sentido, por ello no se cuenta con sus deseos personales.

– ¿Se le proporciona a cada alma el derecho a la evolución?

– No, no para todas. Existen algunas muy crueles, y otras que no valen para nada, que escogen un modo de vida parasitario. Tales almas se descodifican.

– ¿Existen programas de degradación?

– Sí, existe ese programa. Se le da a un alma en el caso de que le falten algunas cualidades, es decir, para la adquisición de algo. El alma debe poseer la escala completa de las energías terrestres.

– ¿Se planifica en el alma su tipo de carácter, su relación con la vida?

– El carácter y las costumbres humanas provienen de sus vidas pasadas. Pero, cada vida nueva ayuda a adquirir algunos rasgos de carácter nuevos o añadir algo nuevo en él a través de diversas situaciones y del modo de vida, o al revés, desechando algunos hábitos. En ocasiones, las cualidades de las que carece el carácter se le añaden especialmente. Durante la composición del programa del niño se tienen en cuenta los programas de sus padres futuros. Los niños altamente espirituales tenderán hacia padres altamente espirituales, y sus programas serán enlazados de modo correspondiente.

– ¿Pueden introducirse en un alma sentimientos contrapuestos según su nuevo programa? ¿Por ejemplo, lo que a una persona le guste en la vida presente, podría convertirse a través de nuevas situaciones en algo que le disguste?

– No, esto no puede ser. Si hay alguna cosa que le agobia al ser humano en una vida, entonces, deberá agobiarle también en la vida siguiente. Este es el sentido de la adquisición de las cualidades del carácter y su fijación. Estas cualidades no se introducen, sino que se adquieren trabajando. Esto es el karma del ser humano. El karma o se trabaja o se cumple automáticamente.

– ¿Cualquiera elección de la situación conducirá a la persona al cumplimiento de su programa, es decir, aunque escoja cualquier camino de las opciones propuestas, igualmente cumplirá con su tarea?

– No, no siempre cumplirá con la tarea asignada, ya que en el programa se dan unas desviaciones especialmente, para darle la posibilidad de una elección incorrecta. Dependerá de lo que escoja la persona. Si elige un camino falso, tomando la opción incorrecta, no cumplirá en esta vida con su programa, por lo que la tarea se traspasará a la vida siguiente. Las opciones incorrectas sirven para la prueba de la cualidad de la energía* adquirida por el alma. Si el alma ha adquirido pocas energías cualitativas, la persona sucumbirá a diversas tentaciones, es decir, escogiendo una de las opciones de prueba. Si por el contrario, ha acumulado energías altas, todo lo inferior será rechazado por el alma, avanzando así por el camino principal.

– Si una persona se relaciona con pocas personas y otra lo hace con muchas. ¿Cuáles son las estructuras sutiles de la primera y de la segunda?

– Tal hecho no depende de sus estructuras sutiles, sino que depende del programa, de la necesidad de la adquisición en la matriz de energías determinadas, de algunas situaciones concretas en las que la persona debe participar. De este modo, una deberá participar en situaciones multitudinarias: en las manifestaciones, en los espectáculos, las guerras, etc. La otra deberá permanecer en soledad, para dedicar su tiempo a la creatividad o a algún trabajo científico, o meramente a sufrir. Y todos con programas diferentes y con el conjunto de energías de tipos diferentes.

– ¿Existe la condición de que cuanto más alto sea el Nivel espiritual de una persona, tanto mayor será el número de personas con las que pueda relacionarse o mayor el número de personas a las que deba dirigir?

– No, esto no depende de la espiritualidad.

– ¿Poseen algunas cualidades especiales las personas que se relacionan con un gran número de personas?

– No. Simplemente en su programa se han introducido muchos enlaces con los programas de otras personas. Además, los enlaces pueden ser tanto con individuos aislados como con las masas, las multitudes y los grupos.

– ¿Si un ser humano ha sido predestinado para relacionarse con una pequeña cantidad de personas, en caso de que surgiera una necesidad, podrían reprogramarlo para que se relacionase con una cantidad mayor?

– Sí. Durante la corrección de algunos programas se introducen tales cambios.

– ¿Puede Usted personalmente intervenir en el destino de una persona, cambiándoselo?

– Sí, Yo puedo cambiar el destino, introducir la corrección en el programa a partir de algún momento de la vida. Si Yo veo, que la persona a pagado por todos sus pecados, su programa podrá rehacerse. Incluso, si han quedado pendientes algunos pecados insignificantes, el programa podrá rehacerse y mejorarse.

Las deudas de energía

Al encarnarse en la Tierra, el alma deberá cumplir con su programa, desarrollado para ella por los Individuos Superiores. Pues resulta que el incumplimiento del programa o su cumplimiento incorrecto afecta a la vida posterior, generando un karma y deudas energéticas. Todo esto indica que el incumplimiento del programa penaliza al ser humano. Por ello, vamos a tratar de conocer algo más acerca de ello:

– ¿Cómo se penaliza el incumplimiento del programa?

– Si una persona no cumple por completo su programa, lo que significa que no ha adquirido la energía prevista, entonces, su vida posterior puede que sea corta. Esta es la causa de las muertes entre los diez y los veinte años de edad, es decir, que están trabajando para cumplir con sus deudas energéticas. Por lo que todo lo que una persona adquiere en los siguientes diez a veinte años de su vida, sirve de complemento para las adquisiciones de su vida pasada. Si una persona muere a los veinte años, eso significa que sus carencias suponían un volumen mayor de energía que las de alguien a quien se le hayan otorgado solo diez o cinco años de vida. Por ello, cuando muere una persona joven o un niño, después, en el Distribuidor*, sus dos últimas vidas se agruparán en una, es decir, se sumarán. Por supuesto, existen otros modos de completar las deudas energéticas, dependiendo de su volumen. En cualquier caso, con el asunto de las deudas energéticas Somos muy estrictos. Las deudas energéticas no se le perdonan a nadie y su existencia se trata con rigor.

– ¿Qué es una deuda energética?

– La deuda energética es la insuficiencia en la adquisición de aquella energía que una persona debe producir de acuerdo con su programa a lo largo de su vida.

– ¿Por qué aparecen las deudas energéticas?

– Aparecen a consecuencia de un modo de vida incorrecto, cuando una persona no cumple con su programa de vida, como dedicarse al placer. Digamos, por ejemplo, que es necesario según el programa adquirir energías de cierta cualidad, pero, la persona, al escoger una opción alternativa en el programa, avanza por un camino simplificado, más fácil, produciendo en consecuencia energías de una cualidad inferior. A partir de ahí aparecen las deudas energéticas.

– ¿Qué debe hacer el ser humano para no generar deudas energéticas?

– Debe procurar el perfeccionamiento, no malgastar el tiempo en placeres que no contribuyen a su desarrollo, hay que estudiar, trabajar, crear, aprender lo nuevo, hacer buenas obras. Todo esto ha sido conocido por la humanidad hace mucho tiempo. Escuchad abiertamente a vuestro corazón, él debe indicaros qué hacer y qué elección tomar en una situación determinada.

– Cuando en una familia alguien muere, y al poco tiempo, normalmente pasado un año, muere otro de sus miembros ¿con qué se relaciona esa circunstancia?

– Si muere el segundo miembro de la familia, esto significa que el primer miembro no cumplió parte de su programa, por lo que al programa de aquel se le suma el programa de este. Sus energías se suman. En consecuencia, se obtiene la energía requerida con el volumen necesario. Esto se hace para que el primer miembro, que no cumplió con su programa, no tenga que pasar a continuación por vidas cortas. Así se corrigen los programas humanos.

Los tipos de programas humanos

– En uno de los contactos nos informaron de que los programas de muchas personas en la Tierra son iguales. ¿Cuántos tipos de programas humanos existen, aproximadamente: decenas, cientos, millones?

– Digamos que hay diez programas del mismo tipo.

– ¿Pero, si cada persona vive su propia vida, diferente a las demás, entonces, quiere decir que otros programas son distintas variantes de los diez tipos principales?

– Sí, todos los demás programas son variantes de los diez tipos principales, que sirven de base para la totalidad de los programas. Los demás programas son como una especie de ramificaciones, en las que puede haber millones o miles de millones de subprogramas.

– ¿En qué se basan los diez tipos de programas humanos y qué es lo que representan estos diez tipos?

– El fundamento base de los diez tipos de programas **es la espiritualidad del ser humano y sus cualidades**, que aumentan con el desarrollo. El ser humano deberá pasar en la Tierra por cien Niveles, partiendo del nivel cero, para corresponderse por cualidades personales y grado de espiritualidad con ese compuesto energético que le permitirá hacer la transición a la siguiente etapa de desarrollo. En este sentido, el décimo tipo de programas se da a las personas con una espiritualidad muy alta, que pasará en la Tierra por el Nivel noventa y hasta el centésimo, después del cual traspasará desde el plano terrestre al plano sutil, y así sucesivamente (véase el esquema 13).

El primer tipo de programa está predestinado para las personas con muy baja espiritualidad, recién iniciadas en el camino evolutivo y que están pasando por los Niveles evolutivos del cero al diez. Tal correspondencia se puede representar en un esquema (véase el esquema 13). Es decir, los Niveles de espiritualidad por los que pasa el ser humano durante sus encarnaciones determinan el tipo de programa con el que el alma caminará en la vida presente. Por lo que, ciñéndose a este esquema, es fácil adivinar por las cualidades de las personas, de acuerdo con los Niveles por los que estas están pasando, así como los tipos de programas, a qué tipo pertenece su programa. La propia elección del programa depende del Nivel de desarrollo del alma en el momento inmediatamente anterior a su futura encarnación. Se analizan todas sus vidas pasadas, las situaciones, los puntos acumulados, las dependencias kármicas, y demás. En base a todo esto se escoge el tipo del programa.

**a — los Niveles de
espiritualidad**   **tipos de programas**

90 – 100 .... 10 (el décimo tipo de programa es el más alto)

80 – 90 .... 9 (noveno tipo)

70 – 80 .... 8 (octavo tipo)

60 – 70 .... 7 (séptimo tipo)

50 – 60 .... 6 (sexto tipo)

40 – 50 .... 5 (quinto tipo)

30 – 40 .... 4 (cuarto tipo)

20 – 30 .... 3 (tercer tipo)

10 – 20 .... 2 (segundo tipo)

 0 – 10 .... 1 (el primer tipo de programa es el más bajo)

Notas:
> a — los Niveles de espiritualidad por los que pasa una persona durante las reencarnaciones.
> 0 – 10 — los niveles más bajos de espiritualidad.
> 90 –100 — los Niveles más altos de espiritualidad, después de los cuales una persona traspasa del plano terrenal de existencia al plano «sutil».

**Esquema 13. Tipos de programas
según el grado de espiritualidad de las personas**

– ¿En qué se parecen estos programas entre sí, y cómo se diferencian?

– El primer tipo de programa es idéntico al segundo, el segundo al tercero, y así sucesivamente. (Pero cada tipo de programa de Nivel superpuesto se forma sobre la base del tipo de Nivel subyacente con la adición de nuevos parámetros diferenciados)*. Por lo tanto, el segundo tipo de programas se forma sobre la base del primero con la adición de nuevos parámetros, haciéndose más extenso y profundo, el tercero sobre la base del segundo, el cuarto sobre la base del tercero, etc. Las personas con el segundo tipo de programas ya están un poco más elevadas en espiritualidad. Y así sucesivamente: los diez tipos de programas. El programa del décimo tipo (véase el esquema 14) incluye en él seis subprogramas terminados, los que pronostican el destino por estas seis variantes de elección. Es decir, presentan las seis variantes de caminos de la vida que una persona puede elegir. Entre estos seis subprogramas, la propia alma humana elige una de las variantes (o el camino de la vida)* de las seis propuestas. A continuación, después de elegir el camino único, de nuevo se le da la posibilidad de elegir por las ramificaciones, hacia donde camine. Se le facilita la elección. Las cualidades pasadas de las personas se tienen en cuenta en este programa. Por ejemplo, las personas de alto rango están muy desarrolladas social e intelectualmente, ya que han pasado por muchas reencarnaciones y se esfuerzan por desarrollar aún más esta experiencia, por lo que en cualquier nueva reencarnación intentan aumentarla en planos superiores de existencia. Por lo tanto, el aumento de su experiencia general de la existencia y la interacción con otras personas también las lleva finalmente al crecimiento gradual de la espiritualidad.

– ¿Cambiarán los tipos de programas de las personas de la sexta raza?

– Sí, tendrán unos tipos de programas completamente diferentes. Los programas serán más perfeccionados en vuestro Nivel.

– ¿Habrá más o menos tipos de programas?

– Habrá menos tipos. Si actualmente existen diez tipos de programas principales, pues, en la sexta raza habrá tres menos. Y las ramificaciones de cada tipo, por consiguiente, también serán menos. Incluso, se puede decir, que habrá muy pocas ramificaciones. Pero, en el sentido de su consistencia y complejidad de ejecución, cada programa de la persona de la sexta raza será más complejo, e incluirá en sí tres o cuatro programas de la persona de la quinta raza, ya que os habéis retrasado en el desarrollo, por lo que ellos tendrán que compensar ahora vuestras faltas.

el décimo tipo de programa 4ª subprograma con las variantes

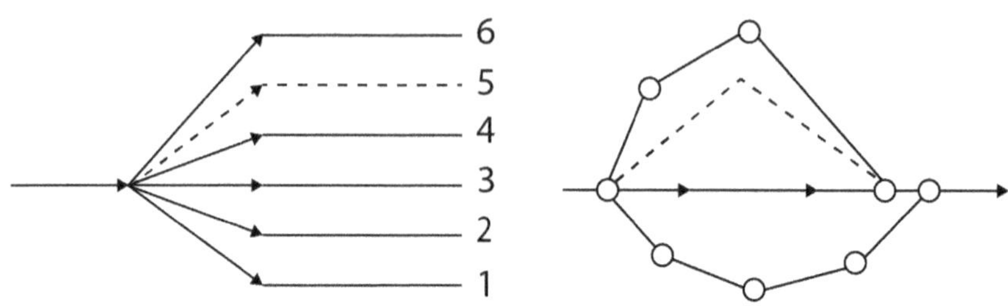

Nota:
1, 2, 3, 4, 5, 6 — las variantes de subprogramas.

**Esquema 14. El décimo tipo de programa
con las variantes de subprogramas**

– ¿Puede una persona encarnarse en la Tierra varias veces con el mismo tipo del programa?

– Sí, esto también puede ocurrir. Por ejemplo, acontece cuando no se cumple el programa, es decir, en la nueva encarnación la persona ejecuta el mismo programa, pero añadiéndole una parte adicional, como el karma.

– ¿Es obligatorio pasar por los diez tipos de programas?

– No. Un tipo de personas puede pertenecer a un tipo de programa e ir en una sola dirección solo de forma ramificada. Es la dirección principal de su desarrollo. Todo dependerá de su espiritualidad, de las cualidades acumuladas en la Tierra.

– Hay doce signos de Zodiaco. ¿Está relacionada de algún modo la astrología con los tipos de programas por los signos de Zodiaco?

– Desde vuestro punto de vista, terrenal, esto afecta a la elección del tipo de programas, pero desde el punto de vista cósmico, sólo existe Nuestro programa, Nuestra decisión.

214

La composición de los programas

– ¿Quién compone los programas humanos?

– Para esta tarea existen los Individuos Superiores especiales llamados los Fundadores. Su cometido consiste en componer la base de la trama del programa, teniendo en cuenta los errores kármicos de la vida pasada y las direcciones del desarrollo que corresponden al alma. Es necesario señalar, que cada alma se desarrolla en una dirección propia. Después de la finalización de la formación de la trama, los Fundadores pasan la base de la trama compuesta a los Programadores y Calculadores, y estos la computan y formalizan técnicamente, determinándose los tipos y cantidades de energías involucradas en el programa.

– ¿Durante las diferentes encarnaciones, los programas para las personas se componen por Fundadores diferentes? Por ejemplo, hay un Fundador para cada vida.

– No, los Fundadores pueden cambiar. Su sustitución puede ocurrir después de cada encarnación o después de varias. También pueden mantenerse el mismo Determinador y el Fundador. Pero, habitualmente, la mitad de ellos cambian. Puede ser de diversas maneras.

– ¿Cómo se graba el programa en el alma humana? Si antes de la encarnación en el cuerpo físico el alma y el programa están separados, ¿se unen después?

– No, a continuación, los Programadores empiezan a trabajar directamente con el alma, con sus envolturas. El programa se graba en las envolturas más sutiles, en cada envoltura temporal. Cada uno de los programas se graba por separado.

– ¿Pueden cometerse errores durante este proceso?

– Sí, pueden.

– ¿Y cómo se corrigen posteriormente tales errores?

– Pueden añadirse otras situaciones al programa, corrigiéndose así los errores.

– ¿Entonces, el programa no se graba en la matriz del alma, sino solo en las envolturas? ¿O quizá en la matriz se graba algún programa propio?

– No, no. La matriz del alma es el Depósito para la cualidad de las energías obtenidas y transformadas por el alma, la matriz es para las cualidades.

– ¿La grabación del programa en las envolturas se realiza por los mismos Individuos que componen el programa?

– No. Lo componen y calculan unos, pero la grabación la realizan otros, aunque también se los puede denominar los Programadores de la grabación. Además, los programas se graban para el ser humano no solo por un Programador, en este trabajo participa un grupo entero. Para cada persona trabajan varios Programadores.

– ¿Existe la especialización del programa de la vida por diferentes envolturas sutiles?

– Sí, este trabajo lo desempeñan los diferentes grupos de Programadores. Cualquier envoltura corresponde a determinado Nivel de desarrollo, por lo que para cada Nivel existe una propia capa de especialistas que se responsabilizan de las envolturas y las programan. Para la envoltura astral unos Programadores componen los programas, para la mental lo hacen los Programadores del Nivel más alto y para la espiritual los del Nivel aún más alto.

– ¿Pero los programas deben vincularse de algún modo entre todas las envolturas?

– Sí. La grabación del programa se realiza desde el interior hacia fuera: en primer lugar, en la envoltura espiritual, después en la causal, a continuación, en la mental, y así sucesivamente. Después de la grabación del programa en la envoltura espiritual, a continuación, se transmite a la envoltura causal con los cambios y añadidos correspondientes. Entre los programas de las envolturas existen su propia conexión y sus bloqueos cuando es necesario. En una persona todo funciona íntegramente y en unidad.

– ¿Influye la calidad de la ejecución del programa de la envoltura física en el desenvolvimiento de los programas sucesivos en los cuerpos sutiles?

– No, no influye. Son programas completamente diferentes. La influencia es posible solamente en el caso de muerte prematura, es decir, no planeada para un momento dado. Entonces, todos los programas sucesivos son cambiados y corregidos.

– ¿La corrección se produce en seguida?

– Al momento de morir la persona. Ahora, por supuesto, debido a la multitud de muertes en la humanidad, los Programadores están sobrecargados de trabajo. Por lo que mientras que un alma es programada, se mantiene en espera. Pero, en lo principal, es tarea de unos minutos. En general, cada ordenador del Determinador tiene una copia de reserva para la persona guiada, que se activa en el momento de la muerte no programada de la persona, y se produce una transferencia de programas a los cuerpos "sutiles", es decir, un cambio de programa. Después de la muerte de la persona las envolturas empiezan a funcionar de modo diferente a como lo hacían en vida de aquella. Por ello, debido a que la persona ha abandonado la vida antes de tiempo, el programa de corrección que se ha activado debe involucrarlas de nuevo en el trabajo, porque su contenido acumulado no corresponde a los resultados planeados y por eso sobre esta variante inacabada es necesario introducirlas en las capas depuradores, así como realizar otras tareas necesarias.

– En la persona, durante su vida, se produce continuamente el desenvolvimiento del programa. ¿Puede haber una interrupción no prevista del programa, como, por ejemplo, con la cinta de un aparato de música cuando esta se queda trabada, y por esta causa producirse la retirada anticipada de la vida?

– No, eso no puede pasar.

– ¿Puede haber errores de cálculo en la construcción del alma?

– Sí.

– ¿Cómo se manifiestan?

– Pues, cuando las almas alcanzan en su desarrollo un lugar diferente al previsto. Influye en ello la imprevisibilidad de sus conductas.

– ¿Por qué sucede esto? ¿Por error de los Programadores?

– Sí, son, ante todo, errores de los Programadores. Estos también cometen errores.

– ¿Qué es lo que subestiman en la persona?

– No es en la persona, sino en la propia alma y en las situaciones relacionadas con la encarnación de esta. Hay un cálculo incompleto de las situaciones futuras por las que ha de pasar la persona durante su vida. El programador construye las situaciones futuras y sus variantes, así como las va programando. Pero, a veces, no se calculan todas las situaciones, es decir, no todas las ramificaciones hacia las que puede dirigirse el alma. El cálculo de una de las posibles opciones puede ser omitido, esperando que el alma no llegue hasta ese punto, pero que esta, finalmente, lo alcanza. Debido a ello, por no haber calculado esta opción, comienzan a producirse hechos imprevisibles.

– ¿Puede salirse una persona de los límites de su programa?

– Si una persona sale por la ramificación no calculada puede producirse la muerte, el abandono del programa general, al no estar conectado con nadie, por lo que nadie podrá apoyarle en nada.

– En la Tierra se dan casos de posesión: ¿Se introducen Seres del mundo paralelo en la persona para dirigirla? ¿Son capaces estos Seres de influir en el programa del poseído?

– Simplemente molestan a la persona. No son capaces de cambiar el propio programa, pero pueden molestar a la persona en la obtención de las energías necesarias de acuerdo con el programa. De este modo, ralentizan el desarrollo de la persona.

– ¿El Determinador permite la intromisión de tal Ser en la persona a propósito o por descuido?

– No, esto no se hace a propósito. Tales intromisiones no están previstas en el programa. Solo pasan por descuido.

– ¿Es posible interferir en el programa sin el conocimiento del Determinador?

– Queréis decir, ¿si se produce algún tipo de reprogramación?

– Sí. Nuestros científicos, por ejemplo, están experimentando la implantación de chips con un programa propio en personas. ¿O también es un experimento vuestro?

– Eso no es una reprogramación, sino una especie de implantación con un efecto zombi. Tal hecho se puede denominar como una desconexión temporal de su programa. Cuando la persona no obedece a su Determinador, sino a algún otro, se produce un vacío temporal. Por supuesto, tal intromisión en la persona tiene sus objetivos, pero es temporal. Si no es un experimento de lo Alto, en un momento determinado, el Determinador activará de nuevo el programa principal, liberando a su subordinado de la injerencia.

– En los ordenadores existe un virus que deteriora el programa de funcionamiento del ordenador. ¿Puede un virus semejante deteriorar el programa de funcionamiento del ser humano?

– Sí, tales virus existen en el Cosmos.

– ¿Son virus especiales del programa?

– Son los virus del plano cósmico general, que actúan en múltiples sentidos a la vez.

– ¿Y enfermedades tales como la esquizofrenia, por ejemplo, también están provocadas por algún virus que deteriora el programa de la persona?

– No, la esquizofrenia proviene de un programa personal del individuo. Todas las enfermedades le llegan al ser humano por el programa.

– ¿La interrupción del programa provocada por un virus supone una enfermedad?

– Es una injerencia. Acontece, por ejemplo, cuando un Sistema jerárquico se desarrolla de acuerdo con un programa previsto, pero desde algún otro espacio interfiere un virus y empieza a desenvolverse destructivamente. Es semejante al caso de cuando en vuestro cuerpo se introduce alguien del mundo paralelo. Es una intromisión no planificada.

– Ha dicho: "los virus del plano cósmico general". ¿Entonces, también puede deteriorarse el programa de las Entidades Superiores? ¿O no los alcanza?

– Los alcanza. Dependiendo, por supuesto, del Nivel del virus. Todo tiene su correspondencia. Podrán influir solamente en aquella estructura, que es de su mismo Nivel, y por consiguiente, con equivalencia energética. Para que un virus pueda influir en algo, la estructura de ello debe encontrarse al mismo Nivel en el que se encuentra el virus, o ubicarse en las cercanías de dicho Nivel.

– ¿De qué modo se introduce el tiempo en el programa?

– El tiempo es la característica espacial del potencial humano. Se introduce en su programa con el objetivo de la formación de procesos reales en la existencia, con el auxilio de los cuales se produce el establecimiento de las características individuales y los potenciales energéticos con los que aumentan en volumen. El tiempo es una magnitud objetiva que se os da a vosotros para una unidad de volumen de alguna especie o cuerpo determinados. Es decir, que tal magnitud existe para el plano inferior de la existencia. El plano Superior es eterno e infinito, y no precisa de ningunas magnitudes cuantitativas.

Los programas para los sueños

– ¿Si toda la vida de la persona está reflejada en el programa, entonces, para qué se le dan los sueños?

– Los sueños también son un programa de educación, del desarrollo del alma. Todos los sueños están vinculados con el programa principal de la persona y no existen sueños vanos o innecesarios. El programa de perfeccionamiento del alma en la vida real también continúa en los sueños. Pero en los sueños el programa es adquirible. Es decir, no se planifica previamente desde el nacimiento de la persona, sino que se programa en el transcurso de su vida para fortalecer ciertos momentos de la vida o para solucionar algunas carencias.

– Los acontecimientos de la vida cotidiana están relacionados con el programa de la persona. ¿Por lo que, si se conociera el programa de la vida, entonces, sería posible pronosticar los sueños a través de él?

– El ser humano no puede conocer el programa de su vida. No está a su alcance.

– ¿Cómo se relacionan los acontecimientos de los sueños con el programa de la vida?

– El Determinador conoce el programa de la persona, y consecuentemente, conoce la dirección de su desarrollo. Por ello, actúa en correspondencia con la dirección general, componiendo las imágenes de los sueños, sabiendo cuáles es necesario mejorar en el carácter, o qué carencias o rasgos es necesario reforzar y fortalecer.

– ¿En base a qué compone el Determinador los sueños para la persona?

– Para esto es necesario conocer el programa del día. En su base el Determinador está programando el sueño o varios sueños durante el día, incluida la tarde. Por lo que, cuando la persona duerme, se lanzan los sueños compuestos y planificados en el programa nocturno.

– ¿Es posible, examinando los sueños, sacar conclusiones sobre el programa principal de la persona?

– Sí, si la persona es capaz de interpretar correctamente los sueños.

El programa para la muerte

– ¿Se planifica en el programa la muerte de la persona y su forma?

– El programa refleja absolutamente todo: el proceso y lugar de nacimiento, así como la muerte. Cada persona muere en conformidad con su programa, pero la forma de morir, es decir, el abandono de la vida por una persona a través de una enfermedad o accidente depende, principalmente, de su karma pasado y de sus deudas energéticas.

– ¿Están programadas todas las muertes individuales?

– No, el suicidio no se planifica.

– ¿Por qué el suicidio es un pecado para el ser humano?

– El suicidio es una interrupción arbitraria del programa que los Seres Superiores han trazado, y de ahí que, en primer lugar, la persona se sitúe por encima de Ellos. En segundo lugar, se quiebran las conexiones con la sociedad, ya que, a través de su programa podría haber vinculaciones con los programas de otras personas. Por lo que tal persona, al retirarse de la vida, puede arrastrar a muchas otras a un callejón sin salida, y perjudicar su perfeccionamiento. Además, interrumpe el trabajo de su Determinador individual, ya que este también tiene un programa propio en relación con la persona guiada, por lo que, si tal persona no ejecuta hasta el final su programa, el Determinador tampoco ejecutará completamente el suyo. Por ello, muchos Determinadores deberán esforzarse, es decir, deberán gastar energía adicional, para regular los programas deteriorados.

– ¿Se planifica el fallecimiento de la persona mediante el accidente de tráfico: en un vehículo, tren o barco? ¿Pueden darse las causalidades?

– El fallecimiento ya viene básicamente programado. Pero, también, en ocasiones, existen casos en los que el Determinador descuida momentos de peligro. Esto sucede en el caso de personas con giros difíciles del destino. En la vida de tales personas puede haber muchos y diversos acontecimientos, por lo que se complica la vigilancia de la persona guiada por el Determinador, en el sentido de prever que no se ponga en peligro su vida, que no sea atropellado o golpeado por un vehículo.

– ¿Y la muerte masiva de personas en catástrofes naturales, como los terremotos, está planificada?

– Allí sí pueden darse víctimas casuales.

– ¿Paga la humanidad con sus muertes por su progreso técnico o mecánico? Muchas personas mueren por diversos tipos de máquinas.

– Se trata de la terminación del programa de tales personas, por lo que de este modo se produce la retirada de las almas a través de la finalización de su programa. Cuando se comete un homicidio no premeditado, cuando se produce un accidente casualmente, sin culpa de nadie, se produce una fuerte descarga de energía. Este también es un modo de obtención por parte del Determinador de las energías de un tipo determinado, necesarias para los Sistemas jerárquicos.

– ¿La energía que se produce a través de tal descarga es alta y limpia?

– No es tan alta, pero es de una cualidad determinada.

– ¿Para qué se utiliza?

– Existe un depósito cósmico que se rellena con las energías emitidas en el momento de la muerte. A continuación, tales energías serán utilizadas para la construcción de nuevas civilizaciones.

– ¿También se utilizarán para la sexta raza?

– No solamente para esta, sino para también otras y muy diversas.

– ¿A los asesinos también se les introduce un programa para asesinar personas?

– Hay asesinos, que viven con un programa rígido y pertenecen al Sistema del Diablo, y otras personas, a las que, como prueba, se les incluye en el programa una subvariante del asesinato, es decir, para averiguar de qué sería capaz su alma… Pero, habéis de saber que ninguna persona muere en vano y sin culpa propia. Entonces, esto sería su karma, y en su vida anterior esa persona también habrá matado a alguien.

– ¿Si un psicópata mata a muchas personas, también es por el programa?

– Sí, es por un programa, pero para su ejecución se escoge un alma del Sistema negativo, es decir, de Sistema del Diablo.

– ¿Puede un psicópata provocar víctimas imprevistas?

– No puede haber víctimas no planificadas. Todo se realiza según el programa. El psicópata efectúa una limpieza en el plano físico, entre las personas, que están resolviendo su karma de esta manera.

– ¿Al psicópata que no ejecuta del todo su programa, se le obliga también a completarlo en la vida siguiente?

– No, de completarlo se ocuparán Mis almas. En el Sistema del Diablo esto casi nunca sucede, pero, Sus programadores piensan qué hacer con un programa no ejecutado para obtener el resultado anteriormente previsto. Por lo que el programa no ejecutado hasta el final lo ejecutará alguien diferente. Por ello, se volverán a recalcular los programas. Por su parte, el alma del Sistema negativo que incumplió su cometido programado obtiene un programa nuevo, aún más rígido que el anterior.

Los programas de Dios y del Diablo

– ¿Es posible diferenciar por sus programas a las personas que trabajan en la Tierra del Sistema negativo de las personas que trabajan del Sistema positivo?

– Solo se las puede diferenciar por sus acciones, por la conducta de las personas. No existe otro modo para vosotros. No podéis ver vuestros propios programas. Solo veis las acciones y sus resultados.

– ¿Cómo se diferencia los programas de Usted y los del Diablo?

– En el Sistema del Diablo está ausente la Ley de la relación de causa y efecto (karma)*. El principal objetivo del desarrollo es la adquisición por parte del alma de energías conforme a un programa rígido. Pero, tales energías son de una cualidad completamente diferente a las del Sistema positivo. Debido a la ausencia de karma, el alma que se desarrolla con los programas del Diablo alcanza más rápido la perfección en la dirección negativa. Pero, al avanzar con un programa rígido, que no tiene subvariantes, el alma no tiene derecho a dar ni un paso al lado. La pena por el más mínimo asomo de voluntad, o desobediencia, es la eliminación. Por lo que los programas en el Sistema del Diablo se ejecutan con precisión. En Mi Sistema las almas pasan a través de la Ley de la relación de causa y efecto, y, por lo tanto, se retrasan en el desarrollo en cientos y miles de años, corrigiendo los errores cometidos. En Mi programa, al alma se le proporciona el libre albedrío, y en el Sistema del Diablo no existe la libertad de elección.

– ¿Qué porcentaje del programa general ocupa el libre albedrío?

– Un treinta por ciento, es decir, en el transcurso de la ejecución del programa a la persona se le proporciona solamente un treinta por ciento de libertad de elección, y lo demás se ejecuta por parte del programa rígido.

– ¿A qué personas se les da más libertad de elección: a las subdesarrolladas o a las altamente desarrolladas?

– A las personas subdesarrolladas se les concede más libertad de elección.

– En consecuencia, ¿si una persona está muy avanzada en su desarrollo, entonces, tiene poca libertad de elección?

– Sí, los límites de la elección de tales individuos se estrechan, porque ya no podrán entrar en el camino de la degradación, no escogerán el mal ni aquello que pueda hacerle daño a él y a otras personas. Aunque, por supuesto, tales casos ocurren, pero muy raramente. Por regla general, avanzan por el único camino: el de la Verdad. Por lo que ya no precisan de libre albedrío. Saben hacia donde deben avanzar y pueden ver perfectamente el objetivo de su vida, y lo logran.

– ¿Hay muchas personas en la Tierra que trabajan para el Diablo?
– Muchas.

– ¿Son miles o millones?

– Se puede decir que son casi la mitad, o con más exactitud un cuarenta por ciento. Esa es la proporción. Aquella mitad que se dedica a la creatividad, son los Míos. Y aquellos que se dedican al cálculo son los Suyos. Cada parte avanza de acuerdo con sus programas correspondientes.

– ¿Aquellas personas, que trabajan del Sistema negativo, no tienen libertad de elección? o, ¿si viven en la Tierra, entonces, es que se desarrollan por Programas Suyos?

– No, los programas para la Tierra son iguales para todas las almas, es decir, proporciono el libre albedrío para todos, salvo a los psicópatas, e incluso no a todos, sino solo a algunos; así como a los asesinos crueles. Estos no poseen libertad de elección.

– ¿Qué tipo de personas pertenecen por completo al Diablo, integradas en su Sistema? ¿Ya que también existen Sistemas negativos que le pertenecen a Usted?

– Es dueño de individuos muy crueles. Son del Diablo.

– ¿Entonces, la diferencia principal entre los programas se circunscribe a la existencia del libre albedrío en unos programas y a su ausencia en otros?

– Sí. Pero, los programas para la Tierra y los programas en Nuestro mundo Superior son absolutamente diferentes unos de otros. Son incomparables entre sí.

– Ha dicho que los seres humanos tienen diez tipos de programas. Pero, que son para aquellos que pertenecen a Vuestro Sistema. Y los que son del Diablo, ¿cuántos tipos de programa tienen en la Tierra?

– Los mismos. Diez tipos de programa elaborados por Él para los seres humanos, pero, según Mis requerimientos. Es decir, Su gente también ha de pasar por los mismos programas. Son elaboraciones comunes para toda la Tierra.

– El Diablo tiene gente que se desarrollan por los programas inferiores y por los superiores. ¿Cómo se diferencian sus programas?

– Por los Niveles. Por la ubicación en el Nivel de la Jerarquía.

– ¿Se diferencian por el grado de libertad?

– La libertad está prácticamente ausente en Su mundo. Fracciones de libertad aparecen en las Unidades del Jerarca negativo por encima de la mitad de Su Jerarquía, cuando la posibilidad de transición al lado positivo desaparece completamente. Pero en la Tierra las almas que pertenecen a Él todavía pueden enviarme una petición mental con la solicitud de pasar al Sistema opuesto. Esto sucede de la siguiente manera. Aunque el programa rígido cierra todas las cualidades individuales del alma, imponiendo nuevas (cualidades)* programadas desde arriba, que forman otra personalidad para el tiempo de la encarnación, pero si un alma negativa gana potencial por lo menos más que el Nivel 50, no será fácil ocultarlo bajo el programa que se le impone. Por lo tanto, tales individualidades pueden sentir bien su propio "yo" oculto bajo el programa, y de esta manera los negativos pueden sentir sus propios deseos y también encontrarse capaces de formar metas individuales al margen del programa rígido. Empiezan a sentir esto especialmente bien en la Tierra en encarnación, cuando están cerca de almas positivas dotadas de libertad. Y aunque no puedan hacer nada, pueden pensar desde su propio "yo", y esto es lo más importante, porque su pensamiento será seguramente escuchado por las Entidades Superiores positivas, y tal posibilidad de transición a los positivos será considerada y sopesada por Ellos. Y entonces los Jueces Supremos, encabezados por Mí, decidirán si vale la pena tomar tal alma y pagar un rescate por ella o no. Concedo el derecho incluso al asesino más empedernido de pasar a Mi lado y redimir mediante el karma lo que ha hecho.

– ¿Cuál es la diferencia entre el desarrollo en los planos "sutiles" de los Seres Superiores e inferiores aproximados al Diablo?

– En los altos grados de Su Jerarquía todo se hace conscientemente. Y aunque sea con la escasa libertad, les incluso gusta y lo perciben como una necesidad.

– ¿Tienen los políticos de la Tierra programas rígidos? ¿Poseen libertad de elección?

– Muy poca libertad de elección. Cuanto más ascienda una persona en la estructura de poder, menos libertad de elección tendrá, porque en política todo está tan entrelazado y retorcido, que los que están en la cima serán presionados por los que están abajo, por mucho que aquellos no quieran.

– Sabemos, que para Usted el perfeccionamiento es la base del desarrollo. ¿Y para el Diablo? ¿Qué constituye la base del desarrollo a la hora de componer los programas nuevos para las personas?

– También el perfeccionamiento.

Pero la diferencia está en la obtención del potencial energético, que es de cualidad opuesta. El Diablo elabora determinadas situaciones en los programas para sus almas, que producirán la energía necesaria para Él, negra y bruta.

– ¿Entonces, situaciones diferentes producen energías de cualidad diferente?

– Naturalmente. Y no solamente las situaciones, sino las diversas conductas de las personas en una misma situación producirán energías diferentes, opuestas en su base.

– ¿Se le puede forzar a cualquier individuo a producir la energía necesaria?

– No se le puede forzar, porque existe el libre albedrío.

– ¿Los programas sin la libertad de elección son más económicos?

– Sí.

– ¿Entonces, por qué les proporciona Usted a las personas la libertad de elección? El ser humano comete tantos errores y desviaciones del programa principal. ¿Qué objetivo persigue Usted proporcionando la libertad de elección?

– Tuve esa predisposición desde el principio. Lo he decidido así.

– ¿Esta predisposición proviene del amor y del bien?

– Sí, sí, – suspiró Él. Y sin libertad, estas cualidades no pueden desarrollarse.

– ¿Los programas del Diablo salen más económicos si la persona avanza por un único camino sin variantes?

– Sí.

– En Sus programas (De Dios) se gasta mucha energía en las variantes. ¿Cómo se compensa después tal gasto? Dado que la persona, mientras persiga su objetivo, gastará en exceso su energía.

– Sí, hay un exceso de gasto. Pero, ese exceso se compensa a cuenta de otras situaciones. Aunque**, para obtener un alma perfecta**, deberé asumir ese exceso de gasto.

Los programas de los Determinadores de la Tierra y otros programas

– Los Individuos Superiores viven eternamente en el Cosmos. ¿Se desarrollan de acuerdo con un programa?

– Sí, todos los individuos evolucionan en correspondencia con sus programas. En el Cosmos no hay una sola criatura que no esté programada en absoluto.

– ¿Cómo se diferencian los programas de los Individuos eternos de los programas de una persona corriente?

– Sus programas contienen múltiples subprogramas.

– ¿Los Determinadores que conducen al ser humano tienen varios tipos de programas?

– No. Su programa único está compuesto de fragmentos-unidades de todos aquellos programas, que han sido ejecutados por estos en el pasado. Ahora, todos estos programas están reunidos en un programa común. Pero, a parte de estos, por supuesto, también existen los añadidos.

– ¿Por qué están sus programas compuestos de fragmentos?

– Es necesario para su trabajo. Los fragmentos de los programas anteriores comprenden en sí solamente los conocimientos necesarios que han sido adquiridos por el individuo durante varias vidas, y así, sucesivamente hasta la composición del último programa. Todo aquello, que haya podido comprender durante la primera, segunda, tercera y siguientes vidas, ahora se suma en un programa común, quedándose abierto para el individuo, con todos los conocimientos de que este dispone. Formándose así la ampliación de la consciencia. En consecuencia, se reúne una cantidad significante de las unidades energéticas basadas en un programa común, y el Determinador las lleva como equipaje.

– ¿Quién compone los programas para los Determinadores?

– Los Sistemas Superiores superpuestos.

– ¿Cómo se diferencia el programa de una persona corriente del programa de un Determinador?

– El ser humano tiene un programa simplificado, en una unidad, y la de los Determinadores es la suma de varias, múltiple.

– ¿Qué representa en sí el programa de las criaturas de los mundos paralelos de la Tierra en comparación con el programa del ser humano?

– Los seres de los mundos paralelos tienen un modo de vida completamente diferente, y por lo tanto sus programas son completamente diferentes.

– ¿Estos programas son más sencillos o más complejos?

– En comparación con el programa del ser humano son más complejos. Cuanto más sutil es el mundo, más complejos son sus programas.

– ¿Qué proporciona a la criatura un programa complejo?

– Un desarrollo más intensivo, con adquisición de mayor experiencia y conocimientos. Con lo que la adquisición de la espiritualidad llegará más rápido.

Los programas de la Tierra

– Cada mundo paralelo de la Tierra tiene su programa. ¿Están conectados los programas entre sí y cómo?

– El programa general de la Tierra entrelaza todos los programas de los mundos paralelos en una unidad, ya que están predestinados para el trabajo conjunto con el mundo físico, y no existen por sí mismos.

– ¿Qué hay de común en los programas del mundo físico de la Tierra y los de sus mundos paralelos?

– Lo común de estos programas consiste en que todos los programas, en todos los mundos, están predestinados para la transformación de la misma energía, que llega hasta estos desde el Cosmos. En primer lugar, tal energía la recibe y la transforma la Tierra, su mundo físico. Es una energía bruta. A continuación, penetra en las siguientes capas y se purifica por estas, es decir, la energía transformada paulatinamente va traspasando desde la envoltura física por todos los mundos paralelos, en cada uno de ellos es procesada y depurada, volviéndose cada vez más y más sutil. Tal proceso revela los caracteres comunes que comparten todos los programas de los mundos paralelos de la Tierra, y, en consecuencia, también su trabajo. Y la diferencia consiste en que cada mundo vive su vida propia, y, por consiguiente, para esto requieren programas individuales.

– ¿Las cualidades energéticas en los mundos paralelos son también diferentes?

– Naturalmente, cada mundo tiene sus propias energías.

– ¿Cómo se compone el programa del mundo físico de la Tierra? Ya que, en ella se encuentran el mundo vegetal, y el animal, y la humanidad, todo esto deberá estar relacionado de alguna manera.

– Todo esto se calcula por un Sistema de los Programadores de un orden más alto que aquellos que trabajan con el ser humano. Tienen su especialización propia: alguien calcula el programa del Sistema, otro, el programa de la sociedad, de los continentes conectados mutuamente con la Tierra, teniendo en cuenta aquellas energías que la Tierra debe obtener de las personas, así como, las energías que en grado menor tiene que recibir de los animales, aves, habitantes marinos.

En este sentido, en el programa de la Tierra se calcula qué plantas y animales deben estar y dónde, dónde deben ser menos, donde más, y dónde deben no existir en absoluto. La distribución transcurre en correspondencia con el potencial energético propio para estos. Absolutamente todo se consigue mediante el cálculo: dónde esparcir el agua, dónde el desierto, dónde el calor, dónde el frío. Los detalles diminutos se calculan con precisión, enlazando entre sí y en una unidad a las personas y a todo lo vivo con determinados puntos, ciudades o poblaciones de la Tierra.

Ninguna ciudad aparece por sí misma sin ninguna razón. Todo emerge según el programa, ya que en la Tierra existen puntos en los cuales se efectúa el enlace del potencial energético general que proviene de las personas y de todo lo demás. El enlace del potencial energético de las personas con estos puntos es obligatorio, para que tales energías sean conducidas hacia la Tierra y de vuelta a los Sistemas jerárquicos. Así que absolutamente todo en la Tierra está sujeto a cálculos y está entrelazado en su programa general.

Capítulo 5

KARMA O LA LEY DE RELACIÓN DE CAUSA Y EFECTO

LA LEY DE RELACIÓN DE CAUSA Y EFECTO

Cualquier proceso puede ser observado tanto desde dentro como desde fuera, por lo que la descripción del mismo fenómeno desde dos puntos diametralmente opuestos será diferente, sin la presencia de rasgos parejos entre sí.

Hablando del ser humano, se le puede considerar como un individuo que tiene la experiencia de alguna vida, es decir, que los acontecimientos de su vida se podrían narrar de modo literario, artístico o documental. Sería posible también hablar de esa misma persona desde el punto de vista del transcurso de los procesos químicos en su interior: este sería otro tipo de narración. Desde el punto de vista de la biología, éste sería el tercer tipo de narración; el de las energías "sutiles", el cuarto; y así muchos tipos más con una gran diversidad de aspectos. Todas estas narraciones serán diferentes y no parecidas entre sí, aunque pertenecerán al mismo objeto de descripción.

Del mismo modo que se habla de procesos cósmicos o de Leyes, se puede describir el mismo fenómeno desde diferentes perspectivas y hacer que parezca completamente contradictorio. Pero para comprender que todo esto es lo mismo, es necesario encontrar los enlaces de conexión de todo en una unidad íntegra.

Del mismo modo, todo lo positivo y lo negativo en el Cosmos está unido por una Sustancia viva común denominada Esencia*, y todo lo que se ha creado en la Tierra está unido por el concepto del Creador, que creó el planeta y a nosotros, es decir, según el criterio de Dios. Al haber creado nuestro mundo terrenal, Él también determinó las Leyes de acuerdo con las cuales el mundo debe desarrollarse. Fue Dios quien puso en funcionamiento la Ley de relación de causa y efecto o de karma en el mundo creado por Él en la Tierra, marcando el camino del perfeccionamiento del alma hacia el bien.

Entonces, ¿qué es esta Ley con su compleja interconexión e interdependencia, en qué consiste su gran justicia? Trataremos de averiguarlo.

Karma es la Ley de las relaciones de causa y efecto, expresada en acciones consecuentes después de la resolución por parte del individuo de una u otra situación de alguna manera. O, hablando en un lenguaje más coloquial, el karma sería el trabajo con los pecados, es decir, la recuperación en la vida presente de lo producido por acciones erróneas de la vida pasada.

En el lenguaje de la energía, karma significa la adquisición por parte de un alma de energías de cierta cualidad, a través de una serie de procesos energéticos complejos que se acumulan en su matriz purificándola de aquellas energías bajas que no contribuyen a su evolución.

También se puede examinar el karma desde diferentes puntos de vista:

1. Por medio de acontecimientos, a través de situaciones cotidianas;

2. Según el cumplimiento del programa; y

3. Según la composición energética del alma humana a través de la ley.

Verdaderamente, esta es la Gran Ley Sabia. Y no hay una ley más Grande y Justa en la Tierra, porque cada uno, al perfeccionar su alma, paga por los errores cometidos y sus actitudes indebidas, hasta cumplir con todo el peso de la condena que le corresponde por lo que hizo.

El ser humano no puede eludir múltiples reencarnaciones sucesivas, ya que no será capaz de aprender durante una corta vida todo lo que es necesario para su elevación hacia las esferas Superiores. Del mismo modo, un alumno que acaba de terminar el primer curso de colegio no es capaz de tomar las riendas de su vida sin la dependencia de un adulto, porque para ello necesitará tiempo para crecer físicamente, así como el conocimiento para crecer espiritualmente.

Lo mismo ocurre en las esferas Superiores. El ser humano debe aumentar su potencial energético y ajustarse estructuralmente para el mundo "sutil", es decir, corresponderse con las frecuencias de vibraciones de las energías "sutiles", y enriquecerse con esa reserva de alto conocimiento, que ayudarán al individuo a habituarse a un nuevo entorno, y no presentarse allí como un salvaje de algunas islas.

Por lo tanto, el proceso de reencarnación sucesiva es necesario para el ser humano y para esto se indican dos objetivos principales:

1. por un lado, se produce el enriquecimiento del ser humano con conocimientos y experiencia de vida, lo que conduce a la perfección del alma;

2. por otro lado, se realizan los trabajos devolutivos por aquellos pecados que la persona cometió en vidas pasadas.

Los pecados en el lenguaje de la energía son las energías de cualidad errónea acumuladas por una persona, en relación con aquellas energías que tal persona necesita adquirir de acuerdo al programa. Por lo tanto, el "karma" representa unos procesos que están compuestos de situaciones que producen las energías necesarias para el relleno de la matriz del alma humana de acuerdo con su programa. Es decir, la superación y resolución por parte de la persona de unas situaciones dadas contribuye a la producción por esta de las cualidades necesarias, hasta alcanzar la acumulación de energías en la matriz en conformidad con los indicadores normativos predeterminados. La persona regresa y se enfrenta forzosamente ante situaciones semejantes hasta que alcance llenar su matriz con la composición cualitativa correspondiente. Solo tras completar la tarea descrita, tendrá lugar el traspaso de su alma a la siguiente fase de desarrollo en los mundos más altos.

La noción de "karma" está estrechamente relacionada con el concepto de pecado, que forma parte de la Ley cósmica integral.

En el cristianismo, esta Ley cósmica no se presenta como algo íntegro y unido, sino que aparece en fragmentos clausurados en tales términos como "pecado", "castigo en forma de Infierno" y "perdón".

La Ley cósmica Superior de la relación de causa y efecto consiste en la realización por parte de la persona de acciones legales o ilegales, lo que implica una cadena de los acontecimientos sucesivos en la vida presente y en la siguiente.

Las acciones ilegales han recibido la denominación de "pecado", y debido a que involucran al ser humano en una cadena interminable de reencarnaciones, que hace que se repitan las situaciones cotidianas en el plano terrestre, en las cuales han sido cometidos las acciones ilegales, hasta que tal situación sea resuelta correctamente, es decir, como lo requieran las reglas cósmicas.

El ser humano puede pagar por algunos pecados no solo a lo largo de una vida, sino durante muchas vidas sucesivas.

Pero ¿qué sería del ser humano si este no cometiera los pecados? ¿Existirían o no las reencarnaciones?

Sí, por supuesto, las reencarnaciones existirían igualmente, porque el alma va acrecentando energías nuevas paulatinamente. Es decir, cualquier desarrollo representa en sí una cadena sucesiva de adquisición de Conocimientos Nuevos, y en eso consiste el proceso de integración de energías.

Pero, si el ser humano no cometiera errores ni pecados en su vida, su desarrollo transcurriría aceleradamente y el alma habría llegado a la perfección en el plano terrestre mucho más rápido. Ya que, exactamente debido a la comisión de los pecados el alma posterga su desarrollo en miles y miles de años. Por lo tanto, la comisión del mal, la penalización y redención se extienden para algunas personas durante interminables milenios de dolorosos nacimientos y muertes. Por lo tanto, cada cual debe conocer la Ley, y qué es lo que le espera en el caso de desviarse de ella.

La persona desarrollada, pero atea, suele pensar que solo se vive una vez, por lo que sus acciones durante esa vida no tendrán mayor importancia, y que todo se quedará en el olvido. Por ello, hará todo lo que considere necesario para sí misma.

Otras personas, creen en Dios y temiendo su ira, consideran que será suficiente con rezar y confesarse para, en consecuencia, ser perdonado, porque Dios siempre perdona. Y aunque ya son más moderadas que las primeras, todavía se permiten muchas cosas, dando rienda suelta a sus pasiones y deseos, con la esperanza de ser perdonadas.

Por supuesto que el propio Dios siempre perdona a todos y cada uno. Pero, además de Él existen las Leyes a las que obedecen todos en el Cosmos y ni una criatura puede obviarlas, porque estas Leyes representan en sí los fundamentos, sin cuyo estudio el ser humano no aprenderá a leer, y en consecuencia, no podrá desarrollarse para alcanzar el siguiente Nivel. Además, el ser humano es tan ingenuo en sus conocimientos respecto a las Altas esferas, que cree que todos sus pensamientos e intenciones se mantendrán eternamente ocultos, tanto para las personas que le rodean, como para el mundo Superior existente, sin sospechar que todos sus pensamientos son fácilmente leídos por los Determinadores, y que todo lo que piensa se graba en su cinta de memoria, para que en un momento necesario o en el día del informe de su vida terrenal (el Día del juicio final), sean leídos y analizados tales pensamientos por los Maestros Superiores para la composición del nuevo programa en la siguiente reencarnación.

Pero, al mismo tiempo, conociendo todo lo que piensa el ser humano, nadie interferirá en sus planes (sin su petición o consentimiento) en conformidad con la otra Ley cósmica "De no interferencia" en asuntos ajenos. Todo ello, para facilitarle a la persona que manifieste toda la bajeza de su naturaleza, y, en consecuencia, todas las fallas de su alma subdesarrollada salgan a la luz, detectar todas sus desviaciones, para poder trabajar en ellas con el rigor de la "Ley de relación de causa y efecto", conduciendo a esa alma miserable hasta el perfeccionamiento completo. O, por el contrario, si es demasiado baja y desastrosa, conducirla hasta la total descodificación, es decir, la eliminación e interrupción de las demás reencarnaciones.

El ser humano verdadero debe saber sobre la existencia de las Leyes cósmicas que determinan las reglas del juego de todo lo que vive en el Cosmos, donde no se hace ninguna excepción ni se perdona a nadie.

Cada individuo trabaja en sus pecados por sí mismo y en plena correspondencia con la crueldad que ha sido generada por él mismo; se puede decir, que, matando *a alguien* en la vida presente, la persona se mata a *sí misma* en la vida siguiente, se reservará la paliza a sí misma en el futuro, y así sucesivamente.

Ahora procuraremos profundizar en aquella nueva comprensión del pecado, el karma y el perdón, que le son dadas directamente al ser humano en la Tierra.

En el diálogo con Dios que sigue, hemos utilizado el viejo, y sin embargo corto, término del "karma" para recortar la larga denominación de la "Ley de la relación de causa y efecto". Así como la esencia física representada por la "acumulación por parte del individuo de energías que no corresponden a las normas de desarrollo necesarias", la sustituimos por la corta palabra "pecado".

Pero, tanto en el caso de la primera palabra "karma", como de la segunda "pecado", todo está relacionado con las energías y la lucha por estas en el transcurso de la evolución del alma.

Empecemos el diálogo con la, para nosotros, cercana noción del "pecado".

El pecado

Muchas veces el ser humano ha escuchado que esto o aquello no se puede hacer, por ser ello un pecado. ¿Pero, para qué se ha introducido tal noción en el ser humano a lo largo de tantos siglos? Vamos a intentar averiguar con Dios acerca del sentido oculto del pecado.

– ¿Qué representa en sí el pecado del ser humano para la comprensión cotidiana o social?

– En el Nivel de una comprensión más primitiva, el concepto de *pecado* significa la violación de aquellas disposiciones morales que han sido admitidas por la sociedad para un período de tiempo determinado. El tiempo juega un gran papel, ya que durante su transcurso va cambiando el contenido de todas las normas y Leyes en la sociedad, y correspondientemente, también cambia la noción del pecado, porque aquello que ha sido permitido en el presente, podría ser prohibido en el futuro.

En un Nivel de comprensión más alto, la noción del *pecado* expresa el alejamiento del programa, es decir, la desviación hacia una subvariante dada del camino principal del programa, lo que conlleva la comisión de los actos de un plano inferior a lo previsto en la variante principal.

Y en el plano energético, la noción del *pecado* no es otra cosa que la adquisición por parte del alma de energías innecesarias en el transcurso de la encarnación presente. Durante su evolución de una encarnación a otra, el alma deberá adquirir determinados volúmenes de altas energías, que contribuirán a su ascenso, en primer lugar, por los grados de la Jerarquía terrestre, y después de la Mía (la Divina).

– Está hablando de una desviación del programa. ¿Y si el programa de la persona ha sido compuesto con el objetivo de cometer el mal, pero esta empieza a hacer el bien? ¿Cómo se valora esto? ¿La desviación del programa hacia el lado positivo es un *pecado?*

– No existen programas ni malos ni buenos. Todo es relativo. El programa contribuye a la adquisición de las cualidades de las que carece el individuo.

– ¿Los programas se calculan para las personas?

– Sí, los programas son calculados por los especialistas que examinan la "cinta" de la vida pasada, determinan las energías adquiridas por la persona y las que aún debe adquirir. Por lo que, en base a todo esto, los Fundadores Superiores elaboran la trayectoria en la que, en conformidad con las Leyes de la relación de causa y efecto, debe desarrollarse el alma. Después, el programa, o más bien su trama, se entrega a los calculadores que la traducen con exactitud en cifras.

– ¿En la composición de un programa participan varios Especialistas Superiores?

– Sí, varios.

– ¿Pero, si el programa para el ser humano ha sido compuesto, no sale que el *pecado* se ha planificado?

– No, los pecados no se planifican nunca. Se cometen por voluntad de la persona. Y, la causa principal de tal hecho está en el bajo desarrollo y el libre albedrío proporcionado al ser humano. A cada persona se le facilita en el programa la libertad de elección, es decir, se le proporciona la posibilidad de desviarse del programa hacia el lado de sus deseos o debilidades.

– ¿La violación de la moral en la sociedad es un pecado?

– Las violaciones de la moral pueden ser muy diversas. Y, vuestra sociedad ha definido suficientemente en las Leyes humanas todo lo que se refiere a violaciones, a la categoría de pecado.

– Pero, en las sociedades humanas suelen admitirse unas reglas tácitas, el incumplimiento de las cuales es considerado por un determinado grupo de personas como falta de respeto. Por ejemplo, si actualmente está permitido reunirse en grupos y portarse de un modo indebido, para ellos no es inmoral, pero para un individuo más alto que visite a ese grupo, ese comportamiento le resultará inaceptable.

– El ser humano siempre tiene una posibilidad de elección. Hay muchas compañías diferentes entre las que él puede elegir y sentirse entre ellas familiar y naturalmente. En el caso en que por algunas causas la sociedad que le correspondería a este individuo por sus virtudes espirituales no se encontrara en su entorno, la persona, incluso encontrándose en un grupo de gente que no se correspondieran con su Nivel, podría comportarse en ajustándose a las normas morales de estos, no honrando los bajos instintos, sino aquello que es de elevada moral. Tales grupos ponen a prueba la integridad moral del individuo frente a los actos inmorales: si se rebajará en sus opiniones y acciones o, por el contrario, si se elevará aún más por encima de lo que conmociona su alma.

– ¿Qué representa un pecado, para el ser humano en el actual Nivel de desarrollo, desde el punto de vista cotidiano?

– El pecado ha sido y es para el ser humano lo siguiente: el asesinato, el suicidio, la blasfemia y la negación. Principalmente.

– ¿No guardar ayuno de carne continúa siendo un pecado?

– El consumo de carne influye ante todo en el potencial energético, y cualquier ayuno contribuirá a la purificación de los canales energéticos de la persona. Por lo que el consumo o no consumo de carne dependerá de la comprensión de la propia persona: si desea purificarse o no. Pero, lo principal en relación con el pecado es lo que Yo he enumerado.

– Si una persona no hace nada, ¿cómo se refleja eso en su karma?

– Deberá trabajar muchísimo en la siguiente encarnación. Su vida será muy compleja, y su programa se habrá compuesto de tal modo, que en una vida tendrá que efectuar el doble de trabajo simultáneamente.

– ¿Aumenta el karma por cualquier pecado?

– Sí, por cualquiera.

– ¿Es decir, se proporciona la libertad de elección, pero la desviación del programa principal se penaliza?

– Sí, ya que es el balance del potencial energético violentado por la persona, y el mantenimiento del balance en el Cosmos es muy estricto. Por lo que el ser humano debe intuir hacia dónde debe caminar y qué elegir. Además, en la sociedad existen unas normas que orientan al ser humano en la dirección a la que debe dirigirse su desarrollo, de lo que se ocupan los ideales y la religión.

– ¿Los Individuos Superiores también deben trabajar su karma?

– Todos lo trabajan en correspondencia con el comportamiento de su Nivel, al que pertenecen unas reglas y normas concretas. Incluso Cristo poseía karma.

– ¿Pues, con qué karma tuvo que trabajar Él en la Tierra, siendo el Gran Mensajero en la Tierra? ¿Cómo pudo combinarse su gran misión con el karma?

– El karma de Cristo consistía en la muerte de la humanidad, o más en concreto, de los seres vivos de otro mundo, donde Él fue el Dirigente, y por su culpa perecieron los pueblos de un planeta. Murieron todos debido a un error suyo. El error de Cristo le costó la vida a muchos de vuestros semejantes. Por lo que no hay excepciones ni para las almas inferiores ni para las superiores, todas deberán trabajar para restituir la responsabilidad kármica. Es por ello por lo que, aunque Él destruyó a las criaturas de aquel planeta, en el vuestro, salvó a la humanidad.

– ¿El que fuera crucificado en la cruz fue decidido de acuerdo con su karma?

– La muerte de Cristo tuvo que reunir en sí dos requerimientos: era necesario vincular la nueva religión con la cruz y la señal de la cruz, lo que encajó perfectamente en vuestra fe. Y, además, redimió su karma a través del tormento. Así que su muerte conectó dos cosas a la vez.

– ¿Durante su última misión en la Tierra, tuvo Cristo también que trabajar su karma después de la muerte? ¿Es posible que no lo hiciera todo de acuerdo con el programa?

– En primer lugar, Él se encarnó en la Tierra por primera y última vez. Y, en segundo lugar, pues sí, Él tuvo algunas desviaciones insignificantes del programa. Pero, lo más importante es que por su culpa no falleciera nadie. Por ello, prácticamente no tuvo karma después de su encarnación en la Tierra.

– ¿Por qué en la Biblia no se dice nada sobre el karma del ser humano, es decir, sobre el trabajo con los pecados del pasado en el presente? ¿O consideraron que es suficiente con decirle a la gente que cualquier pecado conlleva una pena?

– En la Biblia se habla sobre el trabajo con los pecados, todo ello viene en ese libro, pero no ha sido comprendido por las personas. Esa información no ha sido descifrada. Por supuesto, la denominación de "karma" procede de la India, de los hindús, pero en la Biblia todo esta expresado de un modo diferente, alegóricamente.

– ¿Es posible que la enseñanza de Cristo contuviera la noción del karma y las reencarnaciones, pero que los escribas pudieran haberlas quitado de acuerdo con sus criterios?

– No, la Biblia lo contiene todo, y Nosotros volvemos a repetir que la información recogida no ha sido descifrada.

– Desde el tiempo de la misión de Cristo han pasado dos mil años. Muchas personas se han desarrollado bastante, y nuestra sociedad tiene muchos individuos decentes y con un alto desarrollo espiritual. ¿Existen ahora en la Tierra personas libres del karma?

– No. Incluso vosotros, Nuestros mensajeros, elegidos por Nosotros, tenéis una u otra situación kármica.

– ¿Existen en el Cosmos mundos que se desarrollen sin karma?

– No. Todo se subordina a las Leyes unitarias del Cosmos.

– ¿Existen mundos que se desarrollen sin pecados?

– Sí, existen tales mundos en algunos planetas materiales.

– ¿Entonces, la Ley del karma está allí ausente?

– El karma existe, pero de otra forma. Las formas del karma son diferentes entre mundos diferentes.

– ¿Son iguales las Leyes del karma para los planos inferiores y superiores?

– La Ley de la relación de causa y efecto en sí existe en todas las partes del Cosmos, pero para cada mundo sus manifestaciones son individuales. Las Leyes del karma para el ser humano son específicas, es decir, respecto a los modos y métodos de corrección de los actos cometidos y a sus penalizaciones. Para los Seres Superiores son diferentes, porque su modo de vida es diferente, así como es diferente el potencial energético de las almas, del que depende la habilidad de superar las dificultades. Esto significa que la penalización que a un alma con un potencial energético bajo le parecerá tremendamente difícil, un alma con un potencial energético alto la superará con facilidad, y por lo tanto, no tendrá el efecto debido. Por otro lado, cuanto más alto ascienda en su desarrollo una criatura, tanto más alta será su **concienciación**. Por lo que dicho Individuo nunca cometerá aquello de lo que es capaz el ser humano. Por lo tanto, en los diferentes Niveles de Desarrollo, la relación de causa y efecto tiene formas distintas de manifestación, de ahí que los cometidos y las formas de castigo serán diferentes.

– ¿Están liberados del karma los Jerarcas Superiores?

– Depende. Cuanto más alto se está, menos obligaciones kármicas hay, es decir, el karma disminuye a medida que va cambiando la concienciación y espiritualidad de las Entidades. Cuanto más alto, menos errores se cometen.

– ¿Cómo se vincula el karma con los acontecimientos en el caso de los Seres Superiores?

– Cada individuo trabaja con el karma y con todo lo relacionado con este hasta determinado Nivel de desarrollo. Los acontecimientos de los mundos altos se manifiestan de forma diferente en comparación con el mundo humano, pero también allí existen las acciones, por lo que la Ley de la relación de causa y efecto se refleja en acciones de diversos géneros. La denominación de la ley como "karma", está admitida en el mundo humano, para Nosotros es la *Ley de la relación de causa y efecto*. Se la puede denominar de diversos modos, pero la esencia es la misma. La metodología del funcionamiento de la Ley cambia a partir de determinado Nivel de desarrollo. La regulación de la relación de causa y efecto se realiza mediante el cálculo. Supongamos que alguna Entidad

Superior debe trabajar para devolver una cantidad determinada de energía en un lugar determinado, y por ello, se la envía allí. En ese lugar, el Individuo adquirirá lo necesario de acuerdo con el cálculo. Si otro Individuo debe adquirir energía de otra cualidad, se le enviará a otro lugar. Todo lo que un Individuo haya gastado para algunos fines propios, tendrá que devolverlo a continuación y liquidar sus deudas, aumentando el potencial adicional.

– ¿Puede haber para un ser humano, además del karma, el castigo de Dios? es decir, ¿puede Usted castigar a una persona adicionalmente?

– No. Yo no castigo nunca. El ser humano actúa estrictamente en conformidad con su karma.

– ¿Pero, puede Usted interferir en el destino de una persona en algún momento de su vida en la Tierra, es decir, cuando ya está viviendo de acuerdo con el programa compuesto?

– Todo es posible: se puede rehacer el destino, cambiar la continuidad del programa, pero, solo en el caso en el que vemos que el individuo se ha redimido de todos sus pecados. Si aún le quedan ciertas actitudes pasadas insignificantes, entonces, se puede cambiar el programa hacia alguna mejoría.

– ¿Es posible cambiar el programa hacia un empeoramiento?

– NUN-CA, – pronunció Él estirando ligeramente la palabra con la inspiración.

– Algunas personas con capacidades extrasensoriales afirman que pueden corregir el karma personal. ¿Es esto posible?

– No son capaces de hacer nada por sí mismos. Solamente con el permiso del Determinador Superior y del Fundador se admitirá cambiar algo en el programa de una persona. Todo se analiza con antelación, se aprecian las consecuencias de los cambios que se pretenden introducir, y si, después, el Determinador Superior autorizase, en conformidad con algunas consideraciones suyas, quitarle el karma a la persona, entonces este se le quitaría solamente en una vida. Y en la siguiente se le duplicaría.

– Pero, si el individuo con capacidades extrasensoriales ayuda a una persona a cambiar su conciencia, ¿influirá tal hecho en el karma de su paciente?

– Sí, trabajando con la conciencia haciéndola mejorar, la propia persona, naturalmente, mejorará su propio karma, ya que comenzará a cometer menos errores e intentará corregir algo en su conducta y en sí misma.

El karma concreto*

– ¿Si se le da riqueza a una persona, qué representa tal hecho en conformidad con las Leyes del karma?

– La riqueza se da como prueba o como recompensa.

– Vemos que la riqueza a menudo la obtienen personas de baja espiritualidad. ¿Por qué?

– Esa es su prueba.

– ¿Y si la riqueza la obtienen personas de alta espiritualidad?

– Esa es su recompensa.

– ¿Si una persona, convence a otra con que la ama y al mismo tiempo le ocasiona el dolor, es admisible tal hecho desde el punto de vista de la moral cósmica?

– Nunca. Nun-ca.

– ¿Y si la persona lo hace conscientemente?

– Adquiere el karma.

– ¿Qué castigo le espera en este caso?

– Obtendrá lo mismo que le hizo a la otra persona. Se recoge aquello que se siembra. El mal volverá a ella como un boomerang.

– ¿Volverá en esta vida?

– Puede que en esta y en la siguiente.

– ¿Puede traspasarse el karma de una persona a su pariente?

– Recordadlo: el karma no puede traspasársele a nadie.

– Hemos tenido información de que los hijos pueden sufrir por sus padres.

– Sí que pueden. Pero si se dan karmas de estirpe, para esto se escogen las almas correspondientes. En tal caso siempre se combinan dos karmas: el karma de los padres y el de los hijos, así que nada es tan sencillo y nadie trabaja para devolver el karma de otras personas.

– ¿Adquiere karma el científico que construye una bomba atómica u otras armas, cuando no él mismo quien mata, y que, después, con sus armas se matan otras personas?

– No, con esto no se adquiere karma, ya que trabaja para la ciencia.

– ¿Esa persona para Vosotros es solamente un científico, sin más?

– Sí, es un científico, un inventor. Pero, en general, todos los científicos e inventores trabajan para el Sistema negativo y junto con Ellos, ya que todos los que dominan las operaciones de cálculo y crean estructuras, pertenecen al Sistema negativo.

– Nuestros científicos ya saben cómo intervenir en la psique de las personas e influir en las situaciones del programa personal, todo ello, con el deseo y objetivo de someterlas. ¿Cómo se refleja ese hecho en su karma?

– Todo dependerá del objetivo o deseo que tenga el propio científico al crear algo. Si está creando, partiendo de un deseo de sometimiento de los otros, en este caso estará adquiriendo karma. Y si su objetivo es la creatividad, entonces todo será diferente, pues ese karma lo adquirirá el individuo que desee someter a alguien. Pero, aquel que solamente trabaja aportando progreso a la ciencia, trabaja para las personas y por el bienestar común, esa persona no adquirirá ningún karma. Muchos científicos ven su objetivo solamente en la creatividad. Y aquellos que los dirijan y utilicen sus inventos con fines propios, adquirirán el karma individual.

– ¿Qué pecados conlleva la pena de la ceguera de la persona desde el nacimiento? En nuestra ciudad hay muchos ciegos, por ello, nos gustaría saber ¿cuál es la causa de tan severo castigo?

– Hay muchos ciegos no solamente en vuestra ciudad, sino en muchas otras también. Pero, para averiguar sobre un karma, siempre hay que escoger a una persona concreta, ya que cualquier karma es individual.

– ¿Puede nombrar algunas causas principales por las que se castiga con la ceguera?

– Algunas causas… La principal es que alguna vez en el pasado la persona privó de la visión a la otra persona. Esta es la primera causa.

La segunda consiste en que la vida de un ciego es la vida de alguien que ha sido en el pasado completamente insensible a los demás. A quien nada le ha importado: ni el sufrimiento de los niños, ni ningún caso o acontecimiento de la vida, todo le fue indiferente. Y la tercera causa, es la agudización de los sentimientos para el desarrollo de centros concretos. Así que, principalmente, estas son las causas.

– ¿Qué karma le espera a la persona con promiscuidad sexual?

– Principalmente, será la fealdad de la encarnación siguiente. Aunque, respecto a esto hay mucha controversia. Puede haber castigos como no tener hijos, el celibato, cualquier tipo de enfermedad sexual crónica. Pero el castigo principal, por supuesto, será la fealdad.

– Muchas personas viven decentemente. ¿Adquieren esas personas algún karma?

– No es posible vivir sin karma en vuestro mundo. Pero, ya sabéis que una buena persona puede adquirir el karma, incluso obrando, según él, de buena fe.

– ¿De qué manera ocurre esto?

– El ser humano puede hacer tanto bien, que, en consecuencia, puede extenderse como el mal. Para no adquirir karma, la persona siempre deberá pensar en qué consecuencias tendrá una u otra acción suya, cuál será el resultado.

– Algunas personas ricas dan a sus hijos mucho dinero para sus gastos cotidianos, pero estos se gastan ese dinero en drogas. ¿Es este uno de esos bienes por los cuales se puede recibir un castigo después?

– Sí. Pero también existe la opción en la que una persona buena no haga nada, pero adquirirá el karma por omisión de interferir con el mal en una situación dada. Y, por otro lado, interfiriendo con el mal la persona también puede adquirir el karma. Por ejemplo, cuando a un alumno se le asigna un maestro severo, que le enseña empleando medidas duras. Sus padres le cambian de maestro por uno con carácter blando, pero, resulta que su hijo, lo que necesitaba exactamente es una educación severa. Bajo una disciplina blanda esa persona en que se convirtió el alumno acabó alcohólico, opción esta en la que no era necesario ni correcto interferir con el mal. El único modo de no adquirir el karma es pensar en las consecuencias que sucederán después de la participación o no participación de la persona en una situación determinada. Si las consecuencias de la participación o no participación conducen al mal, a la degradación, entonces la persona adquirirá el karma. Por ello, hay que ser previsor, desarrollar la lógica del pensamiento.

– ¿Pero, entonces, cómo se construye la vida de las personas decentes?

– Las personas muy decentes, como las llamáis, pueden adquirir un karma muy pequeño, insignificante, así que su vida siguiente transcurrirá relativamente tranquila, dignamente y sin demasiados altibajos. Pero, es imposible crearles en la Tierra una vida completamente ideal, porque la sociedad que les rodea aún permanece en un nivel bastante bajo en cuanto a sus relaciones mutuas y a sus lazos espirituales. Por ello, las personas decentes sufrirán en mayor medida las imperfecciones de aquella sociedad en la que están viviendo, de la insatisfacción respecto a las relaciones y contactos de que disponen. Y, trasladarlas hacia las esferas más altas de existencia, donde las relaciones mutuas se encuentran en un Nivel más alto, será imposible hasta que sus almas adquieran el potencial energético correspondiente, es decir, alcancen el desarrollo que corresponde al siguiente grado evolutivo. Por lo tanto, el camino principal, que facilita la salida de un plano de existencia inferior hacia uno más alto, donde el karma conlleva un carácter más leal, transcurre a través del perfeccionamiento del alma.

– ¿Cuál es la causa de las muertes de las personas en los accidentes de tráfico? ¿Qué es lo que tienen en sus karmas pasados para que las retiren de tal modo?

– Para morir en un accidente de tráfico no es necesario arrastrar algo del pasado. Las causas, nuevamente, son diversas. Cuando acontece, por ejemplo, un accidente de tren en el que se encuentran muchas personas, entonces, las reúnen:

1. La primera causa, de acuerdo con su karma, como un castigo;
2. La segunda, porque ya maduró;
3. La tercera, para una prueba;
4. La cuarta, si sobrevive de acuerdo con su programa, para la adquisición de alguna experiencia;
5. Y, una causa más, porque de este modo, por ejemplo, para el Determinador es más cómodo retirar así a su subordinado, más fácil que

mediante una enfermedad u otro método. Para el Determinador, la retirada del alma guiada también resulta un trabajo sucio y desagradable. Por lo que mediante un accidente todo esto se simplifica. De este modo, puede resultar también más rápido e indoloro para la propia persona. Es solo cuando la catástrofe se ve desde un lado que puede parecer terrible y espantosa, pero para el protagonista todo transcurre en un instante, con lo que no tiene tiempo ni de asustarse. Por lo tanto, los motivos de las muertes de las personas en accidentes de tráfico son diversos.

El karma por homicidio

– Usted ha dicho que en este momento del tiempo el pecado es el homicidio y suicidio. ¿Cuál es la causa del castigo por el suicidio?

– El suicidio es el rechazo de la persona a obedecer a los Maestros Superiores, rechazo a resolver las tareas vitales difíciles. A través del suicidio la persona intenta encontrar un camino fácil para sí misma, pero, contraviene las Leyes del desarrollo. Una persona está conectada con muchas otras, por lo que con su salida anticipada de la vida está destruyendo los programas de otras personas, y los Determinadores tienen que gastar mucha energía para la recuperación de las conexiones averiadas simultáneamente en muchos programas. Y la energía se valora mucho en el Cosmos.

– Pero, puede ocurrir que la persona cometa un suicidio según el programa.

– Sí, pero esto sucede raramente.

– ¿Qué castigo recibe la persona por suicidarse?

– Se gana muchas tribulaciones hasta el final de aquella vida que le estaba predestinada según el programa. En este caso, a su alma no la dejan pasar a lo Alto, por lo que esta experimenta un fuerte sufrimiento. Es por esto que las tribulaciones del alma continúan en la Tierra.

– ¿Se le castiga al suicida con la descodificación?

– No, por lo general, no les corresponde la descodificación. Solo se les da la vida siguiente con la suma de aquellas cualidades que cada persona no llegó a adquirir en la vida pasada, y además, se duplica el programa. Esto significa que las situaciones se intensifican en dificultad, y que la propia vida puede prolongarse. Asimismo, también se produce la yuxtaposición a la vida siguiente, es decir, que se involucran tres vidas en el castigo. Las tres vidas serán complejas, así que es difícil soportarlas. Pero, si la persona no lo aguanta, Nosotros analizaremos que hacer a continuación.

– El ser humano siempre comete los suicidios conscientemente. Pero también las ballenas se quedan varadas en la orilla del mar, los cisnes se estrellan contra el suelo después de la pérdida de su pareja. ¿Eso lo hacen conscientemente?

– Sí.

– ¿En tales casos su consciencia funciona igualmente que la del ser humano?

– Su suicidio se produce según el programa.

– ¿Y puede que un suicidio semejante al de ser humano sea como una salida del programa?

– No, siempre será según el programa. Pero, su suicidio no implica el karma, porque precisamente en el caso de esos animales el karma está ausente en la forma en la que está predeterminada para el ser humano.

– Si una persona comete homicidio, entonces, por consiguiente, conforme a las leyes del karma, ¿también deberá morir de modo semejante en la vida siguiente?

– Sí. Si la persona por alguna razón oculta su maldad y consigue evitar el castigo en la vida presente, y puesto que todo lo que ha hecho está grabado en la "cinta" de su vida, no podrá esconderse de la justicia Celestial de ningún modo. En esta "cinta" se están grabando no solamente las propias acciones, sino también los motivos del delito y todos los pensamientos que conducen al mismo. Por lo tanto, también se evaluará la propia causa por la cual la persona cometió el delito.

– ¿Si nuestros científicos pudieran entrar en las unidades de memoria humana, entonces, se podría determinar con exactitud si una persona cometió el delito o no?

– Sí. Aunque a vosotros, a los seres humanos, no os es necesario. La persona debe arrepentirse por sí misma del delito cometido. Su objetivo en esta vida es la correcta concienciación de sus actos. No son otros los que deben culparla, sino la propia persona a sí misma.

– ¿Cualquier homicidio se castiga por la justicia cósmica? Hay homicidios, que se cometen como autodefensa o por la defensa de una persona cercana.

– Se castiga cualquier homicidio. **El ser humano no debe matar en absoluto.**

Con la finalidad de autodefensa la persona puede herir, o neutralizar de algún modo a su adversario, puede hacer lo que sea, pero no matar. Se puede parar las acciones agresivas del atacante de muchas maneras, sin que la persona ponga en peligro su propia vida.

– ¿Cómo se diferencia el castigo por un homicidio premeditado, un asesinato, del de un homicidio no premeditado?

– La diferencia, por supuesto, está en la gravedad de la comisión de un delito, por lo que, le corresponderá una penalización que le será aplicada en mayor o menor grado. El alma experimentará esta diferencia, principalmente, después de la muerte durante el paso por las capas de purificación. En el caso de asesinato, debido a que el alma ha acumulado muchas energías oscuras, experimentará unas sensaciones muy dolorosas, asociadas por el ser humano con los tormentos del Infierno. En el caso de la comisión de un homicidio con fines de autodefensa o defensa de los parientes, la persona adquiere en el alma otras energías, que incluso pueden ser muy altas, si el asunto está relacionado con la defensa de otras personas, por lo tanto, durante su paso por las capas de purificación tal alma sufrirá en menor medida. Con lo que la diferencia consiste en la cualidad de las energías adquiridas por el alma como consecuencia de la realización de la acción, diferencia que es relevante. Por lo demás, cualquier medida de penalización se determina individualmente. Pero, lo que, sobre todo, el ser humano debe recordar es que, al cometer un homicidio o cualquier otro delito, le espera una pena triple: el juicio de la sociedad, es decir, vuestra justicia terrestre, y la prisión; las sensaciones dolorosas en las capas-filtros de las Tierra y la Justicia Celestial con un programa correspondiente de castigo para la próxima encarnación, en la que será a él a quien maten.

– ¿Si una persona mata a otra, entonces, de acuerdo con el karma también la tiene que matar otro individuo? ¿Y este otro, a otro diferente? ¿No supone eso una infinita cadena de homicidios?

– Existe esa regla.

– ¿Pero, entonces, de qué modo podría interrumpirse ese círculo vicioso?

– Hay dos modos de romper la cadena de asesinatos. El primer modo. Nosotros analizamos el modo en que se ha cometido el homicidio. Esas cadenas finalizan con los homicidios casuales, cuando la privación de la vida de otra persona se efectúa eventualmente, bajo la presión de circunstancias imprevistas. Así que con este "eventualmente" se pone fin a la cadena de los homicidios kármicos, y ese hecho ("eventual") será valorado en el próximo karma de un modo diferente. El individuo recibirá un castigo, pero el karma por homicidio se le retira. Aunque, si hubo homicidio, habrá necesariamente un castigo, aunque este ya será diferente: la persona tendría que pasar por sufrimientos y cosas muy desagradables durante su vida. El segundo modo. El asesinato kármico será cometido por una persona negativa, como resultado de lo cual la persona positiva tendrá su karma liquidado, y el ejecutante negativo obtendrá las cualidades que necesita de acuerdo con su programa.

– ¿Qué penalización le espera a quien dirige un país y desata nuevas guerras en las que muere mucha gente?

– Habitualmente se trata de un individuo negativo que actúa de acuerdo con su programa, ya que a los individuos positivos no se les otorgan tales potestades. Pero con raras excepciones, hay veces en que los individuos positivos inician guerras. Esas personas cumplen su castigo en el mundo inferior, en condiciones mucho más severas y temibles que en la Tierra. Tendrá que encarnarse allí muchas veces, y cada vez su vida será interrumpida por muerte violenta, es decir, asesinado. Pero para no gastar mucha energía y tiempo en este procedimiento de liquidación del karma (porque para liquidar, supongamos, mil muertes, es necesario nacer, crecer y morir a manos de extraños otras tantas veces, y tal castigo a largo plazo no es económico según todos los indicadores)*, en una de las capas del Infierno hay instalaciones holográficas especiales, en las que el alma de modo acelerado liquida sus graves y numerosos pecados, mientras experimenta los mismos tormentos que en vida.

– ¿Puede haber karma por lo que haga una persona en un sueño, como, por ejemplo, matar a alguien?

– Por supuesto, el karma existe. Pero su devolución se realizará trabajando en el sueño. Es idéntico al estado de vigilia. Tales inclinaciones del alma no pueden quedarse sin castigo. El alma revela en el sueño aquellas carencias y faltas que pueden mantenerse ocultas en la vida real, ya que las condiciones de la realidad cotidiana son diferentes, así como su particular hábitat social, que a menudo prohíbe manifestar las bajezas de la naturaleza humana. Pero, durante el sueño, con el cambio de realidad y la ausencia de control por parte del cuerpo físico, se detectan y revelan sus vicios internos, como con rayos x.

– ¿Y qué karma tendrá el individuo en el sueño?

– También será asesinado mientras duerme o gravemente mutilado. Pero debe sentir bien su castigo. Si no lo siente, volverá a ser asesinado en sueños, es decir, se repetirá hasta que tenga una reacción adecuada al asesinato. En general, el alma en sueños debe sentir más sutilmente las mismas situaciones que durante el día, porque la burda envoltura física amortigua en cierto modo sus percepciones sutiles. Por lo tanto, en sueños la comprensión o el arrepentimiento deben despertarse más rápidamente que en la vida ordinaria.

– Actualmente (año 1998), en la vida real han aparecido muchos psicópatas. Una persona sola es capaz de matar a otras cincuenta. ¿Esto significa, que, de acuerdo con las Leyes del karma, tendrán también que asesinar a esta persona cincuenta veces durante sus vidas sucesivas?

– Sí, la misma cantidad de veces, si no se decide descodificarla completamente después de esta vida. Por haber cometido cincuenta asesinatos podría eliminarse su alma por completo, si es que ese individuo no pertenece al Sistema negativo del Diablo.

– La medicina investiga las enfermedades psíquicas de los psicópatas e intenta encontrar una explicación a su crueldad, precisamente en sus trastornos mentales.

– Parcialmente, por supuesto, su psique está distorsionada, porque una persona normal no es capaz de hacer algo semejante. Pero, también existen cosas, que la gente desconoce.

– ¿Por qué causas se distorsiona tanto la psique humana que la persona se convierte en un psicópata?

– Por la mala educación desde la infancia, los escándalos familiares, las peleas, la grosería, así como también por la influencia de la televisión: la visualización de las películas de terror, las películas de acción y bélicas con interminables asesinatos, todo esto influye muy mal en la conciencia infantil. En consecuencia, todo esto conduce a la distorsión de la percepción normal del mundo por parte del niño y la deformación de su psique.

– ¿La psique anormal de una persona puede influir en su programa hasta distorsionarlo?

– Los trastornos mentales humanos distorsionan el enlace correcto del individuo con su programa. En ocasiones, la conexión con el programa se interrumpe por completo, y la persona comienza a actuar en disconformidad con su programa. Su Determinador intenta reconducir a su discípulo al camino correcto, pero, si esto no acontece, lo retira. Así ocurre cuando la persona pertenece al Sistema positivo.

Pero, en la Tierra también hay personas que pertenecen al Sistema negativo del Diablo, por lo general psicópatas, elegidos especialmente para realizar la retirada de algunas almas. Por lo que los psicópatas del Sistema negativo no suelen tener trastornos mentales. Actúan según el programa de forma automática. Este aspecto es desconocido por las personas, y la psique de dicho individuo es absolutamente normal.

– En cualquier caso, la gente no puede entender ¿por qué a una persona se le permite desde lo Alto matar a 50 personas, máxime, existiendo los programas?

– Debéis saber, que no se mata a nadie en vano y sin culpa. Significa que es su karma y que en la vida pasada el individuo también habrá matado a alguien. Y además, hay que recordar que cualquier psicópata, al que hayan permitido crecer y manifestarse, y no le hayan retirado a temprana edad, es un mensajero del Sistema negativo, o, según vuestro lenguaje: un servidor del Diablo.

Tal individuo, en conformidad con su programa, deberá liberar de la envoltura material una cantidad determinada de almas, es por ello que realiza la limpieza. Las mismas personas, que no son del Sistema negativo y toman la vía del asesinato debido a su trastorno mental o cualquier otra causa, serán descodificados o tendrán que trabajar para devolver el karma en consecuencia, como ya ha sido señalado.

– ¿Qué es lo que ocurre con el psicópata en el siguiente caso? Por ejemplo, según su programa este debería matar a 20 personas, pero mata solamente a dos de estas, por lo cual ha sido detenido, juzgado, condenado a la muerte y ejecutado. Debido a esto su programa no se ha ejecutado del todo, y en consecuencia, ¿tal individuo deberá también adquirir algún karma?

– En el Sistema negativo todo está organizado de modo diferente. En el Sistema del Diablo no hay karma. Solo la ejecución estricta del programa. Y esta es la **diferencia principal** que existe entre Nuestros Sistemas. En Mi Sistema (el de Dios) existe el karma, y en el del Diablo, no.

– ¿Si en el Sistema del Diablo no hay karma, en qué se fundamenta el desarrollo de sus almas?

– Se fundamenta en el desarrollo progresivo correspondiente al mundo del Diablo. El alma adquiere energías de una cualidad completamente diferente a las de Mi Sistema. Pero, debido a la ausencia de karma, las almas en el mundo del Diablo alcanzan más rápido la perfección en la dirección negativa. Avanzando por el camino estricto, el alma no tiene derecho a desviarse ni paso. El castigo por una mínima intencionalidad, distinta de su programa, o la desobediencia es la eliminación. Por lo que, habitualmente, en el Sistema del Diablo se produce una ejecución estricta del programa. Y aquellos individuos, que hayan sido admitidos con determinados objetivos en el mundo terrenal, trabajando para Él, ejecutarán su programa con precisión.

En Mi mundo, cualquier alma sometida a la Ley de la relación de causa y efecto, es decir, subordinada a la Ley del karma, pasa por un camino muy largo en su desarrollo corrigiendo sus errores, ya que lo que Yo busco es su concienciación.

Y otro detalle muy importante, que marca la diferencia de la evolución en Mi mundo, consiste en que la persona adquiere su karma a causa del libre albedrío que se le ha proporcionado en su programa. En el mundo del Diablo no existe la libertad de elección. En Mis mundos, el alma puede elegir, errar, y en consecuencia, deberá corregir los errores cometidos, evolucionando así su comprensión. En el mundo del Diablo el alma no tiene derecho a elegir, debe hacer solo aquello que le sea ordenado. Es como un soldado en el ejército, no se le permite tomar decisiones propias.

– La muerte libera energía desde el interior de la persona. ¿Adónde se dirige esa energía en el caso del asesinato de una persona por un psicópata, al Determinador del psicópata en el Sistema negativo?

– Las energías se destinan a sus Determinadores: las de la víctima, a su Determinador del Sistema positivo, y las del psicópata, a su Determinador del Sistema negativo. La energía negativa que procede del propio asesinato se conduce hacia el Sistema negativo.

– ¿Cómo es el karma desde el punto de vista energético?

– El alma siempre adquiere las energías conforme al karma, las que requiere su desarrollo, y las que no han sido adquiridas suficientemente en la encarnación anterior. Cada encarnación nueva presupone la adquisición por parte del alma de nuevas energías cualitativas y determinado aumento cuantitativo de las energías ya presentes en la matriz hasta los estándares requeridos.

Las situaciones las que se involucra al individuo en su vida para que las resuelva contribuyen a la producción de unos tipos de energías planificados en su alma. Así que la persona, pasando por las situaciones planteadas, deberá rellenar la matriz de su alma con determinado compuesto de energías.

Si supera la situación correctamente, entonces la matriz se rellena con las energías necesarias. Si, por el contrario, si no supera la situación, produce, en consecuencia, energías de una cualidad inferior a las planificadas por el programa principal. Por ello, debido a esa calidad inferior, no se permite el acceso directo a la matriz de tales energías, por lo que se rellenan las envolturas temporales, limpiándose después de la muerte.

Por lo tanto, si a través de situaciones dadas el individuo no adquiere las energías necesarias durante una vida, produciendo otros tipos de energías debido a su **libertad de elección**, entonces, tendrá que, nuevamente a través de situaciones repetitivas o análogas, producir lo necesario en la vida siguiente. **Este es el sostén del fundamento energético del karma.**

– ¿Será que significa, de acuerdo con el karma, que la energía del sufrimiento debe ser compensada con la energía de la alegría? ¿Debe haber en este sentido algún equilibrio de energías?

– No, no es necesario. Todo depende de la experiencia de la persona en su desarrollo y de cuanta energía le quede aún por acumular. Es decir, depende de las cualidades dadas de una persona, que en el proceso de la vida se están formando para esta el potencial energético necesario.

Así que el programa, compuesto en lo Alto, determina para el individuo las energías que no han sido adquiridas lo bastante en las encarnaciones pasadas o que aún no tiene debido a su bajo nivel de desarrollo. Por ejemplo, se plantea en una situación adquirir unas energías, y en otra situación, otras, así como las cantidades debidas. Es decir, en el transcurso de la vida puede ser programado adquirir una unidad de un tipo de energía y cien unidades de otro tipo. Por lo tanto, el equilibrio para el alma no es obligatorio ni necesario.

– ¿Entonces, de acuerdo con las Leyes del karma, el ser humano está adquiriendo esas energías que son necesarias para su traspaso al grado de desarrollo siguiente?

– Sí. Hasta que la persona no adquiera las energías de una cualidad y cantidad determinadas, no podrá nunca ascender hacia los mundos superpuestos. Por ello, el programa determina, qué tipos de energías necesita obtener ella, y a través de la Ley del karma se regulan sus adquisiciones cualitativas. Con el Diablo, el alma, desarrollándose según un programa rígido, desarrolla inmediatamente aquellos tipos de energías que son necesarios en Su mundo, sin repetir encarnaciones con el mismo tipo de programa, por lo que llega a la perfección más rápidamente. Por tanto, se alcanza la perfección con mayor rapidez. Solo que tales perfecciones, en mi mundo y en el mundo del Diablo, son bastante diferentes, o más bien, opuestas.

– La gente no puede entender, ¿por qué se permite en la Tierra que se cometan ciertas atrocidades?

– Nosotros no lo permitimos. Pero el ser humano comete crímenes cuando se siente agredido, y también a causa del Libre Albedrío que se le ha otorgado a este. Siempre existe una elección:

1. En primer lugar, dejar que le asesinen.

2. En segundo lugar, matar al agresor y mantenerse con vida;

3. Y, en tercer lugar, si tiene ingenio suficiente, la persona puede manejar la situación de tal modo que se salven ambas vidas.

La agresión del ser humano proviene de su base animal, de un bajo Nivel de desarrollo, de la presencia de miedo, de ignorancia, de multitud de vicios y de su baja espiritualidad. Todas las bajas pasiones y vicios humanos son utilizados para sus fines por los Sistemas negativos, uno de los cuales se encuentra en el interior de la Tierra y consume energías de frecuencia bruta, pesada, producidas por las personas. Hay otro Sistema negativo que se encuentra sobre la Tierra y desempeña sus tareas propias. Por lo tanto, a esos Sistemas les interesa provocar a las personas. También hay otros Sistemas negativos ubicados en los mundos nominales, de los que también procede mucho mal en la Tierra. Lo que pasa es que captan a muchas personas de más, es decir, que van en contra del programa humano. Quebrantan los programas, lo que origina el caos en determinados lugares de la Tierra.

– ¿Qué significa la expresión "captan a muchas personas"?

– Los Sistemas negativos son enemigos de la humanidad, someten la voluntad de las Unidades más bajas espiritualmente, para lo que poseen sus propios métodos. Así que la gente, sin sospecharlo, comienza a cumplir sus mandatos mediante sugestión. El individuo se convierte en una máquina que pierde el control. Su conciencia se desconecta por completo, y su actuación transcurre bajo hipnosis. Este es otro tipo de psicópatas que se dan actualmente. De alguna manera se les podría llamar "zombis". Y un zombi ya no es un ser humano, ya que no comprende nada por sí mismo. Por lo que hay muchas causas de la aparición de psicópatas, aunque, la principal es la baja espiritualidad del ser humano.

– Los planes inferiores, como los de aquel Sistema negativo que se ubica en el interior de la Tierra, influyen mucho en el comportamiento de la gente. ¿Qué medidas serán tomadas en lo Alto para limitar esa influencia en el futuro, para que las personas puedan mejorar?

– Nosotros estamos tratando ese asunto. Tenemos ahora un Sistema entero que se dedica exclusivamente a limitar la influencia de los planos inferiores en los seres humanos. Por ello, en relación con la limitación de la influencia se elimina a muchos individuos que estorban. Pero, es necesario dejar para un futuro no muy lejano una parte pequeña de estos, porque son necesarios para el perfeccionamiento de otras personas. Y en un futuro lejano, los sirvientes negativos del Diablo habrán desaparecido por completo de la Tierra.

– Aplicando algunas Leyes, ¿serán restringidos?

– No. Las limitaciones deberán proceder de la concienciación de cada uno. **La concienciación es la Ley**. Cuanto más alto asciende una persona, tanto más alta es su concienciación y más perfectas sus actitudes, correspondiéndose más con las leyes cósmicas. En otras palabras, la gente del futuro dejará sin trabajo a los individuos negativos.

Asesinato de animales

– Actualmente se ven muchos animales lisiados. ¿Quiere eso decir que estos tienen karma?

– Lo que indica, ante todo, es la crueldad, la bajeza humana. La gente lesiona a los animales descargando en estos su ira y sus frustraciones vitales.

– ¿Pueden tener karma los animales altamente desarrollados, como lobos, perros, tigres, elefantes, etc.?

– Sí. Hay algunas sutilezas en este asunto Los animales pequeños y herbívoros no tienen el karma. Pero, por ejemplo, las almas de los depredadores pueden en ocasiones encarnarse por razones diversas en los cuerpos de los herbívoros con fines kármicos.

– La mayoría de los animales carecen de karma, ¿es posible que sea porque no tienen ni voluntad propia ni libertad de elección?

– No. Los animales tienen voluntad y libertad de elección. Pero la causa de la ausencia de karma no tiene nada que ver. Principalmente, el karma está ligado a todo tipo de cualidades egocéntricas. Por ejemplo, cuando una persona comete algún mal con el fin de vengarse, por envidia. Podrá decir: – "Lo haré de tal modo que le haga mucho daño, lo que me pondrá contento y me beneficiará". Los animales, en cambio, no tienen ni interés propio, ni regodeo, ni avaricia. Sin embargo, los animales desarrollados y depredadores tienen karma. No lo tienen los animales pequeños y herbívoros. Todo depende del tipo de animal.

– ¿Los herbívoros como la vaca, la jirafa, la gacela, … no tienen karma porque son inferiores a los depredadores como los leones o los tigres?

– No, el nivel de desarrollo de los animales depredadores es inferior respecto al de los herbívoros. Y los herbívoros no tienen karma. Pero un depredador puede encarnarse en el cuerpo de un animal herbívoro, justamente para trabajar en la devolución del karma. Es decir, los animales superiores que ya tienen capacidad de comprensión, como perros, lobos, elefantes, tienen karma. Todo depende de la especie animal y de la fase de desarrollo en que se encuentre en este tipo de especie. El animal que aún permanece en la fase inferior de desarrollo de su especie puede todavía no tener karma, pero, los animales de la misma especie que ya estén en la última fase de desarrollo de esta ya lo tendrán. Así que todo se evalúa de modo individual.

– ¿Si una persona elige libremente la profesión de matarife, qué karma le espera en la encarnación siguiente?

– Si la elección de esa profesión está condicionada por la necesidad de alimentar a sus hijos, a la familia, entonces, tendrá un karma insignificante o incluso podría no tenerlo en absoluto. En cambio, si elige esa profesión porque ese trabajo le da placer, entonces, tendrá karma ya que esta alma ya anhela a acumular energías negativas. Acto seguido se adoptarán las medidas de reeducación en forma de karma. Por lo que cuantos más animales mate esa persona, y mayor y más pesado será su karma. Podría incluso descodificarse a esa persona, si llegase a matar a demasiados animales, regodeándose en ello.

– ¿Podría pasar, que el programa de una persona se componga de tal modo que esta deba matar a los animales?

– Sí, ese hecho, una vez más, está relacionado con su karma: por si debe producir algún tipo de energía del que su alma carece, o por adquirir algunas cualidades de su carácter.

– ¿Cómo se valora la matanza de los animales cuando se calcula su grado de culpabilidad?

– Depende de cómo mate la persona. Principalmente, lo que se valoran son los motivos internos de su matanza. Si lo hizo por la necesidad de alimentar a su familia, y no tenía otra salida, en tal caso, la eliminación de los animales se valorará como un trabajo. En un trabajo de esa naturaleza ya va su karma y no será descodificado por ello. Si se tratase de una persona que tiene la intención de matar debido a un enfado propio o alguna necesidad interna, entonces, ya se trataría de un psíquico al que se puede descodificar, pero, solamente en el caso de que haya matado a una gran cantidad de animales, por ejemplo, como cincuenta o más. Así mismo, la gravedad de su crimen dependerá también de qué tipo de animales mató. Cada tipo tiene su significado. Al valorar su vida, es necesario examinar los tipos de animales que ha matado esa persona.

– ¿Cuanto más inteligente sea el animal, tanto mayor será la responsabilidad de una persona por quitarle la vida?

– Sí, pero, por ejemplo, los insectos, aves, peces casi no se valoran.

– ¿Hay algún castigo por matar a un animal en una cacería?

– Por supuesto. El castigo de cada persona corresponde a las aspiraciones de su alma.

– ¿Existe diferencia en el castigo entre cuando en una cacería se mata a un animal por satisfacción propia a cuando se mata porque su familia carece de alimento alguno?

– Hay una gran diferencia entre las dos. Al ser humano, desde el día de su creación se le ha permitido matar animales solamente por la necesidad de alimentarse. Y la cacería por satisfacción propia fue inventada más tarde por personas de desarrollo inferior.

– ¿Qué karma tendrán que trabajar en concreto las personas que cazan a los animales por la satisfacción propia?

– Las medidas de trabajo kármico pueden ser diversas: se podría encarnar a la persona en un cuerpo deforme, o hacer que se rompiera en repetidas ocasiones sus brazos, piernas y etc. Y esto podría pasarle a lo largo de muchas vidas, **hasta que la energía del sufrimiento propio restablezca el equilibrio de la energía de aquella satisfacción que esa persona sintió en la cacería.**

– Entonces, de hecho ¿la causa de la acción del karma es cualquier incumplimiento de la adquisición cualitativa y cuantitativa de energías en la matriz?

– Sí. Cada celda de la matriz requiere un relleno cuantitativo determinado. Por lo que, la cantidad exacta de un tipo de energía dado, preestablecida normativamente, forma una cualidad requerida y necesaria para el individuo. Una celda llena es una cualidad estable y constante del carácter humano. Si la cualidad es inestable, entonces la celda aún no está llena del todo, lo que conduce a que el individuo puede alternar entre una conducta buena y otra mala. Nosotros buscamos la obtención de una cualidad resistente y duradera. En ocasiones, el relleno de una celda puede efectuarse a lo largo de muchas vidas, porque el individuo, debido a su conciencia inferior y a la libertad de elección proporcionada, realiza continuamente una elección errónea, es decir se equivoca. La elección errónea en una situación conduce a que las celdas de la matriz permanezcan vacías de energías del tipo necesario (o puede que haya una cantidad insuficiente de ese tipo). Ahí es donde aparecen las deudas energéticas. El individuo que no ha podido resolver una situación correctamente, tendrá que resolverla cuando se repita en sus vidas sucesivas, hasta el punto de que deberá resolverla en el modo y medida que requiera su desarrollo, rellenando las celdas de su matriz con el tipo de energía necesario. Cualquier situación es una acumulación de energía de una cualidad determinada en la celda. Por ello, el karma en el lenguaje energético significa la acumulación forzada en la matriz de aquellas energías que son necesarias para la progresión del alma y que deberían proporcionar al individuo su traspaso al siguiente grado de evolución. Pero, al mismo tiempo, avanzando exitosamente por el camino del perfeccionamiento del bien, algunos individuos adquieren también unas energías no planificadas, por lo que son gratificados durante el desarrollo.

– ¿Cómo se gratifica exactamente al alma por el éxito en el desarrollo?

– Se puede premiar con el bienestar material, con una existencia tranquila o proporcionándole algunas capacidades. También tenemos muchos programas de estimulación. Pero cualquier gratificación es individual y no debe obstaculizar el progreso del alma* o convertirse en la causa de su degradación.

– ¿Se sabe qué energías debería generar el alma en el futuro?

– Por supuesto. Existe una secuencia regularizada en la generación de energías, de baja a alta frecuencia. Todo esto se determina fácilmente por los calculadores, que saben qué energías tendrá que generar un alma en la vida siguiente o dentro de cinco reencarnaciones.

El karma familiar, colectivo, nacional

– ¿Cuándo apareció el karma en la Tierra?

– Desde que apareció la primera persona, desde el origen de la humanidad.

– ¿El salvaje de la primera civilización ya tenía karma?

– Por supuesto.

– ¿Para qué existen los karmas familiares?

– Todo está basado, una vez más, en la producción de las energías cualitativas. Tras observar las celdas familiares, resulta que todas están construidas principalmente para la producción unitaria de energía, por ello, las situaciones por las que estas atraviesan son semejantes. Todas las familias se dividen en diferentes Niveles de desarrollo y producen energías de una cualidad determinada. A su vez, estas cualidades también se dividen en Niveles, y su acumulación durante décadas y cientos de años por clanes familiares que existen durante estos periodos de tiempo puede no ser completa. Es decir, este clan no adquirió las energías necesarias durante el periodo de tiempo preestablecido para este en el programa, y en consecuencia, se generaron unas deudas energéticas. Por lo que todo aquello que le faltó a una generación, se le traslada a la siguiente generación. El trabajo kármico de la familia se realiza a través de la repetición de situaciones o la aparición de situaciones nuevas, más complejas, adquiriendo de este modo la energía de una cualidad determinada. Y para la transformación también se le proporciona una energía del tipo correspondiente.

– ¿Podría entrar cualquier alma en este clan con el karma familiar?

– No, solamente aquellas que son energéticamente adecuadas para esta familia. El karma individual está obligatoriamente vinculado al karma familiar, colectivo, etc. Trabajando siempre con el karma personal, el individuo puede ayudar a liquidar el karma familiar o puede empeorarlo. Todo está en estrecha interconexión.

– ¿Es esta la razón por la que hay karmas colectivos y karmas de países?

– Sí, es por la misma causa.

– ¿Qué representa el karma de una nación?

– Lo mismo. Todas las almas se reúnen, producen y acumulan en su matriz energía de un tipo y cualidad determinados, y a la vez, producen para los Sistemas Jerárquicos una energía de un tipo requerido. Para este fin se construyen en correspondencia, y su hábitat se organiza mediante un proceso tecnológico concreto.

– ¿Existen tipos de karma para las naciones, es decir, tienen estas su medida de castigo, su grado de responsabilidad?

– Sí, cada nación tiene su propio karma. Así como en vuestro mundo todo es diferente, del mismo modo son diferentes los karmas.

Arrepentimiento

– ¿Por qué se ha decidido trasladar los castigos por los actos erróneos cometidos a la vida siguiente?

– Si se aplicara la represalia en la misma vida, sería un castigo demasiado liviano.

Cuando una persona sabe por qué es castigada, su psique lo soporta mucho mejor que cuando no lo sabe, así que el trabajo del alma se reduce al mínimo. Por ello, en la primera opción, la persona obtiene un castigo atenuado. Es bastante más difícil aguantar el castigo kármico cuando el individuo no conoce el porqué de la dificultad de cada situación que se le aparece en su camino. Por lo que este clama continuamente: "¿Por qué estoy sufriendo tanto? ¿Qué he hecho para merecerlo?". Estas preguntas torturarán a la persona hasta el final de su vida, y su alma permanecerá en continua búsqueda.

El alma no debe recordar lo que es bueno y lo que es malo, sino que deberá sentir y enfrentarse a aquello que fue indigno de sí misma. Para ello, el alma tendrá que acumular durante el proceso de perfeccionamiento energías muy altas, para que puedan rechazar todo lo inferior, y no porque recuerde que sea malo, sino porque las energías inferiores ya no le corresponden y le provocan repugnancia. En esto consiste la pureza del experimento.

– ¿Si una persona no ha comprendido nada durante la vida, puede llegar a tener conciencia de sus equivocaciones después de la muerte?

– Sí, después de la muerte el individuo comprenderá por qué ha sido castigado, y sacará algunas conclusiones para sí. Aunque, si esas conclusiones no son comprendidas en profundidad, entonces, en la siguiente reencarnación, cuando la memoria del pasado se haya bloqueado, el alma volverá a cometer el mismo error. En cambio, si la concienciación se produce en el nivel de comprensión debido, es decir, lo suficientemente profundo, entonces, los errores pasados ya no se cometerán en la nueva reencarnación, interrumpiendo, de este modo, la cadena de dependencia kármica en una u otra dirección.

– Sabemos que, a nivel de comprensión cotidiana, el arrepentimiento de una persona significa el reconocimiento de sus pecados. ¿Qué representa el arrepentimiento desde el punto de vista energético?

– El arrepentimiento es la purificación. Se le quita al individuo una parte del karma, aunque insignificante. La principal permanece, ya que todos deben pagar sus deudas kármicas.

– ¿Existe alguna interconexión energética entre el que perdona y el propio perdonado?

– Sí, existe.

– ¿Cualquier hecho es perdonable?

– Todo depende de la espiritualidad de la persona. Cuanto más alta sea aquella, más podrá perdonar, y cuanto más baja, menos. En ocasiones no será capaz de perdonar en absoluto, debido a su naturaleza interna. Esa persona puede ser corrupta de corazón: perdonar de palabra y no perdonar de corazón.

– ¿Qué es más beneficioso: cuando se nos perdona o cuando perdonamos nosotros a alguien?

– Es mejor cuando vosotros perdonáis. Al individuo que ofende, por supuesto, le será indiferente, porque al ofender el karma se grabará en él mismo, y luego se tendrá que redimir. Pero, cuando vosotros perdonáis al que os ofende, entonces, se produce un trabajo determinado del alma, el análisis de sus hechos o de su propia situación, por lo que el alma logrará algunas adquisiciones energéticas, importantes para vosotros.

– ¿Y si el que ofende persiste en sus cometidos, hay que perdonarle hasta el final?

– Entonces, hay que cambiar la situación. Eso es que hay algo que no estáis haciendo bien.

– ¿Cómo se conecta el hecho de perdonar a todo el mundo con el de amarlos a todos, puesto que las personas de alto desarrollo espiritual aman a todos?

– El perdón proviene del amor, por ello, se puede decir, que el hecho de perdonar a todos emana de amar a todos, es su consecuencia. Así que cuanto más alta sea la espiritualidad del individuo al que es inherente la capacidad de amar a todos, mayor será su deber de perdonarlo todo y a todos.

– ¿Es admisible que una persona le pida a Dios que castigue a su ofensor?

– Se admite. Todo se puede pedir, pero no todas las peticiones se toman en consideración.

– ¿Puede el ser humano corregir su karma por sí mismo?

– Puede. Para que esto ocurra, el individuo deberá revivir todo aquello que haya hecho o cometido en todos los aspectos. Es decir, deberá colocarse en el lugar de aquella persona a la que agredió y llegar a entender la gravedad de su acción desde el punto de vista del perjudicado. Es más, deberá conocer todos los motivos que le empujaron a cometer la maldad, encontrar en él su lado vicioso y comprender mal que se esconde en él. A continuación, tendrá que venir el arrepentimiento, las energías positivas que neutralizan parcialmente las energías negativas que adquirió el alma durante la comisión de sus malas acciones (en la vida pasada o en la presente).

– Entonces, es posible en la vida presente. ¿Pero, y si el karma se arrastra desde la encarnación pasada y no recordamos nuestros actos, qué se puede hacer en tal caso?

– Si el karma está relacionado con la vida pasada, entonces, es que ya está en el programa, y la persona deberá pasar por todo lo que esté preestablecido en el mismo, y sin privilegio alguno. El karma pasado solamente se puede devolver a través de las situaciones programadas.

– ¿Cómo se desatan los nudos kármicos?

– El nudo kármico es una situación programada en un momento dado, que se obtiene mediante la conexión de varias líneas kármicas en un periodo de tiempo y un espacio delimitado. Es la propia persona u otro ser quien desata el nudo durante el paso por un punto determinado en un intervalo de tiempo preciso.

– En uno de los contactos se ha dicho, que algunas almas serían descodificadas, y que a los individuos que han sido perjudicados por ellas, se les quita el karma desde una hasta tres vidas. Es decir, que el asesino que ha matado a alguien sería descodificado y, en consecuencia, se le quitaría el karma a la víctima, durante entre una y tres vidas.

– Esto ocurre raramente.

– ¿Cuál es la causa por la que se le quita el karma de la víctima?

– De nuevo, todo depende de la cualidad de la energía. En el momento del acontecimiento de una muerte repentina, acompañada por potentes sensaciones procedentes de fuertes emociones se produce la adquisición de tales energías cualitativas que el alma debería generar en el transcurso de la ejecución del karma en la vida siguiente. Es decir, adquiere en su matriz esos tipos de energías cuya adquisición ha sido planificada para el futuro. Pero, la víctima ya generó en el proceso de la muerte esas energías que debería producir en la vida siguiente o incluso en las tres siguientes, por lo tanto, se le quita el karma. Pero, si tales adquisiciones no se produjeran y las celdas de la matriz se quedaran vacías, entonces, no se podría hablar de retirar el karma. Es decir, como resultado del acontecimiento de una situación trágica deberá producirse una descarga muy potente de energía, y habitualmente, el alma experimentará en este momento un estrés muy fuerte. La energía expulsada por el estrés y la muerte puede ser, a la vez, de muchas cualidades y se produce, en este caso, en su volumen total.

– ¿Con la descodificación del asesino, también desaparece su conexión kármica con la víctima?

– Nadie queda conectado a nadie después de la muerte.

– ¿Pero, puede ocurrir que la víctima y el asesino se vinculen en la vida siguiente?

– Puede, pero no siempre, ya que las almas pueden reencarnarse en tiempos diferentes. Si se vinculan las almas que ya han sido conectadas entre sí en el pasado, entonces, se producirá un intercambio: si en el pasado uno mató a otro, en la siguiente vida la víctima matará al asesino. Se intercambian posiciones y, como resultado, ambos carecen de karma.

– ¿Entonces, el karma puede eliminarse de este modo?

– Sí, en algunos casos.

El karma en el futuro

– En el enlace de dos épocas, después del año dos mil, las personas de la quinta raza pasarán a ser de la sexta raza. ¿Continuará su karma o se iniciarán unas relaciones nuevas?

– Su karma permanecerá y continuará más allá, ya que no habrá relaciones nuevas y super-nuevas entre las personas de forma inmediata. Después del año dos mil, aquellas almas que no hayan alcanzado la perfección debida, continuarán su progreso con un programa nuevo y el karma antiguo, trasladado a un nuevo nivel de desarrollo.

– Hemos oído a algunas personas decir que al final del año dos mil, la gente no tendrá karma. ¿En qué se basa tal afirmación?

– Sí, también podría decirse de este modo, depende del punto de vista escogido para ver el karma. Si se escogen almas que van a ser borradas de la faz de la Tierra, entonces, estas no tendrán karma. Las almas eliminadas carecen de karma. Por lo tanto, actualmente estarán haciendo lo que les apetezca, y con total impunidad. Y el karma de las personas a las que, actualmente, dichos individuos ocasionan el mal, se les quita automáticamente, ya que el karma no puede ser asumido por las almas que cometen el mal. Y aún más, **el karma de los perjudicados por aquellas almas que después serán descodificadas se les podrá quitar en dos o tres encarnaciones sucesivas. Esto está relacionado con cómo transcurren algunos procesos energéticos.**

Pero, el propio karma, como principio de castigo y enseñanza, se mantendrá también para la gente de la sexta raza. La segunda razón por la que las almas no podrán tener karma consiste en que una parte de las almas pasará al lado del Diablo, en cuyo mundo, y acorde a sus leyes, el karma no existe. Por lo tanto, tales almas tampoco tendrán karma.

Y, en tercer lugar, se puede hablar de la ausencia de karma, desde otro lenguaje, el energético. En este caso, el karma se observa como un proceso físico y, por ello, se puede decir que el karma no existe, solo está el trabajo realizado por el individuo en torno a la adquisición de determinados tipos de energías de la cualidad requerida, que expresan cierta progresión en el desarrollo a través de situaciones preestablecidas por el programa.

– Hay almas que no lograrán ascender al grado más alto para el año dos mil. ¿Se retrasarán, entonces, en su desarrollo durante otros mil años?

– No, no tendrán un retraso de mil años. Encontraremos un lugar para la continuación de su perfeccionamiento, por lo que su desarrollo continuará. Pero en lo principal, todos los que sean dignos de ello pasarán a la sexta raza.

– ¿A dónde serán enviadas esas almas, que por el karma no sean admisibles para la formación de las relaciones nuevas en la sexta raza?

– Serán enviadas a otros planetas y mundos inferiores, que corresponderán a su nivel de desarrollo y a su karma.

– ¿Cuándo las almas de la Tierra se trasladan a otros planetas, continúan sus karmas en otras civilizaciones?

– Sí, eso es absolutamente cierto.

– ¿Puede suceder que el karma de algún alma se elimine durante el traslado?

– En Mi mundo, no. Solo se elimina en el mundo del Diablo.

– ¿Si el programa para el alma se compusiera sin libertad de elección, habría entonces karma en el alma?

– No, la libertad de elección permanecerá en la sexta raza. Si no estuviera presente el ser humano se convertiría en un robot.

– ¿Pero, entonces, cómo pasa en el mundo del Diablo? Pues allí no hay libertad de elección.

– El desarrollo en Su mundo transcurre con otras energías cualitativas, absolutamente distintas, y, además, allí hay un nivel de concienciación e intelecto completamente diferente. Es decir, en un Nivel más alto el alma trasciende el límite de la robotización. Los robots pueden darse solamente entre los seres humanos. Y aquí, realmente hay personas que trabajan de parte del Sistema negativo sin libertad de elección, convirtiéndose en robots, ya que no perciben ni comprenden muchas cosas: por qué cometen uno u otro acto. Simplemente hacen todo lo que se supone que deben hacer de acuerdo con el programa, no experimentando sentimientos encontrados o tormento en sus almas. Y estos ya serían robots.

- - -

Para concluir el capítulo sobre el karma detengámonos en un momento importante: en qué se diferencia la aplicación de la *ley de relación de causa y efecto* en el mundo de Dios y en el del Diablo.

Si Dios procede desde la posición de generar las energías según un cierto plan de desarrollo del alma al construir un programa humano, entonces el Diablo procede también desde la misma posición. Y el individuo negativo de Su Sistema genera energías conforme al programa, así como en Su Sistema existe un esquema determinado o un plan de desarrollo del individuo. En estos aspectos la analogía es total.

Pero Dios dice que en Su mundo existe el karma, tal y como es. El Diablo, en cambio, afirma que en Su mundo no existe el karma, sino solo el programa.

Partiendo de las posiciones señaladas arriba, se puede decir que ni en un mundo ni en otro existe el karma, sino solamente el desarrollo energético del alma. Las diferencias son tan sutiles que pueden escapar a la vista y confundirse con la misma cosa. Las sutilezas consisten en lo siguiente:

En primer lugar, aquellos programas, que vienen de Dios, proporcionan al ser humano varias opciones de elección y por lo tanto tienen un esquema de múltiples ramas en su construcción.

Y en los programas del Diablo no hay libertad de elección, por lo que el programa tiene un esquema de una sola rama.

Dios le proporciona al ser humano, durante el transcurso de su desarrollo, una indulgencia: si a un alma le resulta muy difícil ejecutar la tarea principal de la vida, entonces se le permite apartarse de la opción principal del programa hacia una variante secundaria, con situaciones más blandas que requieren un menor desgaste de las fuerzas de individuo, así como un menor sufrimiento.

El alma no está preparada para resolver la tarea principal, por lo que se le permite un aplazamiento, dando un paso atrás en el desarrollo. Aunque, salvo por alguna situación compleja debido a la presencia en el programa de libertad de elección, más tarde, al final de su vida, el alma podrá madurar gracias a la adquisición de experiencia en la resolución de situaciones más fáciles. Así que en la reencarnación siguiente ya estará preparada para pasar por aquella situación complicada por la que retrocedió en el pasado.

Por ello, se puede decir, que proporcionando al ser humano la posibilidad de elegir, Dios manifiesta Su misericordia y Su gran paciencia a la hora de educar el alma. No presiona, no fuerza, sino que guía suavemente, conduciendo el alma hacia la madurez, aumentando paulatinamente el potencial de su fuerza.

Los programas en el mundo del Diablo son siempre rígidos, estrictos, así que quiera o no quiera el individuo, le guste o no le guste, deberá cumplir con todo aquello que está preestablecido en el programa. Los deseos del individuo y su aspiración de desarrollarse en una u otra dirección no se tomarán en cuenta. El alma se convierte en lo que Su Sistema requiere.

Por lo que, como dice el propio Diablo: por el incumplimiento de aquello que está preestablecido en el programa el castigo será la muerte. Por lo que podría incluso decirse que Sus programas son extremadamente rígidos y severos, pero el Diablo examina a su vez qué energías han sido adquiridas por el individuo en la vida pasada, y cuáles deberá adquirir en la siguiente.

Los programas en el mundo de Dios son más fraternales, transcurren a través de la concienciación del individuo. Se permite al alma cometer errores en situaciones del mismo tipo, hasta que comprenda sus faltas y tome por sí misma la decisión correcta. Esto es lo principal en el propósito de los programas de Dios – Él hace surgir la Concienciación Elevada en un individuo.

El desarrollo en el mundo del Diablo transcurre a través de la violencia, de un mandato que es imposible desobedecer. Los programas del Diablo generan el automatismo en el trabajo de sus subordinados.

Y hay una peculiaridad más, por la que se diferencian los programas de Uno y Otro, consiste en que la cualidad de las energías con las que se rellenan las celdas de la matriz de las almas en la Jerarquía positiva de Dios y en la Jerarquía negativa del Diablo, son completamente opuestas. Es decir, los tipos de energías adquiridos por las almas son antagónicamente incompatibles.

Y, por lo tanto, el comportamiento de los individuos que participan con tales programas en situaciones similares y con la presencia en sus almas de las energías correspondientes, será completamente opuesto, y allí donde uno salve a alguien, el otro matará.

Por ello, en sus programas las propias situaciones serán diferenciadas cualitativamente, y los objetivos, hacia los cuales serán conducidos los individuos en situaciones parecidas, serán opuestos. Por ejemplo, si el objetivo de Dios, a través de una situación dada, es generar en la persona honestidad, altruismo, el objetivo del Diablo es enseñar a su subordinado el cálculo del lucro y la crueldad. Por lo tanto, todo el programa del individuo en el Sistema del Diablo será cualitativamente construido de un modo completamente diferente que en el Sistema de Dios: con otros objetivos, otros principios y otras energías, conduciendo al relleno de la matriz del alma con energías de una cualidad completamente diferente.

Resultando al final que un individuo será constructivo, y el otro destructivo.

Por lo aquí señalado, vamos a seleccionar ahora cuatro principios generales, por los que se diferencian los programas en el Sistema de desarrollo de Dios y en el Sistema del Diablo. Así tenemos que la diferencia de Sus programas consiste en lo siguiente:

1. En el programa de Dios se proporciona el LIBRE ALBEDRÍO, mientras que los programas del Diablo carecen de la libertad de elección.

2. Los programas de Dios son más leales y suaves. Los programas del Diablo son rígidos, severos. El alma se ve forzada a evolucionar en aquella dirección que es necesaria para el Sistema del Diablo.

3. Las cualidades de energías que se generan por el alma en los programas de Dios y del Diablo, son directamente opuestas.

4. Debido a la presencia del karma se produce el ralentizamiento del desarrollo de las almas de Dios en su avance por el camino evolutivo, ya que el alma es reiteradamente reconducida hacia situaciones incorrectamente resueltas.

El desarrollo en el Sistema del Diablo transcurre de modo acelerado debido a la presencia de programas rígidos y a la ausencia de los trabajos kármicos retributivos.

De otro modo, puede decirse que en el mundo de Dios el alma se desarrolla lentamente y su camino hacia la perfección es más largo.

En el Sistema del Diablo, las almas se desarrollan aceleradamente y en cierta etapa adelantan a las almas de Dios en el perfeccionamiento. Pero las trayectorias de su movimiento son opuestas entre sí: la del bien y la del mal.

Sin embargo, tal ralentización en el desarrollo de las almas en el mundo de Dios existe solamente hasta la mitad de Su Jerarquía, y en lo más alto comienza la aceleración del progreso, que a menudo supera a la velocidad de desarrollo en la Jerarquía del Diablo.

Capítulo 6

SUEÑO Y ENSUEÑOS

SUEÑO Y ENSUEÑOS

Introducción

Durante mucho tiempo el sueño humano ha permanecido como un misterio de la Naturaleza, un fenómeno sorprendente, enigmático e inaccesible para la comprensión. ¿Tuvieron algún conocimiento sobre el sueño nuestros antepasados, y qué conocemos acerca de él actualmente? Es poco probable que alguien pueda explicar este fenómeno de un modo correcto y confiable, a excepción del propio Creador o de aquellos ingenieros celestiales que participaron en el desarrollo de ese proceso.

Los científicos y los últimos logros de la ciencia y la tecnología han revelado poco al mundo sobre este complejo estado del ser humano. No han logrado descubrir nada más allá de diversos impulsos eléctricos y de actividad bioeléctrica del cerebro durante el sueño, así como de los cambios de las reacciones químicas del durmiente. Es decir, no han logrado descubrir nada más allá de lo que puede producir el cuerpo físico.

Pero al ser humano, desde lo Alto, se le dan solamente aquellos conocimientos que es capaz de entender. Dicho sea, no como un reproche o burla hacia los científicos, sino para que perciban el Gran paso del Tiempo, que proporciona a la comprensión del ser humano nuevos conocimientos superiores para futuras épocas.

Sin embargo, es necesario señalar aquellos factores positivos que ha introducido la ciencia moderna en el estudio de los sueños, y en concreto, logrando identificar los periodos de sueño humano lento y rápido, así como al descubrir la paradoja de que la actividad cerebral humana durante el sueño sea tan dinámica y que, periódicamente, supere la actividad cerebral diurna. Y este hecho, tan sorprendente, permanece, sin embargo, más allá de los límites de lo incognoscible y lo inexplicable.

El estudio del sueño deja asomar cada vez más detalles contradictorios y difíciles para la comprensión. El ser humano siempre ha tratado de buscar las respuestas en el propio cuerpo físico, pero muchos misterios se ubican más allá de sus límites. Nadie ha intentado, en lugar de indagar el fenómeno por dentro, buscar la respuesta fuera del mismo.

Pero, las raíces del misterio en sí se esconden mucho más allá de los límites de nuestra envoltura material, estando ocultas sus fuentes detrás de la brumosa distancia de los Cielos. Y solo aquellos Habitantes Celestiales, que de alguna manera están involucrados en la creación del ser humano, han podido arrojar luz sobre algunos aspectos de este proceso.

Digo "algunos", porque nunca nos quisieron revelar el secreto por completo, por un lado, para no convertir al ser humano en un parásito de la información que absorbe los datos finales y no esfuerza su cerebro en la búsqueda de respuestas; pero, hay que tener en cuenta que para contar todo al detalle, revelar todas las ideas de las Entidades Superiores, abrir los procesos, la mecánica de la acción y aquella circulación de las energías que está involucrada en esto, llevaría demasiado tiempo.

La información que se nos proporcionó tiene un objetivo: dar una nueva dirección a la búsqueda y comprensión de la esencia del misterioso fenómeno, sacar al ser humano del callejón sin salida de las equivocaciones materialistas, forzarlo a pensar de manera diferente y a desarrollar nuevos conceptos basados en nuevos datos, realizar innumerables experimentos nuevos y promover la salida de la ciencia de ese estado de estancamiento en el que se encuentra en la actualidad.

El tema se revela a través de una serie de preguntas y respuestas, por lo que la forma de los diálogos, aunque no proporciona una fundamentación teórica completa de todos los procesos en los que estamos interesados, permite, sin embargo, reflexionar sobre lo comentado y continuar la búsqueda en la dirección indicada, permite la búsqueda de pruebas y una comprensión más profunda de los requerimientos de los propios Maestros hacia su persona.

La conversación comenzó con la pregunta principal, a la que viene dándole vueltas el cerebro humano a lo largo de los siglos.

Para qué se le ha dado el sueño al ser humano

– ¿Cuáles son los objetivos por los que el ser humano pasa un tercio de su vida en el sueño?

– La envoltura física del ser humano debe tener un descanso para la recuperación del equilibrio energético en el interior del organismo. En esto se basa principalmente la actual construcción humana. Todo lo demás, ya emana de esta necesidad primaria.

– ¿Por qué no se hace de tal modo que para su recuperación sea necesaria menos cantidad de tiempo, como una hora o dos?

– Esto está relacionado con muchos procesos bioquímicos que transcurren en el organismo. Las reacciones de cada persona pasan con velocidades distintas, unas más rápidas, otras más lentas, por ello, para el restablecimiento de las funciones activas normales del organismo, personas diferentes requieren tiempos diferentes: para algunas serán suficientes dos horas, otras necesitarán ocho. Pero, debido a que el sueño también está enlazado con los ciclos del día y la noche, se puso como duración básica del sueño un régimen de sueño de ocho horas. Además del descanso de organismo, en el periodo del sueño se produce la recarga de la envoltura física con la energía primaria, o, para vosotros, "el combustible", con el que funciona el organismo durante el día siguiente entero.

La energía para el cuerpo la envía el Determinador, ya que es el responsable del suministro energético de su subordinado. Cada persona obtiene una cantidad determinada de energía, que corresponde a su capacidad energética y a las tareas cotidianas. Pero, habitualmente, la energía solamente se suministra para un día. Así es el régimen de la recarga. Otras personas diferentes, dependiendo de su potencial energético, también recibirán un volumen de energías diferente. El ser humano, viviendo una situación diurna, puede excederse en el consumo de aquella energía que le ha sido suministrada por la noche, entonces, también sería necesario recargarlo durante el día.

– ¿Qué representa en sí la recarga durante el día?

– Cuando os cansáis y os sentáis a descansar, después, pasado un tiempo, sentís la recuperación de las fuerzas. No es vuestro organismo el que moviliza las fuerzas, es el Determinador, que os envía la energía.

– ¿Pero el cuerpo físico no posee reservas adicionales de energía?

– El cuerpo físico no tiene ninguna reserva. Por lo que todo vuestro descanso con la subsiguiente recuperación de fuerzas se reconduce al suministro de energía adicional realizada por el Determinador. Si el organismo es viejo o está enfermo, y tiene muchos escapes de energía a través de los órganos dañados, también es necesario recargarlo también durante el día. Pero, normalmente, el Determinador sabe qué situaciones del programa le esperan a la persona en la vida y cuanta energía es necesario suministrarle para ellas. Para unas situaciones se suministran más energías que para otras.

En ocasiones, una persona puede tener un exceso de gasto de energía debido a la presencia de fuertes emociones que acompañan a según qué situaciones, por lo que experimenta un gran cansancio, requiriendo su organismo un descanso, y, en consecuencia, una recarga, ya que el descanso y la recarga son van parejas.

En segundo lugar, el hecho de por qué no está hecho de tal modo que para la recuperación del organismo fuera suficiente con una o dos horas, está relacionado con la influencia de una cadena de factores. Uno de ellos es la función protectora del sueño: en el tiempo nocturno, por seguridad, la actividad humana debe ser reducida. Otro factor es el económico: el ser humano duerme con el fin de economizar la energía física bruta que gasta en sus acciones y que se encuentra en el depósito del Determinador, ya que su volumen es limitado, y un sujeto despierto la gasta más que un durmiente.

– ¿Influyen los sueños en la recarga del cuerpo humano?

– No. Los sueños no participan en este proceso. En sueños la persona recibe energía de otra cualidad que aquella que se utiliza para la recarga del cuerpo. Y esta energía se destina para su perfeccionamiento espiritual, es decir, es necesario delimitar los dos principales tipos de energías que el ser humano recibe durante el sueño: un tipo de energía es más denso, y se destina al cuerpo físico, y el otro, más "sutil", para el alma y su trabajo realizado durante el sueño. Ya que para que el alma pueda actuar en los sueños, debe asimismo tener a su disposición cierta reserva de energía, la que le corresponda.

– ¿En aquellas personas que no pueden ver los sueños, la recarga se produce del mismo modo?

– Sí, no hay ninguna diferencia.

– Hay personas que no duermen en absoluto. ¿Cómo se produce la recarga de energía en su caso?

– Estas personas en vuestra sociedad se consideran enfermas, aunque no es cierto, porque se trata de un experimento de los Sistemas Jerárquicos. Su recarga se produce estando despiertas, como en cualquier otra persona durante el descanso. Para esto, es suficiente con relajarse o meramente tomando una posición de descanso. En su estructura "sutil" están presentes algunas diferencias, que les permite recibir durante el descanso un volumen de energía más grande en comparación con una persona normal y corriente.

– Algunas personas le quitan tiempo al sueño para dedicárselo a su trabajo. ¿Es esto dañino para su salud física?

– Sí, por supuesto, es conveniente dormir en correspondencia con la necesidad del organismo y para ello observar sus percepciones: si se tienen ganas de dormir es necesario acostarse, incluso aunque sea por la mañana. Pero, de ningún modo hay que resistirse a la sensación del sueño, que sirve de aviso de que exactamente en ese momento el organismo necesita alguna reorganización interna, que principalmente se realiza durante el sueño. Porque, por ejemplo, cuando la persona tiene ganas de dormir por la mañana: existen días así, en que se despierta, pero en que también, pasadas unas horas, de nuevo quiere dormir. Esto sucede más a menudo con las personas débiles o demasiado emocionales debido a algún deterioro en su sistema energético, como la obstaculización de muchos canales con energía sucia, por lo que aquella energía que la persona recibió durante la noche no puede distribuirse correctamente por todo el organismo. Por su parte, el Determinador, controlando la recarga, introduce las correcciones en su distribución equilibrada por todo el organismo a través de un sueño adicional. Puede enviar a la persona especialmente los impulsos del sueño o, también, puede activarse su regulador automático, es decir, si pasada la noche la energía no se distribuye con normalidad por todo el sistema energético de la persona, se moviliza este regulador, activando el mecanismo de la sensación del sueño, por lo que aparece el deseo de dormir.

Durante el sueño diurno, el Determinador corrige artificialmente el sistema energético y la distribución de la energía. Si la persona no duerme, entonces, por supuesto, el Determinador la regulará igualmente, pero esto ya es más difícil para este. Ya que cuando el organismo no se encuentra en estado relajado, las energías se mueven por los canales en correspondencia con el funcionamiento de los órganos, por lo que se producen muchas interferencias. La recarga del cuerpo durante la noche se produce no solo con un tipo de energía, sino con varias. Los tipos de energías materiales también se dividen en subtipos, es decir, pueden ser de diversas cualidades y cada órgano funciona, digamos, con su combustible, es decir, a cada órgano se le sirve su propio tipo de energía bruta. Exactamente por esta causa se producen los turnos de sueño rápido y sueño lento.

En el periodo de sueño lento se produce la desconexión del suministro de un órgano y la preparación de la recarga del órgano u órganos siguientes. Por supuesto, todo esto se realiza a través de los centros-chacras. Simultáneamente, se produce la recogida de la energía acumulada. Durante el sueño rápido, ya se produce el descenso de energía. Pero, de nuevo, no directamente en el cuerpo físico, sino, en primer lugar, en el astral, y a través de este en la envoltura etérea, en la física. Es decir, el suministro de energía se produce durante el sueño rápido. Por ello, se observa la hipertensión arterial, la sangre suministra los elementos alimenticios y nuevas porciones de energía para todas las células del organismo. Por lo que, debido a la recarga de las células, se acelera el pulso y la respiración de la persona, se potencia el metabolismo. Todo el organismo, y especialmente su sistema energético, se recarga y funciona en un régimen diferente al diurno. Las personas que se despiertan durante el intervalo de sueño rápido se sienten mal, ya que se interrumpe lo principal: su suministro energético.

Durante el sueño lento, o profundo, se producen otros procesos. Y en particular, la descarga de la información innecesaria se efectúa desde el cerebro. Y si, además, se tiene en cuenta que el alma también recibe, para su actividad en el periodo del sueño, la recarga con los tipos de energías "sutiles", entonces se hace más comprensible la complejidad del proceso del sueño, su gran significado para el cuerpo y el alma, así como los grandes procesos que transcurren en el interior del organismo y más allá de sus límites.

El sueño no es el parpadeo de unas imágenes insignificantes de la vida humana, sino que es un mecanismo muy complejo de suministro energético del cuerpo físico y el alma con tipos de energías que continúan el trabajo del alma en el mundo "sutil".

– El Determinador suministra la energía a la persona en el sueño. ¿Pero, por qué, si no se deja dormir a una persona durante cinco días, esta puede morirse, pudiendo el Determinador suministrarle la energía también durante el día, cuando esta descansa?

– Durante la noche no se produce del mismo modo la apertura de todos los centros y canales, que están conectadas con estos centros, o como vosotros decís, chacras. Es decir, durante la noche es necesario alimentar cada centro-chacra, y el Determinador analiza qué centro tiene más energía, y cual menos, al que en consecuencia, habrá que suministrar más energía. Pero alimentarlo, no con una energía cualquiera, sino con una determinada, la que corresponda a un centro-chacra dado. La apertura completa de los centros se produce solamente durante el sueño de la persona, durante su máxima relajación. Así es la mecánica del ser humano. En cambio, durante el día, los centro-chacra se cierran parcialmente, por lo que la apertura se mantiene en un diez o veinte por ciento de su capacidad de apertura completa.

– Cuando se envía la energía del Determinador a la persona, ¿A dónde se dirige inicialmente?

– A la envoltura astral, y de allí continúa su camino. Se produce la recarga de energía solamente de las envolturas "sutiles". Estas la distribuyen en el cuerpo físico. Todo funciona como una unidad íntegra. No es posible recargar el cuerpo físico con la energía sin las envolturas "sutiles". En concreto, los centro-chacra redistribuyen la energía de las envolturas sutiles hacia la envoltura material.

– ¿Qué utiliza el Determinador para enviar la energía?

– Un dispositivo tecnológico especial. También disponen de aparatos necesarios para el plano "sutil".

La educación en el sueño

– ¿Esa enorme pérdida de tiempo durante el sueño no afecta al desarrollo espiritual del ser humano?

– No, esa pérdida no es tan grande. Todo está interconectado. En el sueño, el alma también se desarrolla y continúa viviendo con normalidad. Pero, el ser humano no lo sabe. Aunque muchos se hayan fijado en que según viva la persona durante el día, tendrá determinados sueños durante la noche. Esto está relacionado con el continuo perfeccionamiento del individuo en el periodo del sueño a través de ensueños. E incluso puede suceder que en el sueño la persona se desarrolle más que estando despierta. Su desarrollo transcurre a cuenta de la información sobre otros mundos y sobre el mundo propio, así como, por participar en las situaciones de esos ensueños, puesto que en el sueño transcurre la vida igual que durante el día, solo que en una forma inusual. El alma puede pasar en el sueño por sufrimientos y tentaciones, puede obtener alegría o experimentar miedo. Y todo esto para el alma no es otra cosa que experiencia, que se suma a la propia experiencia de la vida real.

De este modo, el desarrollo de la persona se produce a saltos, comparándolo con el desarrollo que obtiene durante el día. Es decir, la acumulación paulatina de algunos conocimientos o experiencia práctica en los sueños conduce a la presencia de un cierto conjunto de indicadores cualitativos para lograr las características cualitativas del individuo. La persona, a menudo, en su vida cotidiana no es capaz de conseguir lo que desea, pero en el sueño se le brinda la posibilidad de hacerlo, por lo que su nivel de vida asciende, es decir, que sube el desarrollo de la persona. Pero, por supuesto, todo dependerá de cómo sean los deseos de esa persona: si son inferiores, entonces los sueños revelaran las cualidades negativas del individuo, contra las que hay que luchar y también eliminar en vida. Hay veces que en el sueño se repiten situaciones diurnas, que refuerzan el éxito de la persona en dichas situaciones durante el día, o revelar otros aspectos de la conducta personal con el mismo trasfondo.

– ¿Pero, cómo va la persona a juzgar su conducta en el sueño, si al despertar toma el sueño como algo irreal?

– La relación de la persona con sus sueños depende de su Nivel de desarrollo: concretamente, el nivel de comprensión, que es diferente para todos. Por supuesto, algunas personas no les prestan atención a sus sueños, pero otros creen e intentan interpretar su contenido, comprender algo en lo que han visto, poder compararlo con algo.

– ¿Puede el Determinador comprobar la calidad de los hechos de la persona por su comportamiento en el sueño? Por ejemplo, cosas que en la vida real no haga, pero que en el sueño sí.

– La comparación entre estos estados se produce, por supuesto, porque en el sueño, normalmente, la persona no responde por sus actos, es decir, el autocontrol de su cuerpo físico, en su cerebro, está apagado, ese autocontrol que le asusta a uno y no le permite hacer lo que sea en la vida real, como, por ejemplo, cometer algunas maldades o manifestar sus bajos deseos, este autocontrol está ausente.

– ¿Si la persona se comporta mal en el sueño, y en la vida real todo lo hace bien, no se considera esto como que su alma es baja?

– Sí, porque en el sueño, normalmente, el individuo no responde por sus actos, porque el control del cuerpo físico en su cerebro está especialmente apagado, por lo que en su conducta se revelan las tendencias que se encuentran en el nivel del subconsciente, es decir, los motivos internos de su esencia quedan expuestos. Es un factor muy importante en la educación del alma: de día se encuentra en el cuerpo físico con su Voluntad activada como control de sus propias actitudes, por lo que está sometida a sus complejos, pero, en el sueño pasa por las mismas situaciones con el control apagado, por ello, es más fácil desvelar todas las carencias en el carácter del individuo. Con lo cual, se comprueba el lado cualitativo de los actos: en esencia cuán sinceros y verdaderos son.

– ¿Puede haber karma por las actitudes de la persona en su sueño, cuando, por ejemplo, mata a alguien?

– Por supuesto, puede ser un castigo. Pues el trabajo con el karma también transcurre en el sueño. Es totalmente idéntico.

– ¿Qué karma le esperará en otro sueño?

– También lo matarán en un sueño o será fuertemente lesionado. Pero, deberá darse cuenta claramente de su castigo. Si no lo hace, se le volverá a matar en el sueño, es decir, que se repetirá hasta que el individuo reaccione ante el asesinato. En general, en el sueño el alma tendrá las mismas sensaciones que en las situaciones diurnas, solo que más sutilmente, porque la densidad de la envoltura física apaga un poco su nivel de percepción. Por ello, la comprensión y el arrepentimiento en los sueños deben surgir más rápido de que en la vida cotidiana.

La información recibida en los ensueños

– ¿Qué le proporciona el sueño humano al Cosmos?

– Le proporciona mucho, es decir, le da cierto tipo de energías que produce el cuerpo material. Estas energías no están predestinadas para el ser humano, sino para el Determinador, para las estructuras Superiores de Dirección y para los egregores*. El alma, también, al trabajar con energías "sutiles" y participando en los sueños, produce unas energías que van a los depósitos del Determinador y a lo más Alto.

– ¿Existe diferencia en la cualidad de energía que el ser humano produce entre la del día y la de la noche durante el sueño?

– No, normalmente, las energías producidas por la persona en el tiempo diurno y en el nocturno durante el sueño, son homogéneas.

– ¿Pero alguna de ellas es más pura?

– No, la pureza es constante.

– ¿Qué le proporcionan los sueños a la propia persona?

– Los sueños son, ante todo, información. El cuerpo recibe una recarga energética durante el sueño, y el alma trabaja con diferentes tipos de energías a través de la información.

– ¿Cómo utiliza el ser humano la información enviada en los sueños?

– Cada uno la utiliza a su manera, dependiendo de cómo la descifre. Uno puede no prestarle ninguna atención en absoluto al sueño, con lo que en este caso el alma se perderá la enseñanza de los episodios educativos de los sueños. Habrá otro que intentará analizar aquello que vio, realizará comparaciones y sacará sus conclusiones. Vuestro Mendeleiev descubrió la tabla de los elementos químicos soñando, solo porque supo utilizar la información que le fue comunicada en el sueño y enlazarla con la vida real. Es un momento muy importante: saber conectar lo real y lo que en apariencia es irreal. Pero, ahora comprenderéis que esa información fue enviada a este científico por su Determinador, pero, por supuesto, con la autorización de lo Alto. No todos los conocimientos pueden ser revelados a los seres humanos.

– ¿Cómo se procesa la información en el sueño y qué cualidades o rasgos se utilizan para clasificarlas como necesaria o innecesaria?

– En el aparato pensante del ser humano existe una unidad de clasificación, que desecha la información innecesaria, y la necesaria se transfigura en energía. En la clasificación de la información participa el anillo de impulso, o el cerebro central, ubicado sobre la cabeza de la persona. Durante el día, gira en una dirección, y durante la noche, durante el sueño, cambia la dirección de su rotación en sentido contrario. Cambia su régimen de trabajo. El insomnio de algunas personas se produce porque el anillo de impulso no puede parar y continúa su rotación en la misma dirección en que estaba girando de día. Para que una persona duerma es necesario forzar al anillo de impulso a girar en otra dirección o, simplemente, pararlo.

– ¿Dónde se graba la información necesaria?

– En la unidad de memoria del cerebro. Pero es una memoria temporal, para una sola vida. También existe una memoria para vidas sucesivas. Esta se ubica en las envolturas "sutiles".

– ¿La información innecesaria se borra?

– En el caso del ser humano, por así decirlo, esta se olvida, porque ya no le será útil en la vida, no trabajará con ella. Es una información pasiva, que no significa nada para la persona. Existe para formar las situaciones y aquel trasfondo en el que una persona actúa en sueños. Pero esa energía ya se encuentra en las reservas de su memoria, por ello, ya no es necesaria. Pero, supongamos, que durante la visualización de la vida de una persona esta información aparece exactamente como aquel trasfondo sobre el cual se manifestó el alma durante la acción, es decir, han sido esas situaciones en las que el alma participó. Las energías que, se han obtenido como resultado de la generación de situaciones, entran en la memoria de reserva, y aquellas energías, que sirvieron de modo adicional o como entorno de trabajo, en base al cual se ha obtenido dicho resultado, se retiran a la unidad de la memoria pasiva, donde se guarda todo aquello por lo que ha pasado la persona, pero que ya no será necesario en la vida presente.

– ¿La información innecesaria se desecha después? ¿Qué sucede con ella?

– La información innecesaria es procesada por la propia persona como una etapa ya superada en el pasado, como la percepción de unas energías que están presentes en las reservas de su pasado, y, por lo tanto, se han vuelto innecesarias. El programa orienta al individuo en la transformación de otros tipos de energías.

– ¿Qué tipo de información es la necesaria para que el anillo de impulso la grabe en la unidad de memoria?

– Es la información que la persona podrá utilizar después para sus objetivos en la vida presente, así como también en las sucesivas vidas.

– ¿Se le presenta a cada persona de modo individual?

– Por supuesto. Cada persona necesita producir su energía, sus cualidades.

– ¿Adónde se conduce la energía después de la transformación de la información necesaria?

– Después de trasformar la información, esta energía entra parcialmente en la unidad de memoria, y en parte se distribuye por las envolturas.

– ¿Cómo se forman los sueños durante la clasificación de la información en necesaria e innecesaria?

– La persona "visualiza" aquellas imágenes que han pasado durante el día, desechando las imágenes innecesarias y quedándose con las necesarias. En consecuencia, las imágenes se mezclan y van produciendo unos sueños cada vez más increíbles e incomprensibles. Pero, normalmente, la persona no los recuerda.

– ¿Se desecha la información innecesaria cada día?

– Sí, cada día, porque la clasificación de la información en necesaria e innecesaria transcurre en la medida de la vivencia por parte del individuo de situaciones concretas. Pero la clasificación no se produce durante toda la noche, sino durante un intervalo de tiempo determinado.

– ¿Cómo se produce la clasificación de la información diurna en las personas que no duermen?

– El anillo de impulso de tales personas está girando muy rápido, por lo que la clasificación se produce ágilmente y la persona no lo nota.

– Cuando una persona está enferma, su muerte se acompaña con una descarga de una gran cantidad de energía. Pero, si la muerte acontece en un sueño, ¿se acompaña ese hecho de alguna descarga de energía o no se produce nada en absoluto?

– Si una persona muere en un sueño, la muerte se acompaña de las mismas emisiones de energía que cuando muere estando despierto.

– ¿Qué proporciona la muerte al alma durante el sueño?

– Una transición más tranquila al mundo "sutil".

La formación de los sueños

– Ahora hablemos sobre la formación de los sueños y sus temas. Si los sueños están relacionados con el funcionamiento de anillo de impulso, es decir, que se obtienen durante la clasificación de la información en necesaria e innecesaria, entonces, ¿es imposible controlar los sueños de ningún modo?

– Los sueños obtenidos durante la clasificación de información son solo una variante de todos los posibles que puede experimentar el ser humano. Las imágenes desordenadas, incoherentes en los sueños, por supuesto, dan testimonio de la clasificación de la información. Pero, también existen otras variantes de sueños, por ejemplo, los sueños de carácter educativo o sueños que son pruebas, sueños que son viajes, sueños predictivos, etc. El ser humano no puede dirigir el sueño por sí mismo. Sus sueños los dirige el Determinador. Este puede, de acuerdo con el deseo de su subordinado, pero, también para ciertos objetivos de carácter educativo u otros que sean necesarios, y no en vano, hacerle soñar acerca de un tema deseado. Esto puede suceder en el caso de que sea necesario que el discípulo piense en algo determinado o comience a creer en algo.

– Pero algunas personas afirman que son capaces de soñar con lo que quieran.

– Esas personas están bien conectadas con su Determinador, y no crean sus sueños, sino que Él les envía lo que quieren. Y puede ser por otras razones. Pero, todo ello se hace para que la persona reflexione en por qué puede hacer esto y de qué modo. Todo ello deberá contribuir al desarrollo del pensamiento y en la dirección requerida.

– ¿Entonces, están controlados absolutamente todos los sueños por el Determinador de la persona?

– Sí, están totalmente controlados. Pero, Él (El Determinador) no tiene que verlos todos. Para controlarlos se utiliza un ordenador del plano "sutil". Ya que los sueños también son un programa, que siguen al programa humano. No hay ningún sueño innecesario o banal.

– ¿Entonces, todo aquello, que el ser humano ve en un sueño se le da de acuerdo con el programa?

– Sí, existe el programa principal, conforme al cual la persona vive la realidad. Y los programas de los sueños se componen de acuerdo al programa principal, es decir, toman una dirección principal en la que esta alma deberá ser educada. Si el objetivo del programa consiste en desarrollar cualidades de lucha en una persona, entonces, en el sueño esta luchará constantemente. Si, en cambio, el objetivo es desarrollar cualidades creativas, en el sueño la persona estará creando, puede que, componiendo poemas, pero, no peleará en sus sueños. Además, en los sueños, habitualmente, la persona avanza por un programa estricto. Esta es la diferencia entre los programas de los sueños y los de la vida real, es decir, en los sueños la persona atraviesa por situaciones estrictamente compuestas sin derecho a elegir, y en las situaciones ordinarias dispone de ese derecho.

– ¿Por qué no se le da al alma la libertad de elección en el sueño?

– A causa de la acumulación estricta de energías, es decir, debido a los requerimientos y al programa que en el sueño son estrictos. Es necesario, y es por lo que debes adquirir aquello que te falta.

– ¿Es como si en un sueño la persona se metiera en el mundo negativo?

– Sí, "como si" …, pero no va allí, porque desempeña un programa real que está preconcebido para el momento presente. Es decir, que avanza en todo momento de acuerdo con su programa: en un sueño, todo es estricto, en la realidad, se le brinda un alivio.

– ¿Puede ser que todo lo que una persona no haya adquirido en el mundo real deberá completarlo en sueños?

– No todo. Con lo que es imprescindible, es suficiente. Aquello que sea necesario para trabajar en las carencias del alma.

– ¿En el mundo virtual, son más visibles las carencias humanas que en el nuestro?

– Las carencias son los tipos de energías que le faltan al alma. Los obtiene en la vida y en el sueño.

– ¿De dónde provienen los sueños?

– Del ordenador del Determinador. El contenido del sueño se forma en el ordenador por el Determinador, pero correspondiéndose con la vida de la persona, ya que el programa de perfeccionamiento del alma en la vida real continúa en los sueños. Pero, el programa de los sueños se forma por adquisición, es decir, no se planifica previamente desde el nacimiento de la persona, sino que se va programando durante su vida para el fortalecimiento de según qué momentos. Aquí se esconde su carácter educativo. Por ejemplo, si en la vida, una persona, se ha desviado por el camino equivocado, y en el sueño se da lugar, exactamente, a las mismas situaciones, se comprobará si repite el error cometido durante el día en la vida real. O, puede que sea al revés: que, de día, condicionado por las personas del entorno, o por su propio miedo, actúe correctamente, pero en el sueño, en un estado de relajación y en una situación que se repite puede comportarse incorrectamente, vamos, que en su subconsciente los deseos que se depositan son absolutamente distintos. Por lo que tales sueños probatorios ayudan a identificar las discordancias en la veracidad del comportamiento humano.

– Los sueños se forman por el Determinador de acuerdo con el programa principal o directamente por las situaciones diurnas. ¿Cómo se produce la formación de sueños, cuando estos se enlazan con los sentimientos o con algunas necesidades fisiológicas del cuerpo físico: dolor, sed, sensación de frío, calor?

– Cuando el cuerpo siente frío y aparece el peligro de hipotermia que puede contraer el organismo, o cuando hace mucho calor, lo que puede ocasionar su sobrecalentamiento, entonces, es posible que la persona sueñe con fuego o nieve. El Determinador forma así una imagen correspondiente al estado del cuerpo. El control del cuerpo humano se produce continuamente a través de ordenador, y en caso de necesidad, se despierta a la persona.

– ¿Cómo transcurre entonces el proceso, mediante un estímulo del cuerpo físico, en forma de señal que llega al ordenador del Determinador y éste compone imágenes oníricas a partir de él?

– Es algo diferente, pero, en este caso todo está directamente relacionado con la fisiología: todo el cuerpo del discípulo del Determinador se refleja en su ordenador durante el sueño, pero no en formas materiales, sino en expresiones numéricas. Cada estado normal de los órganos tiene sus propios valores numéricos, y cada anomalía tiene los suyos. Así que el Determinador visualiza todo lo que sucede con el cuerpo y todo lo que necesita en un momento dado del tiempo por medio de esos valores numéricos. A cada estado le corresponden sus indicadores: régimen de temperatura, tensión, composición química, etc. Si una persona tiene frío, es que la envoltura física se ha enfriado demasiado y necesita un calor adicional, y todo esto se refleja de modo correspondiente en el ordenador. Por ello, en caso de necesidad, el Determinador envía una señal y despierta a la persona, para que este puede tomar las medidas necesarias para su defensa. Pero, tal opción se utiliza solamente en caso de que el organismo esté debilitado u oprimido por alguna enfermedad. Si la salud del individuo es normal, capaz de soportar determinadas tensiones y sobrecargas, entonces podrá funcionar de forma automática. Todo depende del estado de salud general. Muchos Determinadores prefieren el funcionamiento en modo automático, cuando el propio organismo avisa al subordinado sobre las aparentes necesidades corporales. Aunque la conexión con el ordenador del Determinador se mantiene constante.

– ¿Puede suceder que las imágenes de los sueños se formen fuera del ordenador, es decir, que aparezcan en el cerebro por sí mismas en su base de memoria?

– No. Por sí mismas no pueden aparecer de ningún modo.

– ¿Por qué en el sueño se produce la alternancia de sueño lento y rápido, es decir, se alternan los periodos entre la visualización y no visualización de los sueños?

– Sí, puede ser que una persona no vea un sueño. Los sueños representan en sí unos pequeños programas que necesitan reemplazarse, como cintas de casetes, hablando en sentido figurado. Cuando una persona ve un sueño durante el periodo de sueño rápido, y ese sueño se termina o, se interrumpe por el Determinador, si es necesario, y entonces, en el periodo de sueño lento se extrae una cierta cantidad de energía producida por las emociones experimentadas. En este periodo se realiza la comprobación del estado de salud, se comprueba cómo se siente después de un sueño concreto, su estado psíquico, su salud física, ya que los sueños también influyen en la salud humana. Y, además, en estos periodos se produce el reemplazo de programas para el sueño siguiente. Para cambiar un sueño por otro, también es necesario que haya un tiempo en el plano terrestre y una recarga del ordenador. Lo normal es que una persona pueda ver varios sueños en una noche, pero no los recuerda todos.

– Los acontecimientos de la vida cotidiana están relacionados con el programa. ¿Pero, cómo están los acontecimientos de un sueño relacionados con el programa de la vida? ¿Si se conociera el programa de la vida, podrían, según esta, pronosticar los sueños?

– El ser humano no puede conocer el programa de la vida. No está a su alcance.

– ¿Pero los sueños van de acuerdo al programa?

– Para esto hay que conocer el programa del día. Mientras el discípulo vive su día, el Determinador está programando sus sueños hasta la noche en el momento en que se acuesta. Y cuando la persona se acuesta, comienza el lanzamiento de los sueños formados y programados en el programa nocturno.

– Pero entonces, a la inversa, ¿podrían utilizarse los sueños para evaluar el programa que está atravesando una persona?

– Sí, si la persona es capaz de interpretar correctamente los sueños.

– ¿Entonces, los sueños no se producen en el cerebro humano?

– No. El cerebro reacciona a las imágenes que se le envían a través del ordenador y responde a los estímulos visuales con todo tipo de impulsos, corrientes biológicas, que sus científicos registran en sus dispositivos.

– Cuesta entenderlo, ¿cómo va a poder un alma ver las imágenes de los sueños y al mismo momento participar en ellos? ¿De qué modo es capaz de captar el cerebro estas imágenes que se le envían a través del ordenador, al mismo tiempo que el individuo participa en lo que está viendo?

– El sueño es un estado complejo para vuestra capacidad de percepción, y de difícil comprensión, aunque lo viváis a diario: el alma participa en los sueños y vive en otro mundo. Esto se parece a la realidad virtual, aunque no lo sea exactamente. El alma humana entra en el mundo artificial, creado por el Determinador y, naturalmente, puede ver aquellas imágenes creadas artificialmente que se le envían a través del ordenador y con las cuales transcurre su vida. No son imágenes planas, como en vuestras películas, sino con volumen, o más bien, holográficas, por lo que se acercan más a la realidad virtual. Se podría decir que los sueños son un holograma tridimensional. Las imágenes holográficas le permiten al alma vivir y actuar en el mundo ilusorio como en un mundo real. Y, naturalmente, el cerebro humano, que no es capaz de distinguir en los sueños lo real de lo ilusorio, reacciona a todo lo que ve como si fuera cierto.

– ¿En qué consiste entonces el papel del anillo de impulso?

– Enlaza la materia "sutil" con vuestra materia física, bruta, y a través de él se produce la transmisión de las imágenes enviadas desde el mundo "sutil" al cerebro material del receptor humano. El anillo de impulso funciona constantemente, pero en diferentes modos: en uno se produce, periódicamente, la clasificación de información, y en otro, se produce, a través de este, la transferencia de sueños desde el ordenador al cerebro. Aunque, por supuesto, su trabajo no se limita solamente a esto y a sus posibilidades que, como las del cerebro central, son muy amplias.

– Pero, entonces, el hecho de que el anillo de impulso expulse la información innecesaria y que las imágenes expulsadas sean percibidas por la persona como sueños caóticos, ¿puede considerarse tal operación también como un sueño?

– Sí, también puede ocurrir algo semejante, que la persona perciba la información innecesaria como un sueño construido caóticamente.

– ¿Pero, en esa circunstancia, participa el Determinador?

– No, no participa. Esto se produce sin Su intervención. Pero, si en ese momento, es decir, en el periodo de limpieza de la información innecesaria de la consciencia se activa algún sueño necesario para el individuo, entonces, este ya no puede ver más las imágenes expulsadas. Se produce como en una aplicación. Pero, el sueño enviado por el Determinador es primario, y por ello, como si fuera una pantalla, oculta las imágenes expulsadas. La persona solo podrá ver aquello que le enseñe el Determinador.

– El anillo de impulso de distintas personas funciona de modo diferente: para unas gira, para otras se queda quieto. ¿Es por esta razón que se diferencia la calidad de sus sueños?

– Todos los sueños son de la misma calidad, pero el contenido es diferente.

– ¿Si el anillo de impulso no gira, puede la persona ver los sueños igualmente?

– Sí, puede. La recepción de los sueños es continua.

– ¿Pero la recepción se produce ya desde el ordenador de modo diferente?

– No, lo hace a través del anillo de impulso, y del mismo modo. La rotación, durante el periodo del sueño, influye en la clasificación de información.

– En las personas que piensan poco, por ejemplo, los alcohólicos, su anillo de impulso no gira, ¿pero, en estos casos, se realiza la clasificación de la información diurna durante el periodo del sueño?

– Sí, esto les pasa a todos, incluso en el caso de los animales, y para ello se establece un programa especial.

– ¿Cuántos sueños puede ver una persona durante una noche?

– Eso dependerá del trabajo del Determinador. Pero, puede, durante la noche, enseñarle a su discípulo varios sueños, normalmente, no más de cinco, aunque, esto ocurre raramente. Una persona corriente puede ver dos o tres sueños. Y como el tiempo en ese mundo "sutil", en el que entra el alma, es el propio, diferente al tiempo real, la duración temporal de los sueños deja de existir para el alma. Por lo que los acontecimientos de un día o un mes, reproducidos en las situaciones de los sueños, pueden pasar en pocos segundos para el hombre material, aunque el alma los esté percibiendo en el mundo "sutil" como acontecimientos extensos.

– ¿Por qué no percibe el alma en el sueño el paso del tiempo?

– Lo percibe, pero se trata de un tiempo diferente, de ese que está programado en relación con un sueño concreto. Las percepciones del alma en los sueños son algo diferentes. Pero, el tiempo existe también en los sueños, a cada uno el suyo correspondiente.

– ¿Los acontecimientos del sueño se desenvuelven?

– Sí, se desarrollan de acuerdo con el tiempo del sueño.

– Pero, eso no se percibe.

– Porque en el plano terrestre el alma está programada para la percepción del tiempo físico. Todos sus sentimientos se concentran en este, por ello, el transcurso del tiempo en el mundo "sutil" permanece imperceptible. El tiempo existe en todas partes, pero sus medidas y extensión son diferentes.

– ¿Cómo se puede entender esa alegoría que se transmite en los sueños por el Determinador? Al fin y al cabo, existen esos recuerdos cotidianos que aparentemente no tienen nada que ver con nada Superior, ¿verdad?

– Sí que están relacionados. Solo que os parece que no están relacionados. No os acostumbráis a descifrar la alegoría. Por ejemplo, cuando se repite un sueño en el que llegáis tarde a la escuela, ¿cuál es el sentido de ese sueño? Es el Determinador que, utilizando algunas de vuestras impresiones desagradables, os sugiere alegóricamente que estáis perdiendo conocimientos. Es porque no tenéis tiempo suficiente para fijar firmemente en la memoria todos los conocimientos que estáis recibiendo, para guardarlos en el equipaje. Por ejemplo, si escogemos un recipiente que tenéis que llenar de trigo en un minuto, transcurre el tiempo y no llegáis a rellenar ese volumen. Del mismo modo pasa con los conocimientos, si soñáis con la escuela, en consecuencia, también en el sueño no os dará tiempo a completar algunos indicadores, por lo que de lo Alto os harán una sugerencia. En general, todos los sueños están relacionados con el desarrollo humano y proporcionan cierta información, por lo que hay que intentar recordar el sueño y analizarlo: tomando nota de ello para no repetirlo en la vida, y así corregirlo en la realidad.

– Y si aparece a menudo que estás caminando por la suciedad en el sueño, ¿cómo se interpreta?

– Eso depende del nivel de desarrollo de la persona, el mismo sueño puede ser interpretado de modos diferentes. Si el nivel de la persona es bajo, significará que está haciendo cosas en su vida que la están ensuciando. Pero, si la persona es de alto nivel, entonces puede interpretarlo de otro modo, que debe vivir en la suciedad, porque la vida en su entorno es sucia, por lo que allá donde mires no hay donde meterse. Ella odia esta suciedad, pero debe aprender a no fijarse en ella, a no prestarle atención, puesto que todo es pasajero. Por ello, sus sueños se repiten para que pueda generar otro punto de vista respecto a distintas cosas. En la Tierra y en rededor suyo hay mucha suciedad, por lo que alguien deberá trabajar en ello. Pero, por supuesto, cualquier interpretación será individual, acorde a la singularidad de la persona.

La salida de alma del cuerpo durante el sueño

– ¿Puede el alma humana salir del cuerpo durante un sueño?

– Sí. Esto puede pasar con ciertas personas. No todas las almas poseen esas capacidades, solo algunas.

– ¿Qué significa cuando una persona vuela en sueños? Dicen, que está relacionado con el crecimiento, especialmente en el caso de los niños.

– Eso significa que el alma humana posee la capacidad de volar abandonando su envoltura material.

– ¿Al salir de su cuerpo, entra el alma al mundo físico, o a otro?

– Se encuentra en el mundo "sutil" de la Tierra, pero también puede visitar otros planetas y mundos paralelos.

– ¿Por qué unas almas poseen la capacidad de volar y otras no? ¿Están construidas de modo diferente?

– Sí, la estructura de tales personas es algo diferente a las otras. Además, su característica distintiva en comparación con otras personas es que están subordinadas a las Fuerzas Superiores. (Es decir, es un Nivel más alto que el de los Determinadores ordinarios).*

– ¿Podría alguien capturar un alma durante su salida del cuerpo?

– No. El Determinador vigila el alma que sale del cuerpo, y sabe en qué mundo ha entrado y qué puede amenazarle allí.

– ¿Almas diferentes entran en mundos diferentes cuando salen del cuerpo?

– Normalmente es el mismo mundo. Para los terrícolas, se puede decir, que es un mundo paralelo, aunque el tipo de almas no terrestre es capaz de volar más allá, hacia aquellos mundos que no tienen relación con vosotros en absoluto. Las almas no terrestres, o cósmicas, encarnadas en la Tierra para pasar por cierto programa, pueden volar muy lejos debido a su alto potencial energético*. Por ello, en un sueño pueden ocasionalmente visitar lugares tan alejados adonde los terrícolas jamás podrían llegar debido a su bajo potencial energético.

– ¿Cómo se diferencia el sueño de una persona cuya alma voló a otro mundo del sueño de un terrícola corriente? ¿Es capaz una persona de comprender, al despertarse, que ha estado en otro mundo?

– La intuición siempre le indicará que estuvo en la Tierra. Recordará el paisaje no inherente a la Tierra, otra vida y muchas características que no son propias de vuestro planeta. Habitualmente, cuando se envía un alma a un mundo paralelo, entonces abandonará la envoltura material y verá lo que hay en el mundo ajeno. Si una persona permanece continuamente en la Tierra, entonces participará en unos sueños holográficos formados por el Determinador en su ordenador. Esta es la diferencia. Con lo cual, cuando un alma sale se produce, en algún sentido, la división de la persona: el cuerpo material sin alma continúa con vida y permanece en estado de sueño, descanso, y el alma en este momento está visitando otro mundo, por lo que la persona está soñando que participa en acontecimientos extraterrestres.

– ¿Cuándo un alma sale del cuerpo, es capaz el Determinador de dirigir tal sueño, ya que el alma está actuando en otro mundo?

– Sí, por supuesto. Cuando un alma se encuentra en un mundo paralelo, el Determinador necesariamente dirige el sueño. Pero, en este caso ya no es un sueño, sino una especie de realidad extraterrestre, del cual la persona es poco consciente. El Determinador le sirve a la persona de guía por el mundo paralelo e imperceptiblemente la dirige allí, adonde es necesario ir para obtener las impresiones específicas y para que en el alma transcurra un proceso necesario, para un momento dado de su desarrollo. Es por eso que en tales sueños una persona escucha, como desde detrás del telón, la voz de su Maestro, dando consejos o sugerencias.

– Pero, si una persona, al despertarse, en seguida olvida que ha estado en un mundo paralelo, ¿qué utilidad tiene ese sueño?

– Sí, esto ocurre a menudo. Pero, aquello que la persona olvida en el cuerpo físico, el alma lo recuerda. Acumula la experiencia necesaria, fortalece algunas cualidades individuales, se perfecciona. El cuerpo descansa de noche, pero el alma continúa trabajando, día y noche. Esta es la peculiaridad de su perfeccionamiento.

Gente que no sueña

– ¿Por qué algunas personas no sueñan nunca, si se ha dicho que el Determinador le está formando los sueños en su ordenador? ¿Es porque está deteriorada su percepción de los sueños, o es por algo más?

– En la Tierra existe una categoría de personas que no necesitan los sueños en absoluto, es decir, el procesamiento de la información diurna se produce sin sueños.

– ¿Es normal?

– Sí, completamente.

– ¿Cuál es la singularidad por la que esta gente no sueña?

– Es una estructura del ser humano diferente. No es necesario que todo sea estandarizado. Estas personas ya tienen suficiente experiencia de vida para la formación del alma, por lo que no necesitan recordar los sueños presentes.

– ¿Son sus almas más maduras, en comparación con las personas que sueñan?

– No. Más maduras, no. Su memoria de sueños no funciona, porque los sueños pasan a través de un cuerpo "sutil" que no está conectado a la memoria humana, es decir, en este caso los sueños no pasan a través de la unidad de memoria terrestre. Cuanto más próximo esté el cuerpo "sutil" a la envoltura material, tanto más fuerte estará adherida su memoria al cuerpo, y cuanto más distante esté del cuerpo y más próximo al alma misma, tanto lo estará la memoria de la envoltura material, por lo cual el ser humano puede recordar y comprender el propio sueño, pero más débilmente. Por lo tanto, se puede decir, que la singularidad de la estructura de la gente que no sueña consiste en que la conexión de su alma con la envoltura material es muy débil, y aquellos señales o impresiones que obtiene el alma en un sueño no llegan a su unidad de memoria del cuerpo físico, para que después aparezcan en la memoria.

— ¿Está esto de alguna manera relacionado con un alto desarrollo del alma, o, al contrario, con uno bajo?

— No, no está relacionado con eso. La estructura de la construcción de tal persona está prevista para dos programas paralelos, que no están conectados entre sí por la memoria. Un programa transcurre en el sueño, y el otro en la vida real. Y aquello que hace el alma en un sueño, la experiencia que adquiere allí, ha de trasladarla al nivel subconsciente. Es decir, la persona no recordará su propio sueño, pero aquello que el alma ha adquirido en las situaciones deberá estar tan firmemente fijado a su carácter, o más bien en las estructuras "sutiles" internas, que la persona ya no repetirá en la vida real los errores que cometió en un sueño. Esta es la pureza del experimento. Esa persona incluso podría tener las mismas situaciones en el sueño que en la realidad. Por lo que, aun no recordando el resultado del día, no debería repetir los mismos errores en un sueño.

— ¿Entonces, la gente que no sueña no existe?

— No, todos sueñan. La diferencia está solamente en que unas personas recuerdan sus sueños y otras no. Pero, en cualquiera de los casos, se produce la acumulación de experiencia y conocimiento por el alma.

Sueños proféticos

— Ocurre que una persona tiene sueños proféticos, es decir, que los acontecimientos que ve en sueños se repiten en la vida real. Por lo tanto, ¿estos sueños son dados por el Determinador?

– Sí, el Determinador genera sueños proféticos en su ordenador cuando necesita informar a la persona sobre acontecimientos próximos, o sintonizarla con el futuro lejano, o advertirle sobre posibles problemas.

– ¿Puede el Determinador utilizar los presagios en sueños para dar algún tipo de pista a una persona?

– Sí, absolutamente. El Determinador utiliza a menudo en la formación de un sueño aquellos objetos en los que el discípulo concentra su atención y asocia con ello algunos conceptos semánticos, situaciones. Por ejemplo, si una persona interpreta la imagen de una seta como el comienzo de una enfermedad, el Determinador forma una imagen en la que el discípulo recoge o come setas, señalándole la proximidad o el comienzo de una enfermedad. Si la persona no creyera en este presagio, el Determinador utilizará otras alegorías que le resulten más comprensibles.

– ¿Por qué no todas las personas tienen sueños proféticos? ¿O es que no todos los Determinadores pueden transmitir un mensaje deseado a través de imágenes simbólicas?

– No. Todos los Determinadores pueden crear sueños proféticos. Pero no todas las personas los necesitan. Las personas son diferentes: algunas necesitan ver lo que les espera en el futuro y otras no. Para algunas personas, por el contrario, el Determinador suele enviar sueños proféticos cuando ve que su subordinado se interesa por la información dada en sueños e intenta analizarla cada vez, para ver una situación similar en la vida ordinaria. Al comparar todo esto, la persona se desarrollará. Por eso el Determinador intenta darle diferentes sueños proféticos. Para así promover su desarrollo y reforzar su creencia de que hay algo inexplicable e incomprensible para la propia persona.

– ¿Qué expresan los sueños recurrentes?

– Los sueños repetitivos también suelen calificarse de proféticos. Suelen producirse mucho antes del acontecimiento que se avecina. Pero intuitivamente la persona sentirá de inmediato la peculiaridad de este sueño, intentando comprender lo que este expresa, y qué acontecimientos le seguirán. Pero como estos acontecimientos se extienden en el tiempo, la persona suele olvidarse de su sueño. Y entonces el Determinador le dará uno o dos sueños más de este tipo a medida que se acerque el acontecimiento, tras lo cual la persona verá que lo que se refleja en el sueño se ha realizado en la vida. Esto puede llegar a extenderse a lo largo de diez o veinte años. De este modo, la fe de una persona en la existencia de lo sobrenatural, en la presencia del Supremo, se fortalece, y comienza a interesarse no sólo por el conocimiento material, sino también por el conocimiento esotérico, místico; dicho de otro modo: a buscar pistas más allá del mundo visible. Y esto es muy importante para el ser humano pensante, ya que sale del callejón sin salida al que el materialismo puro conduce al intelecto y se adentra en el interminable camino del conocimiento. Las almas jóvenes, evolutivamente inmaduras, suelen ser siempre materialistas ardientes, que sólo creen en lo que pueden tocar. Las almas más maduras, gracias a su mayor experiencia en reencarnaciones, comienzan a darse cuenta de que además de lo visible existe también lo invisible. Y las más maduras, al captar algunos hechos o nueva información, ven inmediatamente en ella lo que está más allá de la percepción de los demás.

– ¿Tienen algún otro significado los sueños recurrentes?

– En algunos se está desarrollando algún rasgo del carácter o el Maestro quiere llevar a la conciencia del discípulo alguna verdad no comprendida por él en la primera visualización del sueño.

– ¿Cómo puede una persona distinguir un sueño profético de un sueño ordinario?

– Solo por intuición. El alma, especialmente si está suficientemente desarrollada, debe sentir la relevancia del sueño recibido en comparación con otros. Pero hay que decir que no hay sueños vacíos, ya que todos representan ese entorno en el que el alma trabaja y se perfecciona.

– Si una persona sueña a menudo con catástrofes naturales, inundaciones, incendios, que nunca ha visto en su vida, ¿para qué sirven esos sueños?

– Significa que la persona está pasando en sueños por el segundo programa. Por ejemplo, no tendrá que pasar en la vida por terribles sucesos catastróficos para no lesionarse y así mantener sano su cuerpo físico, por lo que pasará por estos sucesos en sueños. Esto es similar a cuando uno aprende sobre la vida en otros países viendo películas. Se gana experiencia a medida que el alma reacciona a lo que ve según el carácter de la persona: si tiene miedo o si, por el contrario, muestra ecuanimidad y calma. Aprende así a no extraviarse durante las catástrofes, sino a actuar de forma razonable. Ya que, en la vida real, cuando suceden este tipo de situaciones, la persona se pierde tanto al entrar en pánico que no es capaz de tomar ninguna decisión razonable ni siquiera para su propia salvación. Si el alma ya ha tenido alguna experiencia de encuentro con fenómenos catastróficos en un sueño, entonces adquiere tal experiencia y habilidades que le ayudarán a orientarse bien en situaciones críticas de la vida real y a encontrar las decisiones correctas para salvarse a sí misma y a los demás. Así que la experiencia adquirida por el alma en sueños es también de gran importancia en la formación del carácter de una persona. Por lo tanto, si una persona sufre a menudo desastres y accidentes en sueños, significa que están cuidando de su cuerpo físico para que no sufra, pudiendo así vivir dos vidas completamente diferentes, en los sueños y en la realidad.

Sueños del pasado. Sueños de colores

– ¿Pueden aparecer en sueños imágenes de la vida pasada?

– Sí, y es bastante frecuente.

– ¿Con qué objetivo se le muestra al ser humano su pasado?

– Se verifica la correspondencia de una persona con unos parámetros específicos de la vida presente y la pasada, y se contrasta en qué medida ha avanzado en su desarrollo.

– ¿Es posible diferenciar los sueños de la vida pasada de los sueños de la realidad presente?

– Esto no está al alcance de todas personas. Algunas puede que lo hagan, y algunas otras no podrán. Todo depende de la capacidad de observar que tenga la persona, de su habilidad para analizar lo que ha visto. Pero, hay algunas personas a las que no se les enseñan sus vidas pasadas, que también hay que tenerlo en cuenta.

– ¿Con qué órgano sueña el ser humano, si los ojos físicos pertenecen al cuerpo material y, por ejemplo, el alma ha salido de este?

– Se puede decir que con la visión del alma. Todas las envolturas tienen su propia visión, sus estructuras están muy bien elaboradas.

– ¿Por qué unas personas tienen sueños coloridos, mientras que otras los tienen en blanco y negro? ¿Qué decide el color del sueño? ¿Es el Determinador, que muestra los sueños en blanco y negro o son las propias personas que tienen algún tipo de carencia funcional en la estructura del cuerpo?

– No, no hay ninguna carencia. Por supuesto que los Determinadores pueden facilitar los colores, pero, en lo principal, es algo diferente. Vuestra medicina ha destacado correctamente que hay dos tipos de personas: unas que tienen una composición técnica de su naturaleza, es decir, un nivel cero de la función creativa o un bajo nivel de desarrollo. Otro tipo es el de las personas creativas, que sueñan en colores. La gente con esa composición técnica posee frecuentemente habilidades con las matemáticas, dominan perfectamente el cálculo, pero, no necesitan colores para todo ello. La gente de bajo nivel es tan primitiva en su desarrollo, que tampoco poseen entre sus habilidades la creatividad, y por ello, tanto esos sueños igual que otros, se perciben en blanco y negro. Existen, por supuesto, algunos tipos mixtos, pero es muy raro.

– ¿Hay en la Tierra criaturas que no duermen nunca?

– No, los seres físicos siempre duermen de una u otra forma. Es una necesidad de su organismo. No hay ninguno que no duerma completamente. Si el ser humano se encuentra con semejantes animales, será que aún no los ha estudiado lo suficiente.

– ¿Hay en otros planetas seres materiales que pueden vivir sin dormir?

– Sí, los seres de algunos planetas no duermen, pero, normalmente, sus vidas se reducen en un tercio.

– ¿Pero, cómo se soluciona entonces en su caso la cuestión del procesamiento de energías y recuperación de fuerzas?

– Al cuerpo físico del ser humano se le suministra la energía de la misma potencia. Ellos también reciben energía de su propia potencia. No obstante, este potencial energético resulta ser igual para todas las criaturas de la misma especie, si consideramos toda su vida en conjunto. Es igual en el sentido de que una criatura sin sueño vivirá menos de un tercio, u otro valor, que usted con sueños. Por ejemplo, una persona con sueño vive 42 años, y la tercera parte de su vida la pasa en el sueño, que son 14 años. Mientras que la criatura sin sueño vivirá 28 años. Por lo que vuestras vidas serán equivalentes. En cuanto al diseño de sus cuerpos y al modo de alimentación, son diferentes en comparación con las personas.

– ¿Duermen las criaturas en los mundos "sutiles"?

– Depende de cuáles sean estos mundos. Las envolturas "sutiles" no necesitan descanso como las físicas, por lo que sus criaturas, a partir del Nivel de los Determinadores, nunca duermen. Están trabajando.

Sueño letárgico

– ¿Qué representa en sí un sueño letárgico?

– El sueño letárgico se establece cuando un alma permanece en otro mundo. Sale del cuerpo, pero el vínculo con el mismo se mantiene, por lo que la recarga de energía de las envolturas "sutiles" del alma continúa. Por lo tanto, el cuerpo que permanece en un sueño no fallece.

– ¿Es el sueño letárgico un programa o una desviación de un programa?

– No, es un programa específico de la persona.

– ¿Qué finalidad tiene ese programa?

– La razón radica en esa capacidad tan fuerte para impresionarse que tiene el alma. Cuando la persona es incapaz de soportar las situaciones de la vida debido a sus emociones, eso puede llevarla a la muerte. Así que se le trasladan esas situaciones a un mundo algo diferente en el que las supere sin que su vida sufra daños significativos. Lo principal para tal persona es el cumplimiento de su programa hasta el final y adquirir un tipo determinado de energías terrestres.

– Pero sucede que se los ha enterrado por error, tomándolos por muertos.

– Sí, existen tales casos, pero estos son errores humanos.

Capítulo 7

EL MISTERIO DE MUERTE DEL SER HUMANO

LA MUERTE DEL SER HUMANO

Entre todos los fenómenos presentes en la Tierra, el más desagradable para los seres humanos es la muerte. Siempre ha representado para la gente un lado sombrío y siniestro de inevitabilidad, detrás de la cual, como creían los materialistas, se escondía lo más temible: el olvido. El hombre siempre ha estado asustado por la posibilidad de desaparecer de este mundo como individuo y nunca más reaparecer.

La vida de cada uno de nosotros, en comparación con la eternidad del Universo, es un breve instante. Hablando en sentido figurado, la existencia de la vida humana ni siquiera llega a ser un parpadeo del Universo, y en ese breve instante solo alcanza a realizar tres tareas principales: nacer, vivir y morir.

En comparación con la eternidad de la Creación Universal, tal brevedad de la existencia humana puede parecer una burla del Creador. Y sólo el conocimiento del propósito de la aparición del ser humano en la Tierra, de su alma, permite a nuestra conciencia sobrepasar el límite de la fatalidad con esperanza en la eternidad.

Solamente el Conocimiento Superior permite al ser humano abrir los ojos a las nuevas etapas de su desarrollo y mostrarle su corta vida como un eslabón de enlaces necesarios en la cadena de la evolución infinita del alma. Por lo que solo el Conocimiento Superior nos permite ver la muerte no como un fin inevitable de todo, sino como un comienzo de una nueva existencia en otros mundos invisibles para nosotros.

Como dicen los Maestros de la Humanidad:

– No hay muerte en el Cosmos. La muerte es una transición necesaria de un mundo a otro, de un estado pasado a uno nuevo.

El conocimiento asociado con el proceso de muerte se mantuvo en una etapa de desarrollo de la humanidad cerrado por decisión de nuestros Maestros Superiores, y exclusivamente por razones educativas. Una persona con propósitos malignos, creyendo que va a vivir solo una vez, siempre se esforzará en este sentido para manifestar el máximo egoísmo y obtener los máximos beneficios para sí misma.

En cambio, una persona positiva, incluso frente a la muerte, siempre mostrará los mejores aspectos de su carácter. Así que el miedo a la muerte hace que algunos individuos sean más perversos e indignos, y otros, sean más bondadosos y honestos.

Además, la muerte para el ser humano es un gran estímulo en su lucha por la vida, por la supervivencia, tanto para los individuos positivos como para los negativos, ya que genera fuerza de voluntad y aspiración por superar las dificultades. Por lo tanto, se puede decir que la muerte es una gran Maestra.

La muerte enseñó al ser humano a extender la mano a los demás, a sentirlos y compadecerlos, a pensar lógicamente y a prever las consecuencias. La propia medicina y algunas ramas de la ciencia aparecieron solo por el deseo de resistirse a la muerte.

Los doctores en medicina y los filósofos han intentado comprender la esencia de la muerte y seguir los procesos de extinción del cuerpo humano. Pero las impresiones humanas siempre distorsionan el hecho cognitivo de cualquier investigación. Por lo tanto, las impresiones de las personas que han permanecido en un estado de muerte clínica, aunque permiten revelar algunas singularidades de este proceso, no lo explican en su plenitud.

Sin embargo, en la actualidad ya no es un secreto para muchos que la muerte no consiste en un mero paro cardíaco que implica el comienzo de la desintegración de todo el organismo, sino que también, y sobre todo, implica la salida del alma del cuerpo físico y la ruptura de las conexiones "sutiles" entre ellos.

Por lo que aquellos materialistas que estaban ansiosos por confirmar tales hechos lo consiguieron con la ayuda de la tecnología moderna, capaz de detectar la radiación "sutil" del cuerpo humano.

Los científicos y médicos estadounidenses, con el consentimiento de sus pacientes, pesaron a los enfermos terminales en el momento de la muerte. Para este experimento utilizaron un equipo ultrasensible que estableció que el cuerpo físico se vuelve de 4 a 6 gramos más ligero después de la muerte. Es decir, pesaron una cierta sustancia que denominamos alma, que en el momento de la muerte se separa del cuerpo físico, por lo que determinaron que, en el momento de la separación, el peso de esta sustancia es de 4 a 6 gramos.

En el transcurso de un experimento, fue posible registrar mediante dispositivos especiales una poderosa radiación de energía que acompaña al momento de la muerte. Así que los experimentadores han estado muy cerca de detectar la salida del alma del cuerpo físico.

Numerosos estudios de tales doctores en medicina como Raymond Moody y Elizabeth Kübler-Ross, que pasaron muchas horas frente a la cama de enfermos terminales, descubriendo aspectos comunes en las experiencias de personas que habían permanecido en un estado de muerte clínica y después volvieron a la vida. Su trabajo incansable ha demostrado que la muerte no siempre acaece con el paro cardíaco y la interrupción de la respiración, como tampoco en todas las ocasiones desaparece el "Yo" de la persona, la singular e irrepetible individualidad.

Por primera vez en las tinieblas de la muerte brilló la esperanza.

¿Qué es la muerte?

– Entonces, ¿qué es la muerte? ¿para qué se enfrenta al ser humano con la muerte? ¿Es posible librarse de ella alguna vez?

– La muerte de una persona es el final de su programa, el cumplimiento del último punto o situación en él mismo relacionado con la transición del alma del denso mundo material al "sutil". De otro modo se puede decir que es la transición del alma del mundo material en bruto al mundo energético. Un fenómeno como la muerte solo se introduce en los mundos físicos inferiores. En los Altos planes de existencia, la muerte, como transición gradual de un nivel evolutivo a otro, está ausente. Por lo que la transformación del alma de un estado a otro, habitualmente a un estado superior, se produce naturalmente a través de la adquisición por parte del alma de ciertas energías que corresponden cualitativamente con el siguiente nivel superior de desarrollo. El camino del alma humana en el plano terrestre está predeterminado desde abajo hacia arriba a través de una serie de vidas, y, por lo tanto, de muertes.

– ¿Por qué el desarrollo del ser humano transcurre en cortos intervalos de existencia y tras muchas muertes, y no a través de una vida que dura, digamos, mil años con una sola muerte?

– El camino gradual de desarrollo del alma a través de muchas encarnaciones está relacionado con la necesidad de controlar su desarrollo, es decir, después del final de cada vida es necesario revisar los resultados de su perfeccionamiento. A partir de los resultados obtenidos de la vida pasada, se compone un nuevo programa para su posterior encarnación. Una vida demasiado larga siempre desviaría a un alma joven y sin experiencia hacia el camino evolutivo equivocado. Por lo tanto, precisamente con el objetivo de lograr una mejor calidad del progreso evolutivo, se predeterminó el paso del alma humana por intervalos de desarrollo cortos, es decir, a través de la vida y la muerte conectadas en una unidad durante decenas de existencias.

– ¿Cómo acontece la transición de los Determinadores a un Nivel más alto de existencia, también muriendo y volviendo a nacer?

– Para ellos, es como un ascenso de rango. No mueren. Son eternos.

– Las leyendas dicen que alguna vez en la Tierra vivieron personas inmortales. ¿Es posible una existencia humana inmortal?

– No, eso nunca ha sucedido con las envolturas físicas. La gente siempre lo interpreta todo de forma incorrecta. Si fuera inmortal, entonces lo sería sin cuerpo físico. Lo que las leyendas contaban era acerca de la inmortalidad del alma en el cuerpo "sutil", pero las personas las convirtieron en formas físicas semejantes a ellas.

– ¿Existen en algún lugar del Cosmos planetas con una población inmortal en sus envolturas físicas?

– No, las envolturas físicas son todas mortales. La materia no es duradera, o mejor dicho, los enlaces entre los componentes de la materia son efímeros.

Causas de muerte

– Hablemos de las causas de muerte. Cuando las personas mueren de vejez, se entiende que ha finalizado su programa. Pero, las personas mayores mueren de diferentes maneras: algunas lo hacen con facilidad, mientras que otras pasan por graves enfermedades y sufren durante mucho tiempo. ¿Por qué tienen esas muertes tan diferentes?

– Los que mueren tranquilamente y en paz lo hacen por dos razones principales: o bien por la ejecución exacta de su programa por parte del alma, o bien por ser almas que serán decodificadas. La mayoría de las personas que no han llegado a obtener algún tipo de energía durante su encarnación sufren antes de morir. Por lo tanto, la enfermedad que tienen está asociada con algún órgano que produce ese tipo de energía necesario que le falta.

– ¿Por qué algunas personas mayores viven mucho tiempo, aunque ya no sean necesarias y no haya utilidad alguna de su parte?

– Si un anciano vive en una familia, su presencia es necesaria para desarrollar ciertas cualidades en las almas de sus parientes, detectar con mayor precisión, por ejemplo, la paciencia o, por el contrario, el rechazo; el respeto o el odio. Si el anciano vive solo durante mucho tiempo, su alma está atormentada por la soledad, un cuerpo débil y muchas otras cosas. Y así continúa la educación de su alma. La vejez enseña mucho.

– Y cuando muere un bebé, ¿cuál es la causa?

– Básicamente es un castigo a los padres por algunos pecados kármicos del pasado. El alma de un bebé, durante una vida muy breve, también adquiere algunas energías de las que carecía previamente. En ocasiones, es suficiente simplemente con nacer y morir enseguida. Tanto el nacimiento como la muerte están acompañados de grandes descargas de energía.

– ¿Por qué mueren los niños de 10 a 11 años de edad y los jóvenes de 20 a 24? ¿Por qué son necesarias esas vidas tan cortas?

– Si un niño de diez años muere, esto significa que en el pasado ha incumplido el programa y no ha logrado alcanzar la cantidad de energía que una persona produce durante diez años de vida, a veces en un periodo de tiempo más corto, pero con un programa más intenso, porque algunos programas pueden ser tan intensos de acontecimientos que permiten a una persona generar la misma cantidad de energía, pero en un periodo de tiempo más corto. A veces, incluso en un tiempo menor, pero con un programa más intensivo, ya que algunos programas pueden contener un número tan elevado de situaciones que permiten a una persona generar esa misma cantidad de energía, pero en un periodo de tiempo más corto. Por lo tanto, todo lo que un niño ha adquirido a lo largo de diez años en la vida presente, le sirve como complemento a las adquisiciones de su vida pasada. Lo mismo ocurre con los jóvenes de veinte años. Sus carencias suman un volumen mayor de energías que las almas que se envían a encarnarse durante diez años, y, por lo tanto, se les otorga una vida más larga para saldar sus deudas pasadas. Cuando muere una persona tan joven, entonces, en el Distribuidor* se agrupan en una sus dos últimas vidas, es decir, se suman.

– ¿Por qué tienen deudas estas almas? ¿Es que son suicidas?

– También pueden serlo. Pero, principalmente, las deudas energéticas se deben a un estilo de vida incorrecto, cuando una persona no está tanto por la labor de cumplir con su programa de vida como lo está por una carrera por el placer. Un alma así necesita generar unas energías de cierta cualidad de acuerdo con su programa, sin embargo, al ceder ante las tentaciones, la pereza y el pasatiempo vacío, produce energías de una cualidad inferior.

Cualquier trabajo físico, intelectual, una búsqueda, o una lucha contra las dificultades, o el perfeccionamiento de su creatividad, producen energías de cualidad superior, en comparación con la lectura de ficción, pasando el tiempo tirado en un sofá, o dicho de otro modo: no haciendo nada. O, supongamos, a una persona a la que en su programa le han dado la posibilidad de desarrollar sus habilidades musicales, lo que significa: estudiar los signos y escalas musicales, dominar un instrumento musical, refinar sus conocimientos del arte de la música.

Pero, esa persona joven intentará estudiar, pero, ante las dificultades que le supone dicho estudio, lo abandonará, conformándose con escuchar música ajena.

De una situación semejante surgen las deudas. Ese individuo debería estar trabajando como director musical, pero, en su lugar, disfruta de los frutos de trabajo ajeno.

Cualesquiera habilidades y talentos proporcionados al ser humano, este deberá desarrollarlos hasta la perfección para que no haya deudas energéticas. Por supuesto, esto no solo está relacionado con las habilidades, sino con cualquier hecho humano en el que sustituya el trabajo y el esfuerzo, es decir, el desarrollo, por una contemplación pasiva y la búsqueda de placeres.

– ¿Experimentan esas almas jóvenes, que aún no han llegado a cometer ningún pecado, sensaciones desagradables después de su muerte?

– En comparación con vuestra vida en la Tierra, esas almas no experimentan sensaciones desagradables. Todo lo desagradable se encuentra entre vosotros, en la Tierra. Y al pasar a Nosotros, todo lo desagradable aparece solamente en los malos recuerdos sobre su vida pasada.

– Antes de la muerte, es habitual que muchas personas sufran durante mucho tiempo, que experimenten enfermedades graves. ¿Tiene esto relación con los pecados de la persona?

– La forma de morir no depende del pecado, puesto que el trabajo devolutivo de los pecados reales se traslada a la vida siguiente. La forma de morir se programa antes del nacimiento de la persona y está condicionada por algunas particularidades de su vida pasada. Una persona puede acostarse y no despertarse, por lo que los sufrimientos no son obligatorios.

– Muchos alcohólicos mueren repentinamente, sin sufrimientos, mientras que hay buenas personas, a nuestro parecer, que permanecen paralizadas durante mucho tiempo. Nos parece que debería ser al revés.

– Existen varias causas por las que los alcohólicos mueren de forma fácil y rápida. En primer lugar, los alcohólicos pueden ser completamente diferentes entre sí. Hay personas sin valor, vacías, y hay personas inteligentes y buenas que se han convertido en alcohólicas debido a circunstancias difíciles. Las almas vacías que no han tenido ninguna aspiración en esta vida, a excepción del vino, están destinadas a la eliminación, por lo que no tiene sentido hacerles sufrir. Un sufrimiento adicional no cambiaría nada en su caso. Por lo tanto, se retiran rápidamente de vuestro mundo sin complicaciones. Las personas que tuvieron alguna aspiración en la vida, pero que después se perdieron en el camino y han sufrido mucho viendo su inutilidad, también pueden morir repentinamente, ya que los sufrimientos pasados ya han contribuido con suficiente energía de esta cualidad.

Si hablamos de las personas buenas que sufren antes de morir, su sufrimiento aporta algún tipo de energía más pura, que no ha sido suficientemente adquirida durante la vida en cantidades pequeñas. El tipo de energía faltante corresponde a una enfermedad específica, en base a la cual el organismo adicionalmente producirá cuanta energía le sea necesaria según el programa.

Además, muchos enfermos sufren durante mucho tiempo para evaluar a sus familiares, para revelar la verdadera relación hacia el enfermo, ya que la actitud de los parientes de una persona cambia según esté sana o enferma. Por otra parte, incluso la propia persona que se ocupa de cuidar al enfermo o siente por este una compasión sincera, después se cansa o le molesta, empezando ocultamente a desearle la muerte repentina. Por ello, a menudo las enfermedades se dan para evaluar las actitudes hacia una persona en su entorno, lo que, consecuentemente, ayuda a identificar cualidades inferiores del carácter de las personas.

– ¿Puede ocurrir que una persona que no sea alcohólica, sino simplemente pecadora, muera fácilmente?

– Sí, por ejemplo, si su esposa es una mujer muy honesta y su muerte puede acarrearle cargas innecesarias, se le retira rápidamente. Es decir, si a la esposa o a sus familiares no les son necesarios sufrimientos adicionales, entonces, se retira al pecador mediante una muerte instantánea, no relacionada con la enfermedad.

– ¿La salida del alma del cuerpo físico es muy dolorosa?

– No, la propia muerte en sí no da miedo y es indolora. Las personas confunden los sufrimientos relacionados con alguna enfermedad y la propia muerte. La enfermedad trae dolor y sufrimientos, y la muerte, un breve instante de paso, por el contrario, acaba con los sufrimientos de la vida. Una muerte instantánea en un accidente, por lo general, no se fija en la conciencia humana en absoluto, aunque para aquellos que ven de cerca un accidente resulta una visión terrible.

– Si antes de morir una persona sueña que lo recoge un miembro de la familia ya fallecido ¿quién le envía tal información?

– El Determinador de la persona fallecida. Se produce la reprogramación de ese individuo, por lo que la modificación de la información futura se realiza en un sueño, viendo así la persona que tiene un programa nuevo orientado hacia la muerte.

– ¿Se puede creer siempre en estos sueños?

– No. En ocasiones, esto puede ser algún tipo de advertencia o una comprobación de la reacción de la persona ante la propia muerte.

– ¿Puede una persona clarividente determinar por su aura si morirá pronto?

– Sí, puede, ya que la muerte humana solamente se produce en el plano físico en un instante, pero en el mundo "sutil" transcurren unos procesos preparatorios. Las catástrofes se producen instantáneamente, pero también estas se planifican con antelación y se calculan con precisión. Por lo que la persona se prepara para su muerte con antelación a partir de indicios que se ciernen sobre ella, minutos antes de que esta se produzca.

– ¿Por qué desaparece el aura de aquellos individuos que están próximos a la muerte y sobre su cabeza aparece un conducto oscuro?

– El Determinador prepara las estructuras "sutiles" para el momento de la muerte y libera el canal para la salida del alma. Una persona clarividente es capaz de percibir la ausencia de algunas estructuras "sutiles" con la desaparición del aura o la aparición de un conducto oscuro sobre la cabeza.

– ¿Cómo efectúa el Determinador tal preparación?

– Todos los datos sobre la persona, incluidas sus envolturas tanto física como "sutiles", se encuentran en el ordenador del Determinador, por lo que la preparación se efectúa a través de este ordenador. Todo comienza con una reproducción sobre la pantalla, es decir, en su base de datos, y después, tales cambios se traspasan a la forma viva.

– ¿Despúes de la muerte, percibe el alma la realidad de forma tan intangible como en un sueño?

– No, después de la muerte el alma se percibe a sí misma y a su entorno con claridad, salvo que, debido a la falta de preparación, no cualquier alma es capaz de comprender lo que le ha pasado.

– Pero, algunas personas que han permanecido en estado de muerte clínica afirman que no han visto ni escuchado nada.

– Una muerte clínica no siempre significa la muerte verdadera, por lo que no todas las personas experimentan la salida de su alma del cuerpo. Solamente se produce la desconexión de su conciencia en este momento. Si la estructura de una persona es tal que es capaz de salir de su cuerpo durante un sueño, así como, durante cualquier deterioro corporal significativo, entonces, esa alma también es capaz de salir de su cuerpo durante una muerte clínica. Habitualmente se trata de unos individuos con caracteres sutiles. Por lo tanto, al salir, pueden observar su cuerpo de un lado o subir a las esferas más altas siendo plenamente conscientes.

– Recientemente (primavera del año 1998) un avión se estrelló en Irkutsk (Rusia). Fallecieron unos buenos pilotos. Pero son las personas las que los valoran como muy buenos y altamente cualificados especialistas. Pero ¿a quién retirasteis Vosotros? ¿A los mejores o a los que eran innecesarios en la Tierra?

– Fallecieron aquellos que han sido necesarios para Nosotros.

– Nos referimos a los pilotos. Pero los civiles que fallecieron, dado que el avión cayó sobre edificios residenciales, ¿son víctimas también?

– Todos eran necesarios para Nosotros. Todo fue planificado.

– Durante los últimos años los aviones se estrellan muy a menudo. Suponemos que alguien específico altera su funcionamiento, interviniendo desde el plano "sutil". ¿Quién realiza esta tarea directamente?

– Son Seres Nuestros, los plasmoides, que actúan de acuerdo con un mandato. Naturalmente, no son perceptibles para el ojo humano.

– ¿Fueron estos seres los que pararon a la vez tres motores del avión para que este cayera en Irkutsk?

– Sí. El avión estaba absolutamente operativo. Absolutamente. Los Seres simplemente apagaron los motores durante el vuelo. El Sistema Negativo lo hizo de tal modo que ninguno de vuestros expertos jamás podrá determinar la causa del accidente.

– ¿Vinieron estos Seres en ovnis?

– ¡De qué estáis hablando! Eran Seres del plano "sutil", o nuestro Minus. Existe el Sistema Negativo que se dedica al cálculo de todos los accidentes. En este caso también ha sido labor suya, por haber sido necesario. La exactitud de los hechos producidos en la situación es excepcional. Los cálculos los realizan unos Seres, y los accionan otros Seres. Las personas en el plano físico no son capaces de percibir sus acciones, por ello, todos los accidentes son como un misterio. Por lo que vuestros técnicos ya pueden esforzarse al máximo en preparar los aviones, porque los plasmoides del Sistema Negativo siempre alteraran su funcionamiento en un tiempo y lugar necesarios, ya que somos Nosotros los que dominamos las situaciones, y no los seres humanos.

– ¿Los programas de las personas que estaban presentes en el avión que se estrelló en Irkutsk, habían llegado ya a su fin?

– No, en este caso no habían llegado a su fin, aunque, habitualmente, Nosotros escogemos a las personas que están en la fase final de sus programas. Pero, ahora es otro tiempo, el fin del segundo milenio, cambio de épocas, lo que tiene mucha importancia.

– ¿Entonces, actualmente, hay programas de personas que pueden ser ejecutados hasta la mitad, y los retiráis igualmente?

– Sí. Los programas de la mayoría de las personas no llegan hasta su fase final. Actualmente, retiramos a muchas personas antes de que transcurra su tiempo porque se está produciendo la liquidación de todos los programas viejos, es decir, de programas de personas de la quinta raza, y comienza así el desenvolvimiento del tiempo nuevo en el que se introducen en la vida programas de los representantes de la sexta raza.

– ¿Pero, qué pasará con los programas que no se hayan terminado? ¿Estas personas deberán completarlos en la vida siguiente o este asunto trata acerca de algo diferente?

– Esta cuestión se resolverá con cada persona por separado. En primer lugar, todas las almas retiradas pasaran por una clasificación según las cualidades adquiridas. Después, decidiremos qué hacer con ellas. La diferencia principal de la época actual consiste en que se está produciendo el traspaso de la Tierra de una etapa de desarrollo del programa a otra, y también el traspaso de la humanidad de la quinta raza a la sexta. Por ello, todo lo que fue establecido anteriormente en forma de leyes, ahora se destruye. En el momento actual, muchas almas son eliminadas definitivamente por no haber demostrado su valía.

– ¿Son las frecuentes catástrofes de los Estados Unidos en los años noventa una reacción de la Tierra a una conducta humana incorrecta o es algo diferente?

– No, también es trabajo del Sistema Negativo. Y la Tierra solo puede manifestarse allí, donde hay guerras y donde la gente provoca explosiones en ella, dañándola. A ella no le gustan las explosiones y los destellos agresivos en el ánimo de la gente, por lo que puede responderles con terremotos y otras catástrofes.

– ¿Cuando una persona muere de una enfermedad o fallece repentinamente en un accidente, existe alguna diferencia en la salida de energía?

– Las enfermedades dan más energía de un tipo particular, ya que están asociadas a las enfermedades orgánicas, y los accidentes contribuyen a la liberación de energía de un tipo general, característico de la persona afectada. característica de una persona determinada. Pero, si en el momento de un accidente la persona experimenta un fuerte estrés, entonces, este (el estrés) transmite al alma una gran velocidad para ascender a lo Alto. El estrés contribuye a que el alma salga del cuerpo de forma momentánea e indolora.

– ¿Existe actualmente algún orden establecido de retirada de la gente?

– Por supuesto. Esa secuencia también la determina el Sistema Negativo. Existen normas y reglas determinadas que regulan la retirada de las almas en un tiempo normal y durante el periodo de traspaso, como ahora. Aquello que no es admisible en un tiempo normal, es posible en un periodo de traspaso. Actualmente, muchos de Nuestros Seres trabajan en la retirada de almas. Existen unos grupos aislados que desempeñan unos trabajos u otros relacionados con la retirada de las almas. Por ejemplo, unos grupos comprueban los programas generales de la gente y escogen a quien se puede retirar sin que afecte a las relaciones adyacentes. Otros corrigen programas nuevos, enlazándolos con los viejos. Unos terceros organizan las situaciones y accidentes que conducen hacia la muerte. Los cuartos ya trabajan directamente con las almas liberadas, y así, etc. Hay mucho trabajo que hacer. Pero la secuencia siempre se respeta, ya que no es posible recoger a todas las almas marcadas a la vez. En la Biblia tal secuencia se ve claramente reflejada cuando los Ángeles tocan sus trompetas: "El primero tocó la trompeta y vinieron el granizo y el fuego…", "El segundo ángel tocó la trompeta, y la tercera parte del mar se convirtió en sangre…", "El tercer ángel tocó la trompeta, y muchos hombres murieron a causa de las aguas…", y así sucesivamente hasta el séptimo Ángel. Al sonido de cada trompeta le suceden los acontecimientos que provocan la reducción de la población. Todo esto no es otra cosa que un reflejo del programa de desarrollo de la quinta civilización en su fase final, el paso de la civilización por sus últimos puntos de control en el programa.

El proceso de la muerte

– ¿Cómo transcurre el proceso de la muerte?

– Cuando el programa de una persona llega a su etapa final, su último punto manifiesta la imagen de la propia muerte humana, determinando cómo debe morir. Si la persona muere en un accidente, en esta situación pueden verse involucrados varios Determinadores, que interpretan la escena del momento de la muerte, como en un teatro de marionetas. Las personas son conducidas a una situación, que, a su vez, conlleva un fin letal. En ocasiones, para que se produzca un accidente, es suficiente desconectar la conciencia o la atención humana durante unos segundos, o más bien, en fracciones de segundo. Si una persona debe morir de una enfermedad, entonces, la situación se plantea en el ordenador de su Determinador. Los infartos de Miocardio y cerebrales: son trabajo de los Determinadores. Infligen, por medio de su ordenador, un golpe altamente energético en ese lugar u órgano cuya salida del funcionamiento debe provocar la muerte de la persona. A veces, simplemente le desconectan el suministro de la energía a la persona.

– Dijisteis, que la muerte se acompaña de un destello de energía. ¿En el momento de la muerte sale toda la energía del cuerpo físico?

– No, no toda la energía vital se libera. Hay un cero coma cinco (0,5) que se queda para efectuar la descomposición, la destrucción de la envoltura física. El cuerpo no puede permanecer en el mismo estado en que había estado durante la vida. Es necesario y obligatorio descomponerlo en sus elementos compositivos de los cuales volverán a construirse los cuerpos nuevos. En esto consiste la circulación de las energías físicas bastas.

– ¿Un fuerte destello de energía del cuerpo contribuye a la salida del alma?

– Sí. Sirve como energía inicial para la partida en el momento de la muerte.

– ¿Qué representa en sí la energía vital del cuerpo físico? ¿Es lo que generan las propias células?

– No, toda la energía se suministra desde lo Alto y solo por el Determinador. Y para el proceso de la descomposición también proviene de este, ya que incluso después de la muerte de la persona su Determinador deberá dirigir los procesos en su cuerpo a través de su ordenador. Su dirección solo terminará tras la finalización completa del trabajo de descomposición.

– ¿Qué ocurre en este momento con el alma?

– Después de que un alma desecha su envoltura bruta, empieza su camino de ascensión hacia Nosotros. Los días rituales después de la muerte: tres, nueve y cuarenta días, son grados de ascensión por las capas terrestres. Corresponden al tiempo del desecho de las envolturas "sutiles", próximas al cuerpo físico. Después de tres días se quita la envoltura etérea, después de nueve, la astral, después de cuarenta, la mental. Se desechan todas las envolturas temporales, excepto las últimas cuatro, próximas al alma. Estas envolturas, empezando por la causal, son permanentes, por lo que continúan con el alma durante el periodo que abarca todas sus encarnaciones en la Tierra. Cuando un alma alcanza en su nivel de desarrollo el Nivel cien, es decir, el último para el ser humano, entonces, se desecha también la cuarta, la envoltura de conexión, y se ponen otras envolturas temporales, dependiendo del mundo al que será destinada después.

– ¿Cuando un alma permanece en el mundo "sutil", necesita una recarga de energía?

– No, el alma no necesita recargarse de energía.

– ¿Y los rituales religiosos, como las oraciones y funerales, alimentan de energía al recién fallecido?

– En la primera fase de la muerte esto afecta al alma, ya que todas sus envolturas permanecen con ella, pues ninguna envoltura se ha descompuesto aún, así que necesitarán una energía adicional para ascender a la correspondiente capa-filtro. Muchas personas pierden su energía en vida y no pueden ascender por sí mismas al lugar que les es necesario después de la muerte. Las energías adicionales en forma de oraciones, que alimentan sus envolturas, ayudan a ascender al Nivel debido. Si una persona es enterrada sin oraciones, entonces, su alma asciende con auxilio de unas Criaturas* especiales, los mismos plasmoides o unos mecanismos específicos, que actúan por el principio magnético que atrae al alma al lugar necesario. Actualmente, las oraciones en general ya no tienen gran relevancia, en comparación con los tiempos pasados, y últimamente se utilizan mecanismos que captan al alma y la dirigen adonde es necesario. Nuestra tecnología de la retirada y los mecanismos "sutiles" también se están perfeccionando continuamente.

– ¿Hasta cuándo es significativa la alimentación adicional de las envolturas?

– Hasta los cuarenta días. Pero es necesario para las almas más terrestres. Las más altas, en el sentido espiritual, pueden por sí mismas ascender hasta el Nivel necesario. Por ejemplo, vosotros no necesitáis ninguna alimentación energética adicional (como la dirigida a los mensajeros). Ni siquiera veréis vuestro funeral. En cuanto muráis, volareis instantáneamente lejos de la Tierra. No veréis ni vuestro cuerpo, como lo pueden ver las demás personas desde fuera. Vuestro potencial energético es tan alto, que os llevará a la velocidad del rayo lejos de aquí. Por vuestro potencial energético no seréis ya seres humanos, sino Entidades. Seréis expulsadas de las densas capas terrestres como la bala de un cañón. Para otras personas con capacidades extrasensoriales y con un alto desarrollo espiritual, tampoco les es necesaria la alimentación energética adicional en forma de oraciones. ¿Qué van a proporcionarle las personas con potencial energético bajo a las personas con un potencial energético alto? Por lo tanto, si una persona ha acumulado, por medio de prácticas o trabajos espirituales, un potencial energético alto, entonces, deberá preservarlo hasta el final de su vida terrestre. Esto le ayudará a su alma a ascender.

– El alma sale del cuerpo físico gracias a un estallido de energía. ¿Cuál es el mecanismo de su salida de la envoltura astral? ¿Actúa también alguna energía adicional?

– En el mundo "sutil" actúa otro mecanismo. Alrededor de la Tierra se ubican unas capas especiales de materia "sutil". Cada capa posee una densidad* determinada, que corresponde a la densidad de las envolturas astral, mental y siguientes, es decir, está constituida por energías que corresponden a estos rangos. Por lo tanto, cuando un alma asciende hasta las capas referidas, es cuando las envolturas, que corresponden a la densidad de la capa alcanzada, se desechan. Por ejemplo, si escogemos la envoltura astral. Cuando alcanza la capa que corresponde a su densidad, se atasca en ella. Esta capa no la deja subir más alto. Hay otras envolturas que son más ligeras que esta capa, por lo que pueden ascender. La capa siguiente corresponde a la densidad de la envoltura mental, y, por lo tanto, la retiene. La envoltura, debido a su peso, no puede ascender más, por lo que todo lo que pesa menos, continúa subiendo. Y así sucesivamente, por lo que esas tres envolturas permanecerán en estas capas hasta su descomposición completa.

– Las capas-filtros efectúan la purificación de las personas, determinan el desarrollo del alma y ¿en estas capas, trabaja el alma para completar situaciones?

– Las capas son multifuncionales.

El Distribuidor (Separador)

En el momento de la muerte ante la persona se aparecen diversas visiones. Sin embargo, sus tramas son similares. De hecho, todos ven lo mismo. Principalmente, predominan dos tramas: los que vienen a buscar a sus familiares o los que vuelan hacia la luz al final de un túnel. Últimamente, algunos individuos pueden llegar a verse a sí mismos, visualizando lateralmente su cuerpo abandonado. Estas imágenes ya representan el progreso de la conciencia humana, que los Maestros Superiores van aproximando cada vez más y más hacia la verdad.

Entonces, desde el momento de la muerte ¿qué le sucede al alma a continuación? Intentamos averiguarlo, aunque no conseguimos respuestas inmediatas a todo.

- - -

– ¿Adónde pasan las almas a continuación, tras pasar por las capas-filtros purificadores?

– El alma pasa al Distribuidor o el Separador. Este es un gran dispositivo técnico del plano "sutil", construido especialmente para la Tierra, para captar las almas de las personas después de la muerte.

– ¿Este Distribuidor se encuentra alrededor de toda la Tierra o en un lugar determinado sobre ella?

– El Distribuidor en sí está ubicado en un lugar especial, pero además de él hay un único túnel alrededor de la Tierra, en el que el alma ingresa de inmediato, sin importar en qué parte de la Tierra se produzca su salida del cuerpo físico. El alma puede volar por este túnel y, debido al funcionamiento de unos mecanismos determinados, se la atrae a la sección a la que corresponde su raza y nivel de desarrollo. Es decir, inicialmente el alma entra en un túnel común, y después, a través de los otros túneles de menor tamaño, llega a su propio Distribuidor. Por ello, las personas que han experimentado el estado de muerte clínica relatan que vieron unos túneles y corredores, aunque con diferentes impresiones en cada caso: uno pudo haber visto una parte de este gran dispositivo técnico, y otro, una parte diferente. Además, será significativo el nivel de desarrollo de la persona, ya que según su específico nivel de desarrollo cada persona se insertará en una especie de estante propio.

– ¿Las almas entran en seguida en el Distribuidor o permanecen algún tiempo en la Tierra?

– No están ya ubicadas en la Tierra, sino en el Distribuidor, en unas salas especiales, que recuerdan a las salas de espera. Pero, hasta el Juicio, las almas pueden descender, si lo desean, a la Tierra, a los lugares donde vivieron. "Si lo desean", pero solamente con la autorización de

Aquellos que controlan las salas de espera. Todo se hace con el permiso de lo Alto.

– ¿Puede ocurrir que se olviden de recoger un alma de la Tierra?

– No, esto no puede ocurrir. El mecanismo de recogida de las almas funciona como un imán con el hierro, por lo que el alma seguramente será atraída al Distribuidor común. Pero las velocidades del vuelo de cada una son diferentes. Si una persona ha perdido su energía debido al alcoholismo, entonces su vuelo será muy lento, e incluso será auxiliado por Entidades. Si, en cambio, el potencial energético del alma es muy alto, entonces su vuelo será rápido.

– ¿De qué depende que algunas almas se queden en nuestro mundo, como si se atascasen aquí?

– Sí, también existen tales almas. Las dejan como castigo por algunos hechos cometidos por ellas. Son muy duras las consecuencias de no arrepentirse, quedarse colgado entre dos mundos y no pertenecer a ninguno. Es un castigo muy duro, ya que el alma se percibe como perdida, innecesaria para nadie, sin saber qué hacer ni con quién relacionarse.

– Cuando este castigo termina ¿estas almas son recogidas o fallecen?

– No, se recogen en el Distribuidor común. No mueren.

– Ha dicho que por los túneles del interior del Distribuidor el alma vuela con una velocidad muy alta. ¿Cuál es esta fuerza que hace que un alma en el túnel se dirija al lugar necesario?

– El alma puede volar por sí misma hasta el túnel, si su potencial energético es alto. A continuación, en el interior del túnel su vuelo se dirige bajo la influencia de unas fuerzas artificiales. Es una variación de las fuerzas de atracción del mundo "sutil", pero su naturaleza es completamente diferente en comparación con la fuerza de gravitación de la Tierra. Es de otro tipo, aunque puede tener un principio de analogía en su funcionamiento y, de un modo bruto, puede compararse con el funcionamiento de un imán, pero siendo un imán para las almas.

– ¿Quién recoge las lamas al final del túnel?

– No las recoge nadie, pero son dirigidas. Existe un **Guía** que indica quién y hacia dónde debe continuar y en dónde debe aguardar.

– ¿Este Guía es un individuo vivo o un mecanismo?

– Es una máquina, pero, naturalmente, la dirige un Individuo. Hay muchos trabajadores en el Distribuidor.

– ¿Los Individuos que trabajan en el Distribuidor con las almas de los fallecidos, realizan este trabajo por su propia voluntad o como un castigo? Probablemente no es un trabajo agradable.

– Allí todo se realiza por voluntad propia. Están interesados en trabajar con almas, y realizan su trabajo de manera calificada. Pertenecen a un Sistema especial que efectúa el control de las almas. Este Sistema se especializa en el trabajo con las almas: realiza su recogida, tratamiento, ubicación, etc… Los Individuos dirigen todos los procesos automatizados.

– ¿Es un Sistema positivo?

– Pertenece a la parte negativa de la Mente.

– ¿Los especialistas de este mismo Sistema diseñan los programas nuevos para la siguiente encarnación de una persona en la Tierra?

No, los programadores son diferentes. Y los que forman parte de este Sistema guían a las almas: dónde y qué Unidad hay que colocar en el Separador, así como fuera de él, las guían, las vigilan, en general – se encargan de controlarlas.

– ¿Vienen las almas de los parientes del recién fallecido a buscar su alma?

– No, en realidad nadie las viene a buscar, debido a que las almas de los parientes del pasado ya pueden participar en algún otro trabajo, por lo que nadie las molestará con viejos recuerdos. Pero, para que un alma recién llegada no se sienta muy sola, se le facilita un holograma que imite su encuentro con sus parientes anteriormente fallecidos.

– Actualmente, en la Tierra viven tres razas: la blanca, la amarilla y la negra. ¿Se dirigen todas al mismo Distribuidor?

– Cada raza es dirigida por su propio Sistema Jerárquico. Las personas de razas diferentes producen diferentes tipos de energías, están construidas energéticamente de modo diferente, y por lo tanto, después de la muerte se dirigen hacia Distribuidor diferentes, que trabajan cada uno con su tipo de energías, es decir, que cada raza tiene su propio Distribuidor.

– ¿Existe la misma distribución de las almas por sus religiones? Es decir, ¿se dirigen las personas de religiones diferentes hacia Distribuidor diferentes?

– No, la separación existe solo por colores raciales, y los dispositivos se distribuyen por razas. Y la religión en la Tierra es una, es decir, una en el sentido de que **Dios es uno para toda la Tierra, y ese Soy Yo.**

– ¿Y eso de que para pueblos diversos existan distintos Dioses: Alá, Buda, Cristo ¿cómo se entiende?

– Soy Yo en todos los rostros. Pero, entended, cada nación produce su propia frecuencia de energías en la escala general. Del mismo modo, los diferentes colores son partes componentes de un arcoíris. Cada nación deberá producir su propia parte en un mecanismo general, para integrar todas las partes en una unidad. Y para que al mismo tiempo guarden su individualidad, cada una deberá tener su propia dirección en el desarrollo, sus reglas y leyes, ya que las naciones se diferencian unas de otras por su forma de vida. Y todo esto tiene un objetivo – producir energías diferentes en el mismo cuerpo común tareas. Por ello, las almas no se separan por religiones después de la muerte y se conducen al Distribuidor general. La diferenciación existe solamente por los rasgos raciales.

– ¿El Distribuidor que actualmente atiende a nuestra quinta civilización, se mantendrá también para la próxima civilización?

– No, de ningún modo. Será necesariamente reconstruido, gradualmente y por etapas. En el final del segundo milenio ya han aparecido en la Tierra personas que pertenecen a la nueva civilización, es decir, a la nueva raza. De momento son niños (año 1998). Pero, para ellos ya existe un Distribuidor nuevo, de momento provisional, para el periodo de traspaso.

– ¿Qué cambiará en el funcionamiento del Distribuidor nuevo respecto al viejo?

– La sexta raza, a la que denominaremos así, son personas completamente diferentes, con un mayor potencial energético, y con una escala de frecuencias más alta. Por ello, en el funcionamiento del dispositivo nuevo cambiará todo lo que esté relacionado con los nuevos tipos de energías. El Distribuidor nuevo está diseñado para otras frecuencias energéticas, por lo que el mismo imán será reconstruido para las frecuencias energéticas nuevas, con tipos de materias más "sutiles". Cambiará el mecanismo del futuro funcionamiento del interior del Distribuidor, ya que las personas de la sexta raza tendrán otros programas, otro karma y todo lo demás. Absolutamente todo en su interior cambiará, hasta el propio proceso de trabajo con las almas.

– ¿Y el purgatorio permanecerá?

– Sí, permanecerá.

– ¿Y Vuestros mensajeros, que enviáis periódicamente a la Tierra, también pasan por el Distribuidor?

– No, pasan por fuera del Distribuidor común y se dirigen inmediatamente hacia Nosotros, ya que poseen un potencial energético bastante alto. Como protección, Nosotros les ponemos unos trajes espaciales. Es necesario, en primer lugar, para prevenir que sean interceptados por otros Sistemas; en segundo lugar, para que no se les enganchen otras almas, que se dirigen al Distribuidor, ya que son muchas las que desearían llegar hasta Nosotros. Los trajes espaciales de protección facilitan evitar lo señalado, y llevar a los mensajeros a una velocidad muy alta hacia Nosotros.

– ¿Y las almas de las personas que han sido tocadas por Vuestra energía, también volarán hacia el Distribuidor común?

– Sí, en general, se quedarán en el nivel de la mayoría y su potencial energético no aumentará tras conectar con Nuestra información. Otro asunto es que la persona esté interesada en Nuestra información. Si la lee o escucha continuamente, lo que significaría que está rellenando sus envolturas con el potencial energético nuevo. Su nivel energético general aumenta, lo que le permite salir fuera del Distribuidor general. Las personas que se interesan por Nuestra información son personas que a continuación vendrán a Nosotros. Cuanta más energía reciba el alma través de Nuestra información, más alto ascenderá en el Sistema de los Niveles.

– ¿Durante las catástrofes globales la recogida de almas se realiza de modo habitual o se abren los receptores adicionales en el Distribuidor?

– En cualquier caso, la recogida de las almas se realiza del modo habitual. Ni el Distribuidor se agranda ni hay receptores adicionales. Para las sobrantes sirven las salas de espera. El tiempo no existe allí, por lo que el tiempo de espera no se hace largo.

EL JUICIO

– Las almas permanecen algún tiempo en las salas de espera. ¿Pero, a qué esperan?

– Esperan el Juicio y la subsiguiente distribución.

– Antes, el Juicio de un alma acontecía el día cuarenta después de la muerte. ¿Se mantiene también este plazo en el periodo actual?

– Debido a la finalización del desarrollo de la quinta raza, actualmente se están retirando de la vida a muchísimas personas, en el Distribuidor se forman largas colas, y por ello, Nuestros dispositivos no tienen tiempo suficiente para mantener el funcionamiento normal. Por esta causa, el tiempo de espera del Juicio se ha prolongado (año 1998). El Juicio tiene lugar pasados de dos a dos meses y medio, y en ocasiones incluso más tarde.

– ¿En qué consiste el Juicio de una persona?

– Se pasan las imágenes de su vida, señalando los lados positivos y los negativos de su conducta. Se verifica la vida pasada con aquel programa que le fue dado a esta persona, se analizan las cualidades adquiridas por el alma. Por lo que, dependiendo de cuántos puntos positivos y negativos hayan sido acumulados por el alma durante la vida, esta será enviada al purgatorio o a la descodificación.

– Tras realizar el análisis de las imágenes de la vida de una persona ¿dónde se guarda esta información?

– En la unidad de memoria, pero no la del cerebro, sino que en el momento del Juicio esta información se ubica en la envoltura causal. En el desecho del cuerpo físico no queda nada, aunque inicialmente la información haya accedido a él y se haya guardado en las unidades de memoria del cerebro físico.

– ¿Qué sucede en el momento de la muerte, cuando una persona ve su vida pasando desde el primer día hasta el último?

– La persona ve su cinta-programa, o más bien, ve en este programa los episodios relacionados con el HILO DE LA VIDA, es decir, el especial potencial energético vinculante. El hilo de la vida enlaza los puntos del programa en una unidad. Los puntos son acontecimientos. En un programa completo están presentes las variantes y otros puntos-acontecimientos, que la persona a expensas de la elección hecha eludió, y por lo tanto permanecieron sin manifestarse. La línea de la vida no las enlaza, y la persona no las ve.

– Algunas personas, por ejemplo, los soldados cayendo acribillados a balazos han visto su vida pasando, pero en sentido contrario. ¿A qué se debe esto?

– En el momento de la muerte o de una situación equivalente a ella, se produce el rebobinado de las imágenes en sentido contrario, para que cuando la persona regrese al Distribuidor, en el momento del Juicio la posición de su cinta se quede en las imágenes del comienzo de su vida. Este rebobinado se puede realizar solamente en un cuerpo físico vivo, por ello, unos segundos antes de la muerte, es decir, antes de la salida de alma del cuerpo, se produce la regrabación de la información de las unidades de memoria del cuerpo físico a las unidades de memoria del cuerpo astral. Cuando el cuerpo astral llega hasta la correspondiente capa-filtro, en la que se detiene y se destruye, se produce una nueva regrabación del cuerpo astral al cuerpo mental. Cuando llega el momento de la destrucción del cuerpo mental, se producirá la regrabación al cuerpo causal, es decir, se produce la regrabación sucesiva de la información en todos los cuerpos "sutiles", mientras las envolturas están vivas. Durante el Juicio se realiza la visualización de las imágenes desde la última envoltura temporal, la causal, en la que las imágenes están puestas al comienzo, es decir, en el momento del nacimiento. La envoltura etérea no participa en el rebobinado de las imágenes debido a su muy breve existencia.

– ¿Puede suceder que el rebobinado no se produzca? Por ejemplo, en una explosión el cuerpo se destruye y desaparece en un momento.

– No, el rebobinado se produce en cualquier caso, para esto son suficientes unas fracciones del segundo. Aunque la persona pueda incluso ni notarla. Así, normalmente las personas muy impresionables no se dan cuenta del rebobinado de fotogramas, porque están totalmente centradas en el suceso que los ha llevado a la muerte.

– ¿El proceso de rebobinado se produce siempre y nada puede evitarlo?

– Sí, absolutamente en todos los casos el rebobinado se realiza automáticamente y solo en el cuerpo físico vivo.

– ¿También se produce cuando una persona está enferma e inconsciente?

– Sí, en cualquier estado. La regrabación en el caso de los enfermos se produce en el momento del fallecimiento, durante los últimos minutos de la vida, es decir, un poco antes en comparación con las personas que mueren instantáneamente en catástrofes o accidentes.

El purgatorio

– Cuando se completa el análisis de la vida en el Juicio, ¿qué más le sucede al alma?

– A continuación, se la dirige al Purgatorio. Usualmente las limpian a todas, porque incluso las almas positivas adquieren un cierto porcentaje de energías negativas. Vivir en la suciedad y no ensuciarse, como comprenderéis, es imposible.

– ¿Qué es el "Anillo de Adán", por el que pasa el alma?

– Esto es precisamente el Purgatorio, en el que se quitan las energías "sucias".

– ¿De qué modo se quitan?

– Existen unos aparatos especiales que "raspan" la energía innecesaria. Este proceso es muy desagradable, y cuantas más energías inferiores haya adquirido un alma, tanto más tiempo durará este proceso desagradable. Pero, después de la limpieza ya se siente más ligera, como después de haberle quitado algo pesado.

– ¿Es cierto lo que afirma la religión cristiana que los pecadores arden en el "Infierno ardiente" después de la muerte y sufren mucho en el proceso?

– Los sufrimientos del alma después de la muerte ya son otra cuestión. Los sufrimientos existen, porque hasta ahora no hay nadie que haya cancelado el castigo del alma después de la muerte ni que lo pretenda cancelar. El alma se limpia, pero aquellos hechos kármicos que ha cometido, y por los que debe ser castigada y sufrir, para darse cuenta de lo incorrecto de sus hechos, se mantienen todos, guardados en la envoltura causal.

– ¿Cuánto tiempo duran los sufrimientos del alma en el mundo "sutil"?

– Eso depende de la gravedad del hecho o pecado cometido, y del nivel de comprensión respecto al mismo.

– Nos gustaría aclarar si durante la limpieza del alma se quitan las energías que han sido adquiridas al margen del programa o solamente las energías bastas.

– Se quitan las energías no planeadas y todas aquellas que influyan destructivamente en el alma. Son energías que corresponden a la trayectoria del Diablo. En cambio, si las energías no planeadas son altas y contribuyen al perfeccionamiento del alma, entonces estas se quedarían.

– El ser humano durante su vida adquiere muchos conocimientos erróneos. ¿Estos también se limpian después de la muerte?

– Sí, por supuesto, su entrada en aquel mundo está vedada. Pero, si aún fueran necesarios para que la persona pueda trabajar en ellos, entonces se quedarían, porque una persona debe, a través del trabajo del alma, pasar de los conocimientos erróneos a la comprensión de los conocimientos auténticos. Por ello, se quedan en la persona, pero no podrá ascender con ellos, porque los conocimientos erróneos representan una gama de frecuencias inferior, que se consideran pesadas, por lo que tales conocimientos tirarán del alma hacia abajo. Pero en el mundo "sutil", si una persona está progresando lo suficiente, podrá darse cuenta de que se está aferrando al conocimiento inferior e intentará deshacerse del mismo, es decir, tratará de reeducarse a sí mismo, descartando lo viejo y luchando por lo nuevo.

Si estos conocimientos erróneos le han sido muy necesarios en la Tierra, entonces, estando en lo Alto comprenderá lo erróneo de los mismos y tratará necesariamente de deshacerse de ellos. Así, vuestros materialistas rechazan la existencia del mundo "sutil", pero, cuando entran en él, se dan cuenta inmediatamente de que es tan real como el físico, y no tendrán más remedio que admitir este hecho.

– ¿Cómo influyen los conocimientos erróneos en el alma humana?

– En la Tierra existen muchísimos conocimientos erróneos. Al ser humano le gusta elevar todo a dogmas, pero estos no deben existir, ya que todo fluye, todo cambia. Los conocimientos erróneos lo frenan absolutamente todo. Es un tipo de energías pesado, que se sostienen solamente en las capas inferiores. Al entrar en las envolturas del alma, ralentizan todos los procesos que transcurren en ella, es decir, ralentizan su desarrollo. Y ahí es donde los materialistas han llegado al callejón sin salida, y su desarrollo no irá más allá. Por lo que solamente cuando lleguen a comprender la presencia de la existencia del mundo "sutil" comenzarán a avanzar en su desarrollo.

– ¿Qué representa en sí el Purgatorio?

– El purgatorio no es un espacio aislado, el papel del purgatorio es desempeñado por varias capas especiales dispuestas de una manera especial en varios niveles. Cuando un alma pasa por ellas, entonces cada capa y mini capa le quitan todo lo innecesario. Las capas están programadas para procesos automatizados. En la propia capa existe la noción de "arriba" y "abajo". Si en una capa el alma se ubica bajo el "techo", esto significa que su limpieza en esta capa llegó a su fin y puede pasar al siguiente nivel o capa intermedia.

– ¿Si las tres envolturas temporales permanecen en las capas-filtros, entonces, quiere decir que solo se produce la limpieza de las cuatro envolturas permanentes?

– Cuando las envolturas temporales permanecen en capas, esto recuerda más a una filtración. Las energías altas, acumuladas por el alma, pasan por todas las capas sin detenerse, pero las energías innecesarias se raspan del alma, permaneciendo en las capas. Por lo que se puede decir, que la energía innecesaria no se elimina, sino que simplemente no asciende más junto con las envolturas temporales.

– ¿El alma pasa volando por las capas-filtros, solo para quitarse las envolturas, o también allí se realiza algún otro trabajo?

– Las capas-filtros son universales y multifuncionales, es decir, poseen un destino con un propósito múltiple. Facilitan determinar el Nivel alcanzado por el alma en su desarrollo. Algunas almas ascienden solamente hasta la capa astral, otras, hasta la mental. Las capas no son solo capas, sino unos mundos completos en los que se realizan todos los deseos del alma que no hayan sido ejecutados en el mundo físico. El primer mundo es astral. Aquí un alma podrá obtener todo lo que desee, y según sus deseos se realizará la valoración del Nivel alcanzado por esta y de la tendencia de sus futuras aspiraciones. Si los deseos de un alma son bajos, la arrastrarán nuevamente hacia abajo, por lo que esta caerá y su limpieza comenzará de nuevo.

– ¿Cuánto tiempo permanece un alma en el mundo astral?

– Hasta que realice sus deseos completamente y mientras exista su cuerpo astral. Algunas almas pasan volando por esta capa momentáneamente, porque no tienen deseos que correspondan al diapasón de energías del plano astral, por lo que entran en seguida en el plano mental. Aquellas que también pasan al plano mental, entran en el plano siguiente, que corresponde a las energías de la cuarta envoltura del cuerpo, que es más "sutil". En esta secuencia todo transcurre según los Niveles de las envolturas. En este caso, solo se desechan las envolturas temporales, las permanentes continúan durante el tiempo que duren todas las encarnaciones del alma en la Tierra. Las capas, que podemos denominar como mundos completos, realizan un trabajo multifacético, su función no se limita a la restricción de paso hacia arriba, sino a muchas otras tareas.

– ¿Es solamente así como se realiza la limpieza?

– Este es también un proceso difícil. La limpieza del alma, independientemente de los términos generales, es individual. Si un alma ha acumulado muchas energías "sucias", entonces, la etapa inicial de la limpieza será muy dolorosa para el alma, porque tales energías prácticamente le son arrancadas. Esto es lo mismo que arrancar cualquier excrecencia de un cuerpo vivo sin anestesia. Pero es el alma misma quien tiene la culpa de tan dolorosas operaciones. Si hubiera hecho en la vida una elección correcta, esto no le habría pasado. Si una persona posee un alma alta y ha ejecutado su programa correctamente, entonces, su alma pasará rápidamente por las capas inferiores hasta entrar en la más alta sin ninguna sensación de dolor.

También existe un trabajo especial con las almas en forma de sugestión. Esto es para cierta categoría de almas que han adquirido energías de una calidad insuficiente. Esa alma pasará su purgatorio en el Nivel que le corresponda y a la vez pasará por sesiones de sugestión. Pero cada cuerpo se encontrará en su correspondiente Nivel, y por ello, el cuerpo astral, por ejemplo, pasará su limpieza en el Nivel que le corresponda y no podrá llegar hasta la capa mental.

– ¿Y qué sugerencias se le hacen al alma?

– Se le inculcan las situaciones que el alma ya ejecutó en la Tierra incorrectamente. Por lo que pasará por ellas nuevamente, pero esta vez en otro mundo. Como consecuencia de dichas situaciones el alma experimentará de nuevo algunos momentos de su vida. Debido a las preocupaciones y a los sufrimientos se produce una especie de su limpieza. Para que tal limpieza sea efectiva también se componen unos programas concretos. Cada capa-filtro posee sus propios programas.

– ¿Cómo se limpian las energías "sucias"?

– Con ayuda de unos dispositivos o aparatos especiales.

– Entonces, ¿un alma podría pasar por las capas sin sufrir?

– Todo depende de qué es lo que estén limpiando y en qué estado se encuentre el alma. Un alma con desarrollo más alto experimenta menos momentos desagradables, en comparación con la inferior, que se ha aferrado a un montón de cosas innecesarias.

– ¿Quién decide que la limpieza ha terminado?

– Todo esto lo determinan las máquinas: pueden "ver" la composición del alma, vigilan el proceso de limpieza. A medida que avanza por las capas-filtros, se puede ver con la ayuda de aparatos cómo se limpia el alma y cuándo se completa la limpieza.

– ¿Vigila el Determinador todo esto?

– No. Después de la muerte de la persona el Determinador no conduce al alma. La dirigen otros. Y los antiguos Determinadores empiezan a trabajar con un programa completamente diferente.

– ¿Quién realiza la limpieza de almas?

– Unas Entidades Especiales. Todos los procesos están controlados por Individuos concretos, también del Sistema Negativo. Y la limpieza en sí misma la efectúan los Sistemas negativos de trabajo.

– Las envolturas desechas y todas las energías "sucias", traídas por las almas ¿se quedan en las capas-filtros y allí se desvanecen?

– Nuestra producción carece de residuos. Se extraen del filtro y a continuación se procesan.

– ¿La limpieza de almas ocupa mucho tiempo?

– Para algunas cuarenta días, para otras pueden ser menos. Todo depende de su grado de contaminación.

– ¿Qué siente un alma cuando dirige el vuelo hacia Vosotros?

– Por lo general, mucho miedo. Muchas vuelan a velocidades altas, inusuales para ellas. Pero, también hay almas que no temen nada.

– ¿Qué experimentan las almas en el Purgatorio?

– Es un proceso bastante desagradable. Por lo que quien haya acumulado más energías inferiores, experimentará más sensaciones desagradables, porque las energías innecesarias para un alma se le raspan directamente. Y es por estas sensaciones que las personas creen estar en el infierno.

– Todas las almas tras pasar por la limpieza ¿se dirigen a algún lugar?

– Algunas almas ni llegan hasta la limpieza. Todo se decide en el Juicio. Por la limpieza pasan solamente aquellas almas que continúan su desarrollo evolutivo. Pero hay almas que han pasado una vida sin sentido alguno, acumulando muchas energías inferiores, sin estar interesadas en nada de la vida, excepto en los placeres. Tales almas se destinan a la descodificación, es decir, a la destrucción completa como individuo. Puede decirse que están hundidos en pecados.

La descodificación

– La descodificación del alma, ¿es un proceso automático o la realiza alguien individualmente?

– Todo lo hacen unos dispositivos automatizados especiales, pero, en lo principal, su dirección se efectúa a través del ordenador, porque todos los indicadores del alma, toda su estructura compositiva se encuentra en el ordenador del Determinador que haya guiado a esa persona por la vida, con lo que, de acuerdo con las construcciones existentes, el alma se desmonta.

– Entonces ¿no se rompe caóticamente como un edificio, sino que se desmonta en alguna secuencia? ¿Para qué es necesario, si se elimina de todas formas?

– El desmontaje de un alma se efectúa de acuerdo con los esquemas de su construcción existentes en el ordenador. Los expertos Superiores gestionan el desmontaje, ya que este es un trabajo muy delicado y minucioso. Es un desmontaje en partes compuestas, como, por ejemplo, desmontar vuestro cuerpo en células aisladas conservando la integridad de cada una, pues lo mismo se realiza con el alma.

Conforme a la secuencia de materias "sutiles" que componen un alma, puede decirse que, la deshacen en átomos, es decir, en partículas minúsculas de materia "sutil". Y en estas partículas se realiza la limpieza, muy larga y minuciosa, porque las almas inferiores se ensucian tanto que todas las partículas se impregnan de esa suciedad adquirida, es decir, con energías muy bajas y bastas. Esta forma de limpieza elemento por elemento dura mucho tiempo, porque Nuestra producción carece de residuos, todo debe ser ejecutado con esmero, y después de la limpieza, con las partículas escogidas se construyen almas nuevas. Combinamos fragmentos de una antigua alma con elementos desmontados de otras almas descodificadas, seleccionamos los materiales que necesitamos y ensamblamos nuevas almas. Salen completamente vacías y comienzan desde cero, como otros individuos.

– Nos gustaría aclarar una cosa, ¿qué siente un alma durante la descodificación? ¿Experimenta sentimientos de dolor?

– Por supuesto, experimenta unos tormentos muy fuertes, porque la despiezan. No tenemos nada parecido a vuestra "anestesia". Por lo que podéis imaginaros lo que es ser un ser vivo y que os tengan que hacer pedazos. Es decir, la descodificación, de facto, es meramente un destrozo. Por supuesto, el alma siente las primeras sensaciones, pero luego cesan. Y es cuando despiezan al alma de este modo que el individuo deja de existir.

– ¿Sus especialistas hacen el trabajo de desmontaje de almas por su propia voluntad?

– Sí. Conmigo, todo se hace a voluntad. Los Sistemas negativos están principalmente involucrados, ya que la decodificación es ante todo un cálculo preciso.

– Para el año 2000, ¿se decodificarán muchas almas?

– Sí. Principalmente, todos los drogadictos, una parte de los alcohólicos y demás gente vacía. Es por ello que se han introducido tentaciones tales como las drogas y el alcohol, para desvelar los lados más débiles de las almas. Las tentaciones contribuyen a revelar las inclinaciones inferiores en almas y a sistematizarlas. En total, el 10% de la población máxima en la Tierra para el periodo de tiempo actual será descodificado (que son 6 mil millones de personas, totalizado en el año 2000, lo que supone más de 600 millones decodificables) *.

– Nos gustaría saber con más detalle qué cometidos conducen a la decodificación.

– Esta se produce en épocas diferentes, por pecados diferentes, porque en el transcurso de la evolución los valores humanos generales van cambiando, por lo que los pecados también cambian. Lo que, supongamos, hace mil años atrás no era considerado como pecado, actualmente puede parecer inhumano, y aquello que antaño se perdonaba a la gente, no se perdona en el momento de desarrollo actual. En general, el rasgo principal por el que decodificarían tanto en el pasado como en el presente es el comportamiento inhumano hacia los demás. Por ello, se decodifican las almas de asesinos que hayan matado a mucha gente, y una parte de almas que se venden ellas mismas al Diablo. ¿Por qué decimos que "una parte de almas"? Porque, antes de ser descodificadas, estas almas se han ofrecido al Jerarca del Sistema negativo, es decir, al Diablo. Él analiza sus propias vidas y decide si estas poseen algunas capacidades que les permitan evolucionar en Su Sistema o no. Por lo tanto, estas almas atraen Su interés por algo, el Jerarca del Sistema negativo las recoge para sí, y estas continúan su desarrollo bajo su dirección. Y aquellas, que solamente matan, o sucumben a las tentaciones y no son capaces de nada más, SE DESTRUYEN. Hay muchas almas mediocres así, que incluso a Él (al Diablo) no le son necesarias. Estas almas son tan primitivas, que no hay nada por lo que se las pueda apreciar.

– ¿Y las almas de aquellas personas que matan a muchos animales, también pueden ser descodificadas?

– La matanza de animales es particularmente ese pecado cuya valoración ha cambiado con el tiempo. Si hace mil años atrás tal hecho no se consideraba como un pecado, en cambio, actualmente esta cuestión se valora de otro modo. Es importante tener en cuenta cómo una persona mata a los animales y en qué cantidad.

Todo posee su esencia interna. Si, por ejemplo, una persona ha matado animales por necesidad, porque es su trabajo, lo que le posibilita alimentar su familia, en una situación que no le deja alternativa, entonces, lo que ha hecho no se valora como una matanza, sino como un trabajo.

Su alma no posee un deseo interno de matar, es solo una necesidad. Por lo tanto, su acción se convierte en su karma, pero no se la descodifica.

Si, al contrario, la persona tiene el deseo de matar, y recibe un placer del hecho de matar o cualquier satisfacción, entonces, es que es un psicópata. Así que, nuevamente, será descodificado por haber matado a una gran cantidad de animales, por ejemplo, a cincuenta o más. También depende de los tipos de animales que se hayan matado. Durante la emisión de una sentencia para el alma se toma en cuenta el tipo de animal. Cuanto más inteligente sea un animal tanto más responsable será el ser humano de su vida.

– ¿Cuáles son los animales cuya matanza no conlleva la decodificación?

– No se valoran las aves ni los peces. Los cazadores que se dedican a matar animales por placer, no porque la familia tenga hambre, ya se encuentran bajo el peligro de descodificación, ya que su alma adquiere una tendencia repugnante de obtener satisfacción con la matanza de criaturas, que se encuentran en un grado inferior por su nivel de desarrollo.

– Las almas se desarrollan durante un largo periodo, y después las descodifican, si es que lo merecen. ¿Cuál es el periodo, tras el cual se descodifican las almas? ¿Cada dos mil años?

– Durante los periodos de traspaso, por supuesto, es cuando se descodifican el mayor número de almas. Pero, no es necesario que sea cada dos mil años. También puede ser en otros periodos, si durante el desarrollo de la civilización alguien demostrará ser negativo. La descodificación se produce, principalmente, en una etapa inicial de desarrollo del alma, cuando aún no está suficientemente desarrollada. Pero, lo normal es que un alma pase por una fase completa de desarrollo, una fase de algún ciclo. Lo que puede ser un periodo bastante largo. El alma se reencarna al menos diez veces, tras lo cual, analizando todas sus vidas pasadas, se descodifica. Es decir, no se elimina por los pecados de una vida, sino por los de todas las vidas pasadas en conjunto.

– En la siguiente sexta civilización las almas alcanzarán un nivel de desarrollo alto. ¿Las seguiréis descodificando?

– En la etapa inicial de civilización todavía tendremos que hacerlo, pero, a continuación, la descodificación ya no será necesaria. Pero si sucede que el alma no va a donde es necesario, entonces, Nosotros la destinamos a una rectificación, lo que a vuestro entender suena a una colonia penitenciaria, aunque, por supuesto, en nuestro caso esta institución funciona de un modo completamente diferente.

– Si un alma inferior comete en la vida muchos hechos negativos ¿se la descodifica en seguida después de esta vida?

– No. Si aún no ha pasado por la etapa de desarrollo, por la que es posible juzgar la principal tendencia de su evolución, entonces no la descodifican. Un alma puede cometer algo reprensible encontrándose en la mitad del camino de una etapa fijada para su desarrollo. Pero la sentencia solo será emitida tras la finalización de su ciclo de reencarnaciones. También existen esos ciclos de desarrollo en la sociedad cuando todo transcurre con normalidad, según el programa, entonces las de esa civilización no se descodifican en absoluto.

– En consecuencia, ¿hay algún momento en el desarrollo de las almas en el que dejan de descodificarlas?

– Sí. Las almas que han adquirido una gran experiencia de vida, un alto potencial energético y que aspiran a la perfección ya no son destruidas. En el plano material existen también unas civilizaciones altamente desarrolladas, en las que tanto la descodificación como el proceso de selección negativa de almas malogradas deja de existir. Todas las almas continúan su camino evolutivo más allá. Y en los planos "sutiles" como ya hemos señalado, las almas Altas nunca se descodifican. Solo se destruyen las almas inferiores.

La distribución de almas después de la muerte

– En el Distribuidor, después del Juicio, unas almas se descodifican y otras pasan por la limpieza, ¿adónde se dirigen después?

– A continuación, las almas se dirigen a los lugares de estancia común de las almas terrestres. Hay almas que se dirigen a otros mundos, y las que están predestinadas para nuevas reencarnaciones en la Tierra, se quedan junto a la Tierra.

– Después de cada encarnación en la Tierra, ¿el alma se eleva algún peldaño más durante el desarrollo normal?

– La cantidad de grados que ascienda el alma después de la muerte dependerá de su empeño en el objetivo. Ella es capaz, incluso durante una vida, de pasar por una etapa de tal magnitud que puede dar un gran salto y elevarse en seguida hasta un grado muy alto. O, por supuesto, puede hacerlo al revés, degradarse y caer muy bajo.

– ¿Adónde van las almas inferiores? Antes se decía que iban al Infierno. ¿O acaso las almas tanto las altas como las bajas se encuentran en el mismo lugar?

– No, las almas humanas que son diferentes en su desarrollo necesariamente se dirigen a lugares diferentes.

– ¿Existen depósitos para las almas donde estas permanecen entre sus encarnaciones?

– Sí.

– ¿De qué modo se produce la clasificación de las almas en el depósito?

– La división de las almas por Niveles se produce con gran exactitud en relación con ese tipo de energías adquiridas por las almas durante su última vida, además de tenerse en cuenta las energías de las vidas pasadas que influyan en el Nivel general del desarrollo del alma. Cuanto más altas sean las energías que acumule el alma durante la vida, más alto se ubicará; cuanto más densas, es decir, cuando se degrada, tanto más bajo descenderá. Asimismo, se produce automáticamente la propia clasificación según las frecuencias energéticas que le correspondan a cada alma, especialmente, porque todas las impurezas extrañas de energías ya estarán purificadas, lo que proporciona exactitud para determinar su ubicación. Es un simple proceso físico.

– Supongamos, que se ha determinado el Nivel al que corresponde un alma, pero, ¿dónde hay que guardarla después en el depósito?

– Se lo puede, llamar depósito, por supuesto. Pero, en realidad, es un mundo determinado, en el que se encuentran las almas entre sus encarnaciones. Allí viven y se desarrollan. Es un mundo complejo dividido en capas de Niveles de desarrollo. Pero, para facilitar la comprensión de su estructura, se lo puede imaginar como un Depósito especialmente construido para las almas terrestres, dividido en Niveles o grados. A cada Nivel le corresponden sus tipos y frecuencia de energías, por ello, se puede decir, que cada Nivel en este depósito general representa en sí un depósito menor para almas de una misma gama de energías.

– ¿Son muchos los Niveles?

– Para la gente del plano terrestre hay cien, como corresponde a la Jerarquía terrestre.

– ¿La conciencia de las almas que entran en este mundo después de la muerte se apaga?

– Un alma siempre tiene conciencia. No se apaga nunca. En el mundo "sutil" es imposible que se quede dormida. Solo duermen en vuestro mundo físico, porque las envolturas materiales necesitan recargarse, lo que se produce durante el sueño, y tras la muerte las almas permanecen en sus cuerpos "sutiles", por lo que no necesitan dormir.

– Nos habían dicho que las almas duermen.

– No, no es correcto. Recordadlo, el alma nunca duerme.

– ¿Y las almas inferiores permanecen en un estado semidormido?

– No, mantienen la conciencia en su propio nivel. Tienen su propio y difícil camino de desarrollo en el Depósito. Un alma continúa trabajando incluso después de la muerte.

– ¿También se desarrolla en el mundo "sutil" según un programa?

– Sí. Cualquier desarrollo transcurre conforme a un programa, determinado por los Jerarcas Superiores. En la Tierra es un programa y en el mundo "sutil", otro, especialmente para las almas. El ser humano está conectado con sus semejantes en el mundo físico mediante un programa. Pero, en el mundo "sutil" el programa conecta al alma con los Niveles tanto subyacentes como superpuestos, como en la Jerarquía.

– ¿Qué tipo de tareas se le plantean a las almas cuando estas entran en el mundo "sutil"?

– Muy diversas. Hay muchos más objetivos para el desarrollo, que en el mundo físico.

– ¿Dónde es el desarrollo del alma más rápido, en el mundo físico o en el "sutil"?

– El desarrollo del alma sin cuerpo físico es más rápido. En el mundo "sutil" se abren ante el alma tales conocimientos y verdades, cuyo saber es inalcanzable en la Tierra. Además, en el mundo físico todo está distorsionado y equivocado. El nivel de los terrícolas es muy bajo y la mayoría de los conocimientos son falsos.

– ¿Si el desarrollo de las almas en el plano "sutil" es más rápido, para qué las envían entonces al mundo físico nuestro?

– El ser humano construye su propia Jerarquía, que debe comenzar desde la Tierra, desde sus planos densos, como partiendo de un fundamento.

– ¿Las almas en el mundo "sutil" se desarrollan socialmente o en solitario?

– De mismo modo que en la Tierra, es decir, el alma se desarrolla independientemente, pero al mismo tiempo está interconectada con los grupos Jerárquicos. Cada alma posee su propio objetivo concreto. La individualización también continúa en el plano "sutil".

– ¿Los programas de las almas también están conectados entre sí?

– Por supuesto que están conectados, ya que ellas se relacionan entre sí del mismo modo que en la Tierra. Funcionan de forma homogénea.

– ¿Pero el tipo de actividad del alma en el mundo "sutil" también lo determina un Fundador, como en la Tierra?

– En general, el tipo de actividad procede de la Alta dirección, pero siempre se asigna teniendo en cuenta los deseos del alma.

– ¿Las almas en el mundo "sutil" también tienen la posibilidad de elección?

– Sí, la libre elección se le proporciona en Mis mundos por todas partes a cada una de las almas.

– ¿Pero, si un alma tuvo en la Tierra ciertas habilidades, también se conservarán estas después de la muerte?

– Todas aquellas tendencias que poseyó un alma durante la vida permanecen con ella en el mundo "sutil". La gente creativa siente con más intensidad y delicadeza todo lo que hay en su entorno, independientemente del mundo en el que se encuentre. Por ello, si crearon cosas en un mundo, podrán también continuar con la creación en otro, pero, cambiando su tipo de actividad, porque no tiene sentido alguno crear lo mismo. Esto, en primer lugar, ralentiza el proceso de desarrollo general del alma, y, en segundo lugar, en otros mundos, con otras materias y otras necesidades. Por lo tanto, ya no podrá salir lo mismo que antes, aunque el propio proceso creativo continúe, aunque ya lo haga en otro ambiente.

– ¿Entonces, no puede ser que en nuestro mundo sea un arquitecto y en el otro también?

– El desarrollo debe continuar adelante, por ello, si en la Tierra es un arquitecto que construye edificios, en el plano "sutil" comenzará a construir planetas … si, por supuesto, alcanza un determinado Nivel de desarrollo. O, si en la Tierra es un escritor, en el mundo "sutil" es un "Fundador" que compone los destinos, que luego son incorporados al programa. Pero, al comienzo, el destino y sus variantes se construyen necesariamente por tramas. En esto consiste el progreso de desarrollo en cualquier hecho creativo. Pero, de nuevo, todo esto se hace según el deseo del alma. Si, por el contrario, un alma no puede realizarse en la creatividad, se le ofrece a esa alma otro tipo de actividad.

– ¿Qué nivel de desarrollo debe alcanzar el ser humano para empezar a crear planetas?

– Para empezar, debe alcanzar el Nivel cien en la Tierra, y luego, después de su paso al plano "sutil" deberá asimismo alcanzar el Nivel de desarrollo que corresponda, ya que a la creación de planetas se dedica la Cúpula de la estructura Jerárquica.

– En la Tierra, el número de personas está disminuyendo. ¿Cuántas personas permanecerán en la sexta raza de los actualmente existentes 6 mil millones de población terrestre?

– La población se reducirá en un futuro próximo en 2/3 (dos tercios).

Esto significa que 2/3 de las almas se quedaran en el mundo "sutil". En la Tierra continuará encarnándose solo 1/3 (un tercio).

– ¿De qué modo continuarán entonces las reencarnaciones en la Tierra, si en el depósito del mundo "sutil" siempre habrá más almas que cuerpos en la Tierra?

– Una parte de los 2/3 (dos tercios) recogidos será descodificada. Otra parte pasará a los planos Superiores, porque ya culminaron su desarrollo en el cuerpo humano. Algunas pasarán a otros mundos físicos, y la parte restante, los que aún no hayan terminado su desarrollo, continuarán reencarnándose en la Tierra. La circulación de las almas será mucho más intensa: unos se van y otros los reemplazan.

Capítulo 8

LOS MUNDOS PARALELOS DE LA TIERRA. PLASMOIDES

LOS MUNDOS PARALELOS DE LA TIERRA

El hombre está acostumbrado a considerarse solo en el Universo y en la Tierra, sin saber, cuán relativa es su soledad. Los Maestros Celestiales lo están observando, le vigilan también criaturas de mundos paralelos en la Tierra, está siendo controlado por extraterrestres, las almas de los muertos le visitan. Por lo tanto, podría decirse de parte de los seres humanos que, "seremos ciegos, pero no estamos solos".

Esto es lo que hemos logrado averiguar sobre algunos de estas criaturas entusiastas de la observación de los seres humanos, mientras permanecen ellos mismos invisibles.

En uno de los contactos se nos ha informado en la sesión de contacto que no estamos solos, sino que a nuestro alrededor hay muchas y diversas criaturas del mundo "sutil", por lo que nos hemos interesado por quiénes son estas criaturas.

- - -

– Por favor, ¿puede decirnos si hay alguna criatura presente en el contacto?

– Sí, están aquí continuamente.

– ¿Qué son estas criaturas?

– Son diversas. Las hay semejantes a vosotros, y hay otras que son diferentes.

– ¿De qué mundo vienen?

– De mundos diferentes, por eso son todas diferentes.

– ¿Pero estas criaturas pertenecen a las envolturas* de la Tierra?

– No solamente a las envolturas, también vienen de otros planetas.

– ¿Qué es lo que necesitan en nuestros contactos?

– Ellas, como vosotros, también reciben la información a través de las energías enviadas por Nosotros. Las descifran. Y otras solo están interesadas en ver cómo vivís vosotros, es decir, las personas. También siendo atraídas aquí por la conexión al canal, el cual se ve perfectamente desde el mundo "sutil". Y hay unas terceras que vienen para obtener las energías.

– ¿A qué se dedican estas criaturas?

– Cada una tiene su propia dedicación, por supuesto. Hay unas cuyo trabajo consiste en vigilaros. Otras que se dedican a la distribución de energías: recogen la energía, dirigida por Nosotros a través del canal de conexión, y vuelan hacia otros puntos de la Tierra, trasladándola a lugares muy diversos. De este modo, distribuyen el nuevo tipo de energía por todo el planeta y sus mundos paralelos.

– ¿Para qué lo hacen?

– Así está planificado. Si la envoltura física de la propia Tierra es transferida a una nueva energía, más elevada en frecuencia, entonces, todos sus mundos paralelos se trasladarán correspondientemente a un grado más alto, habiendo previamente también percibido y procesado la nueva energía.

– Sabemos que existen planetas con mundos paralelos, y siendo así ¿para qué necesita un planeta mundos paralelos?

– Estos mundos se encuentran en las envolturas "sutiles" del planeta, por lo que contribuyen a su desarrollo.

– ¿Qué le aportan los mundos paralelos al planeta mismo?

– Los mundos paralelos le suministran a cada envoltura un cierto tipo de energía. Cada mundo posee su propia tecnología. Y cada envoltura, por su parte, le proporciona al planeta su nivel energético, ya producido sobre una nueva base.

– ¿En los tiempos de la primera civilización en la Tierra ya existían mundos paralelos?

– Surgieron junto con la aparición de la humanidad. Pero, su número variaba con respecto a las envolturas de la Tierra.

– En consecuencia, cuantas más civilizaciones haya en la Tierra, ¿tantos más mundos paralelos surgirán?

– Sí, es lo mismo, que las envolturas humanas en la medida de su desarrollo. La Tierra se desarrolla, su número de envolturas crece, y esto, a su vez, requiere la aparición de nuevas civilizaciones en el plano físico. Por lo que se produce la interconexión entre lo uno y lo otro.

– ¿Las civilizaciones desaparecidas trasladan a los mundos paralelos? Por ejemplo, en América del Sur desapareció la civilización maya. Para nosotros desapareció sin dejar rastro alguno, pero ¿adónde se fue? ¿Los trasladasteis a mundos paralelos?

– Los trasladamos allí donde Nosotros los necesitábamos.

– ¿En qué se diferencia el funcionamiento de los planetas que poseen mundos paralelos del de los planetas que no los tienen?

– Los planetas sin mundos paralelos se ubican en un nivel de desarrollo inferior, en comparación con los planetas que los poseen, y producen una energía más simple y de un solo tipo. En el caso de planetas con mundos paralelos, cuantos más mundos posean, tantos más tipos de energías pasarán a los Sistemas cósmicos que los dirigen.

– ¿De qué modo se envía la energía de los mundos paralelos a los Sistemas cósmicos?

– La energía no se les envía a todos y no en cualquier Sistema Cósmico*, sino solamente en aquel Sistema que inmediatamente gestione dicho planeta. Y antes de que se tome la energía se realiza un trabajo determinado: la energía de cada mundo paralelo se acumula en la envoltura correspondiente por separado, después de lo cual, en estas envolturas se formará íntegramente el campo del planeta. A continuación, la energía se recoge del campo del planeta por su Determinador Planetario y se traslada a Jerarquías Superiores.

– Hablemos de uno de los mundos paralelos.

– ¿De cuál queréis hablar?

– Del más cercano al nuestro. ¿Podéis decirnos qué criaturas lo habitan y si son semejantes a los seres humanos?

– En el mundo más cercano al vuestro viven criaturas humanoides. En otros, son diferentes a vosotros.

– ¿Cuál es su número? Si, por ejemplo, ahora aquí hay unos 5.500 millones de personas, ¿Su número es mayor o menor?

– Son la mitad en comparación con el número de la población mundial.

– Si son cercanos a nuestro mundo material ¿cómo se distribuyen por los continentes de la Tierra?

– A diferencia de los humanos, no se distribuyen por continentes como en la Tierra, sino que permanecen en su esfera, en su materia, y ven su mundo de modo diferente, aunque estén vinculados a vuestro planeta. Tienen sus propias islas energéticas, en las que estas criaturas viven. Estas islas flotan sobre la Tierra.

– ¿Es decir, no están vinculados a la estructura física de la Tierra?

– La materia física vuestra no influye en ellos en absoluto, porque en sus mundos funcionan unas leyes completamente diferentes. Cada mundo se encuentra en su frecuencia de vibraciones, o más exactamente, existe en un cierto rango de frecuencia. El error del ser humano consiste en que está tratando de extender las leyes de su mundo físico a los mundos "sutiles", donde estas no son aceptables. Por lo tanto, su hábitat natural no es semejante al de la Tierra, sino que disponen de un espacio en el que permanecen.

– ¿Qué nos puede decir de la vida de estas criaturas, dónde viven?

– Tienen sus propios hogares. Se los puede llamar casitas, como las vuestras.

– ¿Viven en sus hogares en familia?

– No, en solitario. Estas criaturas han sido creadas de tal modo que no puedan vivir juntas ni siquiera que dos de ellas lo hagan.

– ¿Son del mismo sexo?

– No, hay diversidad.

– ¿Cómo entonces se reproduce de la población si no tienen familias?

– Viven conforme a otras leyes. No tienen ningún tipo de sociedad ni estado. Cada individuo vive por sí mismo y separado de los demás, pero cuando es necesario según el programa, se juntan para generar descendencia y, a continuación, se vuelven a separar en seguida. También carecen de la educación compartida de los hijos. Solo un progenitor vela por el hijo.

– ¿Cuál es la causa de tanta diferencia en el estilo de vida entre nuestros mundos?

– Todo está determinado por aquellos procesos que han de transcurrir en los distintos mundos.

– ¿Existen en su mundo ciudades u otro tipo de poblaciones?

– No, no existe ningún tipo de concentración especial de la población en lugares concretos. Eso es necesario para vuestro mundo, o más bien, para las necesidades de la Tierra. Sus hogares están dispersos, por lo que no tienen enemistad entre ellos ni se agreden, no tienen guerras.

– ¿Tienen dispositivos tecnológicos?

– Muy pocos. Casi no los necesitan, y raramente los usan.

– ¿Cuál es su promedio de vida?

– Si los comparamos con vosotros, su promedio de vida es de treinta años.

– Es decir ¿mucho menor al nuestro?

– Sí.

– ¿Cuál es la causa de tal promedio de vida?

– Su programa. Lo ejecutan mucho más rápido que vosotros, porque carecen de sueño. Estas criaturas no duermen en absoluto. Vosotros, en cambio, gastáis una tercera parte de vuestra vida durmiendo.

– ¿A qué se dedican estas criaturas?

– Las criaturas de este mundo están predestinadas solamente para dedicarse a vuestro planeta, a sus necesidades. Se dedican a la reparación de la envoltura de la Tierra, y en aquellos lugares donde esta disminuye por algunas causas, la aumentan hasta recobrar la normalidad. Además, si en la envoltura aparecen deterioros energéticos, los reparan. En una palabra: parchean la envoltura.

– ¿Hacen su trabajo conscientemente?

– Sí, por supuesto.

– ¿Quién las dirige, si no viven en sociedades, pero ejecutan sus tareas?

– Las dirigen Determinadores de su mundo, pero telepáticamente.

– ¿Tienen religión?

– No, no es necesaria en su mundo, por que, a diferencia de las personas, saben de la existencia de los Sistemas cósmicos y los Jerarcas Superiores.

– ¿Entonces, su nivel de desarrollo es más alto que el del ser humano?

– Puede decirse que más alto hasta cierto punto.

– ¿Qué causó esa diferencia en el estilo de vida entre nuestro mundo y el suyo si su frecuencia de vibraciones no es cercana a la nuestra?

– Todo está determinado por aquellos procesos que deben transcurrir en los distintos mundos. Para cada mundo se construye una forma de ser vivo, o más bien envoltura, que está estructurada para la producción de cierto rango de frecuencias en cada uno de esos mundos. La forma de una criatura depende de la materia de este mundo y del trabajo que aquella debe desempeñar.

Para que en el transcurso del ciclo vital una criatura pueda producir la energía necesaria, es necesario construir el proceso tecnológico de transformación de un tipo de materia (materia prima) en un tipo de energía necesario (producto). Por lo tanto, para el cumplimiento de estos objetivos se construye una línea de vida del comportamiento de esa criatura en condiciones concretas, donde cada acto suyo no sea una acción arbitraria, sino un proceso tecnológico de transformación de una energía enviada de nuevo tipo mediante ciertas situaciones o acciones.

Y, en tercer lugar, lo que importa en este proceso es el alma misma, que es como un operador trabajando en una grúa. El operador espiritualiza la grúa, obligándose a hacer el trabajo, y al mismo tiempo haciendo trabajar también a la grúa. Es decir, trabaja la forma (la grúa), trabaja el alma (el operador), se efectúa un proceso (el levantamiento de la carga). Lo que sería un ejemplo figurativo.

Y no se puede poner arbitrariamente en esta forma de trabajo a ningún alma no preparada, es decir, el alma debe ser preparada para esta forma y este trabajo de modo correspondiente. (Si se pusiera en la grúa, supongamos, a un médico, el trabajo no sería realizado y habría una avería). Del mismo modo funciona cualquier proceso, cualquier situación requiere cierta preparación espiritual de la Unidad.

Esa preparación la requieren las propias situaciones. Para ciertas situaciones, se seleccionan almas que ya han sido construidas energéticamente para unas acciones apropiadas. Y los requisitos para la selección de almas son muy estrictos aquí, ya que el menor error en el cálculo puede conducir a la interrupción del proceso entero.

Cuanto más complejos sean los procesos en los que participan las almas, más fuerte debería ser su potencial energético.

La forma misma no requiere de tal precisión para ajustarse a algunos parámetros. La forma del cuerpo admite grandes oscilaciones de recarga energética del alma, es decir, se puede introducir en el cuerpo un alma con potencial energético bajo o muy alto, pero, igualmente, todo ello oscilará entre determinados límites.

Por ello, para que un proceso requerido ocurra en algún mundo, será necesario:

1. Crear una forma nueva;

2. Elaborar el proceso tecnológico correspondiente a cada mundo en concreto;

3. Seleccionar almas con el potencial energético requerido o cierto conjunto de características cualitativas.

Entonces, el mundo tendrá vida.

– ¿Se hacen formas de criaturas que sean adecuadas para la existencia en varios mundos diferentes?

– No. Cada mundo tiene su propia materia, sus propias cargas, por ello, la forma misma está individualizada: se crea de la materia de su mundo y soporta todas sus cargas e impactos.

– ¿Pasará el alma del ser humano a la fase de desarrollo siguiente en el primer mundo paralelo?

– No toda la humanidad pasará a este mundo, sino solamente algunos individuos con fines experimentales. A quién y adónde enviarlos, será decidido por los Fundadores.

– ¿Dónde van las criaturas del primer mundo paralelo al terminar su ciclo de desarrollo?

– Existe otro mundo en vuestro planeta, que jerárquicamente se ubica por encima del primer mundo paralelo, es decir, que se encuentra en una frecuencia de vibraciones más alta. Hasta el momento, su número de criaturas es inferior. A este mundo van esas almas después de la selección. Una selección que es muy rigurosa. Una selección que se realiza de cada mundo subyacente al superpuesto, por lo que el número de almas en cada mundo superpuesto es menor que en el subyacente, pero cada Individuo allí es más poderoso.

– ¿De dónde aparecen las criaturas en un mundo, es decir, de dónde vienen sus almas?

– Cada mundo tiene sus propios Fundadores que componen los programas, así como, sus Determinadores que controlan y guían tales programas. También existe su reserva de almas. Una parte de esas almas puede seleccionarse de otros mundos, otra parte se crea nuevamente. Existe un Sistema Jerárquico de Dios que se dedica a la creación de almas para todos los mundos de la Tierra. Es el Alto Sistema del plano Espiritual, es decir, no está relacionado con los Sistemas materiales. Los Fundadores de cada mundo determinan sus necesidades en cuanto al número de criaturas, y, en consecuencia, a las almas que descienden a mundos.

– ¿Después de la muerte, las criaturas de los mundos paralelos de la Tierra se dirigen al mismo Distribuidor que las almas humanas?

– No, con ellas trabaja otro Sistema, es todo diferente.

– ¿Efectúan los habitantes del primer mundo paralelo contactos con otras civilizaciones?

– No, no lo necesitan. Tienen su propio trabajo, estrictamente específico, por lo que las relaciones extrañas no podrían proporcionarles nada.

– ¿Provocará el traspaso de la Tierra a la nueva orbital cambios en otros mundos?

– Ese proceso está interconectado energéticamente y provocará desplazamientos sucesivos en todos los mundos paralelos de la Tierra. También se moverán a una etapa superior de desarrollo.

– Durante el traspaso de la Tierra a la orbital nueva se producirá una disminución de la población. ¿Disminuirá también el número de criaturas en sus mundos paralelos?

– No, allí este proceso transcurrirá de otro modo. Pero, por supuesto, el paso de la Tierra a la orbital nueva provocará cambios en todos sus mundos paralelos. Allí viven unas criaturas más perfeccionadas. Por lo que toda la vida en la Tierra, tanto en vuestro mundo físico como en sus mundos "sutiles", va en paralelo, es decir, al mismo tiempo, pero, diferenciados por niveles de desarrollo. De aquí viene su denominación de "mundos paralelos", es decir, la existencia y su desarrollo simultáneo con el subsiguiente traspaso de todos los mundos a un grado superior.

Lo más importante, es que todos estos mundos se basan en la misma energía para su construcción, por ello, si en el plano físico aumenta el perfeccionamiento de las almas, entonces, en todos los demás mundos se produce un aumento del potencial energético de las almas.

En cada mundo paralelo, así como en el vuestro, las criaturas con almas de mayor potencial energético se van, y las criaturas con un potencial energético menor toman su lugar. En esto consiste el progreso y la evolución del desarrollo. Todo se cambia en paralelo y en la correspondencia del uno con el otro.

– En nuestro mundo se produce el cierre de programas desenvueltos previamente. ¿Pasa lo mismo en los mundos paralelos?

– Sí, allí todo se rediseña también, para acoplar los programas de interacción de los mundos.

– El mundo físico se transforma mediante catástrofes y desastres naturales. ¿También se utilizan métodos así en los mundos paralelos?

– Sí, los hay análogos allí. Por ejemplo, hay un mundo que ha sido eliminado por completo.

– ¿Qué mundo era?

– Era un mundo muy denso. Llegamos a la conclusión de que no lo necesitábamos. Es un mundo muy denso por la cualidad de las energías producidas. Por supuesto, no lo Hemos borrado por completo, sino que solo lo hemos retirado de la Tierra. Y a todas sus criaturas las hemos trasladado a otro lugar, a otro espacio.

– Un mundo ha sido eliminado, pero ¿qué ocurre con el resto de los mundos?

– Otros mundos se ajustan al nivel requerido, sus programas se adaptan. Los mayores reajustes se realizan en los mundos más cercanos al físico.

– ¿Cómo cambiará el trabajo de la Tierra en este sentido? ¿Va a tener menos mundos paralelos?

– Sí, habrá menos mundos, y habrá más trabajo. El programa de la Tierra se volverá más complejo.

– ¿Qué ocurriría con los mundos paralelos en el caso de la destrucción de planeta?

– Todos los mundos paralelos se apoyan en el plano físico como sobre un fundamento constructivo, por ello, si le ocurriera algo al planeta, lo mismo se reflejaría en aquellos. Por lo tanto, cuando la envoltura física del planeta muere, los mundos paralelos también se descomponen. Este proceso es análogo a la muerte del cuerpo físico de la persona y a la sucesiva extinción de sus envolturas temporales. Del mismo modo sucede con el planeta, es decir, los mundos paralelos mueren en el plano físico. Y en el plano "sutil" efectúan el paso por su Jerarquía.

– ¿Las almas de las criaturas que habitaron en los mundos paralelos, después de su muerte se dirigen a sus Sistemas?

– Sí, hacia los Sistemas que las dirigen, hacia sus Jerarquías. En esos Sistemas las reprograman y las envían a nuevos planetas, a nuevos Niveles de desarrollo.

– ¿Los humanos y los seres de mundos paralelos son dirigidos por Sistemas diferentes?

– Así es, están dirigidas por Sistemas diferentes. Pero, la dirección general está centralizada, es decir, existe la coordinación de las acciones, porque no se puede dirigir el mismo planeta de modos diferentes: de un modo querría una cosa, y del otro la contraria. Esto podría provocar la explosión del planeta. Por ello, la coordinación de las acciones es fundamental.

Anti-Mente

– Actualmente en la Tierra, según afirman en la prensa, ha surgido la Anti-Mente* ¿De dónde ha surgido o quién la ha enviado?

– Aquellos, a los que llamáis "Anti-Mente", fueron enviados por otras civilizaciones cósmicas enemigas de la humanidad para acabar con su existencia. Su objetivo era la destrucción de la humanidad.

– ¿Su llegada a la Tierra se produjo ya en la primera civilización terrestre?

– No, solo en la quinta, llegaron a la Tierra solamente con la aparición de vuestra civilización.

– ¿Qué les disgustó de la humanidad?

– Vosotros mismos sabéis que la humanidad se ha degradado muchísimo y muy rápidamente. Las energías inferiores se fueron precipitando de la Tierra al Cosmos, lo que provocó el disgusto de muchos en el Cosmos. Por lo tanto, comenzaron a abogar por la destrucción de la humanidad como si esta fuera un semillero de energía sucia. Pero, puesto que tenemos Nuestra propia opinión sobre la humanidad, tratamos de preservarla.

Mundos más densos que la Tierra

– El mundo físico se considera perteneciente a la materia densa y está compuesta de energías de baja frecuencia. Los demás mundos son "sutiles". ¿Existe una materia de frecuencias aún más brutas, es decir, una materia más densa que nuestro mundo físico?

– Sí, esa materia, que por su estructura es más densa que la vuestra, existe.

– ¿Dónde se encuentra?

– No es de vuestro Universo.

– ¿De qué está compuesta esa materia densa?

– Tiene sus propios átomos, moléculas mucho más densas que las partículas de vuestro mundo, es decir, su estructura es así conforme a los requerimientos de ese mundo en el que está.

– ¿De dónde han salido esos átomos y moléculas más densas?

– Para cada mundo se crea su propio conjunto de partículas: cuantitativo y cualitativo. Se crea de acuerdo con las indicaciones de lo Alto. Se marca un objetivo y, en correspondencia con el mismo, todo lo demás.

– ¿Podría un terrícola estar en ese mundo?

– En ese mundo no podrá entrar. Intentad imaginarlo, allí es la misma Tierra, el mismo planeta, pero de una materia muy densa. La propia atmósfera es tan densa que no es posible moverse en ella, es lo mismo que si una persona se moviera por las formaciones rocosas de la Tierra. Es decir, para desplazarse en ese planeta, las propias criaturas deberán ser de una materia aún más densa.

– ¿Nuestro mundo para estas criaturas sería como un mundo "sutil"?

– Sí, esa comparación es más adecuada para la comprensión. La diferencia entre aquel mundo denso y el vuestro es la misma que la que hay entre el mundo físico y el astral, la diferencia radica en la densidad de la materia.

Extraterrestres

– A veces, las personas desde la Tierra observan apariciones de ovnis. ¿De dónde vienen?

– Para vosotros son otros mundos paralelos, pero ubicados fuera de vuestro universo. Existen tales cosmonaves que cruzan el espacio de un punto a otro con gran precisión, es decir, desaparecen en un lugar del espacio y aparecen en otro, en un punto de coordenadas ya programado.

– ¿Por qué no se producen contactos abiertos de extraterrestres con personas?

– El ser humano está educado de modo que su psique no los percibe desde su nivel de desarrollo. Cuando ve criaturas de otros mundos, experimenta un estrés severo o se vuelve agresivo, comenzando inmediatamente a disparar a objetos extraños. El hombre es cobarde y, por miedo a un fenómeno incomprensible, comienza a destruir todo lo desconocido, sin siquiera tratar de entender de qué se trata.

– Pero los extraterrestres rodean sus ovnis con un campo protector. ¿Cómo es este?

– El campo de defensa se crea a partir de una gama de frecuencias imperceptibles para el ojo humano. Además, su tiempo es diferente, lo que, asimismo, ayuda a que no se perciban sus dispositivos.

– ¿Cuándo llegarán a ser tan habituales los contactos con extraterrestres como lo son entre las personas de distintos países de la Tierra?

– Esto ocurrirá con la sexta raza. Pero, la gente de la sexta raza se irá volando a otros planetas no en cosmonaves, sino en sus propios cuerpos "sutiles".

– ¿Contribuirán esos contactos al progreso del ser humano?

– Por supuesto, cuando la persona haya superado el miedo a lo desconocido, comenzará a percibir la realidad de otros mundos tal como son, comprenderá muchas novedades a través de la nueva vida de una civilización ajena, y dará un salto en el conocimiento.

– Pero, ha habido civilizaciones terrestres del pasado que también conservaron recuerdos acerca de aeronaves. ¿Fueron también visitadas por extraterrestres?

– Si la pregunta está relacionada con las aeronaves de los tiempos de la Atlántida, entonces fueron ellos mismos los que las construyeron y volaron, ya que representaban una civilización altamente desarrollada. En otras civilizaciones de la Tierra, las naves espaciales vinieron desde otros planetas y mundos.

– ¿Con qué propósito vienen a la Tierra actualmente las naves espaciales con extraterrestres? ¿Con fines de investigación?

– No, para hacer el trabajo en la Tierra, cuando es necesario parchear algo en el plano energético o corregir algo en la estructura de la Tierra misma. El hecho es que en ocasiones necesitamos ayuda en el plano físico, y con vosotros, los seres humanos, es imposible comunicarse directamente, ya que nuestras materias son diferentes. Por ello, solicitamos los servicios de aquellas criaturas físicas, que están en Nuestro Nivel de desarrollo. Es un Sistema Cósmico completamente diferente, absolutamente otro mundo, pero del mismo modo que vosotros, son materiales. Les damos instrucciones sobre qué hacer, hacemos un contrato y los enviamos aquí. Ellos trabajan aquí. Entre sus objetivos no figuran los contactos con seres humanos, solamente el trabajo por el que Yo les pago.

– ¿Entonces, puede decirse que a estas criaturas las dirige Usted?

– No las dirigimos, sino meramente las solicitamos: pedimos la reparación de algo en su Sistema, y lo hacen, porque poseen un gran volumen de conocimiento acerca de la materia física. Pero nuevamente, insisto: realizan el trabajo a petición nuestra, porque están a la par con nosotros en términos de desarrollo, pero tienen su propia organización y su propia tarea.

– ¿Cómo han logrado un desarrollo tan alto en comparación con la humanidad?

– Debido a una vida muy larga.

– ¿Y no por el hecho de que tuvieran algún método de desarrollo especial?

– No, es debido a la adquisición de conocimiento a largo plazo. Ocupan una posición muy alta en la estructura Jerárquica del plano material y han ascendido aquí en el curso de una larga vida.

PLASMOIDES

El ser humano, que vive en el mundo físico, no ve mucho y no conoce a otras criaturas que son tan conscientes como él, y que con frecuencia lo superan en el desarrollo.

El ser humano es la última fase consciente de desarrollo en nuestro mundo físico, después de los mamíferos y otros animales. Y al mismo tiempo, en el mundo "sutil" hay una escala interminable de evolución de los seres conscientes, en la que ya están todos aquellos que están por encima del ser humano. Es decir, en nuestro mundo físico terrenal, el hombre es el ser con más alto nivel de consciencia, pero, al pasar al mundo "sutil", se convierte en el más bajo de todos sus hermanos conscientes invisibles.

Los seres humanos siempre han creído que están a su propia suerte y que, por tanto, son libres de hacer lo que quieran en la Tierra, y que no hay nadie más en ningún otro lugar del Universo. El ser humano es una rara excepción en sus ilimitadas extensiones. Y esta versión inamovible ha sido sostenida no solo por la parte inferior y menos educada de la humanidad, sino que la han creído inquebrantable hasta las mentes más brillantes y los científicos, astrofísicos, astrólogos y astrónomos, que han perforado nuestro Universo con sus telescopios a muchos millones de años luz. Han negado la existencia de sus semejantes en mundos lejanos, pero esos seres semejantes, por su intelecto, y superiores en consciencia, han estado todo el tiempo detrás de ellos, sonriendo condescendientemente como los adultos hacen con los niños cuando escuchan sus absurdas expresiones.

Y solo los que fantasean de forma pertinaz, con su sexto sentido se han permitido ver lo invisible, admitiendo la existencia de otras formas de vida en el Cosmos, más allá de unas miserables bacterias en los asteroides y algunos microorganismos en los planetas cercanos. Y al final, ellos tenían razón.

El cosmos está repleto de seres vivos, y el hombre entre las formas conscientes es un ser inferior. Esta es la verdad escrita que él está obligado a saber acerca de sí mismo para encontrar correctamente su lugar en la Jerarquía general de las criaturas vivientes del Cosmos.

Al igual que no se debe dejar solo al niño pequeño, por ingenuo, por lo mismo, tampoco se debe dejar solo al ser humano. Por lo tanto, desde el mundo "sutil", está siendo constantemente vigilado, se le guía, pero, asimismo, también se le provoca.

La vida terrestre está estructurada para sacar a la luz tanto los lados buenos como los malos del ser humano. Y para que una persona manifieste de alguna manera sus rasgos de carácter negativos, son necesarias determinadas situaciones y, a veces, son solo provocaciones desde el mundo "sutil". Por lo que esos seres que les organizan a las personas todo tipo de provocaciones, empujándolos a cometer actos imprudentes, incitándoles a pelear, o a otras acciones negativas, son los plasmoides, criaturas especiales del mundo "sutil" que pertenecen al Sistema negativo de la Mente.

Las personas muy sensibles pueden llegar a sentir sus influencias sobre sí mismas en diversas situaciones si se observan a sí mismos con detenimiento. Por ejemplo, cuando una persona se asoma al balcón de un noveno piso o se acerca al borde de una carretera, puede sentir que alguien, como una voz interior, comienza a tentarlo: "Tírate, intenta volar" o "Cruza la calle cuando pase el coche, a ver si llegas o no a tiempo".

Al hombre le parece que tales pensamientos provocadores, tentadores para elegir entre la vida y la muerte, provienen de sí mismo. En realidad, esto resulta ser una seducción inducida desde el mundo "sutil". Pero los plasmoides no solo pueden inculcar algunos pensamientos, sino también generar directamente situaciones de emergencia, mediante accidentes de tráfico, el colapso repentino de edificios, fugas de gas y petróleo, que provocan explosiones o incendios, desactivando aviones, haciendo chocar entre sí a los ferrocarriles y causando naufragios de barcos en el mar. Y a veces, a modo de diversión, empujan a una persona por el brazo cuando, por ejemplo, está llevando a la mesa un plato con sopa caliente, haciendo que se le derrame y que se queme. Y en todo esto, no es que haya una intención maliciosa, sino que hay un cálculo preciso, así como la coordinación de todas las acciones.

En una palabra, son trabajadores del Sistema negativo, cuyo propósito es llevar a cabo el destino ineludible al que está predeterminada una persona desde lo Alto por un programa individual, así como para revelar los rasgos de carácter negativo de cada individuo.

Así, por ejemplo, si una persona se derrama inesperadamente sobre sí misma una sopa caliente después de haber sido empujada a propósito desde el mundo "sutil", seguro que maldecirá espontáneamente si hay cualidades negativas en él, o si solo "grita" y se acusa humildemente de ser torpe, es que es de un alto nivel de desarrollo.

De modo que tales pequeñeces ya permiten juzgar de muchas maneras la esencia interna de un hombre, su grado de depravación o, por el contrario, su alto nivel de conciencia. Una persona que ha alcanzado un alto nivel siempre permanecerá humildemente en silencio ante una sorpresa desagradable, en cambio, un individuo inferior despedirá una energía bruta y oscura, junto con emociones negativas.

Por lo tanto, todo lo que sucede por casualidad e inesperadamente está especialmente planificado y tiene un propósito específico. No existen las casualidades, en todo hay un cálculo y una regularidad estrictos definidos de lo Alto y ejecutados por los plasmoides, los trabajadores del Cosmos.

- - -

– Entonces, ¿cómo son las criaturas que siguen a las personas desde el mundo "sutil", incitándolas a cometer hechos indignos o empujándolas a la muerte?

– Son almas que han recorrido un largo camino en su desarrollo, habiendo comenzado en algunos mundos físicos, para después continuar en la comunidad jerárquica "Unión" y que finalmente eligieron el camino del desarrollo negativo, el camino de la destrucción, considerándolo más propicio para ellas. Esas almas pueden ser reclutadas tanto entre las de la Tierra, como entre las de otros mundos muy diferentes.

– ¿Por qué los plasmoides se denominan así?

– Por la pertenencia a un mundo más denso que los "sutiles", y más próximo a vuestro mundo terrestre. El mundo "sutil" también se clasifica por niveles de densidad de la materia: los hay más densos, y los hay menos. Los plasmoides, que trabajan con la Tierra, se encuentran más próximos a su estado físico. Su materia, para las personas, se asemeja a un coágulo de plasma, de ahí proviene su denominación. Pero, también existen unas criaturas negativas que se ubican en capas más altas y no se relacionan con la Tierra. Tienen otro trabajo.

– ¿Si son criaturas negativas, entonces, su desarrollo es más bajo que el del ser humano?

– El hombre evalúa incorrectamente los Niveles de desarrollo, creyendo que todo lo negativo está por debajo de él y lo positivo está por encima, tomándose a sí mismo como punto de referencia neutral. Esta es una valoración individual incorrecta. El ser humano está en el fondo, y todo lo demás está por encima de él. Y hay muchos Sistemas negativos que están tan altamente desarrollados como los positivos. En cuanto a los plasmoides, su nivel de desarrollo, después de haber recorrido un camino evolutivo tan largo, es mucho mayor que el de los seres humanos. Por ello, se ubican por encima de estos, controlando su comportamiento, siendo buenos conocedores de las sutilezas de la psique humana.

– ¿A quién están sometidos los plasmoides?

– A Dios. A un Dios único. Todo se hace en correspondencia con el programa común de desarrollo de la humanidad. Si no se revelasen en la persona los lados inferiores de su alma, entonces, llegarían a los mundos Superiores muchos individuos sin haberlo merecido. El objetivo del trabajo de los plasmoides es revelar en la persona todos los lados de su naturaleza que carecen de calidad. A veces, una pequeñez puede decir sobre la persona más que decenas de sus obras más llamativas.

– ¿Qué trabajo realizan en la Tierra?

– Básicamente controlan la precisión en la implementación de situaciones de accidentes, tanto en el transporte como en la industria. Los programas de personas involucradas en accidentes se calculan desde Arriba por departamentos especiales de programadores, y la precisión de estos programas en la Tierra está controlada por esas criaturas que vosotros llamáis plasmoides. Su trabajo consiste en alterar o desactivar el funcionamiento de vuestros dispositivos de transporte sobre la marcha, cuando el funcionamiento de tales dispositivos es plenamente constante y correcto. Por lo que ninguna inspección o verificación previas ayudarán a evitar un accidente planificado, porque Nosotros os dirigimos. Y todo se hace de acuerdo con el programa.

De este modo los plasmoides desactivaron el avión que se estrelló en una de vuestras ciudades (Irkutsk, 1998). Con su total funcionamiento técnico correcto, apagaron los tres motores exactamente en aquel lugar donde se requería, según el programa. Las víctimas fueron señaladas de acuerdo con el programa. De la misma manera, a veces, en muchos otros aviones o medios de transporte, para provocar un accidente, es suficiente con apagar la conciencia humana por unos segundos. Los plasmoides desactivan vuestra tecnología espacial, no permitiendo que lleguen hasta Nuestras instalaciones. Los accidentes en centrales nucleares, en minas, son trabajos que están en sus manos (en sentido figurado, ya que para vuestra forma de entender no tienen manos).

– ¿Además de los accidentes y las provocaciones a personas concretas, hacen algún otro trabajo?

– En aquellos lugares donde deba ocurrir algo negativo, harán descender campos negativos. El campo puede descender a un territorio o a una persona que forme parte del gobierno, haciendo entonces que surjan guerras como la de su Chechenia o la de Serbia, por lo que, a causa de la necesidad de que haya que destruir algo, los gobernantes tomarán decisiones muy destructivas. Y eso, a pesar de que antes de formar parte del gobierno, esa persona pudiese haber tenido intenciones completamente diferentes. Pero, bajo el "campo", hay que tener en cuenta ciertos medios de comunicación técnica que se expanden a un volumen concreto, y no es algo parecido a un espacio vacío y homogéneo. Dicho campo limita el marco de la acción y realiza otra serie de funciones, incluida la recolección de energía de los asesinatos de personas.

– ¿De este modo se puede forzar a matar a cualquier persona?

– Todo se hace en correspondencia con el karma de la persona y sus aspiraciones internas. Una persona decente cuya esencia interna esté en contra del asesinato y cuyo karma no esté manchado nunca se verá obligada a matar a nadie.

– ¿Los campos negativos involucran a las personas en agresiones y guerras, contra su voluntad?

– Sí, pero en correspondencia con su karma. Es la condición obligatoria. Aunque, también los resultados de tal involucración resulten distintos. Una persona puede implicarse en operaciones militares como un patriota que salva a gente y sirve de ejemplo para los demás, mientras que otra puede actuar como invasora y agresora. En los humanos, se manifiestan cualidades directamente opuestas.

– ¿Entonces, el ser humano está estructurado de tal modo que no puede resistirse a la influencia de los campos negativos?

– Sí, no puede.

– ¿Hay algún individuo fuerte capaz de resistirlos?

– Que pueda resistirlos, no lo hay. La persona siempre estará involucrada en la acción. Pero, hay que recordar, que la persona siempre tendrá una posibilidad de elección: matar o no matar, delinquir o no delinquir. Además, insistimos en que los campos negativos ayudan a revelar en el individuo los lados débiles de su naturaleza: los vicios afloran en el malvado durante la guerra, y las más altas cualidades humanas se manifiestan en el héroe. La guerra ayuda a comprobar la firmeza de los rasgos de carácter adquiridos, es decir, en unos individuos las cualidades negativas se intensifican, y en otros, las positivas.

Vosotros mismos habéis conocido muchos ejemplos cuando durante la guerra se reveló el Alto Espíritu de las, a primera vista, personas modestas. Esos individuos, habiendo pasado por campos negativos, dieron un salto en su desarrollo. Las situaciones extremas permiten identificar todas las debilidades de una persona, así como también todas sus virtudes, que en la vida ordinaria no se manifiestan.

– Si los plasmoides se encuentran a una distancia considerable de la Tierra, ¿cómo envían sus campos negativos a las ciudades y a las personas?

– No olvidéis que también en el mundo "sutil", se utilizan unas tecnologías que se corresponden con la materia de este mundo. Por lo tanto, los plasmoides envían los campos negativos a la ubicación necesaria utilizando ciertos dispositivos. La trayectoria se traza con gran precisión. Se trata de tecnología "sutil". Los plasmoides mismos pueden descender a la Tierra e ir a donde sea necesario.

– Además de los medios tecnológicos, ¿qué más contienen campos negativos?

– Sus volúmenes están llenos de energía negativa. Para que afecte a una persona, esa energía deberá corresponderse con las frecuencias de esta, es decir, los campos negativos deberán corresponder al rango de las características negativas de una persona. Por lo tanto, los rellenos de tales campos se crean a partir de adquisiciones de baja frecuencia de la propia persona. La gente produce mucha energía negativa: es la energía de la violencia, de la ira, del odio, etc. Hay muchos tipos de energías de baja frecuencia que una persona irradia en uno u otro estado negativo. Las zonas preestablecidas, los campos, no permiten que se extienda a otros territorios. Los plasmoides recogen esta energía y la agrupan por frecuencias en campos especiales, que posteriormente se utilizan para efectos de influencia negativos. Sin embargo, los rellenos de estos campos no pueden existir durante mucho tiempo, por lo tanto, hay que alimentarlos regularmente con la energía negativa de las personas. Sin recarga, los componentes que componen la sustancia del campo se dispersan.

– ¿Las energías negativas se dispersan por sí mismas?

– Sí. Esa es su propiedad. Con el tiempo, desaparecen. Si esto no sucediera, la Tierra se encerraría paulatinamente en un caparazón de energías negativas propias, lo que alterará su equilibrio energético. Y también se retiran los dispositivos técnicos de este territorio.

– ¿Los plasmoides hacen algún trabajo positivo?

– Los plasmoides se clasifican de acuerdo con su tipo de actividad, es decir, no realizan cualquier trabajo, sino que se especializan en unos tipos específicos. Por supuesto, no necesariamente se dedican solo a destruir. Hay plasmoides que se especializan en la salud humana. Pueden, en igual medida, tanto ayudar como dañar la salud de las personas, dependiendo de lo que se les ordene hacer.

Si es necesario infectar a alguien con SIDA como castigo por ser inmoral o reducir la población en ciertas regiones utilizando la peste o el cólera, entonces los plasmoides propagan los virus y bacterias necesarios, cultivados en laboratorios del mundo "sutil", por los lugares apropiados de la Tierra. Por supuesto, no puede ocurrir que un virus duerma durante cien años en el suelo, y que luego despierte y comience a perturbar. Todo lo que sea necesario se produce en laboratorios celestiales, allí también se inventan nuevas enfermedades y se las desciende a la Tierra.

En cuanto al trabajo positivo de los plasmoides, consiste en el hecho de que ayudan a ciertas personas a superar enfermedades, a tratarlas, administrándoles las inyecciones de energía necesarias y también reparando las estructuras de las envolturas "sutiles" en caso de deterioro. Hay que señalar que reparan y tratan a una persona si esta tiene que completar su programa hasta el final, y la enfermedad o el daño es prematuro y amenaza con interrumpir el programa. Por lo que los plasmoides, si es necesario, pueden brindar ayuda a las personas.

– ¿Cómo deciden los plasmoides que haya quien necesita ayuda y quien requiera castigo?

– Por lo general, lo señalan los Determinadores que guían a la persona por la vida. En sus ordenadores, examinan periódicamente el estado de la envoltura física de sus subordinados. Si los deterioros no son grandes, los reparan por sí mismos. Si los Determinadores no pueden arreglar algo, recurren a los plasmoides en busca de ayuda, quienes acuden a la persona en cuestión y trabajan directamente con ella.

En el caso del castigo, actúan de una manera algo diferente. Si el subordinado comete acciones inmorales u otras que lo conducirán a la degradación, entonces el Determinador, mediante sus métodos, tratará de advertirle varias veces de que está en el camino equivocado.

Si el subordinado no presta atención, entonces el Determinador informará a los Fundadores sobre su comportamiento, y tras la toma de una decisión negativa por parte de estos, los plasmoides recibirán instrucciones para infectar a una persona con el virus necesario.

En cuanto a la peste o el cólera, con la ayuda de estas enfermedades, regiones concretas, así como también personas desordenadas y sucias, quedarán excluidas del intercambio general de energía. De este modo es como se realiza la limpieza.

Capítulo 9

EL CAMPO DE INFORMACIÓN DE LA TIERRA

EL CAMPO DE INFORMACIÓN DE LA TIERRA

Introducción

El ser humano moderno vive constantemente envuelto en una aureola de cierta información y no se imagina fuera de ella, la vida sin información le parece aburrida, gris, sin interés. Pero no siempre fue así. Cuanto más atrás en el tiempo, menos información hay, más débil es la saturación de las estructuras sociales con ella.

Si nos remontamos a la historia de la humanidad, podemos ver que al principio sólo el individuo era el portador de información, después aparecieron la escritura y los primeros libros.

El ritmo de difusión de la información fue aumentando muy lentamente y tuvo que ver principalmente con el desarrollo de la tecnología, que garantizó la rapidez de su difusión por todo el planeta. Sin embargo, su volumen no era elevado y el conocimiento resultaba escaso. El hombre estaba condicionado a una afluencia limitada de información fresca sobre el mundo circundante, contentándose principalmente sólo con la palabra hablada y eso en un radio de acción restringido. No todo el mundo sabía leer.

El volumen de nuevos conocimientos comenzó a aumentar considerablemente a partir del siglo XVIII, y a finales del siglo XX había alcanzado su apogeo para el ser humano de quinta raza (la humanidad actual, desarrollada hasta el año 2000, pertenece a la quinta raza).

En el siglo XX aparecieron nuevos medios de comunicación como la radio, la televisión y, más tarde, el ordenador, por no hablar de los libros, periódicos y revistas, que se popularizaron masivamente. Y todo esto tenía un propósito: elevar lo más rápidamente posible la conciencia de las personas, cuyas almas ya habían alcanzado suficiente madurez en la quinta raza y tenían que completar los puntos que les faltaban en forma de conocimientos superiores que les facilitasen el paso a una nueva etapa de la evolución. Cada alma en vías de desarrollo tuvo que acumular la energía faltante a través de la recepción del máximo volumen de nueva información y expandir la conciencia hacia los conceptos cósmicos universales.

Desde mediados del siglo XX el ser humano está literalmente sumergido en un océano de todo tipo de conocimientos, informaciones y noticias. Pero es poco probable que alguna vez haya considerado plenamente el enorme papel que éstos desempeñan en su desarrollo general, contribuyendo no sólo al desarrollo intelectual y físico en el plano material, sino también al desarrollo energético en el plano "sutil".

Y en este caso -/, el plano "sutil", invisible, se desarrolla de manera mucho más amplia y activa que el físico, ya que se produce el desarrollo de todas las envolturas energéticas, el desarrollo del potencial energético del alma.

Muchos individuos que han absorbido la más diversa cantidad de saberes, tanto terrenales como nuevos conocimientos cósmicos, ocuparán un lugar digno entre los Maestros de la humanidad. Es decir, la transición de los Niveles subyacentes a los superpuestos transcurre a través de la cadena de la escalera Jerárquica, y esta transición comienza en la Tierra.

Y precisamente el papel principal en esta transición lo juega la información cósmica enviada desde lo Alto a la humanidad, constituyéndose como medidor de la madurez de muchas almas que absorben ansiosamente sus nuevas verdades.

Sólo las almas maduras percibirán la nueva información cósmica y descubrirán en ella aquello que las almas inmaduras rechazarán sin darse cuenta, permaneciendo ciegas ante las verdades Supremas. Hay que señalar que la madurez del alma no se mide por el grado de desarrollo del intelecto, ni por el volumen de la mente, sino por el conjunto de energías espirituales. Por eso la información cósmica tiene un significado especial: descubrir entre miles de millones a aquellos millones, o tal vez sólo miles, que hayan alcanzado una cierta madurez evolutiva en el Nivel terrestre.

Entonces, ¿qué es la información que se vierte sobre el ser humano desde todas partes, teniendo como único propósito su desarrollo, expandir su conciencia tanto como sea posible con relación a los diferentes campos del conocimiento?

Básicamente, un ser humano sólo conoce dos tipos principales de información: la alfabética y la digital. También existe la simbólica, pero es secundaria. Una persona está acostumbrada a percibirla a través de las imágenes y nociones disponibles y no sospecha lo difícil que es construir una imagen cualquiera, así como lo que representan los números.

Pero veamos cómo se nos explica el concepto de información desde un nuevo punto de vista.

– ¿Qué es la información?

– La información es energía y la energía es información.

– ¿Toda información es portadora de energía?

– Sí, cualquier información lleva energía. Pero la información puede estar en diferentes niveles, es decir, ser de diferente calidad. Y aquella información que porta energía para una persona puede no contenerla para otra que esté en un Nivel de desarrollo más elevado al de esta información. Por ejemplo, aquellas conversaciones que se producen entre la gente corriente no contienen energía para una persona altamente intelectual. Para ella, sus conversaciones serán una charla vacía e inútil. Mientras que para el individuo que se encuentra en un nivel bajo de desarrollo, tales conversaciones por supuesto, serán interesantes y energéticas, aunque se trate de una energía muy baja y escasa. Y para un individuo altamente desarrollado será carente de interés y no habrá en ella ninguna energía para él, ya que requiere de una energía de orden superior. Por eso en este asunto se aplica la ley de la relatividad: aquella información que para unos lleva energía, para otros no aporta nada. La capacidad energética de la información depende del nivel de desarrollo de la persona que la percibe. Por lo tanto, para una misma persona la información del Nivel inferior será poco energética; mientras que la del Nivel superior será muy energética, capaz de causarle sobreesfuerzo. Y sólo la información de su propio Nivel será percibida por esta fácilmente con normalidad.

– ¿A qué Nivel pertenecen las simples conversaciones cotidianas?

– Ésta es la información para el Nivel seis e inferior, para la así llamada gente vacía, – (el Nivel seis es uno de los cien Niveles existentes en la Tierra que un ser humano debe atravesar para pasar a la Jerarquía Divina).

– ¿Qué tipo de información contiene la máxima energía?

– Es la información sobre Dios, sobre el Cosmos, sobre los Mundos Superiores. La información terrenal, por muy erudita que os parezca, es siempre muy inferior a la información cósmica. Y esto ya es un indicador para determinar el grado de desarrollo del alma. Una persona que se interesa sólo por el conocimiento material siempre se encuentra por debajo del nivel de desarrollo espiritual de aquella que se interesa por la información cósmica, es decir, en este caso el alma de esta última ha recorrido un camino evolutivo más largo y su esencia interior no puede limitarse solo al conocimiento terrenal.

– ¿Qué tipos de información existen?

– Para un ser humano las hay alfabética, digital, sonora, térmica, sígnica, simbólica; para otros seres es impulsional, lumínica, energética. Y hay muchos otros tipos de información inaccesibles al entendimiento humano.

– El ser humano registra la información de varias maneras. ¿Se pierde parte de la información al registrarla con letras, números, símbolos?

– No. Cada registro se caracteriza por su propio potencial de energía. Si consideramos un registro escrito, hay una mayor concentración de energía en la escritura que en la conversación verbal, porque la palabra hablada es menos energética que la escrita. Esto es así si hablamos en un nivel de transmisión de información de persona a persona. Pero si consideramos su transmisión directamente del Determinador al alumno, entonces en este caso el bloque energético enviado de cualquier conocimiento puede ser descifrado parcialmente por una persona o puede ser descifrado con distorsiones. Todo depende del grado de preparación del alumno y de su capacidad para plasmar sus imágenes y conceptos mentales en conocimientos alfabéticos y numéricos.

– Entonces, ¿cada libro es un acumulador de energía?

– Sí. Cada libro corresponde a un determinado Nivel de desarrollo. Pero los números portan aún más energía que las palabras. Las cifras pueden contener una enorme cantidad de energía, y el hombre ha comprobado esto calculando y creando armas y estaciones atómicas. Aquí la energía de los números hace funcionar la energía del átomo.

– ¿Los símbolos contienen la máxima cantidad de energía?

– Algunos signos especiales contienen la mayor cantidad de energía. Existen también signos específicos que concentran determinados tipos de energía.

– ¿Qué tipo de información obtenida por la gente es la más valiosa para Usted y para el Cosmos?

– No hay ninguna información especialmente valiosa para Nosotros. Hay potencial energético que la gente entrega al Cosmos, trabajando con él, y si tal potencial corresponde al centésimo Nivel de desarrollo humano, entonces es considerado como el indicador más alto de desarrollo individual, el cual Nosotros valoramos. Es decir, valoramos la progresión del alma al trabajar con la información, pero no la propia información con la que una persona ha trabajado. Toda la información proviene de Nosotros. Y no es la persona quien Nos la da, sino que Nosotros se la damos. Nos interesa sólo la interpretación que la gente hace de nuestra información, su psicología con respecto a su comprensión, el trabajo con ella y algunos otros aspectos.

– ¿Cuáles son las diferencias energéticas entre los números y las letras para la gente?

– Las letras son más suaves en términos de energía. Los números contienen información dura. Todo procede de los números. Las letras se derivan de los números. Las palabras son números.

– ¿Las letras poseen una concentración de energía menor que los números?

– Sí, menor.

La transmisión de información hacia abajo

– ¿Cómo se produce la transferencia de información de los Niveles Jerárquicos a la Tierra?

– Las diferentes informaciones se transmiten de distintas formas. Si se trata de una información de carácter particular, puede ser transmitida al alumno por parte del Determinador a través de un sistema de transmisión especialmente creado para el ser humano. Y para su comunicación con el Determinador existen el anillo de impulso y las envolturas "sutiles" como forma intermedia entre dos mundos diferentes: el físico basto y el "sutil". Si se trata de información de orden más general, se transmite a través de una red más compleja de dispositivos de transmisión del plano "sutil", que puede transmitirse tanto a personas como a la propia Tierra y a otros seres que habitan sus mundos paralelos. Y la transmisión se efectuará por otros medios.

Pero si hablamos de transferencia de información a una persona, ésta sólo es capaz de percibir información imaginativa y todo lo que está más allá de alguna imagen permanece más allá de su comprensión. La construcción de la imagen transcurre a través de matrices de codificación digital, lo que es ante todo un cálculo numérico. Inicialmente, una persona percibe impulsos que vienen de lo Alto, y comienza su proceso de pensamiento en el nivel subconsciente. Una idea sin una imagen es imposible. El ser humano deberá en primer lugar visualizar, y después vendrá la comprensión. Así es la construcción del ser humano.

– Por lo tanto, ¿la información se transmite al ser humano de acuerdo con un esquema determinado?

– Si se transmite desde los planos Superiores, se somete a una serie de transformaciones antes de llegar a vosotros. Al principio es lumínica, luego es digital, y después es imaginativa. Y para que la información que os llegue pase por esa transformación, hay que hacer el cálculo correspondiente. No pasa por sí sola de una forma a otra, de un estado a otro. La dificultad de la transferencia de información de los planos Superiores a los inferiores estriba en que tiene que atravesar diferentes tipos de materia, desde la más "sutil" hasta la más densa, y al atravesar diferentes capas tendrá que transformarse en aquella materia a través de la cual está pasando.

– ¿Cómo se forma la información digital?

– Para ello se utiliza la tecnología de los planos "sutiles", además del trabajo de nuestros especialistas.

– ¿Quién efectúa la supervisión directa de estos cálculos?

– El Jerarca Supremo del Sistema negativo, el Diablo. Los cálculos están principalmente bajo su control.

– Supongamos que necesitamos transferir una imagen al mundo material. Se realiza un determinado cálculo, y luego ¿cómo se transforman los números en una imagen?

– A través de un ordenador, porque para entrar en la materia es necesaria la tecnología. Las transformaciones en la materia son imposibles sin tecnología. Pero, por supuesto, esta tecnología pertenece al mundo "sutil" y sigue siendo invisible para la gente. En los mundos nouménicos también existe una tecnología de diversos niveles. Cuando nos acercamos a la materia, nos encontramos ante una tecnología basta para el mundo "sutil". También tenemos unos dispositivos tecnológicos aproximados a los vuestros, es decir, los ordenadores. En la última etapa de la penetración en la materia física los ordenadores también son materiales. Aunque con respecto a vosotros se relacionan con la materia "sutil". Pero para Nosotros ya son tecnología basta. Por encima de estos ordenadores "materiales", los dispositivos tecnológicos son más "sutiles". Y cuanto más alto, aún más "sutiles". Cuanto más alto, más "sutil" es la materia de la que se componen los dispositivos tecnológicos, y más Alto todavía, desaparece por completo. En los mundos más Altos, los dispositivos tecnológicos no existen en absoluto.

– ¿Ayuda la tecnología a realizar cálculos?

– Igual que en la Tierra, la tecnología hace muchas cosas, no sólo cálculos.

Números

– ¿Qué representan los números?

– Los números son una estructura determinada. Cada dígito es una pertenencia a una energía específica. Y si miramos en lo profundo del dígito, veremos la estructura y la partícula de esa energía que la constituye. En otras palabras, se puede decir que la energía representa números formados linealmente para vuestro mundo. Y en otros mundos esta formación no sólo es lineal.

– ¿Existen números construidos volumétricamente?

– Sí. Imagina una cuadrícula volumétrica de números. En cada celda de la cuadrícula hay dígitos, y puedes leerlos tanto en línea recta como en diagonal, y todos ellos serán códigos. Así es la formación de la estructura energética.

– Puede decirnos, por favor, si el contenido energético de cada dígito es constante.

– Sí, es constante para cada dígito.

– ¿Toda la información codificada, es numérica?

– Sí, toda la información lo es. Todo son números. Absolutamente todo se puede traducir a números, no sólo a palabras.

– ¿La numerología de que dispone el ser humano moderno corresponde a la nueva energía?

– La numerología antigua está anticuada.

La información de las categorías "A" y "B"

– En el plano terrestre la información se transmite sólo a través de números y letras, ¿o acaso existen otras formas de su transmisión en el Cosmos?

– La información se divide en numerosos tipos: sonora, numérica, codificada, de señal-impulso y de unidad íntegra. Pero hay dos categorías principales de información a escala cósmica universal: que son "A" y "B".

a) La información de la categoría "B"

(Contacto transcrito del Nivel Superior – contactado: L.A. Seklitova).

Esta exposición de información pertenece a la categoría "B".

La definición relativa de las funciones de la integridad del mundo, concerniente a un único ejemplar de bipropiedad, subdividido en una multitud de disposiciones intercontinentales en el espacio tridimensional, tiene su dependencia característica por la posibilidad proporcionada por varias conexiones continentales.

Precisamente la intercontinentalidad* es el rasgo distintivo de la multidimensionalidad y la mutabilidad* de todo en todo.

La heredabilidad posee una diversidad de conexiones elementales vinculables, que se suman por pares en paralelos procesuales singulares capacitivos, que tienen en su género unos rasgos distributivos en conexiones singulares.

Estos logros experimentales procesuales a corto plazo del Absoluto se relacionan únicamente con la percepción temporal de la información.

En la distorsión atemporal hay suficiente material adicional para las formas de construcción del espacio intercontinental.

Las sustancias perfectas en su esencia interna poseen un nivel cibernético con nomenclatura de construcción propia.

Esto apunta a una especie de superioridad y exaltación a partir de la etapa inicial de su existencia sobre otras naturalidades construidas de forma similar, las cuales, a su vez, han agotado los contactos personales posibles con pares paralelo-temporales positivamente similares.

Como resultado, a todo lo anterior se añade lo siguiente: la suma de espacios, denominada mutabilidad, representa lo nuevo en lo viejo. Y lo viejo es una forma perfeccionada de lo nuevo.

Esta es la dinámica ley y el orden del Cosmos en las relaciones de construcción y creación llamada mutabilidad*.

La contactado L.A. Seklitova responde más abajo:

– ¿Qué es el campo de información de la Tierra?
– Es un complejo sistema multinivel del mundo "sutil". Se ha ido formando de generación en generación de la gente. Por regla general, incluye los pensamientos de las personas como una totalidad de

conocimientos, el pensamiento de los animales de su nivel y de todos los que están en la Tierra y son capaces de crear imágenes mentales. Además, los archivos de información incluyen datos sobre piedras, árboles y todo lo demás que compone la naturaleza y está relacionado con el ser humano y su forma de vida. El campo de la información está formado por una gran variedad de categorías de conocimiento, y éstas se distribuyen y categorizan en él de maneras muy diversas. Cada categoría de conocimiento tiene sus propios bloques especializados. No hay nada caótico en el Cosmos. Los pensamientos de las personas y todo lo demás se subdividen en diferentes niveles según su estado energético. En cada Nivel existe su propia distribución en plataformas que están configurados según la imagen de los pensamientos. Los pensamientos de la Tierra misma, por regla general, son los más energéticamente potenciales y se sitúan en el plano más alto del banco general de información.

– ¿Se recogen los pensamientos de la gente en un egregor?

– La gente se imagina el depósito de los pensamientos como una nube nebulosa y borrosa, a la que denominan egregor. En realidad, todo el campo de información de la Tierra es un poderoso dispositivo técnico, es decir, a su manera de ver, un enorme ordenador, en el que toda la información está dispuesta en "estantes" – Niveles, es decir, según la uniformidad y el ordenamiento energético del conocimiento. Pero el Determinador de la Tierra está a cargo del conocimiento específicamente terrenal. La Tierra tiene su propio Determinador, de un orden superior al del ser humano, y Él tiene Su propio ordenador. En este ordenador se encuentra específicamente el conocimiento destinado a la Tierra, y no más de lo asignado. Cada mundo paralelo posee su propio volumen de información, que no sirve para el otro mundo.

– ¿Cómo se recoge el conocimiento de la Tierra en este ordenador?

– La comunicación se realiza a través de canales energéticos especialmente diseñados para la transferencia de información. Existe un Sistema en la Tierra que procesa los datos sobre el planeta y los transmite a lo Alto.

– ¿Los conocimientos procedentes de las personas también se introducen en el ordenador del Determinador de la Tierra?

– Todo tiene su propia sistematización. Hay conocimientos generales relativos a la Tierra y hay conocimientos relativos a la humanidad. Nada se mezcla y cualquier información ocupa su lugar específico según su carga energética, ya que la información de un género difiere de la otra, ante todo, por su contenido de volumen energético. Pero el ser humano debe recordar firmemente que no es él quien crea nueva información para Nosotros, sino que Nosotros le damos todo nuevo conocimiento. El ser humano descubre para sí mismo lo que existe desde hace mucho tiempo y que fue creado por los Seres Superiores. Sin embargo, todos esos conocimientos Nuestros, que él aprende y despliega, se preservan en archivos históricos como un camino de perfeccionamiento de la humanidad, es decir, todo lo que el ser humano crea o desarrolla se fija y se preserva como momentos de su desarrollo. Enviamos nuevos conocimientos a la humanidad a través de individuos especialmente preparados para recibirlos, que los descifran y despliegan a las capas subyacentes de la población como conocimientos propios. La difusión de Nuestra información va más allá, más abajo, pero el grado de su asimilación está necesariamente fijado y registrado en archivos informáticos como una descomposición en múltiples niveles del conocimiento enviado por Nosotros. Por lo tanto, los conocimientos procedentes de las personas entran en el ordenador del Determinador de la Tierra, pero como un grado de asimilación por parte de la gente de Nuestra Información Superior.

– ¿En otros planetas el campo de información se recoge de la misma manera?

– Sí, de forma similar. De los seres vivos que habitan el planeta a un banco de información, del propio planeta a otro. Se acumula todo tipo de información para facilitar la comprensión del trabajo de cada uno de los habitantes del planeta. Tras su muerte, todos los datos sobre el planeta se analizan minuciosamente por su Determinador y Dirigente.

– ¿Qué le proporciona al planeta el hecho de que una parte esté iluminada por el sol y otra se encuentre en la oscuridad? ¿No tendrá algo que ver con la recepción de información?

– Sí, está directamente relacionado.

– Entonces, ¿durante el día el planeta recibe información de su Nivel y por la noche la entrega, o viceversa?

– No, por la noche recibe otra información, se puede decir que de otro tipo.

– ¿Y qué clase de información son la diurna y la nocturna?

– Supongamos que el planeta recibe información intelectual durante el día e información sensual por la noche.

– ¿De dónde recibe la energía sensual?

– Del Cosmos de los mismos planetas. Se produce un intercambio de energía sensual entre los planetas. Pero este es un ejemplo puntual. La diferencia en su rango entre energías recibidas y entregadas es amplia, así como es enorme la diferencia en sus cualidades. Y la energía de diferente calidad es la información de diferente plano.

– Por lo tanto, ¿el campo de información de la Tierra está constantemente bajo el control de su Determinador?

– Sí. Por supuesto, no existe por sí mismo, sino que está bajo Su dirección.

– Si la Tierra se desarrolla, transformándose con el tiempo ¿se repone la información general del Determinador de la Tierra con nuevos conocimientos?

– Naturalmente, todos los cambios que se producen en la Tierra se registran en la base de datos. Además, los Sistemas Jerárquicos Superiores están realizando nuevas investigaciones relativas al perfeccionamiento de la humanidad y del planeta, por lo que todas aquellas novedades que puedan hacerlos avanzar se añaden al banco de información.

– ¿Los Determinadores de individuos tienen libre acceso al depósito general de conocimientos o lo hacen con el permiso de los Determinadores Superiores?

– No tienen acceso. No lo tienen.

– ¿Y puede una persona conectarse por sí misma al campo de información?

– No, nadie puede conectarse nunca a ninguna parte por sí mismo, excepto a su Determinador personal. Todo pasa sólo a través de Él. El Determinador le proporciona el conocimiento que una persona necesita. Le da aquello que favorece su progresión, es decir, nunca obtendrá más de lo que puede saber.

– ¿De dónde extrae información una persona cuando medita? ¿A dónde se conecta en este caso?

– Una persona puede obtener información de dos maneras:

1. Del Determinador personal, de la base de datos de Su ordenador;

2. El ser humano es capaz de percibir la información que está a su alrededor en el mundo "sutil".

En cuanto al volumen de información en el segundo caso, su calidad dependerá del grado de susceptibilidad de un individuo, de su nivel de desarrollo, es decir, de la capacidad de comprender aquello que entre en el campo de su percepción. Esto puede compararse con la forma en que una persona extrae información de los libros en una biblioteca, y respecto a la segunda forma, sería cuando sale al campo y percibe aquello que le rodea. Lee información de la naturaleza, pero en el marco de sus propias nociones. Y todo en la naturaleza es portador de información: las plantas, las piedras, el agua y el aire. Y el tipo de información, la profundidad de la cognición, su volumen y la veracidad de su reproducción dependen de la capacidad de la persona para extraerla del mundo circundante. La información puede ser leída correcta o incorrectamente, es decir, dependiendo del desarrollo intelectual puede percibir una u otra información que más le interese y descifrarla a su manera. Y cada uno extraerá su propia información del mundo exterior, por lo que dicha información puede ser completamente diferente, como una parte particular de algo general, más grande. Pero en algunos aspectos también será similar a la de las demás personas. Y para unir lo dispar en lo común, se necesita un gran conocimiento.

Del mismo modo, en el mundo "sutil": uno puede extraer información a través de la meditación o cuando viaja a la dimensión astral. En este caso, la información recibida por una persona será igual que el tipo de información que un individuo recibe cuando se comunica con la naturaleza. Y semejante información puede ser infinita, porque el Cosmos está repleto de todo tipo de estructuras "sutiles", y todo lo que está al alcance del intelecto humano puede ser explorado.

– ¿Cada persona tiene un desarrollo diferente y recibe conocimientos correspondiendo a su nivel?

– Sí, cada individuo recibe la información correspondiente a su nivel de desarrollo, es decir, el ordenador del Determinador contiene aquella reserva de conocimientos que este es capaz de percibir. Y todas las ideas que se le ocurren y que luego transforma en teorías provienen de su Determinador como una pista para el desarrollo. Si una persona quiere aprender algo que va más allá del ámbito de su programa, el Determinador le pide permiso al Fundador: si este conocimiento puede ser revelado a su discípulo. Y si el Fundador lo permite, se lo envía. Si no lo permite, la persona se queda con una cuestión sin resolver para el resto de su vida.

– ¿Una persona nunca podrá utilizar plenamente todo el conocimiento que hay en el campo de información de la Tierra?

– Por supuesto que no. No lo necesita.

– Pero entonces, ¿para qué se acumulan?

– Para analizar el desarrollo de la Tierra y de la humanidad. Además, el ser humano sólo podrá utilizar muchos conocimientos cuando haya terminado el ciclo de sus encarnaciones en la Tierra y pase a los planos "sutiles" de la existencia y, probablemente, actúe allí como Determinador o como otra entidad. Y entonces, estos conocimientos podrán abrírsele en un volumen ampliado. Y aquello que era desconocido para este sobre la Tierra y para el ser humano cuando estaba en el cuerpo material, se volverá conocido y podrá utilizar todo lo necesario para su nuevo trabajo.

– La humanidad dispone de un determinado campo de información. ¿Ha sido el mismo para todas las civilizaciones de la Tierra?

– No, ha sido diferente. Para cada civilización se da un campo de información propio. Las civilizaciones eran diferentes en su nivel de desarrollo, en su construcción "sutil", en sus capacidades, por eso el campo de información tendría una influencia negativa al superponer datos antiguos, y el desarrollo podría ir en una dirección diferente a la necesaria, es decir, una información interferiría con la otra.

– ¿El campo de información debe corresponder al programa de una civilización determinada?

– Sí, por supuesto. El campo de información se prepara para cada civilización de acuerdo con el nivel esperado de su desarrollo, y el programa de desarrollo de la civilización determinará qué conocimientos deben ser revelados a la humanidad durante un cierto período de tiempo, y qué conocimientos son demasiado prematuros.

– Pero ¿acaso los intelectuales terrestres no son capaces de hacer descubrimientos científicos y artísticos por sí mismos? Al fin y al cabo, hay muchos individuos muy desarrollados entre los seres humanos.

– No, ellos no hacen descubrimientos para Nosotros, los hacen para la gente. Y somos Nosotros quienes les proporcionamos los descubrimientos. Todo el conocimiento necesario para el desarrollo de la civilización se obtiene de lo Alto de acuerdo con el programa del desarrollo futuro. Y cuando es necesario, ciertas personas: contactados, científicos, artistas, políticos, etc., reciben de sus Determinadores el conocimiento necesario para un período determinado, que se les presenta en forma de teorías u obras de arte. Es decir que, reiteramos, no es el ser humano quien enriquece el campo de información con sus nuevas teorías y descubrimientos, sino que lo extrae todo del campo de información, o más bien de la base de datos de los Determinadores, cuyos ordenadores contienen la información necesaria para el desarrollo de cada persona en particular. Por eso, dicho de otra forma, el campo de información de la Tierra es un ordenador general, que está bajo el control del Determinador principal de la Tierra y todo en él está sistematizado, clasificado y ocupa su lugar según su potencial energético. Y el ser humano no tiene acceso a esta base de datos. Y aquellos conocimientos concretos, que puede recibir de acuerdo con el programa de desarrollo personal, los recibirá de su Determinador, de Su ordenador.

Toda la información en el banco de información está distribuida por Niveles energéticos. Y para los diferentes Niveles de desarrollo de las personas existen sus propios Niveles de cognición, así que una persona de desarrollo inferior estará diseñada para recibir un Nivel de información, una persona de desarrollo intermedio, un Nivel intermedio, y una persona de desarrollo superior, un Nivel superior de información, es decir, está predestinada para una comprensión diferente.

– ¿Puede una persona aprender más de lo que está previsto en su programa y de lo que está almacenado en la base de datos del ordenador de su Determinador?

– Sí, puede ocurrir, cuando una persona se desarrolla muy rápidamente, y el deseo de aprender cosas nuevas predetermina el volumen de conocimientos que se ha almacenado en el ordenador de su Determinador. Pero si un individuo desea aprender más, su Determinador tiene el derecho de pedir a otro Determinador, bajo la autorización de lo Alto, que le proporcione aquello que su discípulo desea aprender. Esto será ya por encima del programa. A cambio, el Determinador de esta persona también le entregará alguna energía, o algunos de sus conocimientos de forma recíproca.

– Entonces, ¿el campo de información no es más que un ordenador común del Determinador de la Tierra?

– Sí. Podéis llamarlo como queráis, pero esa es la esencia.

– Pero ¿dónde se graban los pensamientos de la gente y todo lo demás?

– En el así llamado bloque de memoria histórica del ordenador, donde se distribuyen en función de su potencial energético, por niveles. Esta es la sistematización.

– ¿Para la sexta raza el volumen de información se ampliará en comparación con el de nuestra quinta raza?

– Sí, naturalmente, porque una persona de la sexta raza debe desarrollar su cerebro al noventa por ciento (90%) hasta el final del período establecido. Por lo tanto, la información debe ser apropiada tanto en volumen como en complejidad. Pero, al mismo tiempo, la información que le llegue a la humanidad siempre estará restringida a ciertos límites. El ser humano no puede saber más de lo que se le permite saber desde lo Alto. Y lo que le está permitido, deberá comprenderlo a la perfección, porque esto determinará el camino de su desarrollo posterior.

EPÍLOGO

Hablando de la trama de los libros de la serie "Diálogos con Dios" (4 libros), hay que señalar que las repeticiones que aparecen están incluidas en los textos a propósito. Muchos temas están tan entrelazados que es imposible separarlos unos de otros. Esto demuestra la unidad integra y la estrecha interconexión de todo lo que existe.

Al tratar uno de los temas, incluyes en él una serie de conocimientos, tratando de abarcarlo lo más ampliamente posible en todas sus interrelaciones. Pero al pasar a tratar otro tema, se comprueba que algún párrafo de la información anterior deberá repetirse también en ésta, para que ese conjunto de conocimientos parezca más completo y apunte en la misma interrelación con el anterior. Por ejemplo, al tratar el tema sobre el alma, es imposible no mencionar el programa relacionado con ella. Hablando de la Jerarquía de Dios o del Diablo, también es necesario incluir materiales sobre los programas, de lo contrario no se revelará la plenitud de la esencia del tema tratado. Hablando del karma, de nuevo tenemos que tocar el tema de los programas. Y dado que son diálogos, estos deben de transcurrir sin cambios, lo que origina el hecho de la repetición. Si una cosa no se complementa con otra, no se crea una impresión coherente e íntegra sobre la cuestión revelada.

Tomemos un ejemplo terrenal más claro. Si hablamos de una ciudad, tendremos que referirnos a las personas que viven en ella y a las industrias y lugares culturales que también existen en ella, de lo contrario no podremos recrear su imagen completa. Y hablando de la producción, debemos contar de nuevo cómo afecta a la vida de la ciudad y de la gente. Es decir, en todas partes existe esa interrelación que ayuda a ampliar el conocimiento del ser humano sobre el tema estudiado. El conjunto de conocimientos permite hacerse una idea exhaustiva del alcance de cualquier objeto.

En este sentido, las repeticiones en este y otros libros de la serie "Diálogos con Dios" son artificiosas y tienen un propósito definido: hacer que la información sobre el tema estudiado sea lo más completa posible.

Aun conociendo la información de los contactos es difícil para una persona no preparada en materia esotérica percibir de inmediato nuevos conceptos que rompan todas las viejas nociones sobre el mundo, el ser humano, Dios y el Diablo. No obstante, este es el verdadero período de transición: la transición de la era de Piscis a la era de Acuario, la transición de la quinta raza a la sexta, y de la Tierra a una nueva orbital*.

La progresión de la personalidad consiste en que debe abandonar lo viejo a tiempo para poder guiarse hacia los nuevos raíles que conducen al futuro.

GLOSARIO

A	
Alma	Una matriz con un determinado contenido energético que va cambiando durante el proceso de perfeccionamiento. La matriz está conectada a construcciones permanentes y temporales destinadas al mundo terrestre.
Anti-Mente	Mente cuyas acciones no se tienden a la creación, sino a la destrucción; Mente que reside en el antimundo, que posee una estructura y funciones completamente diferentes, correspondientes al mundo opuesto al nuestro.
C	
Carga energética	Concentración de energía por unidad de volumen.
Criatura	Individuo inteligente perteneciente a otro mundo, que tiene una forma distinta a la humana, pero que posee estructuras temporales que lo hacen adaptarse al mundo en el que existe.
Cualidad de energía	Tipo homogéneo de energía.
Cualidad de energía del alma	Cualidad creada por una celda rellenada con energía homogénea. Es decir, múltiples celdas que al combinarse en una sola cualidad por tipo de energías, crean así una cualidad de carácter.
Composito	Conjunto de diferentes energías en la matriz, que crean su factura, la composición cualitativa que determina la expresividad y la

	individualidad de la personalidad e individualidad del individuo.
Creación Universal	Un determinado maxi-volumen, cuyas dimensiones corresponden a su Nivel de desarrollo; es el mundo exterior, el hábitat de las Entidades del grado de desarrollo correspondiente. En relación con el ser humano es infinito, pero está construida sobre/a partir de una estructura jerárquica. Alberga una multitud de toda clase de Esencias*, volúmenes mundiales de menores Niveles de desarrollo, que poseen diferentes bases cualitativas, pero delimitadas por las dimensiones espaciales. Todo lo que existe está en la Creación Universal. Se desarrolla según las leyes unitarias de la existencia y posee la correspondiente Jerarquía de desarrollo. Nuestra Creación Universal posee su dirección cualitativa de desarrollo, mientras que otras Creaciones Universales poseen otra dirección de perfeccionamiento de sus cualidades. Las Esencias* de una Creación Universal no pueden existir en otras Creaciones Universales debido a las bases cualitativas de su desarrollo.
D	
Densidad energética del alma	Cantidad de energía por unidad de volumen del alma. El alma, al desarrollarse, acumula energía en sus envolturas. Cuanto más se desarrolla, mayor es su densidad energética, es decir, más energía acumula en sí misma. La densidad energética depende de: la intensidad de la absorción de conocimientos (cuanto más conozca, sienta un individuo, mayor será esta magnitud);

	duración de la vida y número de reencarnaciones. Incluso si el alma es perezosa, de todas maneras, adquiere paulatinamente algunos conocimientos y experiencias de vida en vida, y su densidad energética se incrementa.
Descodificación	Destrucción del alma en el plano "sutil", supresión de la percepción por parte del individuo de su "yo" como individualidad; desmontaje de las construcciones energéticas sutiles del alma con limpieza plena de las celdas de la matriz de las energías acumuladas por el individuo en todas sus vidas anteriores.
Distribuidor/ Separador	Instalación en el plano sutil, que recoge y distribuye las almas de los seres humanos después de su muerte.
E	
Egregor	Cierto volumen destinado a contener algo (en general energías).
Energía	Cualquier tipo de materia de plano físico o sutil, que se distingue por su desarrollo ordenado por niveles; Medida general de diversas formas de movimiento de la materia (definición clásica).
Energética	Nuevo designio de la palabra "energía", que contiene en sí por su construcción un tipo de energías más potente, específico para suministrárselo a la Tierra desde el Cosmos en el momento actual de tiempo (año 2000); El potencial total contenido en un volumen limitado.
Entidad	Individuo que se desarrolla en la Jerarquía de Dios (o del Diablo). Las Entidades en la

	Jerarquía se subdividen en diferentes Niveles de desarrollo.
Envolturas	Superficie exterior delimitada que desempeña funciones protectoras y restrictivas para algún contenido interno. Estructura material o energética, que forma parte de una estructura o ser multidimensional y que corresponde a un determinado plano de existencia (por ejemplo: envoltura física, envoltura astral, etc.).
Esencia	(Esencia* [traducción de <ru. *ecmecmвo* [estestvo]]) Volumen espacial perteneciente a un inmenso organismo cósmico en el que se ubica y desarrolla todo lo demás. (esencia) el sentido interior de algo.
Estado de Entidad	Estado energético de un individuo en los Niveles de la Jerarquía. A cada Nivel corresponde su propio estado energético de la Entidad, es decir, su construcción "sutil".
F	
Factura	Apariencia determinada por el carácter de la elaboración, la estructura; característica de cualidad diversificada de la estructura general; conjunto diversificado de energías de variados tipos.
I	
Inferiores	Los individuos pertenecientes al mundo terrenal. El ser humano material es siempre inferior en desarrollo con respecto a los de la

	Jerarquía, porque la energía "sutil" es de un nivel más alto de organización de la materia.
Intercontinentalidad	Tipo especial de conexión "sutil" en el Cosmos entre diferentes formas de existencia.
K	
Karma	La retribución a una persona por acciones positivas o negativas en la vida pasada (destino bueno o malo insertado en el programa de la vida de una persona).
J	
Jerarquía	Estructura espacial del plano "sutil" en forma de carcasa, en la que los mundos de Dios habitados por individuos de un determinado nivel de desarrollo están dispuestos en un cierto orden. Los mundos (o planos de existencia) son Niveles. El grado de su desarrollo asciende desde la base de la pirámide de la Jerarquía hasta la cúspide, en la cual se encuentra Dios, que rige todo lo subyacente. La Jerarquía alberga un número estrictamente determinado de individualidades.
M	
Matriz	La base del alma en forma de carcasa que sirve para rellenar y almacenar los distintos tipos de energías, que constituyen la base del carácter de un individuo. Tiene una estructura celular y posee la propiedad de construir autónomamente nuevas células cuando se rellenan las existentes. La matriz es una construcción espiritualizada que crece por sí misma. Se rellena de energía en una secuencia regular establecida por Dios.

Mutabilidad	La variabilidad en los vínculos.
N	
Nivel	Grado de desarrollo de algo o de alguien
Nivel de Jerarquía	Un mundo o plano de existencia en la Jerarquía. Los Niveles están distribuidos según su orden, es decir, según la secuencia regularizada de desarrollo de la energía, desde los más inferiores, cercanos a la Tierra, hasta los superiores, más próximos a Dios.
Nivel de potencial del alma	Aparece en una determinada etapa de desarrollo, y en cada Nivel de la Jerarquía es diferente.
Nombre cósmico	Nombre que reciben las almas de las personas descendidas a la Tierra en misión específica. Este nombre se da a los mensajeros, misioneros, grandes magos e iniciados. Los nombres cósmicos facilitan la conexión y la comunicación entre los mundos, ya que son portadores de un poderoso potencial energético que acelera la comunicación del discípulo con su Maestro Celestial al pronunciar su nombre. Pero los nombres cósmicos sólo son válidos para el mundo terrenal y se basan en el alfabeto de la nación en la que se introduce al mensajero. Por lo general, las almas tienen su propio código, que vincula sus datos a un determinado fichero "celeste". También facilitan que los Superiores se entiendan entre ellos, de quién están hablando entre la multitud de almas guiadas por ellos en la Tierra.
O	

Orbital	Un nuevo estado energético de la Tierra, superior en desarrollo al anterior.
P	
Poder del alma (fuerza)	Es su poder, consistente en los potenciales de las energías acumuladas; La capacidad del alma para realizar cualquier acción o proceso (incluidos los procesos de pensamiento); La capacidad de realizar un trabajo por unidad de tiempo.
Potencial del alma	Indicador de la fuerza del individuo. Está formado por los potenciales de las energías que llenan su matriz y envolturas permanentes.
Progreso del alma	La acumulación de energías en su matriz de acuerdo con el programa establecido.
S	
Superiores	Individuos que se encuentran en un Nivel de desarrollo superior respecto al plano terrestre, y que dirigen la Tierra y a la humanidad.
Sutil (estructura, mundo, plano, etc.)	Cualquier cosa que esté más allá de la percepción del ser humano; Todo lo creado a partir de una energía de orden más elevado que la materia física.
U	
Unidad	La noción de alma dada por el Sistema negativo de cálculo.
V	
Volumen	Contenido cuantitativo de algo, que posee límites.

Volumen general	Dimensiones espaciales específicas pertenecientes al organismo universal de la Esencia* o a algún espacio unificador.
Volumen particular	Una parte aislada del Volumen total, que se desarrolla de acuerdo con las necesidades de la Esencia*, es decir, que tiene una determinada trayectoria.

Las palabras con el sentido relacionado

Determinador	Ant. – Maestro Celestial. Un individuo Superior que guía a una persona u otro ser a través de la vida mediante un dispositivo informático. Controla el cumplimiento de un programa por parte de un ser humano.
Fundador	Una Entidad que está situada en un orden más elevado que el Determinador. Configura la trama de la vida futura de una persona.
Dirigente	Una Entidad situada por encima del Fundador y del Determinador y que los dirige.
Quinta raza	El nombre dado desde lo Alto a la humanidad que se desarrolla hasta el año 2000. El nombre está relacionado con la transición de la Tierra a la quinta orbital*.
Sexta raza	Una nueva raza de la humanidad, que convencionalmente tiene su inicio a partir del año 2000. El nombre está relacionado con la transición de la humanidad a la sexta orbital*, una etapa de desarrollo más alta que aquella en la que se encuentra nuestra quinta raza.
Sistema Cósmico	Comunidad de seres sensatos conscientes situada fuera de la Jerarquía de Dios.

Sistema Espiritual	Comunidades conscientes de las Entidades Superiores que se encuentran en la Jerarquía de Dios, es decir, que pertenecen al mundo "sutil".
Sistema Jerárquico	Comunidad de Seres conscientes unidos por un mismo Nivel de desarrollo y que permanecen en la Jerarquía. Los Sistemas se sitúan en el mismo o en diferentes Niveles y tienen el grado de desarrollo correspondiente a este Nivel; Sistema perteneciente a la Jerarquía.
Sistema Material	Comunidad de seres conscientes que poseen cuerpos materiales y un Nivel de desarrollo considerablemente superior al de los seres humanos.
Pensamiento imaginativo	El pensamiento implicado en la creación de imágenes. El mecanismo de transmisión del Determinador al discípulo incluye una cadena de transformaciones consecutivas del impulso a lo largo de la cadena siguiente: energía – números – imagen. Una vez recibida la imagen, el cerebro humano la transforma a lo largo de la cadena: imagen – números – letras – palabras.
Pensamiento figural	El trabajo con imágenes tridimensionales toma un camino más corto: energía – números – imagen (se eliminan las palabras y las letras).

ÍNDICE

BIOGRAFÍA Y BIBLIOGRAFÍA DE LAS AUTORAS

Larisa Seklítova

Nació en 1972 en Novorossiysk (Rusia) y se graduó en la escuela técnica secundaria. Su interés por lo desconocido, inusual y misterioso comenzó cuando aún era niña. Junto con sus padres, A. Strélnikov y L. Strélnikova, Larisa se dedicó al estudio de la ufología, la bilocación y la bioenergética, y aprendió los fundamentos de la astrología. los contactos con la Mente Suprema se convirtieron en su principal objetivo en la vida. Habiendo comenzado su práctica en un grupo de entusiastas investigadores, Larisa llegó a descubrir en sí misma la capacidad de recibir información cósmica, y luego pasó a la categoría de mensajera y alcanzó un alto nivel de contacto. Durante muchos años mantuvo contacto telepático con la Mente Suprema y sus Ayudantes, recibiendo de Ellos más de 130 Leyes cósmicas, que descodificó en el libro "Leyes de la Creación Universal o los fundamentos de la existencia de la Jerarquía Divina".

Liudmila Strélnikova

Nació en 1947 en la región rusa de Volgogrado. Se graduó con matrícula de honor en el Instituto y posteriormente en el Instituto de ingeniería civil de Rostov. trabajó muchos años como ingeniera civil. Su interés y curiosidad por lo desconocido y misterioso la llevaron al club del conocimiento esotérico, donde estudió ufología, bilocación, astrología y otras ciencias. La implicación en el fenómeno del contacto con la Mente cósmica Suprema fue percibida por ella como un acercamiento a lo milagroso. Junto con su hija, L. Seklítova, comenzó a trabajar con Sistemas cósmicos en 1989. Sobre la base de este trabajo, se obtuvo una gran cantidad de información, que se expuso en 80 libros de diferentes series. Algunos de estos libros ya han sido traducidos y publicados en otros idiomas.

En el momento de la publicación de este libro en español, ya han sido escritos y publicados por las autoras cerca de 80 títulos más sobre el tema de la filosofía cósmica. Estos serán traducidos al español a medida que surja la oportunidad y de acuerdo con la siguiente lista:

Serie "Más allá de lo desconocido"

1. La Mente Suprema revela misterios;
2. El Alma y los misterios de su estructura (disponible en español);
3. Los Misterios de mundos Superiores (disponible en español);
4. La Vida misteriosa de los Maestros Celestiales (disponible en español);
5. La Estructura energética del ser humano y de la materia;
6. Encuentros con los invisibles;
7. Creación de formas o experiencias de la Mente Suprema;
8. La vida en el cuerpo ajeno;
9. El ser humano de la Era de Acuario;
10. Las perlas de las Verdades Supremas;
11. Diccionario de Filosofía Cósmica;
12. Matriz: la base del alma;
13. El dedo del destino;
14. Lo terrenal y lo eterno;
15. El fuego de Prometeo o la mística en nuestra vida;
16. Filosofía de la eternidad;
17. Filosofía del Absoluto;
18. Individualidad y eternidad;
19. La formación del alma o filosofía paradoxal – Volumen 1 y 2;
20. Nuevo modelo de la Creación Universal;
21. Las leyes de la Creación Universal o fundamentos de la existencia de la Jerarquía Divina – Volumen 1 y 2;
22. Enigmas del siglo XXI;
23. Revelaciones del Cosmos;
24. Las conversaciones sobre lo desconocido;
25. El camino hacia lo desconocido;
26. Enigmas de la realidad;
27. La fórmula de la evolución;
28. La ilusoriedad de la verdad;

29. El objetivo del desarrollo humano;

30. Nuestro Armagedón;

31. Capacidades paranormales;

32. Los dobles de la Tierra;

33. Los más recientes conocimientos sobre el desarrollo del alma;

34. La respuesta a Pitágoras;

35. Evolución del alma: del escorpión al faraón;

36. Secretos energéticos del matrimonio duradero;

37. Descubrimientos sin telescopio – Volumen 1 y 2;

38. Lo que la ciencia no dice;

39. Cómo no acabar en el infierno;

40. El camino a la sexta raza;

41. El camino hacia la Raza Dorada;

Serie "La magia de la perfección"

1. Libertad e inevitabilidad;

2. Lecciones kármicas del destino;

3. El fenómeno del alma;

4. La gran transición o las variantes del Apocalipsis;

5. Las causas del sufrimiento;

6. Apocalipsis 2012 – Predicciones optimistas;

7. ¿Por qué está cambiando la Tierra?

Serie "Esoterismo en aforismos"

1. Las caras del diamante;

2. Pétalos de loto;

3. Blues estelar;

4. Espejo de sabiduría;

5. Sonata de la verdad;

6. Oda a la eternidad;

7. Sabiduría en aforismos;

8. Espinas y rosas;

9. La música de la vida;

10. La filosofía de la vida – poemas.

Serie "Enciclopedia de la Nueva Era"

Sección "El ser humano de la raza dorada"

1. La creación del ser humano – Tomo 1;
2. La creación del alma – Tomo 2, Volumen 1 y 2;
3. El desarrollo del pensamiento – Tomo 3;
4. Nacimiento. Muerte. Karma – Tomo 4, Volumen 1 y 2;
5. Amor. Familia. Hijos – Tomo 5, Volumen 1 y 2;
6. El desarrollo del ser humano – Tomo 6, Volumen 1 y 2;
7. La elección del alma – Tomo 7, Volumen 1 y 2;
8. Fatalidad. El destino o el papel de los programas en el desarrollo – Tomo 8, Volumen 1 y 2;
9. La Humanidad – Tomo 9;
10. El ser humano asombroso – Tomo 10;
11. Lo Nuevo sobre la religión;
12. Espiritualización.

Sección "La tierra de la raza dorada"

1. La Tierra: planeta pensante – Tomo 1, Volumen 1 y 2;
2. Enigmas del tiempo – Tomo 2, Volumen 1 y 2.

Sección "Universo"

1. El Universo y sus mundos – Tomo 1, Volumen 1 y 2.

Larisa Seklitova, Liudmila Strelnikova
EL ALMA Y LOS MISTERIOS DE SU ESTRUCTURA
Más allá de lo desconocido

ISBN: 978-84-128563-8-5 (Paperback)
ISBN: 978-84-128563-9-2 (EPUB)

Publicado para impresión 01.10.2024.
Formato: 152 x 229

Esta publicación está destinada a mayores de 16 años.

CosmUnity
Centro de Desarrollo Espiritual Humano Raza Dorada
Paseo de las Delicias 3, 28045, Madrid (España)
info@gold-race.org
CIF: G13673611

Los lectores interesados pueden, si lo desean, contribuir de cualquier
forma a la publicación de los libros de las autoras en español, financiando
o traduciendo directamente, corrigiendo y, en general, contribuyendo a la
publicación del libro que les interese.

Envíe su propuesta a info@gold-race.org.

www.ingramcontent.com/pod-product-compliance
Lightning Source LLC
LaVergne TN
LVHW010308200726

843507LV00010B/1187